THE BARBOUR COLLECTION OF CONNECTICUT TOWN VITAL RECORDS

THE BARBOUR COLLECTION OF CONNECTICUT TOWN VITAL RECORDS

LEBANON, Vols. 1 & 2, 1700–1854

LEBANON, Vol. 3, 1700–1854

Compiled by
Nancy E. Schott

General Editor
Lorraine Cook White

Copyright © 1999
Genealogical Publishing Co., Inc.
Baltimore, Maryland
All Rights Reserved
Second printing, 2003
Library of Congress Catalogue Card Number 94-76197
International Standard Book Number 0-8063-1599-7
Made in the United States of America

INTRODUCTION

As early as 1640 the Connecticut Court of Election ordered all magistrates to keep a record of the marriages they performed. In 1644 the registration of births and marriages became the official responsibility of town clerks and registrars, with deaths added to their duties in 1650. From 1660 until the close of the Revolutionary War these vital records of birth, marriage, and death were generally well kept, but then for a period of about two generations until the mid-nineteenth century, the faithful recording of vital records declined in some towns.

General Lucius Barnes Barbour was the Connecticut Examiner of Public Records from 1911 to 1934 and in that capacity directed a project in which the vital records kept by the towns up to about 1850 were copied and abstracted. Barbour previously had directed the publication of the Bolton and Vernon vital records for the Connecticut Historical Society. For this new project he hired several individuals who were experienced in copying old records and familiar with the old script.

Barbour presented the completed transcriptions of town vital records to the Connecticut State Library where the information was typed onto printed forms. The form sheets were then cut, producing twelve small slips from each sheet. The slips for most towns were then alphabetized and the information was then typed a second time on large sheets of rag paper, which were subsequently bound into separate volumes for each town. The slips for all towns were then interfiled, forming a statewide alphabetized slip index for most surviving town vital records.

The dates of coverage vary from town to town, and of course the records of some towns are more complete than others. There are many cases in which an entry may appear two or three times, apparently because that entry was entered by one or more persons. Altogether the entire Barbour Collection--one of the great genealogical manuscript collections and one of the last to be published--covers 137 towns and comprises 14,333 typed pages.

TABLE OF CONTENTS

LEBANON, VOLS. 1 & 2   1

LEBANON, VOL. 3   243

ABBREVIATIONS

ae. -------------- age
b. ----------------born, both
bd. ---------------buried
B.G. -------------Burying Ground
d. ----------------died, day, or daughter
decd. ------------deceased
f. ---------------- father
h. ----------------hour
J.P. --------------Justice of Peace
m. ---------------married or month
res. --------------resident
s. ----------------son
st. ---------------stillborn
w. ---------------wife
wid. ------------widow
wk. ------------week
y. ---------------year

THE BARBOUR COLLECTION OF CONNECTICUT TOWN VITAL RECORDS

LEBANON VITAL RECORDS
VOLUMES 1 AND 2
1700-1854

	Vol.	Page
ABBEE, Phebe, of Mansf[ield], m. Uriah **SMITH**, Sept. 28, 1780, by Rev. Mr. Salter	1	298
ABBOT, John, m. Elizabeth **BERRY**, Jan. 31, 1720/21	1	1
ABELL, ABEL, Abigail, d. Caleb & Abigail, b. Apr. 11, 1711	1	1
Abigail, m. Joseph **SLEWMAN**, Mar. 13, 1739	1	281
Abigail, d. Caleb & Mary, b. Aug. 21, 1740	1	2
Alice, d. David & Alice, b. June 8, 1743	1	3
Ann, m. Nath[anie]l **FITCH**, Dec. 10, 1701	1	101
Ann, d. [Solomon & Mary], b. Nov. 6, 1753	1	7
Ann E., of Exeter, m. Anson **HOLBROOK**, of Columbia, Nov. 25, 1841, by Rev. Stephen Harp, of Exeter	2	11
Bethiah, d. John & Rebeckah, b. Oct. 18, 1718	1	1
Bethiah, m. Amos **RANDALL**, Feb. 19, 1740/41	1	267
Betty, [d. Daniel & Sarah], b. Jan. 19, 1738/9	1	2
Betty, d. [Jonathan & Lydia], b. Mar. 15, 1755	1	6
Betty, m. Daniel **CLARK**, Jr., Nov. 24, 1757, by Joshua West, Esq.	1	371
Caleb, m. Abigaiel **SLEUMAN**, Feb. 20, 1704/5	1	1
Caleb, s. Caleb & Abigail, b. Apr. 25, 1709	1	1
Caleb, m. Mary **CLARK**, Feb. 7, 1737/8	1	2
Caleb, [s. Caleb & Mary], b. Mar. 15, 1748/9; d. Apr. 9, 1750	1	2
Caleb, s. [Caleb & Mary], b. Feb. 23, 1751	1	2
C[h]loe, d. [David & Alice], b. Apr. 22, 1752	1	3
Corintha R., m. Ezekiel A. **HAYNES**, b. of Lebanon, Sept. 29, 1839, by Rev. Lyman Strong	1	434
Cretia, [d. Caleb & Mary], b. Dec. 5, 1738	1	2
Daniel, s. Caleb & Abigail, b. Feb. 3, 1705/6	1	1
Daniel [s. Daniel & Sarah], b. Nov. 13, 1728	1	2
Daniel, m. Sarah **CRANE**, Dec. 21, 1729 (1727?)	1	2
Daniel E., of Lebanon, m. Maria F. **CHAMPLAIN**, of South Kingstown, R. I., Nov. 10, 1850, by Rev. John Avery, of Exeter	2	68
David, [s. John & Rebeckah], b. Apr. 1, 1722	1	1
David, of Lebanon, m. Ellice **ROBERTS**, of Colchester, July 12, 1742	1	3
David, s. [David & Alice], b. June 15, 1750	1	3
Elias [s. Jonathan & Lydia], b .Jan. 30, 1774	1	6
Elijah [s. Daniel & Sarah], b. Feb. 1, 1743/4	1	2
Eliphalet, [s. Daniel & Sarah], b. Sept. 10, 1730	1	2
Eliphalet, m. Lydia **WILLIAMS**, Apr. 21, 1757, by Esq. West	1	6
Eliphalet, s. [Eliphalet & Lydia], b. Nov. 25, 1758	1	6
Eliphalet, m. Lucy **LOOMIS**, of Lebanon, Mar. 27, 1823, by Rev. Daniel Waldo, Exeter	1	7

	Vol.	Page
ABELL, ABEL (cont.)		
Eliphalet, m. Lucy **LOOMIS**, Mar. 27, 1823	1	444
Elizabeth, [d. Caleb & Mary], b. Dec. 21, 1742	1	2
Elizabeth, m. Comfort **BREWSTER**, Jr., Feb. 15, 1770, by Rev. Solomon Williams	1	374
Eunice H., of Lebanon, m. Amasa A. **HUNT**, of Columbia, Sept. 22, 1852, by Rev. John Avery of Exeter	2	76
Ezekiel, [s. Daniel & Sarah], b. Oct. 12, 1747	1	2
Ezekiel, s. [Eliphalet & Lydia], b. Mar. 20, 1765	1	6
Hannah, d. John & Rebeckah, b. Sept. 26, 1716	1	1
Hannah, m. Marshal **HACKLEY**, Oct. 3, 1739	1	144
Hannah, d. Solomon & Mary, b. May 25, 1751	1	7
Hannah, m. Luman **JACOBS**, b. of Lebanon, Aug. 19, 1822, by Esek Brown	1	422
Harriet, m. Julius **THOMAS**, May 24, 1825, by Rev. Erastus Ripley	1	217
James M., m. Sarah E. **CONGDON**, Jan. 1, 1837, by Rev. Israel T. Otis	1	442
Jemima, m. Gershom **MATTON**, Nov. 28, 1719	1	197
Joanna, m. Zachariah **LOOMISE** [ ]	1	177
John, m. Rebecca **SLEWMAN**, June 2, 1703	1	1
John, s. John & Rebeckah, b. Mar. 10, 1703/4	1	1
John, s. [John & Rebeckah], d. Mar. 10, 1703/4	1	1
John, m. Sophia **LAMB**, b. of Lebanon, Jan. 22, 1826, by Rev. Daniel Waldo	1	116
Jona, s. [Jonathan & Lydia], b. May 31, 1767	1	6
Jonathan, [s. Daniel & Sarah], b. Apr. 26, 1733	1	2
Jonathan, m. Lydia **BLISS**, Sept. 10, 1754	1	6
Jonathan, twin with Olive, [s. Jonathan & Lydia], b. Apr. 24, 1764; d. same day	1	6
Joseph, [s. Caleb & Mary], b. Oct. 29, 1744	1	2
Julia Ann, m. Oliver A. **BILL**, Feb. 7, 1843, by Rev. Stephen Hays, of Exeter	2	20
Lois, m. Lieut. John **SPRAGUE**, Mar. 21, 1726	1	280
Lucretia, d. [Caleb & Mary], b. Oct. 30, 1755	1	2
Lucy, of Lebanon, m. James **CASE**, of East Hartford, May 11, 1830, by Rev. Daniel Waldo, of Exeter	1	427
Lucy Jane, m. Alfred **LOCKWOOD**, b. of Lebanon, Aug. 30, 1840, by Rev. Lyman Strong	1	231
Lydia, m. Daniel **WILLIAMS**, June 19, 1711	1	326
Lydia, d. [Caleb & Mary], b. May 21, 1753	1	2
Lydia, d. [Jonathan & Lydia], b. Aug. 31, 1759	1	6
Lydia, d. [Eliphalet & Lydia], b. June 2, 1761	1	6
Lydia H., of Lebanon, m. Lucian B. **METCALF**, of Otsego, N.Y., June 14, 1840, by Rev. Lyman Strong	1	169
Mary, d. Caleb & Abigail, b. Aug. 4, 1714	1	
Mary, [d. Daniel & Sarah], b. Feb. 24, 1736	1	2
Mary, [d. Caleb & Mary], b. Nov. 18, 1747	1	2
Mehetable, m. William **BREWSTER**, Dec. 13, 1716	1	22
Olive, twin with Jonathan, [d. Jonathan & Lydia], b. Apr. 24, 1764	1	6

LEBANON VITAL RECORDS 3

	Vol.	Page
ABELL, ABEL (cont.)		
Phelura, w. Eliphalet, d. June 13, 1822, in the 39th year of her age	1	7
Rebecca, d. John & Rebeckah, b. Jan. 18, 1710/11	1	1
Rebecca, m. John **WEST**, b. of Lebanon, Nov. 8, 1738	1	335
Rebecca, [d. David & Alice], b. Apr. 26, 1746	1	3
Sarah, d. John & Rebeckah, b. Mar. 2, 1704/5	1	1
Sarah, m. Benjamin **METCALFE**, Oct. 26, 1726 (Written "1826")	1	197
Sarah, [d. Daniel & Sarah], b. Jan. 19, 1741	1	2
Sarah, d. [David & Alice], b. Mar. 2, 1748	1	3
Sarah, d. [Jonathan & Lydia], b. Dec. 8, 1761	1	6
Silas T., m. Sophronia **ROBINSON**, b. of Lebanon, Mar. 22, 1846, by John C. Nichols	2	46
Simon, [s. Daniel & Sarah], b. Sept. 5, 1746; d. Sept. 20, 1746	1	2
Slewman, s. [David & Alice], b. Feb. 8, 1745	1	3
Solomon, s .John & Rebeckah, b. Jan. 7, 1707/8	1	1
Solomon, of Lebanon, m. Mary **NORTHAM**, of Colchester, Mar. 9, 1747/8	1	7
Solomon, s. Solomon & Mary, b. Feb. 5, 1748/9	1	7
Solomon, d. Nov. 18, 1822, ae 73 y. 10 m. 12 d. Charles & John Abel, Executors to his last will	1	7
Theoda, d. [Jonathan & Lydia], b. Jan. 17, 1757	1	6
William E., m .Harriet L. **SPENCER**, b. of Lebanon, June 17, 1832, by Rev. Esek Brown	1	429
William Roberts, s. [David & Alice], b. Jan. 7, 1755	1	3
-----, m. Charles **HYDE**, [ ]	1	392
ADAMS, ADDAMS, Charles, m. Nancy **TEW**, b. of Lebanon, Oct. 28, 1849, by G. W. Pendleton	2	62
Ebenezer, s. W[illia]m, b. Feb. 22, 1768	1	6
Elizabeth, of Colchester, m. John **WHITNEY**, of Lebanon, Aug. 6, 1744	1	335
Elsa P. of Lebanon, m. W[illia]m A. **BAILEY**, of North Stonington, July 4, 1852, by Rev. N. W. Miner	2	75
John Q., [s. Samuel & Jemima], b. Jan. 27, 1823	1	416
Margaret, of Cambridge, m. Elisha **DOUBLEDAY**, of Lebanon, Oct. 21, 1736	1	64
Mary Ann, [d. Samuel & Penelope], b. Aug. 31, 1811	1	416
Mary Ann, m. Abner D. **LORING**, b. of Lebanon, Apr. 12, 1840, by Nathan Wildman	1	464
Penelope, 1st w. Samuel, d. Feb. 18, 1819, in the 37th y. of her age	1	416
Philip S., m. Thankfull **PETTES**, Aug. 10, 1825, by Dennison Wattles, J.P.	1	8
Samuel, m. Jemima **GARDINER**, b. of Lebanon, Oct. 7, 1821, by Esek Brown	1	416
ALDEN, Andrew, s. [William & Rebeckah], b. May 25, 1785	1	382
Elizabeth, d. [John & Elizabeth], b. Dec. 23, 1757; d. May 25, 1758	1	3
Elizabeth, d. [John], b. May 17, 1862; d. Feb. 11, 1797	1	5

BARBOUR COLLECTION

	Vol.	Page
ALDEN (cont.)		
Eunice, d. [William & Rebeckah], b. Jan. 19, 1767	1	382
Jaben, s. [William & Rebeckah], b. Jan. 26, 1771	1	382
John, of Lebanon, m. Elizabeth **RIPLEY**, of Windham, Oct. 9, 1744	1	3
John, s. John & Elizabeth, b. June 18, 1750	1	3
John, d. May 2, 1764	1	5
Judah, s. John & Elizabeth, b. Mar. 10, 1752	1	3
Lydia, twin with Walter, d. Andrew & Lydia, b. Nov. 11, 1727	1	2
Lydia, m. Seth **ALDEN**, Mar. 9, 1749	1	2
Lydia, d. [William & Rebeckah], b. Oct. 18, 1776	1	382
Lydia, m. Seth **ALDEN** [ ]	1	4
Melissa, d. [Seth & Lydia], b. Feb. 4, 1765	1	4
Perthena, [s. John & Elizabeth], b. Sept. 5, 1745	1	3
Roger, s. [John & Elizabeth], b. Feb. 11, 1754	1	3
Sarah, d. [William & Rebeckah], b. Aug. 16, 1773	1	382
Seth, m. Lydia **ALDEN**, Mar. 9, 1749	1	2
Seth, m. Lydia **ALDEN** [ ]	1	4
Violette, d. [John & Elizabeth], b. Apr. 8, 1748	1	3
Walter, twin with Lydia, [s. Andrew & Lydia], b. Nov. 11, 1727	1	2
William, [s. Andrew & Lydia], b. Oct. 21, 1731	1	2
William, m. Rebeckah **METCALF**, May 29, 1766	1	382
William Mullens, s. [William & Rebeckah], b. Dec. 7, 1768	1	382
-----, twin s. John & Elizabeth, b. Aug. 17, 1759	1	3
ALEXANDER, John of East Windsor, m. Sophronia **COLLINS**, of Bozrah, Jan. 3, 1843, by Rev. Nathan Wildman	2	20
John N., of South Windsor, m. Elizabeth **COLLINS**, of Lebanon, Oct. 15, 1854, by E. W. Tucker	2	80
ALLARD, Joanna, of Woodstock, m. Asa **BISHOP**, of Lebanon, Feb. 16, 1834, by Rev. Benjamin G. Goff, in Lebanon		99
ALLEN, Amelia, of Windham, m. John **CROCKER**, Sept. 30, 1792	1	380
Anna, m. John **METCALFE**, Nov. 22, 1761	1	211
Benjamin, twin with Joseph, s. John & [Rebecca], b. Oct. 18, 1754	1	9
Caroline, d. [Timo[thy] & Mary], b. Dec. 10, 1786	1	8
C[h]loe, d. Thomas & Martha, b. July 16, 1747	1	5
Christopher, s. [J[oh]n & Rebecca], b. Dec. 18, 1756	1	9
Daniel, [s. Sam[ue]ll & Catharine], b. Aug. 14, 1735	1	1
Edward, of South Windham, m. Sarah M. **BLIVEN**, of Lebanon, Mar. 28, 1852, by N. W. Miner	2	74
Edwin, of Windham, m. Ruth B. **NOYES**, of Lebanon, Dec. 9, 1833, by Rev. Daniel Waldo, of Exeter	1	441
Elizabeth, m. Samuel **DEWEY**, Mar. 6, 1732	1	60
Eunice, of New London, m. Joseph **BROWN**, of Lebanon, Dec. 13, 1736	1	28
Eunice, m. John **TUTTLE**, July 12, 1747	1	311

LEBANON VITAL RECORDS 5

	Vol.	Page
ALLEN (cont.)		
George, s. Samuel & Catharine, b. May 11, 1737	1	1
Harvey, s. [Timo[thy] & Mary], b. Feb. 23, 1783	1	8
Hephzibah, d. Joshua & Margaret, b. Nov. 12, 1745	1	3
Hepsibah, m. Elkanah **PORTER**, May 27, 1762, by W[illia]m Metcalf, Esq.	1	73
Hepsibah, d. [Timo[thy] & Mary], b. May 13, 1789	1	8
Ichabod, s. J[oh]n & Rebecca, b. Apr. 24, 1744	1	9
Jacob, [s. Timo[thy] & Mary], b. Aug. 19, 1718	1	8
John, s. John & Rebecca, b. Nov. 4, 1742	1	9
John, m. Miriam **CLARK** [ ]	1	4
Joseph, s. Sam[ue]ll & Catharine, b. Jan. 26, 1732/3	1	1
Joseph, twin with Benjamin, s. John & [Rebecca], b. Oct. 18, 1754	1	9
Joshua, m. Margaret **HUTCHINSON**, Sept. 11, 1740	1	3
Joshua, s. [Joshua & Margaret], b. July 29, 1750	1	3
Katherine, m. Samuel **GUILD**, Jr., Sept. 15, 1731	1	122
Lathrop, s. Thomas & Martha, b. July 18, 1751	1	5
Lydia, d. [John & Miriam], b. Mar. 29, 1748	1	4
Margaret, d. Joshua & Margaret, b. Sept. 4, 1741	1	3
Martha, d. Thomas & Martha, b. Mar. 6, 1745	1	5
Mary, m. William **GAGER**, Mar. 31, 1737	1	121
Mary, m. Benjamin **SMALLEY** [ ]	1	287
Phebe, d. Thomas & Martha, b. June 9, 1749	1	5
Polly, d. [Timo[thy] & Mary], b. Jan. 16, 1785	1	8
Ruhamah, s. [Timo[thy] & Mary], b. May 6, 1792	1	8
Sam[ue]l, d. May [ ], 1743	1	1
Samuel, d. Feb. 22, 1743/4	1	1
Thomas, m. Martha **HALL**, Nov. 9, 1744	1	5
Timothy, s. Joshua & Margaret, b. Sept. 28, 1747	1	3
Timo[thy], m. Mary **BURNHAM**, of Windham, Nov. 21, 1780, by Rev. Mr. Cogswell	1	8
William, d. Sept. 19, 1785, in 86th year of his age. Never married.	1	9
ALLIS, [see also **ELLIS**], Mary, m. Jonathan **WELSH**, June 19, 1728	1	333
Sarah, m. Joseph **ROSE** [ ]	1	269
ALME, John Ebenezer, d. Aug. 16, 1706	1	1
AMES, [see also **EAMES**], Margary, m. John **DAGGET**, Nov. 5, 1719	1	63
AMESBURY, [see under **OMBSBURY**]	1	10
ANTRUM, William, s. Francis & Eunice, b. Sept. 5, 1795	1	10
ARCHER, Josiah, m. Elizabeth **WILLIAMS**, Sept. 1, 1733	1	5
Josiah, s. Josiah & Elizabeth, b. Jan. 1, 1746/7	1	5
ARMSTRONG, ALMSTRONG, Harriet D., m. Marvin W. **MAYNARD**, of Hebron, Feb. 4, 1824, by Rev. Esek Brown, at his house	1	8
John, m. Anna **NORTH**, Jan. 19, 1709/10 (Should be Ann **WORTH**)	1	1
Joseph, m. Lydia **NORTH**, Dec. 15, 1712 (Should be Lydia **WORTH**)	1	1

	Vol.	Page
ARMSTRONG, ALMSTRONG (cont.)		
Julia Abby, of Lebanon, m. William **PARKER**, of Washington, Conn., Nov. 22, 1836, by Israel T. Otis	1	195
Leah, of Norwich, m. Nathan **CLOSSON**, of Lebanon, May 3, 1744	1	49
Lee, of Franklin, m. Betsey **BARBER**, Sept. 25, 1831, by Thomas Badcock, J.P.	1	323
Lewis, of Colchester, m. Phebe **SLOCUM**, of Lebanon, Mar. 31, 1818, by W[illia]m B. Ripley	1	216
Mary, m. Daniel **BROWN**, b. of Lebanon, Nov. 4, 1838, by Rev. Oliver Brown	1	460
Mary W., m. John **WOODWORTH**, b. of Lebanon, Jan. 1, 1823, by Esek Brown	1	13
Mercy H., m. Isaac **BERNS**, b. of Lebanon, Jan. 1, 1823, by Esek Brown	1	13
Ruth W., m. Jonathan S. **FRINK**, Mar. 18, 1830, by Rev. Richard F. Cleveland	1	427
Sally, m. Caleb **HAYWARD**, b. of Lebanon, Dec. 29, 1819, by Esek Brown	1	11
Sarah, m. James **PAYN[E]**, Jan. 15, 1733/4	1	242
Thomas, m. Hannah H. **MILLER**, b. of Lebanon, Mar. 23, 1823, by Esek Brown	1	86
ARNOLD, Ebenezer, s. [John & Hannah], b. Aug. 21, 1783	1	10
Hannah, d. [John & Hannah], b. Feb. 24, 1786	1	10
Hannah T., m. Latham **HULL**, Jr., of North Stonington, Mar. 30, 1836, by Rev. Israel T. Otis	1	442
Jerusha, d. [John & Hannah], b. Sept. 27, 1774	1	10
John, s. [John & Hannah], b. Mar. 6, 1781	1	10
John, m. Hannah **LOOMIS**, [ ]	1	10
Salome, d. [John & Hannah], b. Mar. 23, 1779	1	10
We[a]lthy, d. [John & Hannah], b. Jan. 14, 1777	1	10
ASHLEY, Samuel, m. Elizabeth **KINGSBERRY**, Aug. 19, 1717	1	4
ASPENWALL, Fanny, d. [Asa & Hannah], b. Oct. 6, 1782	1	8
Lucy, d. [Asa & Hannah], b. Oct. 6, 1780	1	8
ATHEARN, Hephzibah, of Tisbury, on Martha's Vineyard, m. Elisha **SEABURY**, of Lebanon, Sept. 13, 1744	1	290
ATHERN, Sarah, of Martha's Vineyard, m. John **POPE**, Oct. 4, 1751	1	250
ATWELL, Cynthia B., m. Allen **GALLOP**, Jan. 18, 1826, by Denison Wattles, Jr., J.P.	1	116
AULL, Mary, of Lebanon, m. John T. **CARPENTER**, of Franklin, Dec. 12, 1847, by Nathan Wildman	2	54
AVERELL, W[illia]m, s. W[illia]m & Bethiah, b. Jan. 21, 1785	1	9
AVERY, Anna, d. Robert & Anna, b. June 25, 1747	1	4
Anna, m. Ezekiel **CALKIN**, Dec. 22, 1748	1	54
Anna Mariah, d. John & Clarissa M., b. Aug. 27, 1834	1	230
Elias B., of Preston, m. Thankfull S. **GEER**, of Lebanon, Jan. 14, 1838, by Rev. Israel T. Otis, in the Society of Goshen, Lebanon	1	448
Elisha, s. Frederic A., b. May 8, 1824	1	382

LEBANON VITAL RECORDS 7

	Vol.	Page
AVERY (cont.)		
Eliza, [d. Frederic A.], b. Jan. 17, 1826	1	382
George W., m. Ruth **CHAMPLAIN**, Feb. 19, 1844, by Nathan Wildman	2	31
Hannah, d. [Jabez & Rebeckah], b. Aug. 19, 1822; d. Feb. 15, 1824	1	409
Henry W., m. Jane E. **BURNHAM**, Mar. 28, 1852, by Rev. N. W. Miner	2	74
Jabez, of Windham, m. Rebeckah **CHAPPELL**, of Lebanon, Nov. 16, 1820, by Esek Brown	1	409
Jabez Huntington, s. [Jabez & Rebeckah], b. Apr. 9, 1824	1	409
John, s. Robert & Anna, b. Jan. 29, 1744/5	1	4
John, m. Clarissa M. **STYLES**, b. of Lebanon, Dec. 29, 1831, by Rev. Esek Brown	1	230
John Gilbert, s. [Jabez & Rebeckah], b. June 30, 1826	1	409
Josiah, s. Robert & Anna, b. Aug. 15, 1749	1	4
Nelson, s. [Jabez & Rebeckah], b. Jan. 2 ,1829	1	409
Paul W., of Lebanon, m. Sophia **THOMPSON**, of Columbia, Nov. 13, 1836, by Rev. Dexter Bullard	1	195
Robert, [s. Robert & Anna], b. Nov. 25, 1742	1	4
Ruth, [d. Robert & Anna], b. Mar. 6, 1756	1	4
Sarah, d. [Robert & Anna], b. Oct. 25, 1753	1	4
Simeon, [s. Frederic A.], b. May 10, 1828	1	382
Susanna, d. [Robert & Anna], b. Oct. 15, 1751	1	4
AYRES, AIERS, Abigail, m. Dennis **MARRAH**, Jan. 29, 1717/18	1	196
Frederic, of Franklin, m. Lucy **TOZER**, of Lebanon, Jan. 1, 1810, by Rev. Zebulon Ely	1	389
BABCOCK, BADCOCK, Abigail, 2d, d. Abijah & Mary, b. May 21, 1775	1	217
Abijah, m. Mary **LOOMIS**, May 18, 1771	1	217
Abijah, m. Lydia **LADD**, Apr. 11, 1780	1	217
Alpheas, s. [Benjamin & Hannah], b. Sept. 6, 1750	1	168
Amos L., m. Caroline E. **HATCH**, Feb. 14, 1854, by Rev. Perry Bennett	2	79
Benjamin, m. Hannah **EVERITT**, May [ ], 1745	1	168
Benjamin, d. Jan. 8, 1763	1	168
Beriah, s. [Benjamin & Hannah], b. Mar. 30, 1755	1	168
Eleazer, s. [Benjamin & Hannah], b. Nov. 17, 1745; d. Nov. 12, 1748	1	168
Gamaleel, s. [Benjamin & Hannah], b. May 5, 1749	1	168
George, m. Susan **HULL**, Dec. 25, 1838, by Rev. Nathan Wildman	1	447
Harriet, 3d, d. Abijah & Lydia, b. Jan. 2, 1789	1	217
Harriet, m. Henry **WILLIAMS**, Jan. 5, 1817	1	91
Helen F., m. Joseph W. **MAXWELL**, b. of Lebanon, Nov. 25, 1849, by Rev. Dexter Bullard, Liberty Hill	2	63
Irena, [d. Benjamin & Hannah], b. May 7, 1763; d. May 10, 1764	1	168
John, [s. Benjamin & Hannah], b. Jan. 12, 1757	1	168

8 BARBOUR COLLECTION

	Vol.	Page
BABCOCK, BADCOCK (cont.)		
Jonathan E., m. Louisa Ann **COOK**, b. of Lebanon, Mar. 4, 1832, by Rev. Esek Brown	1	230
Justin L., m. Martha C. P. **GAGER**, b. of Lebanon, Apr. 29, 1844, by John C. Nichols	2	33
Justin Loomis, s. [Thomas & Sophia], b. Oct. 31, 1814	1	399
Lester Biles, s. [Thomas & Sophia], b. Jan. 16, 1805	1	399
Lucy, m. Stillman **PUTNAM**, Apr. 5, 1831, by Rev. Roger Bingham	1	315
Lucy, m. John T. **MAXWELL**, [Oct.] 15, 1837, by Rev. Dexter Bullard	1	450
Lucy A., of Franklin, m. Joseph E. **HOWELL**, of Hadley, Sept. 1, 1850, by Nathan Wildman	2	67
Lydia, d. [Benjamin & Hannah], b. Mar. 27, 1747; d. Dec. 25, 1750	1	168
Lydia, d. [Benjamin & Hannah], b. Dec. 30, 1758	1	168
Lydia, 2d, d. Abijah & Lydia, b. Oct. 8, 1786	1	217
Lydia, 2d w. Abijah, d. Jan. 6, 1821, ae 71 y.	1	217
Mary, m. John **SPRAGUE**, Feb. 22, 1710/11	1	277
Mary, d. [Benjamin & Hannah], b. Dec. 10, 1752	1	168
Mary, w. Abijah, d. Oct. 22, 1777	1	217
Mary, d. Abijah & Lydia, b. Jan. 28, 1781	1	217
Mary, of Lebanon, m. Edwin E. **CHAPMAN**, of Norwich, Jan. 20, 1850, by Rev. Dexter Bullard	2	64
Mary Ann, of Lebanon, m. Sanford **LUMBARD**, of Williamsbury, N.Y., Mar. 26, 1849, by Rev. Dexter Bullard	2	61
Nathan, m. Mary **WOODWORTH**, b. of Windham, Nov. 3, 1834, by Rev. John A. Baker	1	229
Nathaniel, s. Abijah & Lydia, b. Dec. 20, 1784	1	217
Thankfull, m. Thomas **PORTER**, Nov. 13, 1707	1	240
Thomas, s. Abijah & Mary, b. [ ] 6, 1777	1	217
Thomas, m. Sophia **JOHNSON**, [ ]	1	399
We[a]lthy, d. Abijah & Mary, b. Jan. 28, 1773	1	217
We[a]lthy, m. Ephraim **TISDALE**, [ ], by Rev. Zebulon Ely	1	379
BACK, Lyman, of Chaplin, m. Lucy **BROWN**, of Lebanon, May 15, 1833, by Rev. Esek Brown	1	439
BACKMAN, Adam, m. Sophia **HASSE**, Feb. 24, 1850, by John C. Nichols (b. Germans)	2	65
BACKUS, BACKHOUSE, Abigail, m. Hubbard **DUTTON**, Mar. 16, 1797	1	78
Anna H., m. Henry **GILLETT**, Nov. 12, 1823, by Rev. David Austin, at Bozrah	1	424
Clarissa, m. Enoch H. **McCALL**, Nov. 17, 1835, by Rev. Israel T. Otis	1	441
Esther C., m. Robert Elder, of Boston, Mass., May 14, 1838, by Rev. Israel T. Otis, Society of Goshen	1	456
Eunice, m. Jonathan **TRUMBULL**, Jr., Mar. 26, 1767, by Rev. Mr. Lord	1	318
Luther, of Windham, m. Melinda **LYMAN**, of Lebanon, Oct. 28, 1827, by Rev. Esek Brown	1	194

LEBANON VITAL RECORDS

	Vol.	Page
BACKUS, BACKHOUSE (cont.)		
Lydia, of Windham, m. Aaron **FISH**, Feb. 5, 1755	1	110
Mary B., m. W[illia]m P. **RANDALL**, Mar. 3, 1846, by Rev. J. R. Brown, of Goshen	2	45
Nathan burned to death Mar. 10, 1797, in Joseph Hyde's dwelling, "far advanced in years"	1	151
Ruth M., of Bolton, m. John C. **HOLBROOK**, of Lebanon, [ ], by Rev. Dexter Bullard	2	62
Sarah B., of Lebanon, m. Charles **BALL**, of New Haven, Oct. 13, 1841, by Israel T. Otis, Goshen	2	9
Sylvanus, m. Mary G. **RANDALL**, Mar. 4, 1846, by Rev. J. R. Brown, of Goshen	2	45
-----, of Windham, m. Betsey **LYMAN**, of Lebanon, May 2, 1826, by Rev. Esek Brown	1	217
BACON, Barnabus, s. [Ebenezer & Lydia], b. Nov. 26, 1735	1	128
Barnabus, s. [Ebenezer & Lydia], d. July 28, 1763	1	128
Ebenezer, m. Lydia **LATHROP**, Jan. 17, 1833, by Rev. Ja[me]s Green	1	128
Ebenezer, s. [Ebenezer & Lydia], b. Sept. 2, 1759	1	128
Lydia, d. [Ebenezer & Lydia], b. Aug. 2, 1752	1	128
Martha, d. [Ebenezer & Lydia], b. Nov. 6, 1734	1	128
Mary, d. [Ebenezer & Lydia], b. Apr. 12, 1738	1	128
Mercy, d. [Ebenezer & Lydia], b. July 24, 1744	1	128
Samuel, s. [Ebenezer & Lydia], b. Mar. 29, 1747	1	128
Sarah, d. [Ebenezer & Lydia], b. Jan. 23, 1757	1	128
William, s. [Ebenezer & Lydia], b. Apr. 6, 1741	1	128
BADGER, Eunice, m. Samuel **HUTCHINSON**, June 10, 1762	1	159
BAILEY, BAYLEY, Abigail, m. Azariah **PRIOR**, Mar. 25, 1756	1	252
Abigail, d. [Joseph, Jr. & Jerusha], b. Apr. 1, 1762	1	362
Abigail, m. John **BEAUMONT**, Feb. 21, 1821, by Esek Brown	1	425
Abner, [s. Saxton & Hannah], b. July 13, 1740	1	25
Almantha, m. Dalamer **SMITH**, b. of Lebanon, Dec. 30, 1821, by Rev. Esek Brown	1	419
Ame, [d. Saxton & Hannah], b. May 6, 1738	1	25
Anne, d. Joseph & Abigail, b. July 9, 1727	1	24
Ansel, m. Cynthia B. **HALL**, Dec. 16, 1827, by Erastus Ripley	1	423
Anson S., m. Mary E. **GRAY**, b. of Lebanon, Jan. 3, 1853, by J. O. Nichols	2	77
Archibald G., m. Maria **GOODWIN**, b. of Lebanon, Mar. 15, 1832, by Rev. Esek Brown	1	230
Asahel, Jr., m. Eunice **SHERMAN**, b. of Lebanon, Jan. 29, 1829, by Rev. Esek Brown	1	261
C[h]loe, w. Samuel Jr., d. Apr. 26, 1786	1	373
Cynthia, d. [James & Lucy], b. Apr. 12, 1777	1	366
Cynthia, m. William W. **SMITH**, b. of Lebanon, Oct. 18, 1821, by Rev. Zebulon Ely	1	415
Deborah, m. Ephraim **TERRY**, Jan. 18, 1727/8	1	302
Eliphalet, s. [James & Lucy], b. Mar. 25, 1769	1	366
Elizabeth, [d. Joseph & Abgail], b. Oct. 9, 1737	1	24

BARBOUR COLLECTION

	Vol.	Page
BAILEY, BAYLEY (cont.)		
Elizabeth, d. [Samuel & Hannah], b. Oct. 11, 1761	1	363
Elizabeth Perry, [d. Gordon & Mary P.], b. Aug. 9, 1823	1	410
Emily E., m. Samuel E. **HAYNES**, b. of Hebron, Aug. 20, 1838, by Rev. Ebenezer Robinson	1	450
Emily W., of Lebanon, m. Rufus R. **DIMMICK**, of Coventry, Sept. 1, 1840, by Rev. Nathan Wildman	1	350
Esther, d. [James & Lucy], b. Mar. 14, 1779	1	366
Eunice, d. [Samuel & Hannah], b. June 25, 1758	1	363
Eunice, d. [Timothy & Ruth], b. July 26, 1801, in Norwich, Vt.	1	383
Eunice M., m. Charles A. **HOLBROOK**, b. of Lebanon, Mar. 4, 1849, by Rev. Dexter Bullard	2	61
Gordon, m. Mary P. **CHAMPLAIN**, b. of Lebanon, Nov. 29, 1820, by Esek Brown	1	410
Hannah, [d. Saxton & Hannah], b. Aug. 30, 1732	1	25
Hannah, m. Elisha **DOUBLEDAY**, Oct. 2, 1749	1	64
Hannah, d. [Samuel & Hannah], b. Sept. 24, 1752	1	363
Isaac, [s. Isaac & Mercy], b. Feb. 14, 1707/8, d. Aug. 23, 1711 (Death date of Isaac, husband of Mercy, see Probate)	1	30
Isaac, m. Abigail **HUNT**, Apr. 16, 1730	1	25
Isaac, [s. Isaac & Temperance], b. Dec. 6, 1732	1	25
James, [s. Joseph & Abigail], b. Aug. 25, 1735	1	24
James, m. Lucy **GAY**, May 26, 1762, by Rev. Mr. Williams	1	366
James, s. [James & Lucy], b. Mar. 6, 1765	1	366
James, d. July 6, 1812	1	366
Jerusha, d. [Joseph, Jr. & Jerusha], b. Jan. 23, 1760	1	362
Joanna, d. [Samuel, Jr. & Abigail], b. Oct. 20, 1765	1	209
Joseph, m. Abigail **INGRAHAM**, May 12, 1724	1	24
Joseph, s. [Joseph & Abigail], b. May 4, 1733	1	24
Joseph, Jr., m. Jerusha **WEBSTER**, Nov. 23, 1758, by Rev. Mr. Williams	1	362
Joseph, d. Sept. 3, 1765	1	24
Joseph, s. Isaac & Mercy, b. [ ]	1	30
Joshua, [s. Isaac & Temperance], b. Nov. 25, 1734	1	25
Joshua, [s. Isaac & Temperance], b. July 7, 1741	1	25
Lucretia, m. Robert **CHAMPLAIN**, b. of Lebanon, Sept. 1, 1840, by Rev. Nathan Wildman	1	390
Lucy, [d. Saxton & Hannah], b. May 23, 1734	1	25
Lucy, d. [James & Lucy], b. Mar. 11, 1767	1	366
Lydia Crocker, [d. Gordon & Mary P.], b. Apr. 7, 1825	1	410
Mariah, 2d, m. Joel **PETTIS**, b. of Lebanon, Oct. 9, 1822, by Rev. Esek Brown	1	226
Maria, m. Henry **TISDALE**, b. of Lebanon, Jan. 11, 1829, by Rev. Esek Brown	1	261
Marietta, m. Elisha **HUTCHINSON**, b. of Lebanon, Sept. 23, 1826, by Rev. Esek Brown	1	135
Mary, m. John **TICKNER**, May 14, 1724	1	306
Mary, d. Joseph & Abigail, b. Jan. 20, 1724/5	1	24
Mary, d. [James & Lucy], b. Mar. 22, 1763	1	366
Mary, d. [Timothy & Ruth], b. Sept. 13, 1807	1	383

LEBANON VITAL RECORDS 11

	Vol.	Page
BAILEY, BAYLEY (cont.)		
Mary, of Lebanon, m. John M. **CASWELL**, of Columbia, Sept. 16, 1824, by Rev. Esek Brown	1	91
Mary, [d. Isaac & Mercy], b. [ ]	1	30
Mary, m. Frederick W. **WILLIAMS**, [ ], by John Clark, J.P.	1	397
Mercy, m. William **DEWEY**, July 2, 1713	1	62
Mercy, [d. Joseph & Abigail], b. Oct. 1, 1730	1	24
Nancy, d. [Timothy & Ruth], b. Sept. 10, 1797	1	383
Ruth, w. Timothy, d. May 4, 1810	1	383
Samuel, [s. Joseph & Abigail], b. July 18, 1739	1	24
Samuel, of Groton, m. Hannah **LYMAN**, of Lebanon, Oct. 31, 1751, by Rev. Mr. Williams	1	363
Samuel, s. [Samuel & Hannah], b. Nov. 6, 1754	1	363
Samuel, Jr., m. Abigail **GAY**, June 23, 1763	1	209
Samuel, [s. Samuel, Jr. & Abigail], b. Jan. 27, 1764	1	209
Samuel, Jr., m. C[h]loe **TILDEN**, Dec. 16, 1784, by Rev. Mr. Ely	1	373
Samuel, d. Sept. 7, 1824. Isaiah Loomis, 2d, Adms.	1	94
Samuel Gordon, s. [Gordon & Mary P.], b. Aug. 1, 1821	1	410
Sarah, [d. Joseph, Jr. & Jerusha], b. Dec. 20, 1765	1	362
Saxton, [s. Isaac & Mercy], b. Oct. 11, 1710	1	30
Saxton, m. Hannah **HUNT**, June 24, 1731	1	25
Saxton, d. Mar. 21, 1743	1	25
Simon, s. [James & Lucy], b. Oct. 20, 1781	1	366
Sophia, m. David **WOODWORTH**, b. of Lebanon, Sept. 26, 1831, by Rev. Esek Brown	1	263
Temperance, [d. Isaac & Abigail], b. Feb. 21, 1731	1	25
Temperance, m. Daniel **DEWEY**, Feb. 22, 1753	1	69
Timothy, s. [James & Lucy], b. Jan. 11, 1771	1	366
Timothy, m. Ruth **HUTCHINSON**, Oct. 13, 1796, by Rev. Zebulon Ely	1	383
Triphenia, m. James **BUEL**, Oct. 8, 1795, by Rev. Zebulon Ely	1	378
Trithena, d. [James & Lucy], b. Apr. 6, 1775	1	366
Wealthy, d. [James & Lucy], b. Jan. 27, 1773	1	366
Wealthy, m. Abel **BUEL**, [ ]	1	214
William, [s. Saxton & Hannah], b. May 10, 1736	1	25
W[illia]m A., of N. Stonington, m. Elsa P. **ADAMS**, of Lebanon, July 4, 1852, by Rev. N. W. Miner	2	75
-----, d. Samuel, Jr., & C[h]loe, b. Apr. 21, 1786	1	373
BAKER, Deborah, of Brooklyn, m. Thaddeus **CLARK**, doctor, of Lebanon, Mar. 24, [1802], by Josiah Whitney, Clerk, Brooklyn	1	86
Martha, of Brooklyn, m. Sollomon **WILLIAMS**, of Lebanon, Mar. 25, 1807, by Thaddeus Clark, J.P., Windham County, S.S.	1	398
BALDWIN, Abigail, m. John **BALDWIN**, Jan. 31, 1715/16	1	21
Abigail, [d. John & Mary], b. Aug. 8, 1762	1	16
Ann, of Norwich, m. David **BENTLE**, of Lebanon, Dec. 1, 1748	1	32
Ann, d. [Benjamin & Ruth], b. July 9, 1756	1	35

BARBOUR COLLECTION

	Vol.	Page
BALDWIN (cont.)		
Benjamin, [s. John & Abigail], b. Apr. 21, 1727	1	21
Benjamin, m. Ruth **PORTER**, Sept. 27, 1750	1	35
Daniel, [s. John & Abigail], b. June 16, 1725	1	21
Daniel, of Lebanon, m. Elizabeth **COGSWELL**, of Coventry, Jan. 26, 1748/9	1	38
Daniel, s. [Daniel & Elizabeth], b. Jan. 12, 1749/50; d. June 11, 1750	1	38
Daniel, s. [Daniel & Elizabeth], b. Nov. 13, 1751	1	38
Experience, m. John **WOODWARD**, June 2, 1703	1	325
Hannah, [d. John & Mary], b. Feb. 3, 1760	1	16
Horatio M., of Litchfield, m. Elizabeth L. **STRONG**, of Lebanon, July 13, 1840, by Rev. John C. Nichols	2	2
Jacob, s. [John & Mary], b. Aug. 30, 1751; d. Nov. 12, 1752	1	16
Jacob, s. [John & Mary], b. May 16, 1755	1	16
John, Dea., d. Jan. 18, 1704/5	1	18
John, m. Abigail **BALDWIN**, Jan. 31, 1715/16	1	21
John, [s. John & Abigail], b. Aug. 4, 1717	1	21
John, d. Apr. 10, 1745	1	21
John, m. Mary **BINNEY**, June 12, 1751, by Solomon Williams, Clerk	1	16
John, s. [John & Mary], b. Sept. 11, 1757	1	16
Lucy, [d. John & Abigail], b. Apr. 12, 1720	1	21
Mary, d. [John & Mary], b. May 3, 1753	1	16
Mehitable, m. Samuel **LEE**, [ ]	1	178
Ruth, d. [Benjamin & Ruth], b. Aug. 12, 1754	1	35
Sarah, d. [Benjamin & Ruth], b. Nov. 6, 1752, N.S.	1	35
Seth P., of Brooklyn, m Celinda **FARNHAM**, of Hampton, Dec. 5, 1837, by Rev. Dexter Bullard	1	452
Tabitha, m. Samuel **BREWSTER**, Nov. 30, 1726	1	20
Zerviah, [d. John & Abigail], b. Apr. 18, 1722; d. Apr. 28, 1735	1	21
Zerviah, [d. John & Abigail], b. Mar. 24, 1729	1	21
BALL, Abigail, d. [Benjamin, Jr. & Mary], b. Feb. 5, 1747/8	1	32
Benjamin, Jr., m. Mary **MAXFIELD**, Oct. 17, 1745	1	32
Benj[ami]n, d. May 12, 1757	1	65
Charles, of New Haven, m. Sarah B. **BACKUS**, of Lebanon, Oct. 13, 1841, by Israel T. Otis, Goshen	2	9
Dorcas, d. Benjamin & Mary, b. Apr. 17, 1750	1	32
Ebenezer, s. Ebenezer & Mary, b. Feb. 16, 1754; d. Jan. 16, 1755	1	21
Elijah, s. [Benjamin, Jr. & Mary], b. Feb. 3, 1756	1	32
Elizabeth, d. [Ebenezer & Mary], b. June 4, 1752	1	22
Ezekiel, [s. Ebenezer & Mary], b. Mar. 8, 1743	1	22
Hannah, d. [Benjamin, Jr. & Mary], b. Dec. 18, 1753; d. Feb. 8, 1754	1	32
Hannah, d. Eb[enezer] & Mary, b. Nov. 27, 1756	1	21
Humphrey, s. Ebenezer & Mary, b. Feb. 20, 1741	1	22
John, [s. Ebenezer & Mary], b. Jan. 27, 1746/7	1	22
Joseph, [s. Ebenezer & Mary], b. Sept. 13, 1748	1	22
Mehetable, m. Joseph **SULLARD**, Dec. 24, 1735	1	283

LEBANON VITAL RECORDS 13

	Vol.	Page
BALL (cont.)		
Mehetable, d. [Ebenezer & Mary], b. Sept. 27, 1750	1	22
Sarah, [d. Ebenezer & Mary], b. May 10, 1745	1	22
BARBER, Abner, of Lebanon, m. Serviah **WILLS**, of		
Tollon[d], Jan. 1, 1740/41	1	27
Abner, [s. Abner & Serviah], b. Sept. 7, 1741	1	27
Charles C., of Hebron, m. Hannah Maria **STANTON**, of		
Lebanon, Oct. 17, 1838, by Rev. Lyman Strong	1	459
David, s. [James Noyse & Zerviah], b. Nov. 22, 1775	1	23
James Noyse, m. Zerviah **BUSHNELL**, Jan. 16, 1771, by		
Rev. Solomon Williams	1	23
Jonathan, s. [James Noyse & Zerviah], b. May 3, 1773	1	23
Lucy, m. Lee **ARMSTRONG**, of Franklin, Sept. 25,		
1831, by Thomas Badcock, J.P.	1	323
Mary, m. Darius **WATERMAN**, b. of Lebanon, Sept. 23,		
1757, by Benoni Smith, Esq. of Westerly	1	350
Sibbel, m. Phineas **POST**, Jr., May 12, 1774	1	256
BARKER, Bethiah, d. [Joshua & Mary], b. June [ ], 1749	1	31
Bethiah, d. [Eliphalet & Priscilla], b. Jan. 7, 1769	1	366
Charles, s. Ignatius & Grace, b. Jan. 6, 1746	1	32
Deborah, w. Abner, d. June 8, 1740, in the 28th y. of her		
age	1	18
Eliphalet, s. Joshua & Mary, b. Apr. 30, 1740	1	31
Eliphalet, of Lebanon, m. Priscilla **HIDE**, of Norwich,		
Apr. 14, 1764, by Rev. J[oh]n Ellis	1	366
Eliphalet, s. [Eliphalet & Priscilla], b. Sept. 29, 1766	1	366
Hannah, m. John **COX**, b. of Norwich, July 15, 1827, by		
Rev. Esek Brown	1	250
John, m. Hannah **BREWSTER**, Nov. 6, 1728	1	20
John, [s. Joshua & Mary], b. Aug. 18, 1754	1	31
John, s. [Eliphalet & Priscilla], b. July 1, 1778	1	366
Joseph, s. Abner, d. June 11, 1740, in the 6th y. of his age	1	18
Joshua, s. [Joshua & Mary], b. July 17, 1763	1	31
Joshua, twin with Thomas, [s. Eliphalet & Priscilla], b.		
Feb. 28, 1776	1	366
Joshua, m. Mary **THROOPE**, [ ]	1	31
Lydia, d. [Joshua & Mary], b. Jan. 16, 1745/6	1	31
Mary, [d. Joshua & Mary], b. Jan. 29, 1744	1	31
Mary, m. William **LYMAN**, Feb. 12, 1761, by Rev. Mr.		
Williams	1	188
Mary, d. [Eliphalet & Priscilla], b. Nov. 4, 1773	1	366
Nehemiah, s. [Joshua & Mary], b. Oct. [ ], 1752	1	31
Nehemiah, s. [Eliphalet & Priscilla], b. Oct. 30, 1764	1	366
Prisilla, d. [Eliphalet & Priscilla], b. June 1, 1771	1	366
Rebecca, d. [Joshua & Mary], b. Feb. 5, 1759	1	31
Thomas, twin with Joshua, s. [Eliphalet & Priscilla], b.		
Feb. 28, 1776	1	366
BARNABY, Diah, s. [Stephen & Desire], b. Oct. 14, 1755; d.		
Dec. 6, [1755]	1	32
Mercy, m. John **NEWCOMB**, Jr., June 5, 1747	1	226
Stephen, m. Desire **CHAPPELL**, Dec. 5, 1754, by Rev.		
Mr. Little	1	32

14   BARBOUR COLLECTION

	Vol.	Page
BARNARD, John, s. John & Bridget, b. Oct. 28, 1704	1	30
Thomas, [s. John & Bridget], b. May 17, 1706	1	30
BARRET, Damaris, d. Moses & Mary, b. Mar. 5, 1753	1	36
Daniel, s. Moses & Mary, b. Apr. 30. [1755]	1	36
BARROWS, Geo[rge] F., of Mansfield, m. Harriet N. FULLER, of Lebanon, Nov. 20, 1849, by Rev. Dexter Bullard, Liberty Hill	2	63
BARSTOW, Abby H., of Lebanon, m. Samuel J. **BURNHAM**, of Norwich, Aug. 4, 1833, by Rev. Edward Bull	1	429
Betsey, d. [Joseph & Mary], b. Jan. 31, 1762	1	365
Charles, s. [Joseph & Mary], b. Apr. 15, 1766	1	365
Elias, s. [Joseph & Mary], b. Sept. 5, 1768	1	365
Elvira, d. [Samuel & Lucina], b. Nov. 4, 1784	1	15
Elvira, m. Oliver **PAYNE**, Dec. 1, 1803	1	388
Hubbard, d. [Samuel & Lucina], b. Feb. 5, 1791	1	15
Job, s. [Joseph & Mary], b. Mar. 17, 1753	1	365
Joseph, m. Wid. Mary **WEBSTER**, May 6, 1752	1	365
Joseph, s. [Joseph & Mary], b. Nov. 16, 1765 [1755]	1	365
Lucina, d. [Samuel & Lucina], b. July 10, 1793	1	15
Lydia, [d. Joseph & Mary], b. Dec. 15, 1758	1	365
Lydia, d. [Samuel & Lucina], b. Dec. 13, 1782	1	15
Mary, w. [Joseph], d. Mar. 4, 1770	1	365
Mehitable, [d. Joseph & Mary], b. Dec. 14, 1764	1	365
Michael, s. [Joseph & Mary], b. May 24, 1754	1	365
Molly, d. [Joseph & Mary], b. Jan. 12, 1757	1	365
Randal, s. [Samuel & Lucina], b. Oct. 15, 1786	1	15
Sally, d. [Samuel & Lucina], b. Sept. 17, 1788	1	15
Samuel, [s. Joseph & Mary], b. Apr. 8, 1760	1	365
Samuel, m. Lucina **WRIGHT**, b. of Lebanon, Dec. 13, 1781, by Rev. Thomas Brockway	1	15
Samuel, s. [Samuel & Lucina], b. July 15, 1797	1	15
BARTLETT, BARTETT, Betty, [d. Josiah & Mercy], b. Jan. 28, 1724/5	1	28
Betty, m. Brotherton **MARTIN**, Oct. 2, 1746	1	203
Betty, d. [Nathaniel & Mercy], b. Oct. 1, 1754	1	38
Chandler, [s. Josiah & Mercy], b. Jan. 22, 1732/3	1	28
Chandler, m. Delight **MACKALL**, Aug. 7, 1777, by Rev. Timo[thy] Stone	1	16
Chandler, s. [Chandler & Delight], b. Nov. 1, 1780; d. Aug. 16, 1782	1	16
Charles, s. [Benoni & Mary], b. May 1, 1752	1	33
Cyrus, [s. Josiah & Mercy], b. Jan. 14, 1738/9	1	28
Cyrus, s. Chandler & Delight **MACKALL**, b. July 13, 1778	1	16
Desire, d. Ichabod & Desire, b. Apr. 24, 1750	1	36
Dolly B., of Lebanon, m. Hezekiah **BULKLEY**, of Fairfield, Nov. 17, 1833, by Salmon Cone, V.D.M.	1	439
Hannah, d. [Ichabod & Desire], b. May 24, 1757	1	36
Ichabod, s. Ichabod & Mercy, b. Oct. 20, 1723	1	28
Jedidiah Southworth, s. [Dr. John & Susannah], b. May 31, 1759	1	16
Jemima, m. Edward **KELLOG**, Jan. 4, 1737/8	1	166

LEBANON VITAL RECORDS 15

	Vol.	Page
BARTLETT, BARTETT (cont.)		
Jemima, d. [John & Jermima], b. June 3, 1764	1	39
John, [s. Josiah & Mercy], b. Aug. 15, 1730	1	28
John, Dr., m. Susannah **SOUTHWORTH**, of Duxbury, Dec. [ ], 1753, at Duxbury	1	16
John, m. Jermima **DOWNER**, of Colchester, Jan. 31, 1754	1	39
John, s. [Ichabod & Desire], b. Sept. 29, 1754	1	36
John, s. [Dr. John & Susannah], b. June [ ], 1755	1	16
John, s. [John & Jermima], b. Jan. 9, 1758	1	39
Josiah, Capt., d. Mar. 16, 1782, ae 81 y.	1	28
Judah, s. Ichabod & Desire, b. June 15, 1752	1	36
Julius, s. [Chandler & Delight], b. Apr. 4, 1782	1	16
Julius, m. Nancy **ROGERS**, Mar. 4, 1802	1	215
Lucretia, d. [Julius & Nancy], b. July 11, 1803	1	215
Lucy, d. [Ichabod & Desire], b. Dec. 19, 1763	1	36
Lydia, d. Ichabod & Desire, b. May 6, 1748	1	36
Mariah, twin with Mary, [d. Julius & Nancy], b. Oct. 8, 1805	1	215
Mary, twin with Mariah, [d. Julius & Nancy], b. Oct. 2, 1805	1	215
Mercy, [d. Josiah & Mercy], b. May 4, 1740	1	28
Mercy, m. Patrick **BUTLER**, Dec. 16, 1756	1	361
Mercy, d. Feb. 17, 1781, ae 77 y.	1	28
Mercy, d. [Chandler & Delight], b. Oct. 11, 1783	1	16
Molle, [d. Josiah & Mercy], b. Jan. 16, 1742/3	1	28
Molly, d. [Ichabod & Desire], b. Apr. 4, 1760	1	36
Molly, m. Peleg **THOMAS**, Nov. 18, 1760, by Rev. Mr. Eliot	1	314
Nathaniel, [s. Josiah & Mercy], b. Nov. 17, 1727	1	28
Nathaniel, of Lebanon, m. Mercy **OTIS**, of Colchester, Dec. 14, 1753	1	38
Nathaniel, s. [John & Jermima], b. Nov. 11, 1755	1	39
Patty, d. [Chandler & Delight], b. July 1, 1785	1	16
Pricella, d. [Benoni & Mary], b. June 1, 1758	1	33
Sam[ue]l, s. [John & Jermima], b. Apr. 16, 1762	1	39
Sarah, d. [Benoni & Mary], b. Mar. 9, 1754	1	33
Sarah, d. [Dr. John & Susannah], b. June, 3, 1757	1	16
Seth, s. [Ichabod & Desire], b. June 18, 1766	1	36
Seth, m. Laura **BUTLER**, b. of Lebanon, Dec. 9, 1824, by Rev. Daniel Waldo	1	94
Stephen, s. [Benoni & Mary], b. July 3, 1756	1	33
William, s. [John & Jermima], b Apr. 12, 1766	1	39
BASCOM, BASCOMB, Abil, s. [Daniel & Mary], b. Oct. 13, 1753	1	17
Abigail, [d. Daniel & Elizabeth], b. Apr. 4, 1726	1	19
Abigail, m. Ephraim **WILCOX**, Apr. 6, 1749	1	347
Bille, [s. Daniel & Elizabeth], b. Oct. 3, 1742	1	19
Billee, s. [Billee & Mary], b. June 30, 1775	1	34
Daniel, [s. Daniel & Elizabeth], b. Feb. 13, 1727/8	1	19
Daniel, of Lebanon, m. Mary **BLISS**, of Hebron, Oct. 1, 1750	1	17

	Vol.	Page
BASCOM, BASCOMB (cont.)		
Daniel, d. Mar. 18, 1761	1	17
Daniel, s. [Billee & Mary], b. Apr. 1, 1771	1	34
Daniel, m. Elizabeth **FRENCH**, [ ]	1	19
Elihu, [s. Daniel & Elizabeth], b. Jan. 13, 1738/9	1	19
Elizabeth, [d. Daniel & Elizabeth], b. Aug. 26, 1729	1	19
Elizabeth, w. Daniel, d. Feb. 15, 1749/50	1	19
Elizabeth, d. [Billee & Mary], b. May 27, 1773	1	34
Eunice, d. Daniel & Mary, b. Jan. 12, 1752	1	17
Gerrard A., m. Eunice **BROWN**, Sept. 21, 1830, by Erastus Ripley	1	228
Jeron, of Exeter, m. Olive B. **COLE**, of Forest Lake, Penn., Sept. 11, 1848, by John Avery	2	57
John, [s. Daniel & Elizabeth], b. Dec. 9, 1736	1	19
John, d. June 27, 1755, in the 84th y. of his age	1	17
Jonathan, [s. Daniel & Elizabeth], b. Sept. 14, 1740	1	19
Mabel, d. Sarah, b. May 21, 1758. Reputed father Abel **WEBSTER**.	1	43
Mary, [d. Daniel & Elizabeth], b. Feb. 12, 1734/5	1	19
Mary, d. Billee & Mary, b. Apr. 9, 1769	1	34
Olive, d. [Daniel & Mary], b. Oct. 1, 1755	1	17
Rachel, d. [Daniel & Mary], b. Jan. 22, 1758	1	17
Ruth, d. Billee & Mary, b. June 30, 1767	1	34
Sarah, [d. Daniel & Elizabeth], b. Apr. 17, 1733	1	19
Sarah, had d. Mabel, b. May 21, 1758. Reputed father Abel **WEBSTER**.	1	43
Sophia, of Lebanon, m. Griswold **GILLETT**, of Hebron, Dec. 5, 1824, by Rev. Daniel Waldo	1	94
Thankfull, [d. Daniel & Elizabeth], b. Apr. 20, 1731	1	19
Thankfull, d. Dec. 15, 1761	1	17
BASS, Dorothy, of Windham, m. Elijah **KINGSLEY**, of Lebanon, Feb. 11, 1761, by Nathaniel Huntington, J.P.	1	167
John, s. John & Elizabeth, b. Apr. 20, 1708	1	30
Nathan, of Lisbon, m. Mary A. **HOLBROOK**, of Lebanon, Mar. 30, 1848, by John C. Nichols	2	55
BASSET, Hope, m. Ebenezer **TISDALE**, [ ]	1	307
BATES, Eunice, m. James **MACKALL**, of Colchester, Nov. 20, 1740	1	206
BATTY, Will[ia]m, m. Hannah **FIL[L]MORE**, Feb. 2, 1824, by Rev. Esek Brown, at his house	1	8
BAXTER, Abigail, [d. Simon & Abigail], b. Nov. 26, 1721	1	23
Simon, m. Abigail **MAN**, Apr. 6, 1721	1	23
BEARD, Abigail, m. Israel **WOODWARD**, Mar. 31, 1731	1	330
Deborah, m. Timothy **CLARK**, May 10, 1722	1	43
BEAUMONT, BEAMONT, Abel, d. Aug. 6, 1826, in New York. John Beaumont, Adm.	1	425
Abby C., m. Henry A. **LOOMIS**, Feb. 15, 1843, by Rev. Nathan Wildman	2	21
Abby Cornelia, d. [John & Abigail], b. June 17, 1822	1	425
Abby Cornelia, [d. John & Abigail], d. Oct. 12, 1864	1	425
Abigail, d. [William & Sarah], b. Aug. 20, 1761	1	20

LEBANON VITAL RECORDS 17

	Vol.	Page
BEAUMONT, BEAMONT (cont.)		
Abigail, d. Oct. 22, 1822. John Beaumont, Adm.	1	425
Anna, d. William & Sarah, b. Sept. 15, 1749	1	20
Dan[ie]l, s. [William & Sarah], b. Apr. 20, 1763	1	20
Isaiah, twin with Lydia, [s. William & Sarah], b. May 23, 1757	1	20
John, m. Abigail BAILEY, Feb. 21, 1821, by Esek Brown	1	425
L. Maria, m. Junius HALE, b. of Lebanon, Apr. 11, 1811, by Rev. Nathan Wildman	2	6
Lucretia Mariah, d. [John & Abigail], b. Jan. 10, 1824	1	425
Lydia, twin with Isaiah, [d. William & Sarah], b. May 23, 1757	1	20
Lydia Bailey, d. [John & Abigail], b. Feb. 3, 1826	1	425
Mary Ann, d. [John & Abigail], b. Feb. 19, 1829	1	425
Oliver, s. [William & Sarah], b. May 16, 1759	1	20
Samuel, [s. William & Sarah], b. Feb. 28, 1755	1	20
Samuel Bailey, s. [John & Abigail], b. Mar. 13, 1827	1	425
Sarah, d. William & Sarah, b. May 31, 1751	1	20
William, s. William & Sarah, b. Mar. 26, 1753	1	20
William, m. Sarah EVERETT, [see Windham records]	1	20
William G., [s. John & Abigail], b. May 27, 1835; d. Oct. 4, 1753, (sic) [Probably 1853]	1	425
BECKWITH, Allen, m. Mana WEST, b. of Lebanon, Nov. 8, 1821, by W[illia]m B. Ripley	1	416
Belinda, m. Stephen BROWN, b. of Lebanon, Oct. 26, 1824, by Rev. William Palmer, at Mr. John Brown's	1	12
Fanny, of Lebanon, m. James COLBERT, of New London, Apr. 20, 1823, by Rev. William Palmer, at Enos Beckwith's	1	18
Francis, of Lebanon, m. Abby Jane BROWN, of Colchester, Oct. 7, 1852, by G. W. Pendleton	2	76
Samuel, m. Phebe BROWN, b. of Lebanon, Oct. 7, 1824, by Rev. William Palmer, at John Brown's	1	92
BEEBE, Anne, m. John VAUGHAN, June 31, 1752	1	321
BELLOWS, Eleazer, s. Elias, b. Feb. 14, 1743/4	1	32
Elias, s. Elias & Jerusha, b. May 28, 1747	1	32
BENBRIDGE, Elizabeth, m. Isaac CORBIT, July 21, 1729	1	45
BENJAMIN, Eli, of Windham, m. Hannah LEASON, of Lebanon, Mar. 24, 1830, by Rev. Esek Brown	1	463
Susan Elizabeth, d. Stephen P., b. Jan. 2, 1835	1	445
BENNETT, BENNET, Benjamin, of Willimantic, m. Elizabeth HOXEY, of Lebanon, May 5, 1850, by Nathan Wildman	2	65
Edward, s. [Henchman & Sarah], b. Mar. 15, 1754	1	37
Eliza, b. Dec. 16, 1790; m. Hezekiah LOOMIS, Oct. 25, 1812	1	262
Hannah, d. [Henchman & Sarah], b. Dec. 29, 1757	1	37
Harriet, m. Thomas C. H. POTTER, b. of Lebanon, Mar. 3, 1822, by Esek Brown	1	420
Harriet, of Norwich, m. John C. GEER, of New York, Feb. 26, 1837, by Levi Meech, Elder	1	433

BARBOUR COLLECTION

	Vol.	Page
BENNETT, BENNET (cont.)		
Henchman, m. Sarah **BENNETT**, Sept. 14, 1752	1	37
Joab, s. [Henchman & Sarah], b. Nov. 16, 1756	1	37
Joab, s. [Henchman & Sarah], d. July 7, 1759	1	37
Sarah, m. Henchman **BENNETT**, Sept. 14, 1752	1	37
Simon, s. [Henchman & Sarah], b. Apr. 26, 1755	1	37
BENTLEY, BENTLE, Anne, [d. William & Orringe], b. Aug. 1, 1739	1	24
Betty, d. Joseph & Ruhamy, b. Sept. 1, 1751	1	23
Chloe, [d. William & Orringe], b. Dec. 29, 1735	1	24
David, of Lebanon, m. Ann **BALDWIN**, of Norwich, Dec. 1, 1748	1	32
Eleazer, of Franklin, m. Fidelia **HENRY**, of Lebanon, Oct. 23, 1829, by Rev. Esek Brown	1	228
Eunice, d. David & Ann, b. May 8, 1750	1	32
Hannah, m. Ephraim **HILLS**, Feb. 19, 1735/6	1	143
John, s. William & Martha, b. Oct. 30, 1711	1	21
Joseph, of Lebanon, m. Ruhamy **LEWES**, of New London, Nov. 27, 1745	1	23
Martha, d. Joseph & Ruhamy, b. Feb. 24, 1749	1	23
Mary, m. Timothy **WALTERS**, Jr., June 16, 1746	1	342
Mercy, m. Stephen **LEE**, May 20, 1725	1	171
Orringe, [d. William & Orringe], b. Oct. 29, 1733	1	24
Richard, [s. William & Orringe], b. July 14, 1741	1	24
Ruhamy, d. Joseph & Ruhamy, b. Sept. 15, 1746	1	23
William, s. William & Orringe, b. May 16, 1731	1	24
BENTON, Mary, of Tolland, m. David **LYMAN**, of Lebanon, May 1, 1740	1	173
Nathaniel, Rev. of Concord, N.H., m. Harriet **SHERMAN**, of Lebanon, Sept. 11, 1825, by Erastus Ripley	1	115
Ransom, m. Huldah **WARMSLEY**, b. of Lebanon, Sept. 14, 1830, by Rev. Edward Bull	1	463
BERNS, Isaac, m. Mercy H. **ARMSTRONG**, b. of Lebanon, Jan. 1, 1823, by Esek Brown	1	13
BERRY, Elizabeth, m. John **ABBOT**, Jan. 31, 1720/21	1	1
Polly, of Wallingford, m. Aruna **SNOW**, of Lebanon, Aug. 11, 1800, by Elk[a]n[ah] Tisdale, J.P.	1	284
BETTIS, [see also **PETTIS**], Mary, m. Caleb **LYMAN**, June 2, 1756, by Rev. Sol[omon] Williams	1	187
BEWEL, BEWELL, [see under **BUELL**]		
BIBS, Sally, of Ashford, m. John **JOHNSON**, Jr., of L[ebanon], Apr. 10, 1777, by James Messenger	1	376
BIGELOW, Abigail, of Colchester, m. Dijah **FOWLER**, of Lebanon, Dec. 18, 1745	1	101
Betsey, of Lebanon, m. Charles **TAYLOR**, of Colchester, Feb. 18, 1852, by Rev. J. R. Brown, of Goshen	2	73
BILL, Aaron, s. [Elisha & Lydia], b. Sept. 5, 1759	1	29
Abigail, m. Nathaniel **HOUSE**, Mar. 1, 1733	1	143
Amos, s. [Oliver & Martha], b. June 10, 1779	1	127
Anna, d. James & Mary, b. Nov. 23, 1744	1	28
Anson, s. [Azariah & Elizabeth], b. Mar. 22, 1781	1	374

LEBANON VITAL RECORDS 19

	Vol.	Page
BILL (cont.)		
Apama, d. [Oliver & Martha], b. Oct. 11, 1768	1	127
Azariah, s. [James & Mary], b. Apr. 15, 1748	1	28
Azariah, [s. Elisha & Lydia], b. Apr. 27, 1751	1	29
Azariah, m. Elizabeth **DAGGETT**, Feb. 16, 1775, by Rev. Mr. S. Lockwood	1	374
Benajah, s. Benajah & [Mary], b. June 11, 1749; d. Sept. 4, 1749	1	17
Benajah, m. Mary **BILL**, [ ]	1	17
Benajah P., of Lyme, m .Mary B. **PITCHER**, of Lebanon, Sept. 20, 1842, by John C. Nichols	2	28
Betsey, d. [Azariah & Elizabeth], b. Mar. 8, 1779	1	374
Betty, d. James & Keziah, b. Sept. 5, 1746	1	29
Betty, d. [Oliver & Martha], b. Jan. 10, 1765	1	127
Betty, d. [Oliver & Martha], b. Feb. 27, 1767	1	127
B[e]ulah, [d. Ebenezer & Patience], b. Apr. 30, 1730	1	31
Bridget, [d. Ebenezer & Patience], b. Dec. 14, 1727	1	31
Calvin, s. Elisha & Lydia, b. May 8, 1745	1	29
Cynthia, d. [Azariah & Elizabeth], b. May 22, 1776	1	374
Cynthia, [d. Azariah & Elizabeth], d. Aug. 1, 1780	1	374
Cynthia, d. [Azariah & Elizabeth], b. May 1, 1783	1	374
Cyrus, s. [Oliver & Martha], b. Oct. 17, 1772	1	127
Dan[iel], s. [Jedediah & Hannah], b. May 5, 1744	1	27
Earl, s. [Oliver & Martha], b. Nov. 5, 1770	1	127
Ebenezer, [s. Ebenezer & Patience], b. July 11, 1737	1	31
Ebenezer, m. Patience **INGRAHAM**, [ ]	1	31
Edward, of Vernon, m. Susan G. **COREY**, of Lebanon, Dec. 31, 1851, by Rev. N. W. Miner	2	72
Eleazer, s. Benajah & Mary, b. Mar. 16, 1746/7; d. Aug. 22, 1747	1	17
Eleazer, reputed s. of Eunice **TREAT** & Eleazer **BILL**, b. June 10, 1785, at Dr. Mos[es] Williams	1	313
Elijah, [s. Philip & Jane], b. July 15, 1731	1	18
Elijah, [s. John & Mary], b. May 1, 1736	1	31
Eliphalet, s. Benajah & Mary, b. Aug. 25, 1750	1	17
Elisha, [s. Philip & Jane], b. Feb. 7, 1719	1	18
Elisha, m. Lydia **WOODWARD**, b. of Lebanon, June 25, 1744	1	29
Elisha, s. [Elisha & Lydia], b. Apr. 7, 1749	1	29
Esther, [d. Jedediah & Hannah], b. Dec. 29, 1747	1	27
Eunice, d. Ebenezer & Patience, b. July 7, 1751	1	31
George W., of Columbia, m. Anna **WILLIAMS**, of Lebanon, Nov. 27, 1834, by David Dickinson, Columbia	1	402
Hannah, [d. Ebenezer & Patience], b. Aug. 10, 1732	1	31
Harriet, of Hebron, m. Warren R. **LEWIS**, of Lebanon, Nov. 2, 1845, by Rev. James M. Stanton, Hebron	2	43
Harriet P., of Lebanon, m. Jarvis P. **LORD**, of Sherbourne, N.Y., [May] 26, 1827, by Rev. Daniel Waldo	1	324
Israel, s. Jedediah & Hannah, b. Nov. 4, 1740	1	27
James, s. John & Mercy, b. Sept. 20, 1703	1	27

BILL (cont.)

	Vol.	Page
James, s. James & Mary, b. Dec. 31, 1717	1	30
James, [s. James & Keziah], b. Feb. 2, 1736	1	29
James, d. Nov. 9, 1781, ae 78 y., Sept. 20, last	1	29
Jane, w. Philip, d. July 21, 1731	1	18
Jedediah, [s. James & Mary], b. July 18, 1719	1	30
Jedediah, m. Hannah **FOSTER**, b. of Lebanon, Apr. 10, 1740	1	27
Jedediah, [s. Jedediah & Hannah], b. Mar. 1, 1746	1	27
Jerusha, d. [Oliver & Martha], b. July 29, 1776	1	127
John, [s. John & Mary], b. June 6, 1733	1	31
John, [s. John & Mary], b. June 6, 1734	1	31
John, b. [ ]; d. [ ]	1	27
Jonathan, [s. John & Mary], b. Feb. 6, 1725/6	1	31
Jonathan, [s. Ebenezer & Patience], d. Aug. 24, 1734	1	31
Jonathan, s. Philip & Elizabeth, b. Sept. 15, 1735	1	18
Jonathan, m. Esther **OWEN**, Aug. 1, 1749	1	33
Jonathan, Jr., m. Elizabeth **DUNHAM**, Mar. 3, 1756	1	363
Jonathan, [s. John & Mary], b. Aug. 18, 1834 (sic.)	1	31
Joseph, [s. John & Mary], b. June 1, 1738	1	31
Judah, [s. John & Mary], b. Feb. 6, 1730/31	1	31
Keziah, d. James & Keziah, b. Mar. 14, 1741/2	1	29
Lucretia, d. Benajah & Mary, b. July 26, 1743; d. Nov. 13, 1743	1	17
Lucy, [d. Philip & Jane], b. Dec. 25, 1717	1	18
Lucy, d. [Oliver & Martha], b. May 30, 1785	1	127
Lurani, d. James & Keziah, b. Aug. 29, 1728	1	29
Lydia, d. [Elisha & Lydia], b. Apr. 26, 1756	1	29
Lydia, w. Elisha, d. May 24, 1786	1	29
Lydia, d. [Azariah & Elizabeth], b. May 11, 1788	1	374
Martha, [d. John & Mary], b. Oct. 23, 1743	1	31
Mary, [d. John & Mary], b. Dec. 16, 1741	1	31
Mary, d. Benajah & Mary, b. Nov. 27, 1744	1	17
Mary, d. Jonathan & Esther, b. May 6, 1750	1	33
Mary, m. Benajah **BILL**, [ ]	1	17
Mary E., of Lebanon, m. Dwight **LOOMIS**, of Rockville, Nov. 30, 1848, by Nathan Wildman	2	59
Mercy, [d. John & Mary], b. May 25, 1728	1	31
Mercy, [d. Philip & Jane], b. Jan. 6, 1729	1	18
Mercy, [d. John & Mary], b .Sept. 17, 1735	1	31
Mercy, [m.] Joseph **SIMONS**, [ ]	1	298
Nelson H., m. Betsey **STARK**, b. of Lebanon, Nov. 27, 1822, by Rev. William Palmer, at Mr. Caleb Stark's	1	14
Oliver, [s. James & Keziah], b. Oct. 27, 1737	1	29
Oliver, m. Martha **SKINNER**, Sept. 5, 1763, by Tho[ma]s Pitkin, Esq., Bolton	1	127
Oliver, s. [Oliver & Martha], b. Oct. 29, 1774	1	127
Oliver A., m. Julia Ann**ABELL**, Feb. 7, 1843, by Rev. Stephen Hays, of Exeter	2	20
Palmer, of Colchester, m. Sarah M. **BROWN**, Jan. 14, 1849, by Rev. Percival Matthewson, Colchester	2	59

LEBANON VITAL RECORDS 21

	Vol.	Page
BILL (cont.)		
Peleg, [s. James & Kaziah], b. Jan. 8, 1733	1	29
Philip, [s. Philip & Jane], b. Dec. 31, 1723	1	18
Rachel, d. Ebenezer & Patience, b. Apr. 7, 1748	1	31
Rachel, d. [Elisha & Lydia], b. July 2 ,1748	1	29
Reuben, s. [Elisha & Lydia], b. June 21, 1753	1	29
Samuel, [s. Philip & Elizabeth], b. July 4, 1744	1	18
Sarah, [d. Jedediah & Hannah], b. Jan. 31, 1743	1	27
Simeon, s. John & Mary, b. Nov. 8, 1723	1	31
Solomon, [s. Philip & Jane], b. Apr. 25, 1726	1	18
Sybel, d. Philip & Elizabeth, b. Mar. 6, 1740	1	18
Thomas, [s. Ebenezer & Patience], b. Feb. 28, 1741/2	1	31
Zipporah, d. Philip & Jane, b. Feb. 16, 1716	1	18
Zipporah, m. Jabez **CHAPPELL**, July 5, 1735	1	48
BINGHAM, Aaron, s. [William & Miriam], b. May 12, 1758	1	34
Betsey F., m. Flavel **DEWEY**, b. of Lebanon, Sept. 7, 1828, by Rev. Esek Brown	1	227
Eleazer, m. Miriam **PHELPS**, July 13, 1738	1	34
Eleazer, s. Eleazer & Miriam, b. July 7, 1745	1	34
Elizabeth, of Windham, m. Samuel **COGSWELL**, of Lebanon, Feb. 7, 1727/8	1	49
Esther, d. [William & Miriam], b. Sept. 21, 1752	1	34
Ezra, s. [Stephen], b. Sept. 12, 1772	1	361
Mary, [d. William & Miriam], b. [ ] 12, 1756	1	34
Miriam, d. William & Miriam, b. Apr. 6, 1749	1	34
Naomi, m. Joseph **HILL**, Dec. 14, 1786, by Rev. Mr. Jos[eph] Cogswell	1	378
Parthenia, m. Joseph **TERRY**, [ ]	1	379
Rebeckah, d. [Eleazer & Miriam], b. Jan. 10, 1742/3	1	34
Ruth, m. Joseph **LOOMISS**, Dec. 12, 1787	1	391
Sarah, d. Nath[anie]l & Sarah, b. Dec. 16, 1707	1	21
Sarah, d. William & Miriam, b. July 1, 1751	1	34
Stephen, m. Rebecca **BISHOP**, Nov. 30, 1715	1	21
Stephen, s. Eleazer & Miriam, b. Nov. 30, 1740	1	34
Stephen, s. [Stephen], b. Apr. 2, 1770	1	361
Stephen, of Lebanon, m. Polly **WALES**, of Windham, Apr. 19, 1792	1	376
Stephen, s. [Stephen & Polly], b. Feb. 26, 1793	1	376
Tabitha, of Hebron, m. Isaac **BROOKS**, of Killingly, Apr. 5, 1787, by Rev. Mr. Lockwood	1	377
BINNEY, Mary, m. John **BALDWIN**, June 12, 1751, by Solomon Williams, Clerk	1	16
BIRCHARD, Daniel, [s. David & Elizabeth], b. Dec. 13, 1722	1	19
David, m. Elizabeth **THOMAS**, [ ]	1	19
Elizabeth, [d. David & Elizabeth], b. Aug. 15, 1726	1	19
Hannah, m. John **LYMAN**, Feb. 25, 1730/31	1	172
Hannah, [w. John], d. Oct. 21, 1746, in the 69th y. of her age	1	21
Hannah, [d. John & Hannah], b. [ ]; d. [ ]	1	21
Jane E., of Lebanon, m. W[illia]m B. **LESTER**, of Woodstock, Apr. 11, 1849, by Rev. Horatio Merrill	2	61

BARBOUR COLLECTION

	Vol.	Page
BIRCHARD(cont.)		
John, d. Nov. 17, 1702	1	18
John, m. Hannah **LOOMIS**, Dec. 30, 1708	1	21
John, d. June 30, 1735	1	21
Joseph, [s. David & Elizabeth], b. June 3, 1734	1	19
Lydia, [d. David & Elizabeth], b. Jan. 28, 1736/7	1	19
Sam[ue]ll, [s. David & Elizabeth], b. Jan. 4, 1724/5	1	19
-----, Mrs. d. Jan. 21, 1722/3	1	18
BISHOP, Asa, of Lebanon, m. Joanna **ALLARD**, of Woodstock, Feb. 16, 1834, by Rev. Benjamin G. Goff, in Lebanon	1	99
Emeline, of Lebanon, m. Ichabod **ROGERS**, of Woodstock, Nov. 26, 1835, by Rev. John H. Baker	1	441
John, of New London, m. H. Ardelia **STOWELL**, of Lebanon, Apr. 22, 1850, by Rev. Dexter Bullard, Liberty Hill	2	66
Phebe, m. Samuel **DOWNER**, Apr. 4, 1722	1	63
Rebecca, m. Stephen **BINGHAM**, Nov. 30, 1715	1	21
Samuel, m. Sarah **CHAPMAN**, May 10, 1781, by Rev. Mr. Thomas Brockway	1	375
Samuel, s. [Samuel & Sarah], b. Nov. 13, 1781	1	375
BISSELL, BISSEL, Abigail, [d. John & Sarah], b. Aug. 24, 1715	1	22
Benjamin, m. Mary **WATTLE**, July 17, 1728	1	24
Benjamin, [s. Benjamin & Mary], b .Nov. 23, 1740	1	24
Benjamin, d. Aug. 19, 1758	1	24
Benjamin, Jr., [s. Benjamin & Mary], d. Nov. 1, 1760	1	24
Benjamin, s. [Joseph & Hannah], b. Mar. 30, 1761	1	36
Betty, [d. Benjamin & Mary], b. May 1, 1738	1	24
Bette, m. Abraham **FITCH**, May 18, 1758, by Solomon Williams, Clerk	1	128
Betty, d. [Daniel, Jr. & Sarah], b. Mar. 21, 1769	1	364
Caroline, d. [Daniel, Jr. & Sarah], b. Aug. 1, 1780	1	364
Daniel, m. Elizabeth **FITCH**, Feb. 15, 1746/7	1	35
Daniel, s. Daniel & Elizabeth, b. Dec. 6, 1747	1	35
Daniel, Jr. ,m. Sarah **WATTLES**, [ ]	1	364
Dan[ie]l Fitch, s. [Daniel, Jr. & Sarah], b. Oct. 11, 1782	1	364
Elizabeth, w. Daniel, d. Oct. 3, 1776	1	35
Guido Lusignanus, s. [Joseph & Hannah], b. Apr. 9, 1769	1	36
John, m. Sarah **FOWLER**, Nov. 14, 1714	1	22
John, s. [Daniel, jr. & Sarah], b. Nov. 14, 1773	1	364
John Partridge, s. [Joseph & Hannah], b. Mar. 9, 1757	1	36
Joseph, [s. Benjamin & Mary], b. July 2, 1731	1	24
Joseph, m. Hannah **PARTRIDGE**, Apr. 12, 1753	1	36
Joseph William, s. [Joseph & Hannah], b. Feb. 10, 1759	1	36
Mary Wattles, d. [Joseph & Hannah], b. May 27, 1755	1	36
Ruhamah, s. [Joseph & Hannah], b. Sept. 11, 1766	1	36
Sarah, [d. Benjamin & Mary], b. Oct. 13, 1734	1	24
Sarah, m. Joseph **LOOMISE**, [ ]	1	177
Zervia[h], [d. Benjamin & Mary], b. May 20, 1748	1	24
Zerviah, m. Joseph **THROOPE**, Nov. 8, 1770, by Rev. Mr. Williams	1	319

LEBANON VITAL RECORDS 23

	Vol.	Page
BISSELL, BISSEL (cont.)		
Zerviah, d. [Daniel, Jr. & Sarah], b. Dec. 28, 1775; d.		
June 27, 1777	1	364
Zerviah, d. [Daniel, Jr. & Sarah], b. June 28, 1779	1	364
BLACK, Abigail, m. William FINNEY, Nov. 3, 1747	1	104
BLACKLEACH, Anne, of Stratford, m. Rev. Jacob ELLIOT[T], of Lebanon, June 4, 1760, by Rev. Mr. Mills	1	81
Appama, of Stratford, m. James THOMAS, of Lebanon, Nov. 25, 1764, by Rev. Mr. Mills	1	315
Martha, of Stratford, m. Jacob ELLIOT[T], Jr., of Lebanon, May 27, 1761, by Rev. Mr. Elliot[t]	1	83
BLACKMAN, Benjamin, m. Sarah PHELPS, Dec. 17, 1730	1	25
Benjamin, s. [Elijah & Charlotte], b .Mar. 10,. 1810	1	214
Clarissa, d. [Elijah & Charlotte], b. July 30, 1808	1	214
Eleazer, s. [Elisha, Jr. & Lucy], b. May 31, 1765	1	39
Elijah, m. Charlotte SMITH, Oct. 26, 1806	1	214
Elisha, m. Susannah HIGLEY, Jan. 2, 1723/4	1	29
Elisha, [s. Elisha & Susannah], b. Sept. 19, 1727	1	27
Elisha, Jr., m. Lucy SMITH, wid., Mar. 23, 1753	1	39
Elisha, s. [Elisha, Jr. & Lucy], b. Apr. 4, 1760	1	39
Elizabeth, m. Stephen POWELL, [ ]	1	246
Ichabod, s. [Elisha, Jr. & Lucy], b. Mar. 24, 1762	1	39
Jonathan, [s. Elisha & Susannah], b. May 12, 1729	1	29
Jonathan, m. Sarah COMSTOCK, Nov. 7, 1751, by Rev. Benj[amin] Throope	1	36
Joseph, d. May 20, 1720	1	18
Joseph, s. Elisha & Susannah, b. Nov. 26, 1724	1	29
Levina, d. [Elisha, Jr. & Lucy], b. Sept. 7, 1757	1	39
Lucy, d. [Elisha, Jr. & Lucy], b. Sept. 7, 1755	1	39
Lurana, [d. Joseph], b. June 21, 1763	1	364
Mary, d. [Joseph], b. Feb. 19, 1759	1	364
Mary, m. Caleb HYDE, [ ]	1	141
Rebecca, m. Joseph WATERMAN, July 13, 1780, by Rev. Mr. Stone	1	373
Rebecca, m. Benjamin BREWSTER, [ ]	1	27
Susannah, [d. Elisha & Susannah], b. Aug. 12, 1733	1	29
Susanna, d. [Jonathan & Sarah], b. July 25, 1752	1	36
Susanna, [d. Joseph], b. Jan. 3, 1761	1	364
BLAKE, Olive C., of Lebanon, m. Henry N. ROBINSON, of Franklin, June 22, 1851, by Rev. N. W. Miner	2	70
BLANCHARD, Daniel, m. Mary Ann HOXSEY, b. of Lebanon, [ ], by Rev. Esek Brown	1	264
BLIN, Meriam, m. Jeremiah SELVEY, Jan. 4, 1749/50	1	290
BLISH, [see also BLISS], Asa, of East Haddam, m. Abby E. WEBSTER, of Exeter, Aug. 27, 1848, by John Avery	2	57
BLISS, [see also BLISH], Abraham, s. Henry & Bethiah, b. Oct. 11, 1743	1	35
Abraham, m. Lydia HEBART, Jan. 6, 1765, by Nath[anie]l Wales, Esq.	1	367
Abraham, s. [Abraham & Lydia], b. Mar. 16, 1773	1	367

BARBOUR COLLECTION

	Vol.	Page
BLISS (cont.)		
Amelia, [d. Abraham & Lydia], b. June 27, 1769	1	367
Amos, s. Henry & Bethiah, b. Mar. 1, 1739/40	1	35
Amos, m. Anna **BROWN**, July 17, 1777	1	376
Amos, s. [Amos & Anna], b. Mar. 1, 1780	1	376
Amos, d. Oct. 23, 1794	1	376
Amos, m. [ ] **DAVENPORT**, [ ]	1	376
Angelina, d. [Zenas & Polly], b. Jan. 22, 1799	1	378
Anna, [d. Azariah & Mary], b. Oct. 4, 1745	1	30
Anna, d. [Amos & Anna], b. Aug. 6, 1787	1	376
Azariah, [s. John & Hannah], b. Apr. 7, 1714	1	29
Azariah, m. Mary **TILDEN**, Apr. 29, 1736	1	30
Bethiah, d. Henry & Bethiah, b. Mar. 3, 1728/9	1	25
Bethiah, d. [Pelatiah & Hepzibah], b. May 27, 1752	1	39
Betsey, d. [Samuel, 3d. & Elizabeth, b. Feb. 28, 1788	1	377
Betty, d. [Peletiah & Hepzibah], b. Nov. 16, 1747	1	39
Bezu Eliot, s. [Zenas & Polly], b. Aug. 13, 1801	1	378
Charlotte, d. [Abraham & Lydia], b. Apr. 3, 1771	1	367
Clarinda, d. [Amos & Anna], b. Jan. 22, 1795, after her father's death	1	376
Daniel, [s. Azariah & Mary], b. Mar. 3, 1754	1	30
Daniel, Jr., m. Elizabeth **LINES**, Feb. 5, 1757, by Rev. Mr. Wheelock	1	17
Dan[iel], s. [Ebenezer & Rebeckah], b. July 4, 1759	1	28
Daniel, s. [William & Huldah], b. Sept. 30, 1811	1	393
David, s. Azariah & Mary, b. Feb. 21, 1736/7	1	30
David, m. Sarah **PORTER**, May 10, 1760	1	35
Ebenezer, [s. John & Hannah], b. Nov. 17, 1708	1	29
Ebenezer, of Lebanon, m. Rebecca **COLTON**, of Springfield, May 4, 1737	1	28
Ebenezer, [s. Ebenezer & Rebeckah], b. June 6, 1739	1	28
Edwin, s. [Zenas & Polly], b. Aug. 27, 1796	1	378
Elias, [s. Henry & Bethiah], b. Feb. 20, 1733	1	25
Elijah, s. Nath[anie]ll & Mehetable, b. Sept. 9, 1727	1	23
Eliza, d. [William & Huldah], b. Oct. 16, 1805	1	393
Elizabeth, [d. John & Hannah], b. Oct. 31, 1730	1	19
Elizabeth, d. [Daniel, Jr. & Elizabeth], b. Aug. 19, 1757	1	17
Esther, d. [Pelatiah & Hepzibah], b. Dec. 28, 1755	1	39
Eunice, [d. Azariah & Mary], b. June 10, 1756	1	30
Gordon, s. [Zenas & Polly], b. Aug. 16, 1790	1	378
Hannah, d. John & [Hannah], b. Apr. 12, 1736; d. June 7, 1735 (?)	1	19
Hannah, d. [Peletiah & Hepzibah], b. Dec. 3, 1757	1	39
Hannah, [d. John & Hannah], b. Aug. 22, 1723; d. June 7, 1735	1	19
Hannah, [d. John & Hannah], b. [ ]	1	29
Harriet, d. [Samuel, 3d. & Elizabeth], b. Jan. 29, 1795	1	377
Henry, s. Henry & Bethiah, b. Oct. 7, 1741	1	35
Henry, m. Bethiah **SPAFFORD**, [ ]	1	25
Henry, [s. Nathaniel & Mary], b. [ ]	1	29
Horace, s. [Zenas & Polly], b. Apr. 27, 1792	1	378
Huldah, d. [William & Huldah], b. Nov. 5, 1801	1	393

LEBANON VITAL RECORDS 25

	Vol.	Page
BLISS (cont.)		
Irena, [d. Ebenezer & Rebeckah], b. Feb. 26, 1755	1	28
Isaiah, [s. Azariah & Mary], b. June 9, 1750	1	30
Israel, [s. John & Hannah], b. Apr. 17, 1739	1	19
Jemima, [d. John & Hannah], b. July 16, 1733	1	19
John, s. John & Hannah, b. May 26, 1726	1	19
John, m. Hannah **TICKNER**, [ ]	1	19
John, s. John & Hannah, b. [ ]	1	29
Jonathan, [s. Ebenezer & Rebeckah], b. May 7, 1741	1	28
Jonathan, [s. Ebenezer & Rebeckah], b. Feb. 10, 1749/50	1	28
Joseph, s. Nath[anie]ll & Mehetable, b. Feb. 18, 1732/3	1	23
Joseph, s. Nath[anie]ll & [Mehetable], d. June 11, 1734	1	23
Joseph, s. Ebenezer & Rebeckah, b. Feb. 27, 1737/8	1	28
Lucy, [d. Ebenezer & Rebeckah], b. Oct. 6, 1752, N.S.	1	28
Lydia, [d. Henry & Bethiah], b. Feb. 1, 1736	1	25
Lydia, m. Jonathan **ABEL**, Sept. 10, 1754	1	6
Lydia, d. [Daniel, Jr. & Elizabeth], b. July 8, 1764	1	17
Lydia, d. [Amos & Anna], b. Aug. 15, 1790	1	376
Lydia, d. John & [Hannah], b. June 2, 1728	1	19
Lyman C., of Berlin, Mass., m. Eliza **TUCKER**, of Lebanon, Nov. 26, 1840, by Rev. Israel T. Otis	2	1
Martha, [d. Nathaniel & Mary], b. Oct. 30, 1709	1	29
Martha, m. Jabez **LYMAN**, Jan. 29, 1730	1	171
Martha, [d. Henry & Bethiah], b. Mar. 30, 1730/1	1	25
Mary, [d. Nathaniel & Mary], b. Mar. 3, 1704/5	1	29
Mary, d. Nath[anie[ll & Mehetable, b. Feb. 21, 1728/9	1	23
Mary, d. Nath[anie]ll & [Mehetable], d. Jan. 4, 1730/1	1	23
Mary, d. Nath[anie]ll & Mehetable, b. Mar. 21, 1731	1	23
Mary, m. Moses **HATCH**, Feb. 1, 1738	1	144
Mary, d. [Azariah & Mary], b. May 28, 1741	1	30
Mary, of Hebron ,m. Daniel **BASCUM**, of Lebanon, Oct. 11, 1750	1	17
Mary, d. [David & Sarah], b. Apr. 18, 1765	1	35
Mehetable, d. Nath[anie]ll & Mehetable, b. Aug. 10, 1729 (?)	1	23
Melinda, d. [William & Huldah], b. May 6, 1808	1	393
Molly, d. [Amos & Anna], b. July 5, 1782	1	376
Nath[anie]ll, m. Mehetable **SPAFFORD**, Sept. 4, 1723	1	23
Nath[anie]ll, [s. Nath[anie]ll & Mehetable], b. Aug. 5, 1736	1	23
Nathaniel, s. Nathaniel & Mary, b. [ ]	1	29
Parthena, d. [Abraham & Lydia], b. Aug. 20, 1767	1	367
Patience, d. Nath[anie]ll & Mehetable, b. June 21, 1734	1	23
Peletiah, s. Henry, b. May 6, 1725	1	25
Pelatiah, m. Hepzibah **GOODWIN**, June 19, 1744, by Col. Trumball	1	39
Pelatiah, s. [Pelatiah & Hepzibah], b. Apr. 3, 1749	1	39
Phebe, d. [David & Sarah], b. Mar. 19, 1762	1	35
Polly, d. [Zenas & Polly], b. Aug. 25, 1794	1	378
Rachel, [d. Azariah & Mary], b. July 22, 1743	1	30
Rebeckah, d. Ebenezer & Rebeckah, b. Feb. 17, 1742/3	1	28
Sally, d. [Samuel, 3d. & Elizabeth], b. June 2, 1790	1	377

26 BARBOUR COLLECTION

	Vol.	Page
BLISS (cont.)		
Sam[ue]l, m. Lydia **TICKNER**, Feb. 21, 1722/3	1	23
Sam[ue]l, s. Samuel & Lydia, b. July 23, 1724	1	23
Samuel, s. Samuel & Lydia, b. July 15, 1731; d. Oct. 3, 1724	1	23
Samuel, s. [Daniel, Jr. & Elizabeth], b. Mar. 11, 1761	1	17
Samuel, d. Dec. 15, 1761	1	23
Samuel, 3d. m. Elizabeth **HOLBROOK**, b. of Lebanon, May 20, 1787, by Rev. Zebulon Ely	1	377
Samuel, d. Oct. 26, 1808	1	377
Samuel, [s. John & Hannah], b. [ ]	1	29
Samuel Holbrook, s. [Samuel, 3d. & Elizabeth], b .Oct. 22, 1800	1	377
Sarah, [d. John & Hannah], b. Jan. 28, 1720/21	1	19
Sarah, m. Reuben **PORTER**, Feb. 26, 1761	1	253
Sarah, d. [David & Sarah], b. Oct. 19, 1763	1	35
Sophia, of Lebanon, m. Charles **WARNER**, of Derby, Nov. 18, 1821, by Esek Brown	1	417
Stephen, [s. Azariah & Mary], b. Mar. 31, 1752	1	30
Timothy, s. [Pelatiah & Hepzibah], b. Mar. 22, 1745	1	39
Vinall, d. [Azariah & Mary], b. Feb. 15, 1758	1	30
William, s. [Daniel, Jr. & Elizabeth], b. July 30, 1767	1	17
William, m. Huldah **LOOMISS**, June 16, 1799	1	393
William, s. [William & Huldah], b. Sept. 11, 1803	1	393
Zenas, [s. Henry & Bethiah], b. Mar. 28, 1738	1	25
Zenas, m. Polly **WRIGHT**, b. of Lebanon, Oct. 22, 1789	1	378
Zerviah, d. [Amos & Anna], b. July 14, 1784	1	376
BLIVEN, Sarah M., of Lebanon, m. Edward **ALLEN**, of South Windham, Mar. 28, 1852, by N. W. Miner	2	74
William, of Bozrah, m. Sarah **HOXIE**, of Lebanon, July 4, 1843, by Rev. Israel T. Otis	2	24
BLODGETT, Warren, of Colchester, m. Abigail Ann **LEWIS**, of Lebanon, Oct. 6, 1839, by Rev. Charles Nichols, Exeter Society	1	454
BLOSS, Sally, m. George **WILLIAMS**, of Lebanon, Sept. 29, 1816, in Eastern County of Chenango, N.Y., by Stephen Arnold, J.P.	1	403
BOSWORTH, BOZWORTH, Amos, s. [Constant & Mary], b. Jan. 4, 1762	1	364
Bethiah, [d. Nath[anie]ll & Bethiah], b. July 20, 1739	1	27
Clarissa, d. [Ichabod & Elizabeth], b. Feb. 23, 1771	1	367
Comfort, s. [Nath[anie]ll & Bethiah], b. Aug. 19, 1736	1	27
Constant, of Leb[ano]n, m. Mary **MATHER**, of Middletown, Nov. 28, 1759	1	364
David, m. Mary **STRONG**, b. of Lebanon, June 27, 1743	1	31
David, s. [David & Mary], b. June 8, 1746; d .Jan. [ ], 1750	1	31
David, s. David & Mary, b. Apr. 25, 1750	1	31
Hezekiah, s. [David & Mary], b. Nov. 14, 1757	1	31
Ichabod, s. David & Lydia*, b. Mar. 1, 1748 *(Probably Mary)	1	31

LEBANON VITAL RECORDS 27

	Vol.	Page
BOSWORTH, BOZWORTH (cont.)		
Ichabod, m. Elizabeth **CHAPPELL**, Apr. 5, 1770, by Rev. Mr. Stone	1	367
Ichabod Truman, [s. Ichabod & Elizabeth], b. Sept. 3, 1780	1	367
Jabin, [s. David & Mary], b. Apr. 8, 1752	1	31
Jadock, [s. David & Priscilla], b. Oct. 14, 1735	1	23
John, s. [Constant & Mary], b. Sept. 20, 1760	1	364
Joshua Chappell, s. [Ichabod & Elizabeth], b. June 25, 1775	1	367
Lois, m. Zina [**HYDE**], Feb. 24, 1785	1	155
Lydia, d. David & Priscilla, b. Oct. 2, 1733	1	23
Lydia, d. [David & Mary], b. Jan. 28, 1743/4	1	31
Lydia, m. Joseph **LOOMISS**, May 5, 1763	1	391
Molly, d. [David & Mary], b. June 6, 1754	1	31
Molle, d. [Ichabod & Elizabeth], b. July 31, 1778	1	367
Nath[anie]ll, m. Bethiah **HINCKLEY**, Nov. 22, 1733	1	27
Zadock, see under Jadock		
Zelinda, d. [Ichabod & Elizabeth], b. Jan. 24, 1773	1	367
Zelinda, m. Andrew **HUNTLEY**, [ ], 1794	1	154
BOURN, Abner, s. Thomas & Deborah, b. Feb. 2, 1722/3	1	19
Deborah, [d. Thomas & Deborah], b. Sept. 4, 1724	1	19
Ebenezer, [d. Thomas & Deborah], b. Jan. 1, 1726/7	1	19
Ebenezer, s. Thomas & Susannah, b. June 3, 1749	1	33
Lydia, [d. Thomas & Deborah], b. Sept. 27, 1734	1	19
Lydia, m. Zebulon **METCALFE**, Oct. 24, 1754, by Benjamin Throop, Clerk	1	210
Mary, d. Thomas & Susannah, b. Apr. 8, 1752	1	33
Sarah, d. Thomas & Susannah, b. Oct. 8, 1748	1	33
Thomas, [s. Thomas & Deborah], b. Oct. 1, 1725	1	19
Thomas, m. Susannah **PALMER**, Dec. 24, 1746	1	33
BOWEN, Amey, m. Eleazer **FITCH**, [ ]	1	109
Ardelia, of Lebanon, m. Charles **YOUNG**, of Indiana, Aug. 23, 1821, by Esek Brown	1	415
BRADFORD, Althea, twin with Irene, [d. Joseph & Ann], b. Apr. 6, 1704; d. Apr. [ ], 1704	1	20
Althea, twin with Ireny, [d. Joseph & Ann], b. Sept. 19, 1715	1	20
Ann, d. Joseph & Ann, b. July 26, 1699	1	20
Anne, w. Joseph, d. Oct. 7, 1715	1	20
Elizabeth, [d. Joseph & Ann], b. Oct. 21, 1712	1	20
Elizabeth, m. Andrew **SISK**, June 15, 1736	1	182
Hannah, [d. Joseph & Ann], b. May 24, 1709	1	20
Irene, twin with Alithea, [d. Joseph & Ann], b .Apr. 6, 1704; d. Apr. 16, 1704	1	20
Ireny, twin with Alithea, [d. Joseph & Ann], b. Sept. 19, 1715	1	20
Ireny, m. Jonathan **JANES**, Mar. 18, 1736	1	160
Jerusha, m. Hezekiah **NEWCOMB**, Nov. 14, 1716	1	223
Joseph, m. Ann **FITCH**, Oct. 5, 1698	1	20
Joseph, twin with Perscilla, [s. Joseph & Ann], b. Apr. 9, 1702	1	20

BARBOUR COLLECTION

	Vol.	Page
BRADFORD (cont.)		
Perscilla, twin with Joseph, [d. Joseph & Ann], b. Apr. 9, 1702	1	20
Priscilla, m. Samuel **HIDE**, Jan. 14, 1724/5	1	146
Sarah, [d. Joseph & Ann], b. Sept. 21, 1706	1	20
BRADLEY, George, m. Hannah **BRYMAN**, May 29, 1717	1	23
BRAMBLE, Elizabeth, d. [William & Elizabeth], b. Aug. 29, 1762	1	366
Eunice, [d. William & Elizabeth], b. Feb. 23, 1765	1	366
William ,m. Elizabeth **BUEL**, Mar. 25, 1762	1	366
BREANLEY, James, m. Harriet **HUNT**, b. of Lebanon, Nov. 24, 1848, by Rev. Dexter Bullard (Perhaps "**BRUMLEY**"?)	2	59
BREWSTER, Abel, [s. William & Mehetable], b .July 15, 1720	1	22
Ann, [d. Samuel & Tabitha], b. Aug. 4, 1732	1	20
Ann, d. Comfort & Deborah, b. May 10, 1741	1	26
Anne, [d. William & Mehetable], b. Aug. 28, 1727	1	22
Anne, m. Simeon **METCALFE**, Oct. 16, 1774	1	204
Anson, s. [Ichabod, Jr. & Lucy], b. Dec. 26, 1779	1	374
Bathsheba, d. Ichabod, m. Joshua **CHAPPELL**, Jr., Nov. 18, 1755	1	59
Benjamin, s. Benjamin & Mary, b. Sept. 4, 1697	1	21
Benjamin, [s. Benjamin & Rebecca], b. Oct. 12, 1726	1	27
Benjamin, m. Rebecca **BLACKMAN**, [ ]	1	27
Bettey, [d. Comfort & Deborah], b. Aug. 20, 1743	1	26
Betty, d. Ichabod & Lydia, b. Aug. 10, 1746	1	34
Charles, [s. Ebenezer & Elizabeth], b. Apr. 4, 1724	1	27
Charles, s. [Ichabod, Jr. & Lucy], b. Jan. 6, 1782	1	374
Comfort, [s. Benjamin & Mary], b. Dec. 2, 1711	1	21
Comfort, of Lebanon, m. Deborah **SMITH**, of Bolton, Dec. 2, 1736	1	26
Comfort, [s. Comfort & Deborah], b. Aug. 20, 1745	1	26
Comfort, Jr., m. Elizabeth **ABEL**, Feb. 15, 1770, by Rev. Solomon Williams	1	374
Comfort, s. [Comfort, Jr. & Elizabeth], b. Apr. 7, 1771	1	374
Comfort, d. May 27, 1822, ae 76	1	374
Daniel, [s. Benjamin & Mary], b. Nov. 21, 1714	1	21
Daniel, m. Mary **DIMOCK**, Oct. 10, 1734	1	26
Daniel, d. May 7, 1749, in the 34th y. of his age	1	26
Daniel, s. Comfort & Deborah, b. July 20, 1751	1	26
Daniel, s. [Comfort, Jr. & Elizabeth], b. Aug. 12, 1781	1	374
Deborah, d. Comfort & Deborah, b. Dec. 20, 1737	1	26
Ebenezer, s. William & Patience, b. Feb. 1, 1702/3	1	22
Ebenezer, s. Patience & William, b. Feb. 1, 1702/3	1	27
Ebenezer, d. Apr. 15, 1720	1	18
Ebenezer, m. Elizabeth **DeWOLF**, [ ]	1	27
Elias, s. [William], b. Apr. 30, 1767	1	364
Eliphas, [s. Charles & Kesiah], b. Jan. 25, 1747	1	32
Elisha, [s. William & Mehetable], b. Aug. 22, 1725; d. [ ], 1746, at Louisbourg	1	22
Elizabeth, [d. Ebenezer & Elizabeth], b. Mar. 7, 1729	1	27

LEBANON VITAL RECORDS 29

	Vol.	Page
BREWSTER (cont.)		
Elizabeth, m. Caleb **OWEN**, June 20, 1740	1	232
Elizabeth, m. Joseph **TILDEN**, Nov. 11, 1744	1	303
Elizabeth, d. [Comfort, Jr. & Elizabeth], b. Dec. 21, 1772	1	374
Elizabeth, d. Feb. 4, 1825, ae 82 y.	1	374
Eunice, [d. Daniel & Mary], b. Jan. 20, 1742/3	1	26
Hannah, [d. William & Mehetable], b. Mar. 31, 1718	1	22
Hannah, m. John **BARKER**, Nov. 6, 1728	1	20
Hannah, [d. John & Mary], b. May 5, 1734	1	29
Hannah, m. Constant **CRANDALL**, May 18, 1743	1	50
Hannah, m. Marverick **JOHNSON**, Feb. 7, 1759, by Rev. Mr. Williams	1	164
Hopestill, d. [Ichabod & Lydia], b. May 27, 1760	1	34
Huldah, d. Ichabod & Lydia, b. Apr. 23, 1744	1	34
Huldah, d. [Ichabod, Jr. & Lucy], b. Apr. 11, 1786	1	374
Ichabod, s. [Ichabod & Lydia], b. Mar. 6, 1753	1	34
Ichabod, Jr., m. Lucy **CLARK**, Nov. 16, 1762 [1772], by Rev. Mr. Stone	1	374
Ichabod, s. [Ichabod, Jr. & Lucy], b. Apr. 17, 1785	1	374
John, [s. Benjamin & Mary], b. May 25, 1710	1	21
John, m. Mary **TERRY**, [ ]	1	29
John, d. [ ]	1	29
Jonathan, [s. Benjamin & Mary], b. Nov. 14, 1706	1	21
Jonathan, [s. Benjamin & Mary], d. Oct. 24, 1717	1	21
Jonathan, s. Benjamin & Rebeckah, b. Sept. 9, 1723	1	27
Joseph, Wadsworth, s. [Wadsworth & Jerusha], b. Feb. 13, 1763	1	361
Katharine, [d. Ebenezer & Elizabeth], b. Apr. 5, 1727	1	27
Katharine, m. Ebenezer **RICHARDSON**, Jr., Nov. 5, 1747	1	270
Lot, s. [Ichabod, Jr., & Lucy], b. Aug. 15, 1792	1	374
Lotey, m. Samuel **DAVIS**, June 15, 1828, by Elder Allen Hewitt	1	69
Louisa, d. [Comfort, Jr. & Elizabeth], b. Mar. 7, 1787	1	374
Lucretia, d. [Comfort, Jr. & Elizabeth], b. Feb. 18, 1776	1	374
Lucy, d. [Ichabod, Jr. & Lucy], b. June 30, 1775	1	374
Lydia, m. Asahel **CLARK**, Dec. 13, 1758, by Joshua West, Esq.	1	372
Lydia, d. [Ichabod, Jr. & Lucy], b. Aug. 12, 1773	1	374
Lydia, d. [Ichabod, Jr. & Lucy], b. June 8, 1788	1	374
Lydia, 1st d. [Ichabod, Jr. & Lucy], d. June 11, 1788	1	374
Marietta, m. Peter **WATSON**, b. of Lebanon, Nov. 2, 1823, by Daniel Waldo	1	464
Mary, [d. Benjamin & Mary], b. Apr. 22, 1704	1	21
Mary, [d. John & Mary], b. Jan. 20, 1725/6	1	29
Mary, m. Benjamin **PAIN**, Oct. 19, 1726	1	241
Mary, [d. Samuel & Tabitha], b. Jan. 10, 1727/8	1	20
Mary, [d. Daniel & Mary], b. Apr. 15, 1745	1	26
Mary, w. Benjamin, d. Mar. 27, 1747, in the 74th y. of her age	1	21
Mary, wid. [John], d. [ ]	1	29
Mary, m. John **JOHNSON**, Jr. [ ]	1	162

30 BARBOUR COLLECTION

	Vol.	Page
BREWSTER (cont.)		
Mehetable, [d. Samuel & Tabitha], b. Aug. 12, 1739	1	20
Mehetable, [d. Daniel & Mary], b. Aug. 6, 1747	1	26
Mehetable, [d. Daniel & Mary], b. Dec. 7, 1749	1	26
Melinda, d. [Comfort, Jr. & Elizabeth], b. Oct. 30, 1778	1	374
Morgan, s. [William], b. Aug. 26, 1762	1	364
Naomi, d. Charles & Keziah, b. Nov. 9, 1745	1	32
Nehemiah, [s. Benjamin & Mary], b. June 25, 1709	1	21
Nehemiah, [s. Benjamin & Mary], d. Apr. 23, 1719	1	21
Nehemiah, s. Daniel & Mary, b. Nov. 21, 1735	1	26
Nehemiah, [s. Daniel & Mary], b. Apr. 19, 1738; d. Feb. 21, 1750/51	1	26
Oliver, s. [Wadsworth & Jerusha], b. Apr. 2, 1760	1	361
Peter, [s. Patience & William], b. Feb. 17, 1706/7	1	27
Polly, d. [Ichabod, Jr. & Lucy], b. Aug. 12, 1777	1	374
Prince, s. Ichabod & Lydia, b. June 19, 1749	1	34
Prince, of Lebanon, m. Esther **SEYMOUR**, of Norwich, May 12, 1833, by Rev. Esek Brown	1	461
Rube, d. Oliver & Martha, b. Jan. 5, 1732/3	1	26
Ruth, [d. Samuel & Tabitha], b. July 20, 1736	1	20
Ruth, [d. Daniel & Mary], b. Aug. 28, 1740	1	26
Ruth, d. [William], b. Oct. 25, 1764	1	364
Sabre, d. [Wadsworth & Jerusha], b. Dec. 6, 1761	1	361
Samuel, m. Tabitha **BALDWIN**, Nov. 30, 1726	1	20
Samuel, s. Samuel & Tabitha, b. Mar. 30, 1729	1	20
Samuel, Jr., m. Agnes **SWEATLAND**, Mar. 30, 1749	1	33
Sarah, d. Ebenezer & Elizabeth, b. Sept. 24, 1722	1	27
Silas, s. [Wadsworth & Jerusha], b. Feb. 12, 1767	1	361
Theodore, of Hartford, m. Phebe **HAZARD**, of Lebanon, Mar. 10, 1825, by Rev. Esek Brown	1	95
Wadsworth, [s. Oliver & Martha], b. Apr. 14, 1737	1	26
Wadsworth, m. Jerusha **NEWCOMB**, May 24, 1759, by Rev. Mr. Wheelock	1	361
William, m. Mehetable **ABEL**, Dec. 13, 1716	1	22
William, [s. William & Mehetable], b. Feb. 26, 1722/3; d. Nov. 1, 1726	1	22
William, d. Aug. 11, 1728	1	22
William W., m. Lucia **SMITH**, b. of Lebanon, Apr. 7, 1836, by Levi Meech, Elder	1	76
-----, m. John **McCALL**, [ ]	1	323
BRIDGES, Abigail, m. Daniel **DAVIS**, Jr., May 6, 1747	1	68
Esther, m. Daniel **CLARK**, Nov. [ ], 1730	1	49
Mary, m. Eliphalet **CLARK**, June 15, 1738	1	52
Mehetable, m. Moses **CLARK**, Nov. 5, 1746	1	54
BRITON, Susanna, m. Solomon **TISDALE**, Aug. 18, 1751	1	314
BROOKS, Electa, d. [Isaac & Tabitha], b. Dec. 29, 1789	1	377
Elvira, d. [Isaac & Tabitha], b. July 5, 1788	1	377
Isaac, of Killingly, m Tabitha **BINGHAM**, of Hebron, Apr. 5, 1787, by Rev. Mr. Lockwood	1	377
BROWN, Abby Jane, of Colchester, m. Francis **BECKWITH**, of Lebanon, Oct. 7, 1852, by G. W. Pendleton	2	76
Abiah, [child of Joseph & Eunice], b .Sept. 9, 1741	1	28

LEBANON VITAL RECORDS 31

	Vol.	Page
BROWN (cont.)		
Amy, d. [Azariah], b. Mar. 13, 1778	1	375
Anna, m. Amos **BLISS**, July 17, 1777	1	376
Anne, d. [Azariah], b. Sept. 7, 1780	1	375
Athelina, m. Timothy **LOOMIS**, Nov. 25, 1810	1	262
Benajah, s. Jona[than], Jr. & Hannah, b. Oct. 22, 1762	1	362
Charles A., of Sag Harbor, L.I., m. Ellen A. **FULLER**, of Lebanon, [ ], by Rev. Dexter Bullard	2	58
Chloe, of Colchester, m. Abraham **DEWEY**, May 28, 1766, by Rev. Mr. Little	1	72
Christopher, m. Lydia H. **TARBOX**, b. of Lebanon, Oct. 29, 1837, by Rev. Lyman Strong	1	451
Daniel, m. Mary **ARMSTRONG**, b. of Lebanon, Nov. 4, 1838, by Rev. Oliver Brown	1	460
David, Jr., m. Rhoda **MANTLE**, b. of Lebanon, Mar. 7, 1830, by Rev. Daniel Waldo	1	192
Ebenezer, m. Sarah **HIDE**, Feb. 25, 1713/14	1	22
Ebenezer, m. Lucy **OWEN**, Jan. 8, 1744/5	1	33
Ebenezer, s. Ebenezer & Lucy, b. Aug. 23, 1745	1	33
Elijah, [s. Joseph & Eunice], b. Jan. 11, 1744	1	28
Eliza, of Lebanon, m. Griswold **CHAPMAN**, of Salem, Feb. 21, 1833, by Elisha Waterman, J.P.	1	433
Emily T., of Lebanon, m. Joel **SAUNDERS**, of Colchester, Sept. 7, 1845, by Rev. J. R. Brown, Goshen	2	42
Eunice, m. Gerrard, A. **BASCOM**, Sept. 21, 1830, by Erastus Ripley	1	228
George, s. [Josiah & Hannah], b. Aug. 6, 1769	1	16
George Colwell, s. [Palmer & Mary], b. Aug. 16, 1828	1	220
Gustavus, s. Esek, d. Aug. 13, 1822	1	15
Hannah, d. Jan. 18, 1709/10	1	18
James, of Norwich, m. Jennet **McCRACKEN**, of Exeter, Aug. 7, 1836, by Rev. Alpheas Geer	1	383
John, [s. Ebenezer & Sarah], b. Dec. 20, 1714	1	22
John, [s. Sam[ue]l & Joanna], b. Jan. 17, 1722/3	1	22
John, d. May 29, 1799, ae 84 y. 5 m.	1	362
John, 2d, m. Mary Ann **PEABODY**, b. of Lebanon, [Apr.] 12, 1821, at Mr. N. Peabody's, by William Palmer	1	406
John, m. Louisa **LOMBARD**, b. of Lebanon, Sept. 27, 1832, by Rev. Daniel Waldo, of Exeter	1	430
John B., of Andover, m. Harriet **CHAMPLAIN**, of Lebanon, Sept. 1, 1850, by Nathan Wildman	2	67
Joseph, [s. Ebenezer & Sarah], b. June 30, 1717	1	22
Joseph, of Lebanon, m. Eunice **ALLEN**, of New London, Dec. 13, 1736	1	28
Joseph, s. [Palmer & Mary], b. July 26, 1826	1	220
Josiah, m. Hannah **HOUSE**, Dec. 22, 1768, by B. Bill, Esq.	1	16
Julia A., m. Asa A. **ROBINSON**, May 28, 1839, by Rev. Nathan Wildman	1	443
Lucy, d. [Azariah], b. Jan. 30, 1782	1	375

	Vol.	Page

BROWN (cont.)

	Vol.	Page
Lucy, of Lebanon, m. Lyman **BACK**, of Chaplin, May 15, 1833, by Rev. Esek Brown	1	439
Lucy P., d. [Christopher & Lydia H.], b. May 2, 1840	1	451
Lydia, [d. Ebenezer & Sarah], b. Mar. 19, 1720	1	22
Lydia, m. Ichabod **ROBINSON**, Jan. 16, 1751/2	1	271
Lydia, d. [Azariah], b. Dec. 6, 1783	1	375
Lydia, m. Joseph **WADSWORTH**, [ ]	1	338
Martha, m. Wade **CLARK**, July 9, 1740	1	50
Mary, of Lebanon, m. John K. **GARRISON**, of Franklin, Mar. 11, 1849, by John Avery	2	60
Mary B., m. Edward H. **HUBBARD**, b. of Lebanon, Sept. 11, 1842, by Rev. Nathan Wildman	2	17
Mary E., of Lebanon, m. Jonathan D. **RUMERY**, of Lockport, N.Y., Oct. 31, 1847, by Rev. Dexter Bullard	2	53
Mary P., d. Christopher [& Lydia H.], b. June 5, 1838	1	451
Nathaniel, m. Sally **LORING**, b. of Lebanon, Jan. 15, 1849, by Nathan Wildman	2	60
Nathaniel Armstrong, s. [Palmer & Mary], b. Oct. 15, 1824	1	220
Parnal, [s. Azariah], b. June 16, 1786	1	375
Persia, d. [Azariah], b. Nov. 10, 1789	1	375
Phebe, m. Samuel **BECKWITH**, b. of Lebanon, Oct. 7, 1824, by Rev. William Palmer, at John Brown's	1	92
Rachel, d. [Joseph & Eunice], b. Aug. 14, 1755	1	28
Sam[ue]l, of Lebanon, m. Joanna **LOOMISE**, of Windsor, [ ], 1721	1	22
Samuel, Jr., of Colchester, m. Olive **MARSH**, of Exeter, Aug. 27, 1821, by Rev. Jared Andrews, of Chaplin in Mansfield	1	414
Sarah, [d. Joseph & Eunice], b. June 5, 1753	1	28
Sarah, of East Haddam, m. Daniel **REED**, Jr., of Leban[o]n, Nov. 17, 1773, by Rev. Eben[ezer] Kellogg	1	275
Sarah A., d. Esek, b. Sept. 15, 1821	1	15
Sarah A., of Lebanon, m. Luther **ROBINSON**, of Roxbury, Mass., June 3, 1845, by Rev. Nathan Wildman	2	39
Sarah Ann, d. [Palmer & Mary], b. Mar. 16, 1831	1	220
Sarah L., of Mansfield, m. Alonzo **SHARPE**, of New London, Sept. 14, 1847, by Rev. Fred[eric]k P. Coe	2	52
Sarah M., m. Palmer **BILL**, of Colchester, Jan. 14, 1849, by Rev. Percival Mathewson, Colchester	2	59
Stephen, m. Belinda **BECKWITH**, b. of Lebanon, Oct. 26, 1824, by Rev. William Palmer, at Mr. John Brown's	1	12
Susan, m .Leonard **LATHROP**, b. of Lebanon, Sept. 12, 1842, by Levi Meech, Elder	2	15
William, reputed s. William **BROWN** & Esther **LOOMIS**, b. Oct. 30, 1735	1	25

LEBANON VITAL RECORDS 33

	Vol.	Page
BROWNING, Harry, of Lebanon, m. Clarissa **FISH**, of Windham, Jan. 3, 1828, by Rev. Esek Brown	1	211
BRUMLEY, [see under **BREANLEY**]		
BRUNSMEAD, Mary, m. Eleazer **WHEELOCK**, of Lebanon, Nov. 24, 1747	1	331
BRYMAN, Hannah, m. George **BRADLEY**, May 29, 1717	1	23
BUCK, Jedediah, m. Almira **HAMSLEY**, Oct. 21, 1838, by Rev. Nathan Wildman	1	458
BUCKINGHAM, Amelia, d. [Thomas & Triphena], b. Sept. 10, 1783	1	366
Charlotte, d. [Thomas & Triphena], b .Feb. 21, 1786	1	366
Esther, m. Enos **GAREY**, Feb. 25, 1787, by Rev. Thomas Brockway	1	131
Henry, s. [Thomas & Triphena], b. Jan. 13, 1779	1	366
Jedediah, s. William & Rebeckah, b. Dec. 1, 1748	1	33
John T., s. [Thomas & Triphena], b. Nov. 10, 1790	1	366
Lucinda, d. [Thomas & Triphena], b. Apr. 28, 1781	1	366
Mary, d. [William & Rebeckah], b. Jan. 15, 1757	1	33
Mary, d. [Thomas & Triphena], b. Apr. 26, 1793	1	366
Mary, w. Stephen, d. Jan. 26, 1799, soon after her daughter was born	1	377
Mary Dorrance, d. [Stephen & Mary], b. Jan. 26, 1799	1	377
Rebeckah, d. [William & Rebeckah], b. May 13, 1751	1	33
Salome, d. [Thomas & Triphena], b. Aug. 24, 1788	1	366
Samuel, s. [William & Rebeckah], b. July 16, 1754	1	33
Samuel, s. [Thomas & Triphena], b. Aug. 13, 1796	1	366
Stephen, s. Jedidiah & Martha, b. Apr. 14, 1762	1	377
Stephen, m. Mary **DORRANCE**, b. of Lebanon, Jan. 2, 1798, by Rev. Tho[ma]s Brockway	1	377
Thomas, m. Triphena **HEBART**, of Windham, Aug. 6, 1778, by Rev. Mr. White	1	366
William, m. Rebeckah **CLARK**, May 22, 1746	1	33
Zerviah, d. William & Rebeckah, b. Mar. 9, 1747	1	33
Zerviah, w. Capt. Sam[ue]l, d. Sept. 17, 1748, in the 44th y. of her age	1	18
BUD[D]INGTON, Lodwick C., m. Nancy **FOWLER**, b. of Preston, Feb. 25, 1829, by Esek Brown	1	75
BUELL, BEWEL, BEWELL, BUEL, Abel, [s. William], b. June 5, 1714	1	25
Abel, m. Mehetable **DEWEY**, Apr. 9, 1734	1	26
Abel, [d. Abel & Mehetable], b. Apr. 11, 1740	1	26
Abel, s. [Oliver & Sarah], b. May 24, 1766	1	38
Abel, s. [Josiah & Lucretia], b. Mar. 9, 1772	1	375
Abel, s. [Abel & Wealthy], b. Mar. 25, 1799	1	214
Abel, m. Wealthy **BAILEY** [ ]	1	214
Abel, Jr., m. Sarah **HIDE**, [ ]	1	365
Abel Bailey, s. [James & Triphena], b. Aug. 31, 1815	1	378
Abigail, m. Stephen **STRONG**, Jan. 16, 1717/18	1	278
Abraham, [s. John & Freedom], b. Feb. 19, 1738	1	24
Abraham, s. [Abel, Jr. & Sarah], b. Jan. 25, 1764	1	365
Amphylia, d. [Josiah & Lucretia], b. July 29, 1782	1	375
Ann, [d. Able & Mahetable], b. Aug. 17, 1738	1	26

	Vol.	Page
BUELL, BEWEL, BEWELL, BUEL (cont.)		
Anne, d. [Oliver & Sarah], b. July 17, 1774; d. Apr. 14, 1776	1	38
Anne Vera, d. [Josiah & Lucretia], b. Mar. 31, 1779	1	375
Asenath, d. [Abel, Jr. & Sarah], b. Nov. 8, 1761	1	365
Benjamin, m. Hannah **HUTCHINSON**, June 28, 1710	1	21
Bezeliel H., m. Sophia **CHURCH**, Mar. 15, 1811	1	402
Bezeleel Hyde, s. [Josiah & Lucretia], b. Aug. 30, 1789	1	375
Chester, s. [Abel; & Wealthy], b. Mar. 20, 1804	1	214
Cynthia, d. [Josiah & Lucretia], b. June 4, 1777	1	375
Daniel, s. [Oliver & Sarah], b. Jan. 16, 1772; d. Feb. 1, [1772]	1	38
David, [s. John & Freedom], b. May 16, 1741	1	24
Deborah, d. John [& Mary], b. Jan. 24, 1707/8	1	30
Deborah, [d. William], b. July 23, 1718	1	25
Deborah, m. Joseph **THROOPE**, Mar. 20, 1740	1	307
Delia, d. [James & Triphenia], b. Aug. 8, 1802	1	378
Dillon, s. [James & Triphenia], b. Apr. 18, 1796	1	378
Dillon, of Lebanon, m. Sarah Ann **TRAPP**, of Columbia, Jan. 1, 1826, by Rev. Esek Brown	1	116
Ebenezer, [s. John & Mary], b. Mar. 16, 1713	1	30
Elizabeth, [d. William], b. Mar. 27, 1714/15	1	25
Elizabeth, [d. John & Mary], b. Apr. 27, 1720	1	30
Elizabeth, [d. Abel & Mehetable], b. Oct. 6, 1743	1	26
Elizabeth, m. William **BRAMBLE**, Mar. 25, 1762	1	366
Elizabeth, d. [William & Sarah], b. Apr. 30, 1774	1	376
Elizabeth, m. Rufus R. **ROBINSON**, Jan. 19, 1800	1	390
Eunice, [d. Abel & Mehetable], b. Aug. 16, 1745	1	26
Ezra, [s. John & Freedom], b. Apr. 2, 1744	1	24
Freedom, d. John & Freedom, b. June 23, 1729	1	24
Freedom, m .Jonathan **EDGERTON**, Oct. 31, 1751, by Rev. Mr. Eliot[t]	1	81
Freedom, d. [Jacob & Ruth], b. Jan. 17, 1763	1	363
Hannah, d. John & Mary, b. Dec. 7, 1703	1	30
Hannah, d. [Jacob & Ruth], b. July [ ], 1774	1	363
Hannah, d. [William & Sarah], b. Mar. 14, 1781	1	376
Harriet, d. [Abel & Wealthy], b. July 29, 1801	1	214
Hezekiah, s. [Oliver & Sarah], b. Jan. 1, 1759	1	38
Horatio, s. [Abel & Wealthy], b. May 4, 1797	1	214
Isaac, s. [John & Freedom], b. Apr. 6, 1736	1	24
Isaac, s. [Oliver & Sarah], b. Nov. 18, 1756	1	38
Jacob, [s. John & Freedom], b. Apr. 30, 1736 (sic)	1	24
Jacob, of Lebanon, m. Ruth **SKINNER**, of Hebron, Apr. 28, 1762, by Alex[ande]r Phelps, Esq.	1	363
James, s. [Josiah & Lucretia], b. Sept. 4, 1774	1	375
James, m. Triphenia **BAILEY**, Oct. 8, 1795, by Rev. Zebulon Ely	1	378
James, d. May 1, 1830	1	378
James Madison, s. [James & Triphenia], b. Mar. 20, 1811	1	378
John, m. Freedom **STRONG**, May 9, 1726	1	24
John, s. John & Freedom, b. Aug. 31, 1727	1	24
John L., s. [Bezeliel H. & Sophia], b. July 29, 1813	1	402

LEBANON VITAL RECORDS 35

	Vol.	Page
BUELL, BEWEL, BEWELL, BUEL (cont.)		
Jonathan, [s. John & Mary], b. Dec. 13, 1717	1	30
Joseph, s. [Jacob & Ruth], b. June 27, 1772	1	363
Josiah, of Lebanon, m. Lucretia **HYDE**, of Norwich, July 13, 1769, by Rev. Mr. Ellis	1	375
Lois, [d. John & Mary], b. Mar. 12, 1705/6	1	30
Lois, [d. John & Freedom], b. Feb. 8, 1746/7	1	24
Lois, m. Robert **PATRICK**, Dec. 6, 1763	1	255
Louisa, d. [Abel & Wealthy], b. Apr. 27, 1795	1	214
Lucian H., s. [Bezeliel H. & Sophia], b. Aug. 10, 1815	1	402
Lucretia, d. [James & Triphenia], b. Feb. 2, 1800	1	378
Lucretia, w. Josiah, d. Feb. 13, 1809, in the 57th year of her age	1	375
Lydia, d. [Jacob & Ruth], b. Dec. 26, 1765	1	363
Malinday, d. [William & Sarah], b. May 10, 1785	1	376
Martha, d. William, Jr., d. Jan. 26, 1731/2	1	18
Martha, w. Ensign William, d. May 25, 1751, in the 69th year of her age	1	25
Mary, m. Gershom **HINCKLEY**, Oct. 29, 1712	1	150
Mary, [d. Abel & Mehetable], b. Sept. 28, 1741	1	26
Mary, d. [William & Sarah], b. Mar. 21, 1783	1	376
Mehitable, m. Nathaniel **PORTER**, Nov. 18, 1701	1	240
Mehetable, [d. William], b. Apr. 25, 1721; d. Aug. 14, 1726	1	25
Mehetable, d. [Abel & Mehetable], b. May 8, 1735	1	26
Molly Porter, d. [Josiah & Lucretia], b. Apr. 27, 1776	1	375
Nancy, d. [Jacob & Ruth], b. Mar. 3, 1768	1	363
Nancy Hyde, d. [James & Triphenia], b. July 20, 1809	1	378
Oliver, s. John & Freedom, b. Jan. 24, 1731/2	1	24
Oliver, m. Sarah **EDGARTON**, Sept. 24, [1755], by John Ellis, Clerk	1	38
Oliver, s. [Oliver & Sarah], b. Aug. 10, 1761	1	38
Orange, s. [Oliver & Sarah], b. Dec. 18, 1763	1	38
Peter, s. John [& Mary], b. May 22, 1710	1	30
Ruth, w. [Jacob], d. May 28, 1776	1	363
Sam[ue]l, s. William & Elizabeth, b. Nov. 5, 1708	1	25
Sarah, d. [Oliver & Sarah], b. Jan. 20, 1769	1	38
Sarah, d. [William & Sarah], b. Feb. 14, 1776	1	376
Solomon, s. John & Mary, b. Aug. 3, 1715	1	30
Timothy, [s. William], b. Oct. 24, 1711	1	25
Triphenia, [w. James], d. Apr. 13, 1830	1	378
Walter, s. [Jacob & Ruth], b. Nov. 12, 1769	1	363
Wealthy, d. [Abel & Wealthy], b. June 4, 1793	1	214
William, s. William & Elizabeth, b. Sept. 5, 1706	1	25
William, m. Martha **SMITH**, Apr. 23, 1730	1	25
William, m. Jerusha **DEAN**, of Stonington, Nov. 12, 1751	1	25
William, d. Apr. 7, 1763, ae 86 y. the Oct. 27th last	1	25
William, m. Sarah **WEST**, b. of Lebanon, Mar. 25, 1773, by her father, Joshua West, J.P.	1	376
William, s. [William & Sarah], b. Feb. 6, 1778	1	376

BARBOUR COLLECTION

	Vol.	Page
BULKELEY, BULKLEY Amelia Maria, of Mansfield, m. Joseph McC. GOODWIN, of Lebanon, Oct. 7, 1841, by Nathan Wildman	2	10
Hezekiah, of Fairfield, m. Dolly B. BARTLETT, of Lebanon, Nov. 17, 1833, by Salmon Cone, V.D.M.	1	439
Sarah, m. Joseph TRUMBULL, Jr., Nov. 20, 1727	1	301
BULLARD, Mary L., m. Jacob McL. GAY, b. of Lebanon, Aug. 6, 1848, by Rev. Dexter Bullard	2	57
BUNCE, Aaron, s. [Aaron & Jerusha], b. Nov. 20, 1760	1	367
Elizabeth, d. [Aaron & Jerusha], b. Mar. 23, 1758	1	367
Mary, d. [Aaron & Jerusha], b. Dec. 4, 1755	1	367
BURNAP, John, s. John, b. Mar. 16, 1752	1	37
BURNHAM, Eliza, m. Lester FORD, b. of Lebanon, Jan. 16, 1823, by Esek Brown	1	14
Jane E., m. Henry W. AVERY, Mar. 28, 1852, by Rev. N. W. Miner	2	74
Lucy, m. Lester FORD, b. of Lebanon, July 5, 1835, by William T. Williams, J.P.	1	14
Marvin, m. Fanny M. FLINT, b. of Windham, Dec. 5, 1837, by Rev. Dexter Bullard	1	452
Mary, of Windham, m. Timo[thy], ALLEN, Nov. 21, 1780, by Rev. Mr. Cogswell	1	8
Sally, m. Ezekiel FORD, b. of Lebanon, Nov. 30, 1820, by Esek Brown	1	411
Samuel J., of Norwich, m. Abby H. BARSTOW, of Lebanon, Aug. 4, 1833, by Rev. Edward Bull	1	429
BURNS, [see under BERNS]		
BURR, Hannah, m. Henry WOODWARD, Nov. 17, 1703	1	325
Harriet, of Hartford, m. Solomon WILLIAMS, of Lebanon, Mar. 21, 1805	1	387
BURROUGHS, Margaret, m. Nath[aniel] DEWEY, Jan. 24, 1699	1	60
BURT, Dorcas, d. Ephraim & Dorcas, b. Sept. 29, 1736	1	20
Elizabeth, m. Jonathan CURTICE, July 21, 1720	1	44
Ephraim, d. Apr. 8, 1737	1	20
Lydia, [d. Ephraim & Dorcas], b. July 21, 1734	1	20
Tabitha, m. Perez SPRAGUE, Jan. 19, 1726/7	1	283
BUSH, Barzillai, s. [Timothy & Deborah], b. Nov. 11, 1763	1	36
Eleazer, s. [Timothy & Deborah], b. May 22, 1768	1	36
John, [s. Timothy & Deborah], b. Dec. 13, 1761	1	36
Mary, [d. Timothy & Deborah], b. June 27, 1760	1	36
BUSHNELL, Aaron, [s. Sam[ue]ll & Zerviah], b. Aug. 17, 1747	1	28
Ann, m. Samuel DAGGET, Apr. 17, 1754	1	69
Ebenezer, m. Elizabeth TIFFANY, Nov. 25, 1756, by W[illia]m Metcalf, Esq.	1	362
Ebenezer, s. [Ebenezer & Elizabeth], b. Sept. 13, 1757	1	362
Ebenezer, Jr., m. Triphena CLARK, Aug. 14, 1780, by her father	1	365
Elijah, [s. Sam[ue]ll & Zerviah], b. Mar. 30, 1746	1	28
Elijah, m. Eunice PRATT, Sept. 12, 1769, by Rev. Mr. Williams	1	367

LEBANON VITAL RECORDS 37

	Vol.	Page
BUSHNELL (cont.)		
Elijah, s. [Elijah & Eunice], b. May 6, 1770	1	367
Elizabeth, d. [Ebenezer & Elizabeth], b. Nov. 5, 1761	1	362
Elizabeth, w. Ebenezer, d. Mar. 26, 1790	1	362
Hezekiah, s. [Ebenezer, Jr. & Triphena], b. Sept. 27, 1782	1	365
Jerusha, d. [Ebenezer & Elizabeth], b. June 16, 1768	1	362
Jerusha, m. Dea. Daniel **STRONG**, b. of Lebanon, Apr. 15, 1804, by Rev. Zebulon Ely	1	74
Mehitable, m. Jacob **LYMAN**, June 26, 1745	1	181
Nathan, d. Oct. 6, 1770, in the 85th yr. of his age	1	20
Rebeckah, d. Nathan & Mehetable, b. Nov. 3, 1737	1	20
Samuell, m. Zerviah **LYMAN**, Oct, 5, 1743	1	28
Samuel, s. Sam[ue]ll & Zerviah, b. Aug. 7, 1744	1	28
Zerviah, d. Sam[ue]ll & Zerviah, b. Feb. 9, 1749/50	1	28
Zerviah, m. James Noyse **BARBER**, Jan. 16, 1771, by Rev. Solomon Williams	1	23
Zerviah, m. Joseph **McCALL**, b. of Lebanon, Jan. 14, 1838, by Levi Meech, Elder	1	454
BUTLER, Chandler, [child of Patrick & Mercy], b. Jan. 5, 1763	1	361
Harriet M., m. Henry W. **LAMB**, b. of Lebanon, Dec. 7, 1842, by Rev. Stephen Hays, of Exeter	2	18
John, s. [Patrick & Mercy], b. Mar. 29, 1759	1	361
Laura, m. Seth **BARTLETT**, b. of Lebanon, Dec. 9, 1824, by Rev. Daniel Waldo	1	94
Lot McCall, m. Mary **LO[O]MIS**, b. of Lebanon, Jan. 1, 1829, by Rev. Daniel Waldo	1	89
Molly, d. [Patrick & Mercy], b. July 26, 1761	1	361
Patrick, m. Mercy **BARTLETT**, Dec. 16, 1756	1	361
BUTTON, Arous, m. Prudence **LEWIS**, b. of Lebanon, Sept. 10, 1821, by Esek Brown	1	415
Betsey, of Lebanon, m. Ira **BUTTON**, of Hopkinton, R.I., Jan. 1, 1821, by Esek Brown	1	412
Hetty, d. Benjamin & Hetty, b. Oct. 5, 1836; d. Feb. 15, 1837	1	261
Ira, of Hopkinton, R.I., m. Betsey **BUTTON**, of Lebanon, Jan. 1, 1821, by Esek Brown	1	412
Labon, of Wilberham, m. Evelina **LUMBARD**, of Lebanon, Mar. 13, 1823, by Esek Brown	1	86
Watey, of Lebanon, m. Erastus **FOX**, of Windham, Mar. 24, 1830, by Rev. Edward Bull	1	427
CADY, Elizabeth, of Tolland, m. Solomon **DEWEY**, Aug. 30, 1770, by Rev. Na[thaniel] W[illia]ms	1	67
CALKINS, CALKIN, Abigail had s. John **SPRAGUE**, b. May 4, 1708	1	279
Abigail, d. James & Abigail, b. July 5, 1735	1	48
Abigail, [d. James & Abigail], b. June 17, 1740	1	48
Abigail, d. [John, Jr. & Abigail], b. Apr. 4, 1745	1	54
Abigail, w. James, d. Feb. 21, 1748/9	1	48
Abigail, d. [Solomon & Abigail], b. Sept. 9, 1751	1	56
Abijah, m. David **SPENCER**, July 9, 1712	1	279
Ahiza, s. Eze[kie]ll & Anna, b. Dec. 11, 1752	1	54

CALKINS, CALKIN (cont.)

	Vol.	Page
Ann, [d. James & Abigail], b. Jan. 20, 1733/4(?)	1	48
Anna, d. [Ezekiel & Anna], b. Sept. 2, 1757	1	54
Aquilla, [s. Samuel & Hannah], b. June 4, 1711	1	45
Ashel, s. [Simeon & Ruth], b. Mar. 5, 1761	1	58
Betty, [d. James & Abigail], b. June 21, 1744	1	48
Daniel, [s. John & Katherine], b. [ ]	1	45
Eben[eze]r, s. [Solomon & Abigail], b. July 30, 1765	1	56
Eleanor, d. Jeremiah & Rachel, b. Mar. 6, 1730	1	47
Eleanor, m. Jedediah **PHELPS**, Jr., Apr. 10, 1749	1	250
Eleazer, s. [Solomon & Abigail], b. May 5, 1769	1	56
Eleazer, m. Chloe **KINGSLEY**, Apr. 10, 1794	1	368
Elijah, [s. John & Sarah], b. Feb. 9, 1727/8	1	45
Elisha, [s. Jeremiah & Rachel], b. Apr. 18, 1728	1	47
Elizabeth, [d. John & Katharine], b. Sept. 14, 1733	1	45
Emelia, d. [Solomon & Abigail], b. Dec. 1, 1755	1	56
Eunice, d. Ezekiel & Anna, b. Oct. 10, 1749	1	54
Ezekiel, [s. John & Katharine], b. Nov. 4, 1728	1	45
Ezekiel, m. Anna **AVERY**, Dec. 22, 1748	1	54
Hannah, [d. John & Katharine], b. May 29, 1726	1	45
Hannah, d. [Solomon & Abigail], b. Apr. 17, 1767	1	56
Isaac Newton, s. [Nathaniel Skiff & Leah], b. Nov. 19, 1801	1	86
Israel, [s. John & Katharine], b. June 8, 1731	1	45
James, [s. John & Abigail], b. Apr. 29, 1702	1	44
James, m. Abigail **HUNTINGTON**, Apr. 15, 1734	1	48
James, s. [James & Abigail], b. Dec. 19, 1741	1	48
Jeremiah, m. Rachel **JONES**, Nov. 10, 1725	1	47
John, [s. John & Abigail], b. Nov. 19, 1699	1	44
John, m. Katharine **FOSTER**, Nov. 5, 1719	1	45
John, 3d, m. Sarah **HUNTINGTON**, Apr. 9, 1721	1	45
John, s. John & Sarah, b. Mar. 23, 1723	1	45
John, s. Jeremiah & Rachel, b. Aug. 19, 1732	1	47
John, m. Elizabeth **CURTICE**, b. of Lebanon, June 20, 1743	1	45
John, Jr., of Worcestershire, m. Abigail **NORTHUP**, of Worcestershire, June 10, 1744	1	54
John, s. [John, Jr. & Abigail], b. Aug. 2, 1747	1	54
John, s. Simeon & Ruth, b. Mar. 9, 1756	1	58
Joseph, twin with Mary, s. John & Sarah, b. Feb. 5, 1743/4	1	45
Lucius, s. Nathaniel Skiff & Leah, drowned Aug. 5, 1800, in his 13th y.	1	86
Mary, d. John & Abigail, b. Sept. 21, 1697	1	44
Mary, m. Abel **WRIGHT**, Nov. 7, 1717	1	327
Mary, d. Jeremiah & Rachel, b. Aug. 9, 1726	1	47
Mary, w. Solomon, d. May 16, 1743	1	50
Mary, twin with Joseph, [d.] John & Sarah, b. Feb. 5, 1743/4	1	45
Mary Webb, d. [Nathaniel Skiff & Leah], b. Mar. 8, 1804	1	86
Molly, d. [Simeon & Ruth], b. Aug. 1, 1757	1	58
Nathaniel, [s. Samuel & Hannah], b. Aug. [ ], 1701	1	45

LEBANON VITAL RECORDS 39

	Vol.	Page
CALKINS, CALKIN (cont.)		
Nathaniel, [s. Samuel & Hannah], b. Aug. 17, 1703	1	45
Nathaniel Skiffe, s. [Solomon & Abigail], b. Sept. 30, 1753	1	56
Ruth, d. [Simeon & Ruth], b. July 15, 1759	1	58
Samuel, s. Samuel & Hannah, b. Oct. 17, 1699	1	45
Sarah, [d. John & Sarah], b. Aug. 10, 1725	1	45
Simeon, [s. John & Sarah], b. Dec. 18, 1730; d. Apr. 4, 1735	1	45
Simeon, [s. John & Katharine], b. June 10, 1736	1	45
Simeon, [s. John & Sarah], b. Mar. 9, 1737/8	1	45
Simeon, d. (?) Solomon & Zerviah, b. Aug. 7, 1744	1	50
Solomon, [s. John & Katharine], b. Apr. 4, 1724	1	45
Solomon, m. Mary **GARDINER**, Nov. 3, 1742	1	50
Solomon, m. Zerviah **DEWEY**, June 16, 1744	1	50
Solomon, s. [Solomon & Zerviah], b. Dec. 6, 1746	1	50
Solomon, of Lebanon, m. Abigail **SKIFFE**, of Windham, June 2, 1750	1	56
Solomon, d. Apr. 13, 1802	1	56
Stephen, [s. Samuel & Hannah], b. Apr. 4, 1706	1	45
William, s. John & Sarah, b. Sept. 19, 1740	1	45
Zerviah, [d. John & Sarah], b. Oct. 4, 1735	1	45
Zerviah, [d. Solomon & Zerviah], b. Oct. 18, 1748	1	50
Zerviah, w. Solomon, d. Nov. 29, 1749	1	50
CAMEL, Hugh, m. Mary **COUL**, Mar. 1, 1716/17	1	45
CARD, Clarissa, of Lebanon, m. Stephen H. **KIMBALL**, of Woodstock, Feb. 21, 1827, by Rev. Esek Brown	1	193
Emily, d. Jeremiah, b. Nov. 4, 1823	1	11
Maria, of Lebanon, m. Erastus **NEWELL**, of Pomfret, Nov. 24, [ ], by Rev. Esek Brown	1	115
Martin, m. Lydia **FITCH**, b. of Lebanon, Mar. 30, 1845, by Nathan Wildman	2	38
Nancy, m. Orimel **KINGSLEY**, b. of Lebanon, Mar. 15, 1826, by Rev. Esek Brown	1	117
William N., of Columbia, m. Esther, M. **FITCH**, of Lebanon, Nov. 14, 1853, by Rev. Perry Bennett	2	79
CAREY, CARY [see also **COREY**], James A., of Lebanon, m. Esther E. **EMERSON**, of Lyme, June 19, 1845, by Nathan Wildman	2	40
Melanct[h]on W., of Sterling, N.Y., m. Laura **FORD**, of Lebanon, Sept. 21, 1836, by Rev. Edward Bull	1	214
Susannah, of Bristol, m. Dan[iel] **THROOPE**, of Lebanon, Oct. 27, 1737	1	308
CARPENTER, Amos, s. [Joshua & Submit], b. Apr. 10, 1765	1	371
Catharine, d. [Joshua & Submit], b. May 12, 1757	1	371
Catharine, d. [Joshua & Submit], b. Mar. 28, 1774	1	371
Cynthia, d. [Ephraim & Mary], b. July 12, 1765	1	370
Daniel R., of South Kingston, R.I., m. Harriet E. **HILLS**, of Lebanon, Mar. 13, 1831, by Rev. Daniel Waldo, of Exeter	1	399
Deborah, [d. Joshua & Submit], b. Dec. 2, 1758	1	371

BARBOUR COLLECTION

	Vol.	Page
CARPENTER (cont.)		
Ephraim, m. Mary **WHEELER**, b. of Lebanon, May 21, 1761, by Rev. Jacob Eliot	1	370
Ephraim, s. [Ephraim & Mary], b. June 22, 1776	1	370
Fanny, d. [Ephraim & Mary], b. Aug. 23, 1771	1	370
Frederic, s. [Joshua & Submit], b. Nov. 13, 1771	1	371
Harriet E., m. George **CLARK**, b. of Lebanon, Feb. 13, 1850, by John C. Nichols	2	64
John, s. [Joshua & Submit], b. Apr. 30, 1769	1	371
John T., of Franklin, m. Mary **AULL**, of Lebanon, Dec. 12, 1847, by Nathan Wildman	2	54
Joshua, m. Submit **WEBSTER**, Jan. 15, 1755	1	371
Joshua Augustus, s. [Joshua & Submit], b. Mar. 5, 1763	1	371
Mary Sophia, d. [Ephraim & Mary], b. Mar. 28, 1762	1	370
Millecent, d. [Ephraim & Mary], b. July 16, 1769	1	370
Polly, d. [Ephraim & Mary], b. Aug. 4, 1778	1	370
Roger, s. [Joshua & Submit], b. Apr. 12, 1767	1	371
Ruth, m. Benoni **CLARK**, Jr., Nov. 12, 1750	1	44
CARRIER, Hannah, m. Joseph **WOOD**, Dec. 29, 1720	1	327
CARTER, David, m. Lucretia **MORGAN**, b. of Colchester, July 17, 1832, by Rev. Daniel Waldo, of Exeter	1	398
CARVER, Eliza, m. William **WOODWORTH**, b. of Columbia, Apr. 6, 1835, by Rev. Esek Brown, at his house	1	134
CARY, [see under **CAREY**]		
CASE, Caleb Peirce, s. [Levi & Hannah], b. Oct. 31, 1772	1	48
Caleb Peirce, [s. Levi & Hannah], d. Mar. 31, 1778	1	48
Ebenezer, [s. Jonathan & Bathsheba], b. Feb. 22, 1729/30	1	46
Ebenezer, m. Wid. Hannah **LOOMIS**, Feb. 18, 1762, by Rev. Mr. Williams	1	370
Ebenezer, d. Dec. 21, 1764	1	370
Eunice, d. [Zebulon & Irena **FISH**], b. May 27, 1762	1	369
Frederic, s. [Levi & Rulana], b. Feb. 26, 1779 (?); d. Mar. 21, 1780	1	254
Hannah, d. [Levi & Hannah], b. Apr. 15, 1774	1	48
Hannah, w. [Levi], d. July 28, 1776	1	48
James, of East Hartford, m. Lucy **ABEL**, of Lebanon, May 11, 1830, by Rev. Daniel Waldo, of Exeter	1	427
Jonathan, [s. Jonathan & Bathsheba], b. Nov. 18, 1726	1	46
Jonathan, m. Bathsheba **WILLIAMS**, [ ]	1	46
Levi, m. Hannah **PEIRCE**, Feb. 7, 1771, by Rev. Timothy Stone	1	48
Levi, s. [Levi & Hannah], b. July 20, 1776; d. Apr. 24, 1777	1	48
Levi, m. Rulana **DAVISON**, b. of Lebanon, Jan. 11, 1779, by Andrew Lee, Clerk, at Norwich	1	254
Levi, s. [Levi & Rulana], b. Feb. 13, 1781; d. Feb. 1, 1798	1	254
Lydia, d. [Zebulon & Irena], b. Jan. 13, 1768	1	369
Mary, m. Sam[u]el **WRIGHT**, Nov. 22, 1710	1	325
Mary, [d. Moses & Mary], b. May 20, 1721	1	47
Moses, m. Mary **HOSKINS**, Jan. 23, 1717/18	1	47
Prescilla, [d. Jonathan & Bathsheba], b. Sept. 22, 1722	1	46

LEBANON VITAL RECORDS 41

	Vol.	Page
CASE (cont.)		
Priscilla, m. Phinehas **CLARK**, Nov. 5, 1741	1	41
Roxillania, d. [Ebenezer & Hannah], b. Nov. 9, 1762	1	370
Sarah, [d. Jonathan & Bathsheba], b. May 18, 1724	1	46
Sarah, m. Jonathan **GOODWIN**, Jan. 25, 1743/4	1	125
Sophia, d. [Levi & Rulana], b. Sept. 19, 1783	1	254
Sophia, 2d, d. [Levi & Rulana], b. Oct. 21, 1786; d. June 2, 1795	1	254
William, [s. Jonathan & Bathsheba], b. Feb. 7, 1738	1	46
William, s. [Zebulon & Irena], b. Apr. 10, 1764	1	369
W[illia]m H., of Kingston, R.I., m. Zerviah M. **POWERS**, of Lebanon, July 4, 1841, by John C. Nichols	2	7
Zebulon, [s. Jonathan & Bathsheba], b. Mar. 17, 1732	1	46
Zebulon, s. [Zebulon & Irena], b. Mar. 2, 1766	1	369
Zebulon, [m.] Irena **FISH**, [ ]	1	369
Zerviah, [d. Jonathan & Bathsheba], b. Sept. 24, 1720	1	46
Zerviah, m. Caleb **HUNTINGTON**, Feb. 6, 1747	1	153
CASWELL, John M., of Columbia, m. Mary **BAILEY**, of Lebanon, Sept. 16, 1824, by Rev. Esek Brown	1	91
Oliver, m. Hannah **CLARK**, b. of Lebanon, May 30, 1822, by Esek Brown	1	421
William Henry, s. [William M. & Lucy], b. Feb. 15, 1823	1	417
William M., of Columbia, m. Lucy **DINGLEY**, of Lebanon, Nov. 11, 1821, by Esek Brown	1	417
CAVELLY, Joseph, of Rope Ferry, m. Lucy **HALL**, of Lebanon, May 1, 1827, by Erastus Ripley	1	246
CAVERLY, Abigail, d. Philip & Hannah, b. Oct. 5, 1714	1	51
Abigail, m. Ezra **STRONG**, Jan. 12, 1730/31	1	280
Philip, [s. Philip & Hannah], b. Nov. 26, 1717	1	51
CHAMBERLAIN, Mehetable, d. Joseph & Mary, b. Aug. 19, 1727	1	45
Merrick, s. [Joel], b. Aug. 29, 1763	1	370
CHAMPION, Anna, d. [Salmon & Mary], b. Oct. 13, 1784	1	87
John, s. [Salmon & Mary], b. Nov. 19, 1781	1	87
Parnel, d. [Salmon & Mary], b. Aug. 10, 1790	1	87
Polly, d. [Salmon & Mary], b. July 20, 1794	1	87
Salmon, m. Mary **CRANE**, b. of Lebanon, Jan. 28, 1781, by Nath[anie]l Wales, J.P.	1	87
Salmon, s. [Salmon & Mary], b. July 22, 1796	1	87
Silas, [s. Salmon & Mary], b. Sept. 12, 1786	1	87
CHAMPLAIN, Abigail, m. Salmon **LOOMIS**, b. of Lebanon, Feb. 25, 1829, by Esek Brown	1	75
Alice A., m. Benjamin A. **LADD**, of Lebanon, Aug. 23, 1852, by Rev. N. W. Miner, in Hartford	2	75
Betsey, m. George W. **SEGAR**, b. of Lebanon, Sept. 20, 1842, by Rev. Nathan Wildman	2	17
Caroline E., of Lebanon, m. William **WATSON**, of South Kingstown, R.I., Dec. 23, 1844, by Rev. Frederic P. Coe	2	36
Caroline E., m. Joseph **COMSTOCK**, Mar. 15, 1853	2	81

CHAMPLAIN (cont.)

	Vol.	Page
Elijah, d. Apr. 23, 1825, ae 68. William Champlain, Exec.	1	116
Eliza Ellen, [d. Stephen, Jr. & Minerva], b. Sept. 11, 1827	1	408
Esther Caroline, d. Stephen & Mary, b. Mar. 18, 1824	1	91
George, s. [John & Abigail], late of R. I., b. May 17, 1813	1	380
Harriet, of Lebanon, m. John B. **BROWN**, of Andover, Sept. 1, 1850, by Nathan Wildman	2	67
James Tift, s. [John & Abigail, late of R.I.,], b. June 8, 1811	1	380
Jane Elizabeth, [d. Stepehn, Jr. & Minerva], b. Jan. 11, 1821	1	408
John, s. [John & Abigail, late of R.I.,], b. Apr. 28, 1807, in Colchester	1	380
Latham Hall, [s. Robert & Electa], b. Oct. 16, 1829	1	117
Lucy C., m. W[illia]m B. **HAWKINS**, , of Willimantic, b. of Conn., Apr. 8, 1838, by Rev. Benajah Cook, Jr., of Willimantic	1	455
Lydia, d. [John & Abigail, late of R.I.], b. Aug. 29, 1816	1	380
Lydia Minerva, d. [Stephen, Jr. & Minerva], b. Aug. 26, 1825	1	408
Maria F., of S. Kingstown, R.I., m. Daniel E. **ABEL**, of Lebanon, Nov. 10, 1850, by Rev. John Avery, of Exeter	2	68
Mary, m. Abel **GAY**, b. of Lebanon, Sept. 22, 1831, by Rev. Esek Brown	1	263
Mary P., m. Gordon **BAILEY**, b. of Lebanon, Nov. 29, 1820, by Esek Brown	1	410
Oliver H. Perry, s. [Stephen, Jr. & Minerva], b. Nov. 25, 1818	1	408
Perviah, d. [John & Abigail, late of R.I.], b. Dec. 7, 1797	1	380
Robert, s. [John & Abigail, late of R.I.], b. Jan. 22, 1805	1	380
Robert, m. Electy **CHAPPELL**, Mar. 30, 1826, by Rev. Esek Brown	1	117
Robert, m. Lucretia **BAILEY**, b. of Lebanon, Sept. 1, 1840, by Rev. Nathan Wildman	1	390
Ruth, m. George W. **AVERY**, Feb. 19, 1844, by Nathan Wildman	2	31
Sally, of Lebanon, m. Rev. Alfred **GATES**, of Preston, Nov. 8, 1832, by Rev. Esek Brown	1	435
Sarah, b. June 19, 1782; m. James **CONGDON**, Jan. 24, 1804, by Rev. Zebulon Ely	1	215
Sarah, d. [John & Abigail, late of R.I.], b. Mar. 17, 1806	1	380
Simeon, m. Huldah **WALMESLY**, b. of Lebanon, Oct. 25, 1824, by Rev. Esek Brown	1	92
Simeon, m. Athenath **THAYER**, b. of Lebanon, [ ], by Levi Meech, Elder	1	453
Stephen, s. [John & Abigail, late of Ri.I.], b. Apr. 11, 1808	1	380
Stephen, Jr., m. Minerva **POMR[O]Y**, Jan. 5, 1817	1	408
Stephen Raymond, s. [Stephen, Jr. & Minerva], b. Apr. 14, 1823	1	408

LEBANON VITAL RECORDS 43

	Vol.	Page
CHAMPLAIN (cont.)		
Thomas, s. Robert & Electa, b. Oct. 17, 1827	1	117
Thomas Albert Pomeroy, [s. Stephen, Jr. & Minerva], b. Aug. 17, 1829	1	408
William C., m. Eliza Ann **CHAPPELL**, b. of Lebanon, Dec. 10, 1832, by [Esek Brown]	1	435
-----, m. Benoni **SWEET** [ ]	1	405
CHANDLER, Irane, m. Mason **WATTLE**, June 29, 1747	1	341
CHAPMAN, Edwin E., of Norwich, m. Mary **BABCOCK**, of Lebanon, Jan. 20, 1850, by Rev. Dexter Bullard	2	64
Griswold, of Salem, m. Eliza **BROWN**, of Lebanon, Feb. 21, 1833, by Elisha Waterman, J.P.	1	433
James, m. Martha **DEWEY**, Mar. [ ], 1752	1	57
James, s. [James & Martha], b. June 20, 1755	1	57
Joshua M., of Saybrook, m .Lucy M. **TAYLOR**, of Lebanon, July 4, 1830, by Erastus Ripley	1	218
Martha, d. [James & Martha], b. Mar. 31, 1752/(?)	1	57
Sarah, d. [James & Martha], b. Sept. 19, 1762	1	57
Sarah, m. Samuel **BISHOP**, May 10, 1781, by Rev. Mr. Thomas Brockway	1	375
CHAPPELL, Abigail, d. Caleb & Ruth, b. Apr. 19, 1695	1	46
Abigail, m. John **CORBIT**, May 3, 1722	1	46
Abigail, twin with Andrew, [d. Noah & Abigail], b. June 16, 1735	1	52
Abigail, m. Gershom **MATTOON**, May 12, 1743	1	197
Abijah, [s. Caleb & Ruth], b. Oct. 19, 1704	1	46
Almira, d. [Amaziah & Jerusha], b. Jan. 21, 1795	1	42
Amaziah, s. [Noah & Hannah], b. Aug. 14, 1753	1	47
Amaziah, m. Jerusha **CHAPPELL**, June 22, 1777	1	42
Amos, [s. Caleb & Elizabeth], b. Mar. 27, 1736	1	46
Amy, [d. Noah & Abigail], b. Aug. 11, 1733	1	52
Andrew, twin with Abigail, [s. Noah & Abigail], b. June 16, 1735	1	52
Anne, [d. Caleb & Elizabeth], b. Jan. 29, 1726/7	1	46
Bazel, s. [Elijah, Jr. & Mabel], b. Dec. 24, 1785	1	370
Betty, d. [Joshua, Jr. & Bathsheba], b. Mar. 17, 1763	1	59
Brewster, s. [Joshua, Jr. & Bathsheba], b. Feb. 26, 1757	1	59
Caleb, s. [Caleb & Ruth], b. Mar. 9, 1697	1	46
Caleb, m. Elizabeth **HUTCHINSON**, Dec. 6, 1721	1	46
Caleb, Lieut., d. Mar. 29, 1733	1	46
Caleb, Jr., m. Elizabeth **CROCKER**, Apr. 15, 1744	1	55
Caleb, Jr., d. Apr. 13, 1760	1	55
Caleb, [s. Caleb & Elizabeth], b. [ ]	1	46
Carilla, d. [Amaziah & Jerusha], b. Apr. 10, 1785	1	42
Charles Gilbert, s. [Gilbert], b. June 5, 1816	1	400
Clara, d. [Elijah & Jerusha], b. [ ] 18, 1769	1	57
Dan[iel], s. [Elijah & Jerusha], b. Mar. 24, 1756	1	57
Deborah, [d. Caleb & Ruth], b. Sept. 19, 1711	1	46
Desire, m. Stephen **BARNABY**, Dec. 5, 1754, by Rev. Mr. Little	1	32
Eleanor, d. [Elijah & Jerusha], b. July 27, 1761	1	57

44 BARBOUR COLLECTION

	Vol.	Page
CHAPPELL (cont.)		
Electy, m. Robert **CHAMPLAIN**, Mar. 30, 1826, by Rev. Esek Brown	1	117
Elias, s. [Elijah & Jerusha], b. Mar. 20, 1772	1	57
Elijah, [s. Caleb & Elizabeth], b. Dec. 31, 1724	1	46
Elijah, m. Jerusha **JONES**, Dec. 18, 1752	1	57
Elijah, s. [Elijah & Jerusha], b. Sept. 6, 1753	1	57
Elijah, Jr., [m.], Mabel **WHITE**, [ ]	1	370
Eliza Ann, d. [Gilbert], b. Mar. 9, 1813	1	400
Eliza Ann, m. William C. **CHAMPLAIN**, b. of Lebanon, Dec. 10, 1832, by [Esek Brown]	1	435
Elizabeth, [d. Caleb & Elizabeth], b. May 10, 1729	1	46
Elizabeth, m. James **GOOLD**, May 24, 1747	1	125
Elizabeth, m. Ichabod **BOZWORTH**, Apr. 5, 1770, by Rev. Mr. Stone	1	367
Erastus Hatch, s. [Amaziah & Jerusha], b. July 4, 1787	1	42
Esther, [d. Caleb & Elizabeth], b. July 21, 1734	1	46
Esther, m. Daniel **STRONG**, of Lebanon, May 22, 1751	1	292
Faith, d. [Elijah & Jerusha], b. July 12, 1766	1	57
Gilbert was m. May 25, 1812	1	400
Gilbert, d. Mar. 10, 1820	1	400
Hannah procured a divorce from Noah during the March Term of the Superior Court at Windham, 1757	1	47
Hyram, s. [Elijah & Jerusha], b. Feb. 23, 1764	1	57
Hiram Coxxal, s. [Amaziah & Jerusha], b. July 12, 1789	1	42
Jabez, [s. Caleb & Ruth], b. Dec. 13, 1714	1	46
Jabez, m. Zipporah **BILL**, July 5, 1735	1	48
James, [s. Caleb & Elizabeth], b. Feb. 20, 1742/3	1	46
Jerusha, d. [Elijah & Jerusha], b. Sept. 25, 1758	1	57
Jerusha, m. Amaziah **CHAPPELL**, June 22, 1777	1	42
Joel, m. Mary L. **THROOP**, Dec. 9, 1824, by Rev. Eben[eze]r Colman	1	93
Joel, m. Mary W. **FRENCH**, b. of Lebanon, Jan. 2, 1849, by Nathan Wildman	2	59
Jonathan, [s. Caleb & Ruth], b. Mar. 20, 1699	1	46
Jones, s. [Amaziah & Jerusha], b. Feb. 15, 1781	1	42
Joseph, s. [Joshua, Jr. & Bathsheba], b. July 20, 1758	1	59
Joshua, [s. Caleb & Ruth], b. Sept. 17, 1702	1	46
Joshua had negro man Fortune who had s. Charles b. May 18, 1751; Rachel, d. Fortune, b. May. 4, 1753; Sarah, d. Fortune, b. Apr. 4, 1755; Eunice, d. Fortune, b. Oct. 9, 1757	1	462
Joshua, Jr., m. Bathsheba **BREWSTER**, d. of Ichabod, Nov. 18, 1755	1	59
Lucinda, d. [Amaziah & Jerusha], b. Apr. 4, 1783	1	42
Lucinda, d. [Elijah, Jr. & Mabel], b. Aug. 19, 1783	1	370
Lucy, m. Jehiel **RUST**, b. of Lebanon, Oct. 25, 1759, by Rev. Mr. Wheelock	1	273
Lydia, d. [Joshua, Jr. & Bathsheba], b. Nov. 29, 1760	1	59
Mary, [d. Caleb & Ruth], b. Oct. 25, 1700	1	46
Mary, m. Sam[ue]l **GILLETT**, Jan. 30, 1717/18	1	120
Noah, [s. Caleb & Ruth], b. Dec. 13, 1706	1	46

LEBANON VITAL RECORDS 45

	Vol.	Page
CHAPPELL (cont.)		
Noah, s. Noah & Abigail, b. Mar. 22, 1729	1	52
Noah, m. Hannah HATCH, of Mansfield, Sept. 10, 1751	1	47
Noah, s. [Noah & Hannah], b. Jan. 14, 1752	1	47
Rebeckah, of Lebanon, m. Jabez AVERY, of Windham, Nov. 16, 1820 by Esek Brown	1	409
Robert, s. [Joshua, Jr. & Bathsheba], b. Sept. 15, 1765	1	59
Roger, s. [Joshua, Jr. & Bathsheba], b. Jan. 17, 1768	1	59
Rowena, d. [Amaziah & Jerusha], b. July 3, 1791	1	42
Sarah, d. [Caleb, Jr. & Elizabeth], b. Dec. 5, 1755	1	55
Selinda, m. Augustus TILDEN, b. of Lebanon, Mar. 14, 1825, by Rev. Esek Brown	1	95
Simeon, [s. Noah & Abigail], b. July 16, 1730	1	52
Simeon, m. Jerusha FULLER, Jan. 7, 1755, by Alex[ande]r Phelps, Esq.	1	57
Walter, s. [Joshua, Jr. & Bathsheba], b. Apr. 29, 1772	1	59
Wealtha, d. [Elijah, Jr. & Mabel], b. Feb. 28, 1781	1	370
CHEESEBROUGH, Jesse, of Colchester, m. Abby M. DAVIS, of Lebanon, Dec. 2, 1839, by Nathan Wildman	1	458
CHEEVER, Ann, d. [Ebenezer, Jr. & Ann], b. Nov. 16, 1757	1	55
Ebenezer, Jr., m. Ann DEWEY, Nov. 7, 1754	1	55
Ebenezer, s. [Ebenezer, Jr. & Ann], b. Apr. 25, 1763	1	55
Lurana, d. [Ebenezer, Jr. & Ann], b. Dec. 22, 1755	1	55
Mary, m. Jonathan GOODWIN, Jr., Jan. 28, 1796, by Rev. Zebulon Ely. Stated by Jonathan [Goodwin, Jr.]	1	133
CHIPMAN, James, s. James & Mary, b. Aug. 10, 1719	1	45
CHUBB, Hannah, of Ashford, m. Mark FOWLER Nov. 18, 1746	1	108
CHURCH, Lydia, of Colchester, m. Eliab T. HILLS, of Lebanon, Jan. [ ], 1801, by Rev. Solomon Cone, of Colchester	1	169
Lydia, mother of the w. of B. H. Buel, d. Aug. 22, 1829	1	402
Sophia, m. Bezeliel H. BUEL, Mar. 15, 1811	1	402
CLARK, CLARKE, Aaron, s. Aaron & Susannah Wade], b. May 14, 1712	1	44
Abel, of Willimantic, m. Mary A. FORD, of Lebanon, Feb. 27, 1848, by W[illia]m Palmer, V. D. M., at the house of Elder Nathan Wildman, Franklin	2	55
Abigail, [d. William & Hannah], b. Jan. [ ], 1683/4; d. [ ]	1	40
Abigail, [d. Joseph & Rebeckah], b. Nov. 26, 1721	1	42
Abigail, m. Joseph LOOMIS, Nov. 9, 1738	1	173
Abigail, d. [Dan & Rebecca], b. Mar. 25, 1769	1	369
Abigail, [d. Silas & Abigail], b. Apr. 21, 1773	1	56
Abigail, d. [Nathan, Jr. & Anna, Jr.], b. Mar. 7, 1800	1	87
Abigail, m. Ransom MAYNARD, b. of Lebanon, Mar. 30, 1826, by Rev. Esek Brown	1	117
Achsah, d. [Asahel, Jr. & Ele[a]nor], b. Mar. 20, 1772	1	381
Achsah, m. Simeon HUNTINGTON, [May] 12, 1824, by Daniel Waldo	1	194

BARBOUR COLLECTION

	Vol.	Page
CLARK, CLARKE (cont.)		
Alenda, d. [David & Jemima], b. Feb. 20, 1777	1	372
Alice, d. [Phineas & Priscilla], b. Apr. 24, 1748	1	41
Amos, [s. Nathaniel & Hannah], b. Apr. 25, 1736	1	49
Andrew, s. [Silas & Keziah], b. Dec. 10, 1755	1	56
Ann, m. Thomas **MARTIN**, Aug. 9, 1744	1	199
Anna, d. Moses & Elizabeth, b. Jan. 26, 1722/3	1	44
Anna, of Mansf[iel]d, m. Jonathan **GOODWIN**, Jr., Nov. 3, 1768, by Rev. Mr. Salter	1	130
Anson, s. [Asahel, Jr. & Ele[a]nor], b. Nov. 29, 1779	1	381
Asahel, [s. Nathaniel & Hannah], b. Mar. 11, 1721/2	1	49
Asahel, s. [Joseph & Rebeckah], b. Mar. 25, 1738	1	42
Asahel, m. Lydia **BREWSTER**, Dec. 13, 1758, by Joshua West, Esq.	1	372
Asa[h]el, s. Benjamin, b. Oct. 30, 1764	1	51
Asahel, Jr., s. Joseph, of Crank Society, m. Ele[a]nor **STRONG**, of North Hampton, May 28, 1771, at North Hampton	1	381
Asahel, s. [Asahel, Jr. & Ele[a]nor], b. July 19, 1773; d. Aug. 21, 1775	1	381
Asahel, s. [Asahel, Jr. & Ele[a]nor], b. July 25, 1776	1	381
Asaph, s. [Samuel & Sarah], b. Jan. 27, 1759	1	254
Bathsheba, d. Phinehas & Priscilla, b. June 26, 1742	1	41
Bathsheba, m. Lemuel **SPARKS**, July 9, 1772, by William Metcalf, Esq.	1	278
Benjamin, s. [Eleazer & Esther], b. Aug. 18, 1758	1	55
Benoni, [s. William & Hannah], b. Jan. 31, 1694	1	40
Benoni, m. Hannah **ROOT**, Nov. 6, 1718	1	42
Benoni, [s. Benoni & Hannah], b. Sept. 7, 1730	1	42
Benoni, [s. Daniel & Esther], b. Oct. 15, 1737	1	49
Benoni, Jr., m. Ruth **CARPENTER**, Nov. 12, 1750	1	44
Benoni, s. [Daniel & Esther], b. Nov. 26, 1760	1	49
Bethiah, [d. William & Bethiah], b. Sept. 27, 1714	1	40
Bethiah, m. Jonathan **LYMAN**, Jr., Oct. 2, 1735	1	174
Betsey, d. [Daniel, Jr. & Betty], b. Nov. 2, 1758	1	371
Beulah, [d. William & Bethiah], b. Oct. 24, 1716; d. Feb. 10, 1725/6	1	40
Buelah, [d. William & Bethiah], b. Dec. 20, 1729	1	40
Billee, s. [Daniel & Esther], b. Feb. 17, 1753	1	49
Charity, d. Daniel & Esther, b. Aug. 11, 1731	1	49
Charles, s. [Daniel, Jr. & Betty], b. Mar. 20, 1765	1	371
Chloe, d. Eleazer & Esther, b. Nov. 9, 1749	1	55
Chloe, d. [Timothy, Jr. & Submit], b. Dec. 1, 1765	1	55
Clarissa, m. Salmon L. **WILLIAMS**, Sept. 16, 1822, by Rev. W[illia]m Lyman	1	422
Clement, d. [Dan & Rebecca], b. July 17, 1771	1	369
Corpus, s. [Eleazer & Esther], b. Feb. 3, 1768	1	55
Damaris, [d. Aaron & Susannah Wade], b. Oct. 8, 1724	1	44
Damaris, m. Elijah **SPRAGUE**, b. of Lebanon, May 22, 1745	1	291
Dan, m. Rebecca **HUNT**, Nov. 24, 1761	1	369
Dan, s. [Dan & Rebecca], b. Feb. 19, 1765	1	369

LEBANON VITAL RECORDS 47

	Vol.	Page
CLARK, CLARKE (cont.)		
Dan, d. Feb. 26, 1782	1	369
Daniel, m. Esther **BRIDGES**, Nov. [ ], 1730	1	49
Daniel, [s. Daniel & Esther], b. Apr. 1, 1734	1	49
Dan[iel], [s. Jonathan & Mercy], b. May 25, 1741	1	41
Daniel, Jr., m. Betty **ABEL**, Nov. 24, 1757, by Joshua West, Esq.	1	371
Dan[iel], s. [Eleazer & Esther], b. Oct. 29, 1760	1	55
David, [s. William & Mary], b. Nov. 19, 1701; d. June 19, 1703	1	40
David, [s. William & Mary], b. June 22, 1705; d. May 10, 1706	1	40
David, [s. Gershom & Esther], b. Dec. 25, 1733; d. July 16, 1735	1	43
David, [s. Jonathan & Mercy], b. Aug. 23, 1748	1	41
David, m. Jemima **HOVEY**, June 15, 1769, by Rev. Dr. Williams	1	372
Deborah, [d. Timothy & Deborah], b. Feb. 26, 1742/3	1	43
Deborah, m. Charles **SWIFT**, May 26, 1763, by Rev. Mr. Williams	1	293
Delia Adelaide, d. [Dr. Thaddeus & Deborah], b. Dec. 26, 1804	1	86
Deodatus, s. [John & Jerusha], b. July 27, 1762	1	58
Desire, [d. Aaron & Susannah Wade], b. Aug. 3, 1728	1	44
Dorothy, w. Jona[than], Jr., d. Apr. 26, 1762	1	368
Dorothy, d. [Dan & Rebecca], b. Feb. 6, 1778	1	369
Ebenezer, s. [Simon & Elizabeth], b. Feb. 11, 1765	1	368
Edmund, s. [Moses & Mehetable], b. June 25, 1749	1	54
Edmund, s. [Moses & Mehetable], d. Nov. 22, 1775	1	54
Eleazer, [s. Benoni & Hannah], b. Aug. 25, 1724	1	42
Eleazer, m. Esther **GIBBS**, Apr. 23, 1747	1	55
Eleazer, s. [Eleazer & Esther], b. Apr. 29, 1752	1	55
Elijah, s. [William & Lydia], b. Apr. 25, 1757	1	41
Eliphalet, [s. Aaron & Susannah Wade], b. Aug. 22, 1715	1	44
Eliphalet, m. Mary **BRIDGES**, June 15, 1738	1	52
Eliphalet, [s. Eliphalet & Mary], b. Sept. 12, 1747; d. Oct. 12, 1749	1	52
Elisha, of Bozrah, m. Caroline C. **HULBURT**, of Lebanon, Apr. 9, 1829, by Rev. David B. Ripley, Bozrahville	1	75
Elizabeth, [d. Moses & Elizabeth], b. Jan. 25, 1724/5	1	44
Elizabeth, of Swanzey, m. William **FINNEY**, of Lebanon, Nov. 8, 1738	1	104
Elizabeth, d. [Moses & Mehetable], b. Mar. 10, 1753	1	54
Elizabeth, d. [Jonathan, Jr. & Elizabeth], b. Mar. 5, 1765	1	368
Elizabeth, w. Simon, d. July 18, 1769, in the 32d y. of her age	1	368
Elizabeth, d. [Simon & Elizabeth], b. Jan. 23, 1771; d. Apr. 3, 1771	1	368
Elizabeth, d. [John & Jerusha], b. Feb. 2, 1772	1	58

BARBOUR COLLECTION

CLARK, CLARKE (cont.)

	Vol.	Page
Emily, of Lebanon, m. Archipus McCALL, of Norwich, Apr. 2, 1851, by Rev. John Avery, of Exeter	2	69
Erastus, s. [John & Jerusha], b. May 11, 1768	1	58
Esther, [d. Aaron & Susannah Wade], b. Sept. 3, 1723	1	44
Esther, [d. Gershom & Esther], b. Sept. 3, 1731	1	43
Esther, m. Elijah LYMAN, Dec. 14, 1749	1	183
Esther, d. [Moses & Mehetable], b. Apr. 27, 1751	1	54
Esther, [d. Daniel & Esther], b. Nov. 8, 1751	1	49
Esther, w. Gerhsom, d. Nov. 20, 1760, in the 61st y. of her age	1	43
Esther, d. [Eleazer & Esther], b. May 21, 1770	1	55
Esther, d. [Asahel, Jr. & Ele[a]nor], b. Feb. 3, 1783	1	381
Eugene, s. Lucien & Hannah, b. Sept. 22, 1837	1	447
Eunice, d. [Timothy, Jr. & Submit], b. Nov. 3, 1754	1	55
Eunice, m. William SWIFT, July 5, 1783	1	460
Experience, twin with Martha, [d. Benoni & Hannah], b. July 8, 1732	1	42
Ezekiel, s. [Moses & Mehetable], b. Oct. 17, 1747	1	54
Flavel, s. [Simon & Elizabeth], b. Apr. 3, 1761	1	368
Francis E., m. Charles L. LOOMIS, b. of Lebanon, Dec. 21, 1842, by Rev. Stephen Hays, of Exeter	2	19
Frederick, s. [Silas & Abigail], b. Oct. 1, 1769	1	56
George, s. [Asahel, Jr. & Ele[a]nor], b. Jan. 21, 1781	1	381
George, m. Harriet E. CARPENTER, b. of Lebanon, Feb. 13, 1850, by John C. Nichols	2	64
George Washington, [s. Dan & Rebecca], b. Jan. 9, 1776	1	369
Gershom, [s. William & Mary], b. Nov. 18, 1697	1	40
Gershom, m. Esther STRONG, Oct. 26, 1725	1	43
Gershom, [s. Gershom & Esther], b. Sept. 25, 1726	1	43
Gershom, Capt., d. Aug. 18, 1747, in the 50th y. of his age	1	43
Gershom, d. Nov. 2, 1752, in the 27th y. of his age	1	43
Gershom, s. [Benoni, Jr. & Ruth], b. Apr. 29, 1753	1	44
Gershom, s. Jonathan & Mercy, b. Sept. 6, 1755	1	41
Gideon, s. [Jonathan, Jr. & Dorothy], b. Apr. 16, 1759	1	368
Hannah, [d. William & Hannah], b. May 5, 1682	1	40
Hannah, w. William, d. Jan. 31, 1694	1	40
Hannah, [d. William & Bethiah], b. Feb. 21, 1710/11	1	40
Hannah, [d. Benoni & Hannah], b. Oct. 1, 1726	1	42
Hannah, [d. Nathaniel & Hannah], b. Nov. 24, 1727	1	49
Hannah, d. Jonathan & Mercy, b. Sept. 25, 1735	1	41
Hannah, [d. Phinehas & Priscilla], b. May 24, 1746	1	41
Hannah, m. Rufus COLLINS, July 2, 1747	1	54
Hannah, d. Silas & Keziah, b. Nov. 27, 1750	1	56
Hannah, d. [Moses & Mehetable], b. Apr. 1, 1759	1	54
Hannah, d. [John & Jerusha], b. May 19, 1764	1	58
Hannah, m. Oliver CASWELL, b. of Lebanon, May 30, 1822, by Esek Brown	1	421
Henry, s. [John & Jerusha], b. May 4, 1766	1	58
Hezekiah, s. [John & Jerusha], b. Dec. 19, 1757	1	58

LEBANON VITAL RECORDS 49

	Vol.	Page
CLARK, CLARKE (cont.)		
Hoseah, s. [Daniel, Jr. & Betty], b. Feb. 10, 1761; d. Sept. 18, 1765	1	371
Hoseah, s. [Daniel, Jr. & Betty], b. Aug. 12, 1767	1	371
Hosea, of Bozrah, m. Harriet WILLIAMS, of Lebanon, Sept. 19, 1836, by Rev. Lyman Strong	1	439
Ichabod, s. [Asahel & Lydia], b. Jan. 8, 1759	1	372
Ira, s. [Moses & Mehetable], b. Oct. 2, 1763	1	54
Ireney, [d. Joseph & Rebeckah], b. Sept. 17, 1742	1	42
Israel, [s. Aaron & Susannah Wade], b. July 29, 1734	1	44
Izrahiah, s. [John & Jerusha], b. May 16, 1755; d. June 4, 1755	1	58
Jabez, s. [John & Jerusha], b. Nov. 2, 1753	1	58
Jacob, s. [Silas & Keziah], b. Nov. 6, 1752	1	56
James, [s. Moses & Elizabeth}, b. Sept. 15, 1730	1	44
James, Col., d. Dec. 29, 1826. He fought in the battle of Bunker Hill and was the oldest man in Lebanon at the time of his death.	1	440
James M., of Columbia, m. Mary TAYLOR, of Lebanon, Nov. 26, 1852, by Rev. Perry Bennett	2	80
Jared, [s. Nathaniel & Hannah], b. July 15, 1729	1	49
Jared, Jr., of Columbus, N.Y., m. Betsey HAINES, of Lebanon, Sept. 12, 1824, by Daniel Waldo	1	81
Jemima, d. [David & Jemima], b. Aug. 17, 1781	1	372
Jemima, [d. William & Bethiah], b. [ ]	1	40
Jerom[e], s. Benoni & Ruth, b. Jan. 14, 1755	1	44
Jerusha, [d. Aaron & Susannah Wade], b. Sept. 4, 1721	1	44
Jerusha, d. [John & Jerusha], b. May 7, 1756	1	58
Joanna, d. [Timothy, Jr. & Submit], b. Apr. 2, 1757	1	55
John, [s. Moses & Elizabeth], b. Jan. 7, 1727/8	1	44
John, [s. Benoni & Hannah], b. Aug. 27, 1736	1	42
John, s. [Timothy, Jr. & Submit], b. Feb. 15, 1752	1	55
John, s. [John & Jerusha], b. June 13, 1752, O.S.	1	58
John, m. Sarah LOOMIS, July 16, 1755	1	59
J[oh]n had Ishmael, s. Sylvee, negro servant, b. Sept. 29, 1778	1	55
John, of Lebanon, m. Jerusha HUNTINGTON, of Windham, [Nov. 7, 1751]	1	58
Jonathan, [s. William & Hannah], b. May 13, 1688	1	40
Jonathan, m. Hannah SMALLEY, Jan. 6, 1713/14	1	41
Jonathan, s. Jonathan & Hannah, b. Nov. 1, 1715	1	41
Jonathan, Jr., m. Mercy DEWEY, Jan. 16, 1735	1	41
Jonathan, s. Jonathan & Mercy, b. Apr. 29, 1737	1	41
Jonathan, s. [Eliphalet & Mary], b. July 10, 1739	1	52
Jonathan, Sr., d. Jan. 12, 1743/4(?)	1	41
Jonathan, Jr., m. Dorothy HUNT, Mar. 26, 1756	1	368
Jonathan, Jr., m. Elizabeth VAUGHAN, Dec. 30, 1762, by W. Williams, Esq.	1	368
Jonathan, d. Sept. 28, 1772	1	368
Jonathan, s. [Dan & Rebecca], b. Jan. 29, 1774	1	369
Joseph, [s. William & Hannah], b. Dec. 31, 1691	1	40
Joseph, m. Rebeckah HUNTINGTON, June 20, 1717	1	42

50 BARBOUR COLLECTION

	Vol.	Page
CLARK, CLARKE (cont.)		
Joseph, [s. Joseph & Rebeckah], b. Dec. 8, 1723; d.		
[ ], 1748	1	42
Joseph, s. William & Lydia, b. Nov. 26, 1739	1	41
Joseph, s. [Eleazer & Esther], b. Apr. 15, 1756	1	55
Joseph, s. [Simon & Elizabeth], b. Mar. 9, 1759	1	368
Joseph, Sr., d. Sept. 10, 1769, almost 78 y. old	1	42
Joshua, s. [Silas & Abigail], b. Dec. 20, 1767	1	56
Josiah, s. [John & Sarah], b. Apr. 24, 1756	1	59
Justin, m. Lydia **WILLIAMS**, b. of Lebanon,		
[ ], by Rev. Daniel Waldo	1	111
Keziah, d. [Silas & Keziah], b. June 28, 1757	1	56
Laura, of Lebanon, m. Asa G. **JACOBS**, of Mansfield,		
May 19, 1835, by Rev. John H. Baker	1	76
Lavina, d. [William & Lydia], b. Apr. 25, 1755	1	41
Lemuel, [s. Aaron & Susannah Wade], b. Nov. 24, 1731	1	44
Lemuel, s. Jonathan & Mercy, b. Apr. 3, 1739; d. Mar. 6,		
1749/50	1	41
Lemuel, s. [Jonathan & Mercy], b. Aug. 8, 1753	1	41
Lois, [d. Nathaniel & Hannah], b. Sept. 10, 1731	1	49
Lot, s. [Asahel & Lydia], b. Mar. 2, 1765	1	372
Lucretia, d. [Dan & Rebecca], b. May 7, 1782	1	369
Lucy, d. [Silas & Keziah], b. Feb. 22, 1754	1	56
Lucy, d. [Moses & Mehetable], b. May 11, 1755	1	54
Lucy, d. [Silas & Keziah], b. Apr. 13, 1761	1	56
Lucy, m. Ichabod **BREWSTER**, Jr., Nov. 16, 1762		
[1772], by Rev. Mr. Stone	1	374
Lucy, d. [Dan & Rebecca], b. May 26, 1780	1	369
Lucy, m. Charles **WILLIAMS**, Jr., Oct. 21, 1790, by		
Rev. John Gurley	1	398
Lydia, [d. Joseph & Rebeckah], b. Jan. 31, 1725; d. Jan. 8,		
1728	1	42
Lydia, [d. Joseph & Rebeckah], b. Feb. 13, 1729/30	1	42
Lydia, [d. William & Lydia], b. June 12, 1744	1	41
Lydia, [d. Phinehas & Priscilla], b. Mar. 3, 1750	1	41
Lydia, [d. Asahel & Lydia], b. Feb. 14, 1763	1	372
Lydia, m. Edward **SIMS**, Feb. 11, 1768, by Rev. Samuel		
Lockwood	1	295
Martha, [d. William & Bethiah], b. Feb. 2, 1723/4	1	40
Martha, twin with Experience, [d. Benoni & Hannah], b.		
July 8, 1732	1	42
Martha, of Symsbury, m. Capt. Eliakim **TUPPER**, of		
Lebanon, Sept. 7, 1753	1	312
Mary, [d. William & Mary], b. Nov. 22, 1699; d. Oct. 10,		
1702	1	40
Mary, d. Moses & Elizabeth, b. Jan. 22, 1716/17	1	44
Mary, [d. Joseph & Rebeckah], b. July 11, 1720	1	42
Mary, [d. William & Bethiah], b. Aug. 9, 1720	1	40
Mary, m. Caleb **ABEL**, Feb. 7, 1737/8	1	2
Mary, [d. Gershom & Esther], b. Mar. 13, 1738	1	43
Mary, [d. Phinehas & Priscilla], b. Feb. 11, 1744/5	1	41
Mary, w. Capt., d. Apr. 23, 1748, in the 87th y. of her age	1	40

LEBANON VITAL RECORDS 51

	Vol.	Page
CLARK, CLARKE (cont.)		
Mary, m. Elijah **HIDE**, Jr., Feb. 24, 1757	1	156
Mary, m. Peletiah **HOLBROOK**, Oct. 27, 1768, by Rev. Richard Salter	1	136
Mehetable, d. [Moses & Mehetable], b. May 7, 1757	1	54
Melinda, d. [Nathan, Jr. & Anna, Jr.], b. Nov. 27, 1797	1	87
Milinda, m. Augustus **TILDEN**, b. of Lebanon, Nov. 29, 1827, by Rev. Esek Brown	1	96
Mercy, [d. Jonathan & Mercy], b. Sept. 30, 1743; d. Aug. 15, 1744	1	41
Mercy, [d. Jonathan & Mercy], b. June 24, 1745	1	41
Mercy, d. [Moses, Jr. & Mercy], b. Feb. 26, 1745/6	1	54
Mercy, d. Mar. 15, 1745/6	1	54
Mercy, m. David **SMALLEY**, June 19, 1763	1	295
Miriam, [d. Benoni & Hannah], b. Sept. 1, 1728	1	42
Miriam, m. John **ALLEN**, [ ]	1	4
Molle, d. Eliphalet & Mary, b. Sept. 13, 1741	1	52
Molly, d. [Daniel & Esther], b. Dec. 6, 1758	1	49
Moses, m. Elizabeth **HUNTINGTON**, Feb. 23, 1709/10	1	44
Moses, [s. Moses & Elizabeth], b. Sept. 2, 1720	1	44
Moses, Jr., m. Mercy **ORDWAY**, June 6, 1745	1	54
Moses, m. Mehetable **BRIDGES**, Nov. 5, 1746	1	54
Moses, s. [Moses & Mehetable], b. Sept. 24, 1761	1	54
Nancy, d. [Nathan, Jr. & Anna, Jr.], b. Feb. 3, 1794; d. Aug. 17, 1794	1	87
Nancy, d. [Nathan, Jr. & Anna, Jr.], b. Sept. 17, 1795	1	87
Nancy, m. Eliphalet **HUNTINGTON**, Dec. 24, 1805	1	443
Nathan, [s. Timothy & Deborah], b. Sept. 13, 1736	1	43
Nathan, s. [Silas & Keziah], b. Aug. 6, 1759	1	56
Nathan, Jr., s. of the late Nathan, m. Anna **GOODWIN**, Jr., b. of the village of Lebanon, Apr. 11, 1793, by Rev. Zebulon Ely	1	87
Nathaniel, s. Nathaniel & Hannah, b. Aug. 16, 1720	1	49
Nath[anie]l, d. May 20, 1737	1	49
Nathaniel, s. William & Lydia, b. [ ] 4, 1751	1	41
Obadiah, [s. Asahel & Lydia], b. Mar. 23, 1761	1	372
Olive, d. [Daniel & Esther], b. Sept. 4, 1754	1	49
Olive, d. [Jonathan, Jr. & Dorothy], b. Jan. 27, 1762	1	368
Oliver, [s. Aaron & Susannah Wade], b. Jan. 11, 1720	1	44
Orson M., of Windham, m. Nancy M. **COBB**, of Lebanon, Jan. 21, 1838, by Rev. Lyman Strong	1	453
Parthena, d. [Samuel & Sarah], b. Jan. 4, 1764	1	254
Parthenia, d. [Jonathan, Jr. & Elizabeth], b. Jan. 18, 1764	1	368
Parthena, m. Jonathan **WEST**, May 26, 1785. Cert. by his brother David	1	396
Patience, [d. William & Lydia], b. May 31, 1747	1	41
Patience, d. [William & Lydia], b. July 20, 1753	1	41
Phebe, of Westerly, R.I., m. Daniel **DOUBLEDAY**, of Lebanon, Mar. 10, 1833, by Dexter Bullard	1	433
Philatha, m. Zacheus **TRACY**, Mar. 28, 1775	1	317
Phinehas, [s. William & Bethiah], b. May 15, 1718	1	40
Phinehas, m. Priscilla **CASE**, Nov. 5, 1741	1	41

BARBOUR COLLECTION

CLARK, CLARKE (cont.)

	Vol.	Page
Phinehas, m. Hannah COLLINS, June 20, 1751	1	42
Priscilla, [d. Phinehas & Priscilla], b. Aug. 10, 1743	1	41
Pressilla, w. Phinehas, d. Dec. 13, 1750, in the 29th y. of her age	1	41
Rebeckah, [d. Joseph & Rebeckah], b. Feb. 27, 1727/28	1	42
Rebeckah, m. William **BUCKINGHAM**, May 22, 1746	1	33
Rebecca, d. Dan [& Rebecca], b. Dec. 19, 1762	1	369
Rhoda, [d. Benoni & Hannah], b. Nov. 5, 1739	1	42
Rhoda, m. Thomas **FOWLER**, Apr. 17, 1766, by Joseph Clark, Esq.	1	111
Roger, s. [Timothy, Jr. & Submit], b. June 16, 1768	1	55
Ruby, d. [Daniel, Jr. & Betty], b. Apr. 4, 1763	1	371
Ruth, [d. Nathaniel & Hannah], b. Apr. 8, 1734	1	49
Ruth, m. Ichabod **SPENCER**, June 20, 1830, by Israel Dwinel	1	207
Samuel, [s. Timothy & Deborah], b. Nov. 13, 1729	1	43
Samuel, m. Sarah **CUSHMAN**, June 26, 1755	1	254
Samuel, s. [Samuel & Sarah], b. Feb. 7, 1757	1	254
Samuel, s. [Asahel, Jr. & Ele[a]nor], b. Mar. 10, 1775; d. Dec. 3, 1775	1	381
Samuel Strong, s. [Asahel, Jr. & Ele[a]nor], b. Mar. 12, 1778	1	381
Sarah, [d. Benoni & Hannah], b. Aug. 22, 1720	1	42
Sarah, m. Hezekiah **LANDPHERE**, b. of [ ], Feb. 12, 1740/1	1	175
Sarah, w. John, d. Aug. 14, 1758	1	59
Sarah, d. [Samuel & Sarah], b. Apr. 7, 1761	1	254
Sarah, m. John **WHEATON**, Nov. 20, 1791	1	386
Silas, [s. Nathaniel & Hannah], b. June 20, 1724	1	49
Silas, s. Silas & Abigail, b. May 28, 1766	1	56
Simeon, s. [Eleazer & Esther], b. Nov. 27, 1764	1	55
Simon, of Lebanon, m. Elizabeth **MOSELEY**, of Windham, May 25, 1758	1	368
Simon, s. [Simon & Elizabeth], b. Nov. 19, 1766	1	368
Simon, m. Elizabeth **HUNTINGTON**, May 30, 1770	1	368
Submit, [d. William & Bethiah], b. Mar. 19, 1726	1	40
Submit, m. Samuel **THROOPE**, May 28, 1747	1	304
Submit, d. William & Lydia, b. Oct. 1, 1749	1	41
Submit, d. [Timothy, Jr. & Submit], b. Aug. 20, 1760	1	55
Susannah, [d. Aaron & Susannah Wade], b. Nov. 14, 1713	1	44
Susannah, m. Thomas **LOOMISE**, Jr., Nov. 7, 1734	1	172
Sybel, [d. Benoni & Hannah], b. June 3, 1734	1	42
Sylvanus, s. [Daniel & Esther], b. Aug. 24, 1756	1	49
Thaddeus, s. [John & Jerusha], b. Feb. 12, 1770	1	58
Thaddeus, Dr., of Lebanon, m. Deborah **BAKER**, of Brooklyn, Mar. 24, [1802], by Josiah Whitney, Clerk, Brooklyn	1	86
Theophilus, s. [Eleazer & Esther], b. Dec. 24, 1762	1	55
Thomas, [s. William & Hannah], b. Apr. [ ], 1690	1	40
Thomas, [s. Benoni & Hannah], b. Jan. 11, 1740/41	1	42

	Vol.	Page
CLARK, CLARKE (cont.)		
Thomas, s. Benoni, Jr. & Ruth, b. Oct. 5, 1751	1	44
Thomas, s. [David & Jemima], b. May 15, 1770	1	372
Timothy, [s. William & Mary], b. Oct. 12, 1695	1	40
Timothy, m. Deborah **BEARD**, May 10, 1722	1	43
Timothy, [s. Timothy & Deborah], b. Oct. 27, 1723; d. Nov. 14, 1723	1	43
Timothy, [s. Timothy & Deborah], b. Oct. 21, 1725	1	43
Timothy, Jr., m. Submit **WILLIAMS**, Feb. 26, 1749/50	1	55
Timothy, Lieut., d. July 12, 1752, in the 57th y. of his age	1	43
Timothy, s. [Timothy, Jr. & Submit], b. Jan. 15, 1763	1	55
Triphenia, d. [Eleazer & Esther], b. Apr. 25, 1754	1	55
Triphena, d. [John & Jerusha], b. Feb. 10, 1760	1	58
Triphena, m. Ebenezer **BUSHNELL**, Jr., Aug. 14, 1780, by her father	1	365
Victoria, d. [Dan & Rebecca], b. Feb. 22, 1767	1	369
Wade, [s. Aaron & Susannah Wade], b. Mar. 4, 1714	1	44
Wade, m. Martha **BROWN**, July 9, 1740	1	50
Walter, s. [Silas & Abigail], b. May 22, 1771	1	56
William, m. Mary **SMITH**, Jan. 31, 1695	1	40
William, m. Hannah **STRONG**, [ ] 16, [ ]	1	40
William, m. Bethiah **WILLIAMS**, Jan. 5, 1709/10	1	40
William, [s. William & Bethiah], b. Oct. 28, 1712	1	40
William, Capt., d. May 9, 1725, in the 69th y. of his age	1	40
William, m. Lydia **LAMB**, Oct. 3, 1738	1	41
William, [s. William & Lydia], b. Mar. 27, 1742	1	41
William, s. [Phinehas & Hannah], b. Aug. 15, 1752	1	42
William, [s. William & Hannah], b. Feb. 15, 1785 (?)	1	40
Zerviah, [d. Benoni & Hannah], b. June 27, 1722; d. Nov. 1, 1739	1	42
Zerviah, d. Jonathan & Mercy, b. Apr. 28, 1751	1	41
Zerviah, d. [David & Jemima], b. Mar. 22, 1772	1	372
-----, 1st child of [Timothy, Jr. & Submit], b. Dec. 10, 1750; d. ae 3 wks.	1	55
-----, [m.] David **WEST** [ ]	1	396
CLAUSON, [see under **CLOSSON**]		
CLEVELAND, Ezekiel, s. [Lemuel & Lydia], b. Sept. 1, 1747	1	43
Lemuel, m. Lydia **WOODWARD**, Nov. [ ], 1745	1	43
Lemuel, s. [Lemuel & Lydia], b. Apr. 11, 1746	1	43
Lydia, m. Elijah **PHELPS**, Oct. 26, 1791, by Dav[i]d Payne, J.P.	1	257
CLOSSON, CLAUSON, Eleazer, [s. John & Zerviah], b. July 10, 1709 (1739?)	1	47
Elizabeth, [d. Nehemiah & Elizabeth], b. June 20, 1722	1	47
Elizabeth, [d. Nehemiah & Elizabeth], d. Feb. 27, 1725	1	47
Elizabeth, [d. Nehemiah & Elizabeth], b. June 9, 1727	1	47
Elizabeth, d. Nathan & Leah, b. Jan. 13, 1744/5	1	49
Hannah, [d. Nehemiah & Elizabeth], b. July 25, 1721	1	47
John, m. Zerviah **SWEETLAND**, Aug. 28, 1735	1	47
Mary, m. John **SMITH**, Oct. 14, 1736	1	282
Nathan, s. Nehemiah & Elizabeth, b. Mar. 10 1720	1	47
Nathan, m. Sarah **FOSTER**, Dec. 19, 1739	1	49

BARBOUR COLLECTION

	Vol.	Page
CLOSSON, CLAUSON (cont.)		
Nathan, of Lebanon, m. Leah **ARMSTRONG**, of Norwich, May 3, 1744	1	49
Nehemiah, s. John & Zerviah, b. Dec. 6, 1736	1	47
Nehemiah, Jr., m. Miriam **CROSMAN**, Feb. 23, 1758	1	59
Nehemiah, s. [Nehemiah, Jr. & Miriam], b. Dec. 13, 1758	1	59
Simeon, [s. John & Zerviah], b. Mar. 20, 1741	1	47
COATS, Abigail, d. Amos & Beulah, b. Mar. 18, 1753	1	43
Anna, d. William & Ansbias, b. June 15, 1749	1	47
Edward, s. William & Ansbias, b. Oct. 18, 1751; d. Dec. 18, 1751	1	47
John, s. William & Ansbias, b. Mar. 26, 1747	1	47
William, s. William & Ansbias, b. Apr. 14, 1745	1	47
COBB, Charles H, m. Elizabeth A. **TILDEN**, b. of Lebanon, Jan. 3, 1841, by Rev. John C. Nichols	2	3
Nancy M., of Lebanon, m. Orson M. **CLARK**, of Windham, Jan. 21, 1838, by Rev. Lyman Strong	1	453
Rowland L., m. Lydia W. **LOOMIS**, b. of Lebanon, Oct. 30, 1842, by John C. Nichols	2	22
COCKS, [see under **COX**]		
COGSWELL, Ann, d. Samuel & Elizabeth, b. Jan. 13, 1728/9	1	49
Elizabeth, d. Samuel & Elizabeth, b. Apr. 20, 1730	1	49
Elizabeth, of Coventry, m. Daniel **BALDWIN**, of Lebanon, Jan. 26, 1748/9	1	38
Jemima, [d. Samuel & Elizabeth], b. Dec. 19, 1736	1	49
Phebe, d. Samuel & Elizabeth, b. Mar. 29, 1738/9	1	49
Samuel, of Lebanon, m. Elizabeth **BINGHAM**, of Windham, Feb. 7, 1727/8	1	49
Temperance, m. John **HUTCHINSON**, Nov. 10, 1737	1	140
Zerviah, d. Samuel & Elizabeth, b. Jan. 7, 1732/3	1	49
COLBERT, James, of New London, m. Fanny **BECKWITH**, of Lebanon, Apr. 20, 1823, by Rev. William Palmer, at Enos Beckwith's	1	18
COLE, COUL, [see also **COWELSE**], Amasa, s. [Ebenezer, Jr. & Abigail], b. May 15, 1771	1	369
Asenath, d. [Ebenezer, Jr. & Abigail], b. June 12, 1768	1	369
Barsheba, [s. Ebenezer, Jr. & Abigail], b. Apr. 22, 1762	1	369
Chloe, [d. Ebenezer & Esther], b. Aug. 4, 1736	1	52
David, [s. Ebenezer & Esther], b. Aug. 30, 1739	1	52
Ebenezer, [s. Ebenezer & Esther], b. Aug. 5, 1734	1	52
Eben[eze]r, Jr., d. May 22, 1777	1	369
Ebenezer, m. Esther **OWEN** [ ]	1	52
Ebenezer, Jr., [m.] Abigail **WISE**, [ ]	1	369
Eunice, [d. Joshua & Elizabeth], b. Oct. 3, 1740	1	47
James, [s. Joshua & Elizabeth], b. Mar. 16, 1745	1	47
John, [s. Joshua & Elizabeth], b. July 12, 1742	1	47
Jonathan, [s. Ebenezer, Jr. & Abigail], b. Aug. 20, 1759	1	369
Joshua, m. Elizabeth **MURCH**, May 1, 1729	1	47
Joshua, s. Joshua & Mary (sic), b. Aug. 4, 1730 (Should be Elizabeth)	1	47
Lucy, d. Ebenezer, Jr. & Abigail, b. Sept. 26, 1773	1	369
Mary, m. Hugh **CAMEL**, Mar. 1, 1716/17	1	45

LEBANON VITAL RECORDS 55

	Vol.	Page
COLE, COUL (cont.)		
Mary, [d. Joshua & Elizabeth], b. Mar. 16, 1737	1	47
Olive B., of Forest Lake, Penn., m. Jeron **BASCOM**, of Exeter, Sept. 11, 1848, by John Avery	2	57
Piercy, d. [Ebenezer, Jr. & Abigail], b. Aug. 9, 1776	1	369
Reuben, s. Eb[eneze]r, Jr. & Abigail, b. Dec. 2, 1756	1	369
Sarah, d. [Ebenezer & Esther], b. Jan. 4, 1737/8	1	52
Sarah, of Colchester, m. Abel **WEBSTER**, of Leb[anon], May 11, 1759, by J[oh]n Watrous, Esq.	1	353
Sarah, [d. Ebenezer, Jr. & Abigail], b. Feb. 4, 1765	1	369
COLEMAN, COLMAN, Anne, d. [John & Hannah], b. Jan. 26, 1764	1	158
Betty, d. [John & Hannah], b. Dec. 27, 1767	1	158
Charles, s. [John & Hannah], b. Jan. 14, 1766	1	158
Edwin, of Coventry, now of Lebanon, m. Matilda M. **THOMPSON**, of Lebanon, Oct. 1, 1837, by Asahel Dewey, J.P.	1	384
Hannah, d. John & Hannah, b. Dec. 28, 1760	1	158
Jona[than] Wright, twin with Noah Heath, [s. Dr. Noah & Hannah], b. Mar. 9, 1782	1	372
Julia, d. [Dr. Noah & Hannah], b. Aug. 14, 1768	1	372
Mercy, d. [Dr. Noah & Hannah], b. Apr. 18, 1772	1	372
Noah Heath, twin with Jona[than] Wright, [s. Dr. Noah & Hannah], b. Mar. 9, 1782	1	372
COLLIER, Mary, m. Jonathan **DEWEY**, Nov. 1, 1733	1	61
COLLINS, Abraham, [s. Benjamin & Elizabeth], b. June 4, 1724	1	52
Ambrose, s. [John William & Miriam], b. Dec. 24, 1744	1	56
Benjamin, s. Benjamin & Elizabeth, b. Mar. 19, 1721/2	1	52
Benjamin, of Lebanon, m. Hannah **SWIFT**, of Sandwich, Aug. 8, 1743	1	53
Edward, s. John William & Miriam, b. June 21, 1736	1	56
Edward, s. [John William & Miriam], b. July 2, 1752	1	56
Eleazer, [s. Rufus & Hannah], b. Sept. 21, 1752	1	54
Elizabeth, d. [Rufus & Hannah], b. Apr. 25, 1748	1	54
Elizabeth, of Lebanon, m. John N. **ALEXANDER**, of South Windsor, Oct. 15, 1854, by E. W. Tucker	2	80
Emily, of Lebanon, m. Henry **COMSTOCK**, of Norwich, July 13, 1847, by Rev. J. R. Brown, of Goshen	2	51
Hannah, m. Phinehas **CLARK**, June 20, 1751	1	42
Hannah, [d. Rufus & Hannah], b. Sept. 20, 1754	1	54
Jasper, s. [John William & Miriam], b. Jan. 17, 1749	1	56
Joanna, d. Benjamin & Hannah, b. Jan. 6, 1744/5	1	53
John William, late of Boston, now of Lebanon, m. Miriam **WILLEY**, of Lyme, Nov. 4, 1734	1	56
Julius, [s. Benjamin & Elizabeth], b. Dec. 29, 1728	1	52
Lucy, [d. Benjamin & Elizabeth], b. Feb. 5, 1735/6	1	52
Lucy, m. Ebenezer **GARY**, [ ]	1	129
Mary, d. [Rufus & Hannah], b. Sept. 20, 1749	1	54
Mary, m. Eleazer **WOODWARD**, Nov. 30, 1769	1	357
Phebe, [d. Benjamin & Elizabeth], b. July 9, 1731	1	52

56 BARBOUR COLLECTION

	Vol.	Page
COLLINS (cont.)		
Phebe, m. Jehiel **WOODWORTH**, June 6, 1751	1	346
Priscilla, [d. Rufus & Hannah], b. Oct. 2, 1757; d. May 26, 1759	1	54
Priscilla, d. [Rufus & Hannah], b. Jan. 11, 1763	1	54
Roxillana, [d. John William & Miriam], b. Nov. 14, 1743	1	56
Roxillana, m. Elijah **SCOTT**, Oct. 8, 1767, by Esq. West	1	296
Rufus, [s. Benjamin & Elizabeth], b. Nov. 21, 1726	1	52
Rufus, m. Hannah **CLARK**, July 2, 1747	1	54
Rufus, s. [Rufus & Hannah], b. Feb. 15, 1751	1	54
Ruth, d. [Rufus & Hannah], b. Apr. 23, 1756	1	54
Sarah, d. John William & Miriam, b. May 5, 1735; d. May 16, 1736	1	56
Sophronia, of Bozrah, m. John **ALEXANDER**, of East Windsor, Jan. 3, 1843, by Rev. Nathan Wildman	2	20
Urania, d. [John William & Miriam], b. Aug. 14, 1741; d. May 23, 1753	1	56
Violetta, [d. John William & Miriam], b. June 20, 1737	1	56
William, s. [John William & Miriam], b. Apr. 5, 1739; d. [ ]	1	56
William, s. [John William & Miriam], b. Nov. 4, 1754	1	56
Zarabubel, [s. Benjamin & Elizabeth], b. Oct. 4, 1733	1	52
Zelotes, [s. Benjamin & Elizabeth], b. Mar. 23, 1738; d. Aug. 4, 1739	1	52
Zelotes, 7th s. [Benjamin & Elizabeth], b. Nov. 12, 1740	1	52
Zelotes, s. [Rufus & Hannah], b. Sept. 6, 1759	1	54
Zerviah, d. [Rufus & Hannah], b. May 26, 1764	1	54
COLMAN, [see under **COLEMAN**]		
COLTON, Elizabeth, m. Ezekiel **LOOMISE**, Jr., Mar. 1, 1742/3	1	184
Rebecca, of Springfield, m. Ebenezer **BLISS**, of Lebanon, May 4, 1737	1	28
COLVER, [see under **CULVER**]		
COMSTOCK, Elizabeth Raymond, d. Mar. 22, 1842, ae 33 y.	2	81
Esther Lee, d. July 9, 1850, ae 44 y.	2	81
Henry, of Norwich, m. Emily **COLLINS**, of Lebanon, July 13, 1847, by Rev. J. R. Brown, of Goshen	2	51
Joseph, m. Caroline E. **CHAMPLAIN**, Mar. 15, 1853	2	81
Joshua Perry, d. June [ ], 1839, ae 37	2	81
Mary, m. Abner **HILLS**, Apr. 10, 1760, by Rev. Mr. Eliot	1	158
Mary, d. May 21, 1840, ae 36	2	81
Oliver Hazard, s. Joseph & Sarah M., b. Aug. 23, 1824; d. Oct. 8, 1826, ae 2 y. 1 m. 16 d.	1	84
Oliver Perry, d. Oct. [ ], 1826, ae 1 y. 1 m. 16 d.	2	81
Sarah, m. Jonathan **BLACKMAN**, Nov. 7, 1751, by Rev. Benj[amin] Throope	1	36
Sarah Robinson, d. Aug. 6, 1851, ae 71	2	81
CONE, Mary, of Bolton, m. Rhodolphus **THATCHER**, of Lebanon, Feb. 3, 1773, by Jed[ediah] White, J.P.	1	318
Spencer, of East Haddam, m. Mary **TAYLER**, of Lebanon, Mar. 15, 1825, by Rev. Tuba Wakefield, of Orange	1	96

LEBANON VITAL RECORDS

	Vol.	Page
CONGDON, Andrew Jackson, s. [Senaca & Ann], b. Oct. 31, 1815, at Charlestown, R.I.	1	219
Benjamin, s. [James & Sarah], b. Nov. 6, 1819	1	215
Benjamin, of Franklin, m. Betsey O. **JOHNSON**, of Lebanon, Jan. 1, 1845, by Rev. Stephen Hayes, Exeter	2	37
Benjamin, m. Elizabeth **SLOCOMB**, Apr. 25, 1852, by Rev. Henry B. Whittington	2	74
Charles, s. [Senaca & Ann], b. June 10, 1827	1	219
Charles E., m. Eliza A. **PECKHAM**, b. of Lebanon, Feb. 13, 1849, by Nathan Wildman	2	60
Eliza, m. Nathan **DAVIS**, Jr., b. of Lebanon, June 18, 1848, by John C. Nichols	2	56
Elizabeth, d. [James & Sarah], b. Dec. 24, 1810	1	215
Hezekiah Ripley, s. [James & Sarah], b. July 16, 1824	1	215
James, b. Mar. 22, 1781; m. Sarah **CHAMPLAIN**, Jan. 24, 1804, by Rev. Zebulon Ely	1	215
James Munroe, s. [James & Sarah], b. Apr. 22, 1820	1	215
Job, of Franklin, m. Sarah **OCRA**, of Lebanon, Oct. 23, 1832, by Rev. Edward Bull	1	357
John, s. [Senaca & Ann], b. Nov. 29, 1819, at Pomfret, Conn.	1	219
Peleg Cross, [s. Senaca & Ann], b. Apr. 2, 1826	1	219
Ruth, d. [James & Sarah], b. Oct. 18, 1815	1	215
Ruth, m. Alvan T. **DAVIS**, b. of Lebanon, Apr. 19, 1840, by Israel J. Otis, V.D.M.	1	77
Sarah Ann, d. [Senaca & Ann], b. Feb. 12, 1818, at Pomfret, Conn.	1	219
Sarah E., m. James M. **ABELL**, Jan. 1, 1837, by Rev. Israel T. Otis	1	442
Sarah Eddy, d. [James & Sarah], b. Oct. 13, 1808	1	215
Senaca, s. Benjamin, of Lebanon, m. Ann **CROSS**, d. Col. Peter, of Charlestown, R.I., Jan. 8, 1815, by Samuel Perry, J.P., at Charlestown, R.I.	1	219
Senaca Benjamin, [s. Senaca & Ann], b. Aug. 19, 1822, at Thompson, Conn.	1	219
Thomas Champlain, s. [James & Sarah], b. Apr. 30, 1806	1	215
William, s. [James & Sarah], b. Jan. 3, 1805	1	215
COOCH, Easton, of Lebanon, m. Ann V. **LATHROP**, of Franklin, Apr. 18, 1826, by Rev. Esek Brown	2	218
COOK, Bennat, of Lebanon, m. Betsey **LOOMIS**, of Columbia, Feb. 28, 1821, by Esek Brown	1	413
John, m. Janette **GAY**, b. of Lebanon, Sept. 26, 1831, by Rev. Esek Brown	1	263
Louisa Ann, m. Jonathan E. **BABCOCK**, b. of Lebanon, Mar. 4, 1832, by Rev. Esek Brown	1	230
COOMER, Lois, of Plimtown, m. Nathaniel **WHITE**, of Lebanon, June 20, 1751	1	345
COON, Denison P., of Norwich, m. Cordelia **HAYWARD**, of Lebanon, Oct. 6, 1840, by Rev. Nathan Wildman	1	388

	Vol.	Page
CORBIN, Benjamin, Jr., m. Lydia K. **JILLSON**, b. of Willimantic, Mar. 5, 1843, by Rev. Ebenezer Robinson	2	26
CORBIT, CORBET, Abigail, w. John, d. July 16, 1724	1	46
Eleanor, m. Bartholomew **HEATH**, Oct. 3, 1734	1	149
Isaac, m. Elizabeth **BENBRIDGE**, July 21, 1729	1	45
John, m. Abigail **CHAPPELL**, May 3, 1722	1	46
John, [s. John & Experience], b. Nov. 12, 1730	1	46
John, m. Experience **THOMAS**, [ ]	1	46
Mary, [d. John & Experience], b. Jan. 27, 1734/5	1	46
William, s. John & Experience, b. June 28, 1726	1	46
COREY, [see also **CAREY**], Almira A., of Lebanon, m. Asher D. **HOLMES**, of Norwich, Nov. 26, 1848, by Nathan Wildman	2	59
Caleb R., m. Sarah A. **WILLIAMS**, b. of Lebanon, Feb. 6, 1850, by Nathan Wildman	2	64
Mary A., of Lebanon, m. Charles **GAGER**, of Franklin, Dec. 26, 1847, by Nathan Wildman	2	54
Susan G., of Lebanon, m. Edward **BILL**, of Vernon, Dec. 31, 1851, by Rev. N. W. Miner	2	72
COSMAN, Rose, m. Cash **PALATINE**, (mulatto), Aug. 26, 1784, by Mr. W[illia]m Williams	1	371
COTTRELL, Lucinda, of Lebanon, m. Sheldon D. **TURNER**, of Mansfield, Mar. 5, 1827, by Rev. Daniel Waldo	1	396
COUL, [see under **COLE**]		
COWELSE, [see also **COLE**], David, of Colchester, m. Mary Ann **PACKHAM**, of Lebanon, Dec. 6, 1826, by Rev. Esek Brown	1	118
COX, COCKS, Anne, [d. Robert & Ruth], b. Apr. 27, 1731	1	50
John, m. Hannah **BARKER**, b. of Norwich, July 15, 1827, by Rev. Esek Brown	1	250
Mary, d. Robert & Ruth, b. Oct. 9, 1727	1	50
Mary, d. Oct. 20, 1727	1	53
Mary, [d. Robert & Ruth], b. Sept. 27, 1728	1	50
Mary, [d. Robert & Ruth], d. [ ]	1	50
Ruth, [d. Robert & Ruth], b. Dec. 23, 1729	1	50
CRANDALL, Anne, [d. Constant & Hannah], b. Nov. 13, 1747	1	50
Constant, m .Hannah **BREWSTER**, May 18, 1743	1	50
Eunice, m. John **GOULD**, Apr. 8, 1756, by Rev. Mr. Wheelock	1	123
Eunice, m .John **GOULD**, Apr. 8, 1756, by Rev. Mr. Wheelock	1	132
Hannah, d. Constant & Hannah, b. June 22, 1745	1	50
Lydia, [d. Constant & Hannah], b. Oct. 24, 1749	1	50
Richmond, s. Constant & Hannah, b. Nov. 2, 1751; d. Mar. 6, 1752	1	50
Richmond, s. [Constant & Hannah], b. May 21, 1754	1	50
Samuel, s. Peter & Mary, b. Dec. 11, 1729	1	50
CRANE, Chloe, [d. Silas & Lucy], b. Sept. 24, 1745	1	51
Elijah, s. Jonathan & Mary, b. Feb. 4, 1717/18	1	46
Jerusha, m. Lemuel **CRANE**, May 13, 1757	1	58

LEBANON VITAL RECORDS

	Vol.	Page
CRANE (cont.)		
Lemuel, m. Jerusha **CRANE**, May 13, 1757	1	58
Louisa, d. [Lemuel & Jerusha], b. Feb. 16, 1757	1	58
Mary, m. Salmon **CHAMPION**, b. of Lebanon, Jan. 28, 1781, by Nath[anie]l Wales, J.P.	1	87
Prudence, d. [Lemuel & Jerusha], b. Feb. 12, 1755	1	58
Sarah, m. Daniel **ABEL**, Dec. 21, 1729	1	2
Silas, [s. Jonathan & Mary], b. Apr. 19, 1723	1	46
Silas, of Lebanon, m. Lucy **WATERMAN**, of Norwich, Sept. 20, 1742	1	51
Silas, s. Silas & Lucy, b. Sept. 4, 1743	1	51
Theody, [d. Jonathan & Mary], b. May 10, 1720	1	46
Zebulon, s. [Lemuel & Jerusha], b. Feb. 21, 1753	1	58
Zerviah, d. Jonathan & Sarah, b. Feb. 11, 1742/3	1	44
CRARY, Amelia A., of Goshen Society, Lebanon, m. A. R. **PARK**, of Colchester, Oct. 12, 1841, by Rev. Joel R. Arnold	2	11
CROCKER, Edonijah, s. John & Elizabeth, b. Oct. 24, 1743	1	52
Elizabeth, m. Caleb **CHAPPELL**, Jr., Apr. 15, 1744	1	55
Elizabeth, w. John, d. Feb. 18, 1768	1	52
Esther, [d. Simon & Elizabeth], b. May 27, 1761	1	57
John, s. [Simon & Elizabeth], b. Jan. 29, 1764	1	57
John, d. Oct. 22, 1768	1	52
John, m. Amelia **ALLEN**, of Windham, Sept. 30, 1792	1	380
John, s. [John & Amelia], b. Dec. 7, 1809	1	380
John, husband of Amelia, d. [ ]	1	380
Lora, d. [John & Amelia], b. June 8, 1804	1	380
Lora, see also Lura		
Lucy, d. [Simon & Elizabeth], b. Mar. 11, 1759	1	57
Lura, d. [John & Amelia], d. Dec. 23, 1825, ae 21	1	380
Lura, see also Lora		
Maria, twin with Sophia, [d. John & Amelia], b. Feb. 18, 1794; d. Nov. 3, 1823, ae 29	1	380
Mary, d. J[oh]n & Eliz[abeth], d. Apr. 15, 1763	1	52
Mary E., of Lebanon, m. Charles B. **LEE**, of Colchester, Oct. 13, 1851, by Rev. John Avery, of Exeter	2	71
Molly, [d. Simon & Elizabeth], b. Nov. 11, 1767	1	57
Simeon, m. Clarissa T. **GOODWIN**, b. of Lebanon, Feb. 15, 1826, by Rev. Esek Brown	1	85
Simon, m. Elizabeth **RICHARDSON**, Sept. 29, 1757 ("Stated by Simon Crocker")	1	57
Simon, s. [John & Amelia], b. Aug. 10, 1798	1	380
Solomon, s. John, Jr. & Eleanor, b. Nov. 8, 1755	1	53
Sophia, twin with Maria, [d. John & Amelia], b. Feb. 18, 1794; d. May 13, 1822, ae 29 y. as per the certificate of Simon Crocker, the brother of the deceased	1	380
CROFOOT, Ebenezer, d. Nov. 29, 1724	1	53
Elias, m. Mary **WELSH**, Oct. 23, 1746	1	50
CROSBY, Sarah, m. Thomas **MORY**, b. of Norwich, Nov. 26, 1761, by Rev. Mr. Powers, of Norwich	1	205
Timothy, s. Tim[othy], & Mary, b. July 18, 1762	1	48

	Vol.	Page
CROSMAN, Miriam, m. Nehemiah CLOSSON, Jr., Feb. 23, 1758	1	59
CROSS, Ann, d. Col. Peter, of Charlestown, R.I., m. Senaca CONGDON, s. Benjamin, of Lebanon, Jan. 8, 1815, by Samuel Perry, J.P., at Charlestown, R.I.	1	219
CROUCH, Christopher, m. Harriet THOMAS, Nov. 29, 1827, by Erastus Ripley	1	423
CRUMB, Christopher C., of Charleston, R.I., m. Sally A. GREENWOOD, of Lebanon, Nov. 27, 1828, by Rev. Edward Bull	1	75
CULVER, COLVER, Abigail, [d. Edward & Sarah], b. Dec. 23, 1704	1	45
Abigail, m. Gideon HUNT, Oct. 16, 1744	1	142
Ann, [d. Edward & Sarah], b. Jan. 6, 1701/2	1	45
Benjamin, [s. Samuel & Hannah], b. July 7, 1715	1	51
Bersheba, [d. Ephraim & Martha], b. Mar. 15, 1724	1	51
Daniel, s. Edward & Sarah, b. Dec. 19, 1698	1	45
Ebenezer, [s. Ephraim & Martha], b. July 12, 1716; d. May 2, 1718	1	51
Ebenezer, twin with Joshua, [s. Samuel & Hannah], b. June 13, 1722	1	51
Edward, [s. Ephraim & Martha], b. Jan. 19, 1709/10	1	51
Elishama, [s. Ephraim & Martha], b. Mar. 8, 1715	1	51
Elishama, [s. Ephraim & Martha], b. Feb. 22, 1717/18	1	51
Ephraim, m. Martha HIBBARD, Nov. 6, 1707	1	51
Ephraim, [s. Ephraim & Martha], b. July 19, 1717	1	51
Jacob, s. Edward & Abigail, b. Sept. 19, 1732	1	51
Joshua, twin with Ebenezer, [s. Samuel & Hannah], b. June 13, 1722	1	51
Lemuel, [s. John & Sarah], b. May 14, 1716	1	46
Lydia, d. [Edward & Sarah], b. Nov. 10, 1700	1	45
Lydia, m. John GAY, Dec. 7, 1721	1	121
Martha, [d. Ephraim & Martha], b. Aug. 20, 1708; d. Jan. 27, 1708/9	1	51
Martha, [d. Ephraim & Martha], b. June 19, 1711	1	51
Mary, of Norwich, m. Sam[ue]ll LEE, Jr., of Lebanon, Dec. 26, 1751, by Rev. Benj[ami]n Lord	1	186
Rachel, [d. Ephraim & Martha], b. Nov. 15, 1720	1	51
Ruth, [d. Ephraim & Martha], b. Feb. 24, 1718/19	1	51
Samuel, m. Hannah HIBBARD, May 13, 1714	1	51
Samuel, [s. Samuel & Hannah], b. Oct. 27, 1720	1	51
Sarah, m. Israel EVERIT, Nov. 9, 1710	1	80
Sarah, d. John & Sarah, b. Aug. 24, 1713	1	46
Submit, of Lebanon, m. Jonathan SUMNER, of Hebron, Oct. 23, 1760, by W. Metcalf, J.P.	1	295
Zebulon, s. Samuel & Hannah, b. Nov. 30, 1716	1	51
Zebulon, [s. Samuel & Hannah], b. Nov. 9, 1717	1	51
Zerviah, [d. Ephraim & Martha], b. Aug. 30, 1712	1	51
Zerviah, [d. Ephraim & Martha], d. Feb. 20, 1717/18	1	51
Zerviah, [d. Samuel & Hannah], b. Apr. 28, 1718	1	51
CURREL, Joseph, of Boston, m. Cynthia LITTLE, of Lebanon, Sept. 23, 1832, by Rev. Edward Bull	1	430

LEBANON VITAL RECORDS 61

	Vol.	Page
[CURTIS], CURTISS, CURTICE, Abel, s. [Simeon & Sarah], b. June 13, 1755	1	53
Abigail, m. William SIMMS, Jan. 22, 1729/30	1	280
Abigail, [d. Deodatus & Elizabeth], b. Feb. 26, 1737/8; d. Oct. 20, 1740	1	50
Abigail, [d. Deodatus & Elizabeth], b. Jan. 13, 1741/2	1	50
Beriah, s. Solomon, d. Sept. 11, 1737	1	53
David, [s. Jonathan & Elizabeth], b. Nov. 24, 1727	1	44
Deodatus, m. Elizabeth SELDEN, of Hadley, Dec. 1, 1734	1	50
Ebenezer, [s. Deodatus & Elizabeth], b. July 9, 1735	1	50
Eleazer, m. Mary DUNHAM, Sept. 23, 1735	1	48
Eleazer, s. Eleazer & Mary, b. Sept. 23, 1736	1	48
Elias, s. [Simeon & Sarah], b. June 1, 1748	1	53
Elizabeth, [d. Jonathan & Elizabeth], b. Apr. 23, 1721	1	44
Elizabeth, m. John CALKINS, b. of Lebanon, June 20, 1743	1	45
James, [s. Solomon], b. July 8, 1734; d. Jan. 8, 1734/5	1	48
Jonathan, m. Sarah LOOMIS, Dec. 7, 1710	1	44
Jonathan, s. Jonathan & Sarah, b. Sept. 15, 1712	1	44
Jonathan, m. Elizabeth BURT, July 21, 1720	1	44
Joseph, s. Jonathan, d. Aug. [ ], 1718	1	53
Lysander, s. [Simeon & Sarah], b. Mar. 24, 1766	1	53
Martha, 3rd w. Solomon, d. June 1, 1763	1	48
Mary, [d. Jonathan & Elizabeth], b. Nov. 11, 1731	1	44
Nathaniel, [s. Jonathan & Elizabeth], b. July 7, 1725	1	44
Prudence, d. [Solomon & Abigail], b. Oct. 20, 1721	1	48
Rebecca, [d. Jonathan & Elizabeth], b. Aug. 21, 1729	1	44
Rebecca, [d. Deodatus & Elizabeth], b. Jan. 12, 1739/40	1	50
Ruth, [d. Eleazer & Mary], b. Dec. 20, 1738	1	48
Samuel, [s. Jonathan & Sarah], b. Dec. 2, 1715	1	44
Samuel, s. Solomon & Abigail, b. June 19, 1733	1	48
Samuel, [s. Deodatus & Elizabeth], b. Feb. 9, 1743/4	1	50
Sam[ue]l, s. [Simeon & Sarah], b. June 17, 1757	1	53
Sarah, m. Joseph PHELPS, Nov. 17, 1708	1	240
Sarah, d. Jonathan, d. May 21, 1718	1	53
Sarah, [d. Jonathan & Elizabeth], b. Aug. 22, 1722	1	44
Sarah, d. [Simeon & Sarah], b. Oct. 26, 1751	1	53
Simeon, m. Sarah HUCHINSON, b. of Lebanon, Dec. 20, 1744	1	53
Simeon, s. Simeon & Sarah, b. June 19, 1746	1	53
Solomon, s. Solomon & Elizabeth, b. Dec. 12, 1720	1	48
Solomon, [s. Solomon], b. June 23, 1735; d. Jan. 7, 1734/5	1	48
Solomon, d. Sept. 6, 1737	1	48
Solomon, d. Sept. 16, 1762	1	53
Solomon, s. [Simeon & Sarah], b. Feb. 2, 1763	1	53
CUSHMAN, Ambrose, s. [Nath[anie]l & Sarah], b. July 27, 1748	1	51
Artemas, s. [Nathaniel & Sarah], b. July 28, 1752	1	51
Joab, s. [Capt. Nath[anie]ll], b. Feb. 27, 1761	1	48
Mary, [d. Thomas & Mary], b. May 16, 1737	1	49

BARBOUR COLLECTION

	Vol.	Page
CUSHMAN (cont.)		
Mercy, [d. Thomas & Mary], b. Oct. 23, 1735	1	49
Mercy, d. Capt. Nath[anie]ll, b. Apr. 22, 1757	1	48
Oliver, s. Thomas & Mary, b. Nov. 24, 1729	1	49
Polycarpus, s. Nathaniel & Sarah, b. Nov. 15, 1750	1	51
Rebecca, d. [Nathaniel & Sarah], b. May 30, 1754	1	51
Rhoda, [d. Thomas & Mary], b. Feb. 4, 1733/4	1	49
Ruth, m. Jonathan **HUNT**, May 24, 1732	1	142
Sarah, [d. Thomas & Mary], b. Nov. 6, 1743	1	49
Sarah, m. Samuel **CLARK**, June 26, 1755	1	254
Simeon, s. Nath[anie]l & Sarah, b. Feb. 14, 1742/3	1	51
Sybel, [d. Thomas & Mary], b. Apr. 7, 1732	1	49
Temperance, d. [Nathaniel & Sarah], b. Nov. 28, 1755	1	51
Thomas, [s. Thomas & Mary], b. Dec. 19, 1739	1	49
William, [s. Nath[anie]l & Sarah], b. Jan. 29, 1744/5	1	51
CUTTING, CUTTEN, Abigail, m. Levi **METCALF**, Oct. 24, 1776, by Rev. Mr. Gurley, of Exeter	1	212
Hannah, m. Phillip **HILLS**, Feb. 7, 1726/7	1	143
Hannah, m. Lemuel **GUSTEN**, Dec. 30, 1740	1	125
Sarah, of Watertown, m. Amos **WEST**, of Lebanon, July 21, 1738	1	333
DAGGETT, DAGGET, Bathsheba, [d. John & Margary], b. Jan. 3, 1736/7	1	63
Eleazer, s. [John, Jr. & Sarah], b. Apr. 20, 1764; d. Nov. 19, 1767	1	66
Elizabeth, m. Pasco **HADLOCK**, Nov. 1, 1736	1	144
Elizabeth, d. John & Sarah, b. Feb. 21, 1749/50	1	66
Elizabeth, m. Azariah **BILL**, Feb. 16, 1775; by Rev. Mr. S. Lockwood	1	374
Hannah, [d. John & Margary], b. Mar. 26, 1732	1	63
Isaiah, m. Hannah **PENDLETON**, May 19, 1824, by Erastus Ripley	1	4
John, m. Margary **AMES**, Nov. 5, 1719	1	63
John, s. John & Margary, b. Sept. 5, 1725	1	63
John, Jr., m. Sarah **ELLIS**, b. of Lebanon, Aug. 30, 1749	1	66
John, s. [John, Jr. & Sarah], b. Sept. 11, 1754	1	66
John, Dea., d. Feb. 19, 1767	1	63
Margary, [d. John & Margary], b. Feb. 21, 1733/4	1	63
Mary, [d. John & Margary], b. Nov. 14, 1720	1	63
Samuel, [s. John & Margary], b. Feb. 3, 1722/3	1	63
Samuel, m. Ann **BUSHNELL**, Apr. 17, 1754	1	69
Sam[ue]l, s. [John, Jr. & Sarah], b. Dec. 3, 1768	1	66
Sarah, [d. John & Margary], b. Oct. 12, 1728	1	63
DAMON, DAMMON, John, d. Apr. 27, 1742	1	65
Mary, d. John & Temperance, d. Dec. 12, 1739	1	65
Temperance, m. George **SIMMS**, Sept. 6, 1739	1	284
DANA, Beulah, m. Jonathan **METCALFE**, Jr., Sept. 6, 1753	1	205
DANIELS, Alfred, of Colchester, m. Lovinia **LEWIS**, of Goshen, Nov. 30, 1820, by W[illia]m B. Ripley	1	410
DANIELSON, James, m. Irene **FISH**, Nov. 14, 1748	1	66
James, d. Jan. 16, 1751/2	1	66
Mary, w. James, d. Aug. 20, 1748	1	66

LEBANON VITAL RECORDS 63

	Vol.	Page
DARBEE, Abigail, d. [Jonathan & Abigail], b. May 14, 1751	1	69
Jonathan, m. Abigail **DEWEY**, July 31, 1748	1	69
Jonathan, s. [Jonathan & Abigail], b. Oct. 8, 1753	1	69
Rhoda, d. [Jonathan & Abigail], b. Feb. 18, 1748/9	1	69
DART, Amos, of Colchester, m. Ellen Maria **METCALF**, of Lebanon, Aug. 11, 1840, by Rev. Benjamin G. Goff, in Lebanon	1	79
DAVENPORT, Abigail, d. Ephraim & Mary, b. May 25, 1752	1	68
Ame, d. Ephraim & Mary, b. Dec. 7, 1743	1	68
Betty, d. Ephraim & Mary, b. Nov. 26, 1738	1	68
Bille, s. [Benjamin & Sarah], b. Jan. 13, 1744/5	1	64
Charles, s. Benjamin & Sarah, b. Apr. 30, 1751	1	64
Eliphalet, s. Ephraim & Mary, b. Oct. 14, 1750	1	68
Hannah, [d. Benjamin & Sarah], b. Jan. 31, 1746/7	1	64
Jared, of Lebanon, m. Charlotte **WILLEY**, of Bozrahville, Mar. 31, 1834, by Rodolphus Lamfear	1	229
Jerusha, d. Ephraim & Mary, b. Mar. 5, 1737	1	68
Jonathan, s. Benjamin & Sarah, b. Jan. 9, 1748/9	1	64
Molly, [d. Benjamin & Sarah], b. Mar. 22, 1741	1	64
Samuel, s. Benjamin & Sarah, b. Sept. 17, 1735	1	64
Samuel, s. [Benjamin & Sarah], d. Oct. 17, 1758, at Sheffield	1	64
Sarah, [d. Benjamin & Sarah], b. Apr. 28, 1737	1	64
Sarah, [d. Benjamin & Sarah], b. Feb. 26, 1742/3	1	64
Thomas, s. Ephraim & Mary, b. Jan. 25, 1747	1	68
Zerviah, [d. Benjamin & Sarah], b. Apr. 21, 1739	1	64
-----, m. Amos **BLISS** [ ]	1	376
DAVIS, Abby E., m. Ralph **WILLIAMS**, b. of Lebanon, Sept. 3, 1848, by Rev. Nathan Wildman	2	58
Abby M., of Lebanon, m. Jesse **CHEESEBROUGH**, of Colchester, Dec. 2, 1839, by Nathan Wildman	1	458
Alice, [see under **ELLIS**]		
Alvan T., m. Ruth **CONGDON**, b. of Lebanon, Apr. 19, 1840, by Israel J. Otis, V.D.M.	1	77
Benjamin, s. [Daniel & Abigail], b. Nov. 1, 1769	1	68
Daniel, Jr., m. Abigail **BRIDGES**, May 6, 1747	1	68
Daniel, s. [Daniel & Abigail], b. Apr. 3, 1763	1	68
Dan[ie]l, d. Mar. 24, 1765	1	65
David, s. Daniel & Abigail, b. Jan. 18, 1749/50	1	68
Deborah, d. Samuel & Alice, b. Feb. 28, 1749/50	1	66
Ellis, d. [Samuel & Alice], b. Oct. 31, 1760; d. May 23, 1765	1	66
Franklin T., of Casanavia, m. Mary Ann **SHAPLEY**, of Lebanon, (Goshen), Aug. 24, 1829, by Rev. Daniel Waldo	1	424
Hannah, d. [Samuel & Alice], b. Jan. 21, 1754	1	66
Jonathan, s. Daniel & Abigail, b. Apr. 6, 1748; d. Oct. 30, 1750	1	68
Jonathan, s. [Daniel & Abigail], b. Apr. 25, 1757	1	68
Joseph, s. Joseph & Mary, b. Sept. 15, 1735	1	61
Joseph, s. [Daniel & Abigail], b. Jan. 26, 1761	1	68
Joseph, m. Mary **OWEN**, [ ]	1	61

BARBOUR COLLECTION

	Vol.	Page
DAVIS (cont.)		
Lathrop, s. [Samuel & Alice], b. July 17, 1756	1	66
Lathrop, m. Mary **SWIFT**, Feb. 3, 1780, by Rev. Mr. Brockway	1	88
Levina, d. [Daniel & Abigail], b. Nov. 18, 1755	1	68
Lydia, d. [Samuel & Alice], b. May 1, 1759	1	66
Mary, Sr., d. Feb. 16, 1736/7	1	61
Mary, [d. Joseph & Mary], b. June 14, 1737	1	61
Mary, d. [Daniel & Abigail], b. Oct. 18, 1751	1	68
Nathan, Jr., m. Eliza **CONGDON**, b. of Lebanon, June 18, 1848, by John C. Nichols	2	56
Noyes B., m. Mary **LOOMIS**, b. of Lebanon, Jan. 14, 1849, by Nathan Wildman	2	60
Noyes B., of Lebanon, m. Harriet E. **EDWARDS**, of Hartford, Nov. 27, 1851, by Rev. N. W. Miner	2	72
Phebe, [d. Joseph & Mary], b. May 1, 1734	1	61
Rowland, s. [Lathrop & Mary], b. Oct. 13, 1780	1	88
Ruth, d. [Daniel & Abigail], b. Nov. 16, 1753	1	68
Samuel, m. Alice **SWIFT**, Oct. 22, 1747	1	66
Sam[ue]l, s. [Samuel & Alice], b. Sept. 20, 1748	1	66
Sam[ue]l, s. [Samuel & Alice], d. Jan. 19, 1769, at Norwich	1	66
Samuel, s. [Samuel & Alice], b. Mar. 24, 1769	1	66
Samuel, m. Lotey **BREWSTER**, June 15, 1828, by Elder Allen Hewitt	1	69
Seldon, s. [Lathrop & Mary], b. Nov. 16, 1782	1	88
Submit, m. James **NEWCOMB**, Sept. 11, 1755	1	225
Thomas, [s. Joseph & Mary], b. May 4, 1732	1	61
-----, w. [Dan[ie]l], d. Aug. 10, 1770	1	65
DAVISON, Rulana, m. Levi **CASE**, b. of Lebanon, Jan. 11, 1779, by Andrew Lee, Clerk, at Norwich	1	254
DEAN, Bathsheba, d. Josiah & Bethiah, b. Dec. 19, 1720	1	65
Bethiah, d. Josiah & Bethiah, b. Sept. 7, 1718	1	65
Betty, [d. Josiah & Thankful], b. June 6, 1742	1	64
Catherine, of Lebanon, m. Charles T. **LINCOLN**, of Windham, Mar. 1, 1846, by Nathan Wildman	2	46
Daniel, s. Josiah & Thankful, b. Jan. 14, 1738/9	1	64
Jerusha, of Stonington, m. William **BEWEL**, Nov. 12, 1751	1	25
John, s. Josiah & Bethiah, b. Aug. 4, 1725	1	65
Josiah, s. Josiah & Bethiah, b. Nov. 2, 1716	1	65
Josiah, m. Thankful **THOMAS**, Nov. 10, 1737	1	64
Lucy, m. Silas **DOUBLEDAY**, Nov. 24, 1800	1	237
Mary, m. Thomas **THACHER**, Nov. 16, 1704	1	300
Nath[anie]l, s. Josiah & Bethiah, b. Nov. 27, 1728	1	65
Sarah, of Chaplin, m. Simon **WHITE**, of Willimantic, June 8, 1834, by William T. Williams, J.P.	1	229
DEMING, Socrates, m. Abby **JACKSON**, (colored), b. of Lebanon, Dec. 25, 1844, by Israel T. Otis, V.D.M.	2	36
DENISON, DENNISON, DENNISSON, Abigail, m. William **WATTLES**, May 29, 1735	1	331
Abigail, m. Josiah **TAYLOR**, Nov. 24, 1757	1	312

LEBANON VITAL RECORDS 65

	Vol.	Page
DENISON, DENNISON, DENNISSON (cont.)		
Elizabeth, m. Elisha **HUNTINGTON**, Mar. 8, 1749/50	1	149
Eunice, m. James L. **STANDISH**, b. of Lebanon, July 4, 1845, by Rev. Joshua R. Brown, Goshen	2	39
Hannah L., of Lebanon, m. Elias **WILCOX**, of Stonington, Apr. 23, 1843, by Rev. Bela Hicks	2	23
DEWEY, Aaron, [s. Jonathan & Mary], b. Aug. 25, 1734	1	61
Aaron, m. Mary **PORTER**, Jan. 19, 1758	1	71
Aaron, s. [Aaron & Mary], b. Dec. 13, 1759	1	71
Abigail, d. Noah & Abigail, b. Sept. 3, 1730	1	60
Abigail, m. Jonathan **DARBEE**, July 31, 1748	1	69
Abraham, [s. Josiah & Sarah], b. Feb. 1, 1726/7	1	62
Abraham, of Leb[ano]n, m. Grace **GATES**, of Colchester, Nov. 23, 1752	1	65
Abraham, m. Chloe **BROWN**, of Colchester, May 28, 1766, by Rev. Mr. Little	1	72
Abraham, m. Amie **RANDALL**, of Stonington, Nov. 10, 1767, by Simeon Brown, Elder	1	72
Abram, s. [Abraham & Grace], b. Jan. 10, 1755	1	65
Alpheas, s. [Abraham & Grace], b. Mar. 1, 1762	1	65
Amase, s. [Asahel & Lucina], b. Mar. 12, 1804	1	89
Amy, [d. Simon & Ann], b. Jan. 31, 1747/8	1	62
Amie, [w. Abraham], d. May 21, 1773, in the 38th y. of her age	1	72
Amie Grace, d. [Abraham & Amie], b. Jan. 9, 1770	1	72
Andrew, s. Solomon & Anne, b. Dec. 29, 1751	1	67
Ann, [d. William & Mercy], b. Jan. 21, 1730/31	1	62
Ann, m. Ebenezer **CHEEVER**, Jr., Nov. 7, 1754	1	55
Ann, of Lebanon, m. John **FULLER**, of Hertford, Vt., Feb. 24, 1822, by Esek Brown	1	420
Anna, d. John & Experience, b. Oct. 23, 1727	1	63
Anne, d. [Solomon & Anne], b. Oct. 24, 1756	1	67
Anne, w. Sol[omon], d. Dec. 31, 1769	1	67
Ansel, s. [Asahel & Lucina], b. Aug. 9, 1809	1	89
Asa, s. Moses & Mary, b. July 15, 1748	1	67
Asa[h]el, s. [Solomon & Elizabeth], b. June 13, 1775	1	67
Asahel, m. Lucina **FULLER**, b. of Lebanon, Mar. 8, 1798, by Rev. Thomas Brockway	1	89
Bazebel, s. [John, Jr. & Rhoda], b. Oct. 28, 1764	1	70
Belinda, d. [John, Jr. & Rhoda], b. Jan. 28, 1781	1	70
Benony, s. [Simeon & Ann], b. July 18, 1750, O.S.	1	62
Betsey, d. [John Woodward & Abigail], b. May 16, 1796	1	74
Betty, d. [Solomon & Elizabeth], b. June 4, 1771	1	67
C[h]loe, w. [Abraham], d. Mar. 19, 1767, in the 33rd y. of her age	1	72
Daniel, [s. John & Experience}, b. Jan. 19, 1731	1	63
Daniel, m. Temperance **BAYLEY**, Feb. 22, 1753	1	69
Daniel, [s. Daniel & Temperance], b. Apr. 24, 1760	1	69
Daniel Ordway, d. [John Woodward & Abigail], b. Mar. 18, 1798	1	74
Darius, [s. John, Jr. & Rhoda], b. Aug. 22, 1757	1	70
David, s. John & Mary, b. Apr. 25, 1716	1	61

DEWEY (cont.)

	Vol.	Page
David, m Hannah **HALL**, [ ]	1	65
Deborah, [d. Joseph & Abigail], b. May 6, 1739	1	63
Desire, [d. Samuel & Elizabeth], b. Feb. 13, 1733/4	1	60
Dorcas, d. Thomas & Mercy, b. June 17, 1738	1	60
Ebenezer, d. Dec. 3, 1711	1	61
Ebenezer, [s. Ebenezer & Elizabeth], b. Jan. 24, 1711/12	1	61
Ebenezer, s. [Daniel & Temperance], b. Feb. 16, 1769; d. Mar. 20, 1769	1	69
Ebenezer, s. [John, Jr. & Rhoda], b. Feb. 17, 1769; d. Mar. 20, 1769	1	70
Ebenezer, s. [John, Jr. & Rhoda], b. Aug. 18, 1770; [d.] Jan. 9, 1776	1	70
Eleazer, [s. Jonathan & Mary], b. June 26, 1745	1	61
Eleazer, s. [Aaron & Mary], b. Aug. 8, 1761	1	71
Eleazer, s. [Solomon & Elizabeth], b. Dec. 4, 1778	1	67
Elijah, [s. William & Mercy], b. June 26, 1728	1	62
Elijah, [s. Samuel & Elizabeth], b. Jan. 20, 1735/6	1	60
Elijah, of Lebanon, m. Abigail **MARTIN**, of Windham, May 10, 1750	1	61
Elijah, s. [Elijah & Abigail], b. Dec. 22, 1752	1	61
Eliphalet, s. [Daniel & Temperance], b. Dec. 13, 1762	1	69
Eliphalet, s. [Eliphalet], b. Apr. 15, 1786	1	88
Elizabeth, d. Ebenezer & Elizabeth, b. Oct. 7, 1710	1	61
Elizabeth, [d. Samuel & Elizabeth], b. Jan. 7, 1739/40	1	60
Esther, d. [Daniel & Temperance], b. Oct. 3, 1757	1	69
Experience, m. John **GILLETT**, Jan. 3, 1699/1700	1	120
Experience, of Lebanon, m. Oliver **GRISWOLD**, of Norwich, Apr. 9, 1707, by Rev. Mr. Williams	1	124
Experience, [d. John & Mary], b. Sept. 25, 1713	1	61
Experience, m. Matthew **RICE**, Feb. 18, 1736	1	267
Experience, [d. John & Experience], b. Jan. 26, 1740/41	1	63
Ezra, s. [Noah & Abigail], b. May 29, 1738	1	60
Ezra, [s. Noah & Abigail]. d. Aug. 11, 1739	1	60
Flavel, m. Betsey F. **BINGHAM**, b. of Lebanon, Sept. 7, 1828, by Rev. Esek Brown	1	227
Freeman, s. [Abraham & Amie], b. Aug. 13, 1771	1	72
Grace, w. A[braham], d. Mar. 1, 1765, in the 39th y. of her age	1	65
Hannah, [d. William & Mercy], b. May 14, 1723	1	62
Hannah, m. Silas **PHELPS**, Dec. 23, 1742	1	243
Hannah, d. [Solomon & Elizabeth], b. Feb. 20, 1773	1	67
Hepzibah, [d. Nath[anie]l & Margaret], b. Dec. 28, 1715	1	60
Hepzibah, [d. Jonathan & Mary], b. Aug. 20, 1736	1	61
Huldah, [d. Jonathan & Mary], b. Apr. 13, 1740	1	61
Isaiah, [s. Joseph & Abigail], b. Oct. 10, 1746	1	63
Israel, [s. John & Experience], b. Nov. 29, 1742	1	63
Jeremiah, [s. Samuel & Elizabeth], b. Jan. 20, 1737/8	1	60
Jerusha, [d. William & Mercy], b. Dec. 6, 1720	1	62
Jerusha, m. Paul **PHELPS**, b. of Lebanon, Dec. 11, 1740	1	242
Jerusha, d. [Elijah & Abigail], b. Jan. 19, 1755	1	61
John, s. Josiah & Mehetable, b. Dec. 4, 1700	1	61

LEBANON VITAL RECORDS 67

	Vol.	Page
DEWEY (cont.)		
John, m. Mary **THOMAS**, Apr. 5, 1705	1	61
John, m. Experience **WOODWARD**, Nov. 30, 1726	1	63
John, [s. John & Experience], b. Dec. 12, 1735	1	63
John, s. David & Hannah, b. June 27, 1743; d. Jan. 13, 1743/4	1	65
John, Jr., m. Rhoda **GILLETT**, Nov. 18, 1756	1	70
John Woodward, s. [John, Jr. & Rhoda], b. Dec. 31, 1762	1	70
John Woodward, of Lebanon, m. Abigail **RUDD**, of Windham, Nov. 15, 1787, by Rev. James Cogswell	1	74
John Woodward, s. [John Woodward & Abigail], b. May 14, 1790	1	74
Jonathan, [s. John & Mary], b. Mar. 16, 1709	1	61
Jonathan, m. Mary **COLLIER**, Nov. 1, 1733	1	61
Jonathan, s. [Jonathan & Mary], b. Nov. 20, 1738	1	61
Jonathan, d. Dec. 23, 1759, ae 50 y. 9 m. 7 d.	1	61
Joseph, m. Abigail **HILLS**, [ ]	1	63
Josiah, m. Sarah **HUCHINSON**, Dec. 4, 1718	1	62
Josiah, twin with Sarah, [d. Josiah & Sarah], b. Oct. 19, 1719	1	62
Josiah, s. Joseph & Abigail, b. May 24, 1727	1	63
Josiah, [s. John & Experience], b. Sept. 9, 1734; d. Nov. 21, 1734	1	63
Josiah, s. [Abraham & Grace], b. Feb. 27, 1758	1	65
Judah, s. John & Mary, b. Apr. 15, 1706	1	61
Keziah, [d. Josiah & Sarah], b. Feb. 16, 1729/30	1	62
Lemuel, [s. Noah & Abigail], b. Apr. 29, 1736	1	60
Levinah, d. [Abraham & Grace], b. Nov. 6, 1753	1	65
Lucia, d. [John Woodward & Abigail], b. Aug. 4, 1788	1	74
Lucina, w. Asahel, d. Dec. 14, 1826, ae 49 y.	1	89
Lucy, d. [Eliphalet], b. Feb. 21, 1792	1	88
Lydia, [d. Noah & Abigail], b. Jan. 11, 1744	1	60
Margaret, [d. Nath[anie]l & Margaret], b. May 5, 1702	1	60
Margaret, m. Cornelius **PHELPS**, Jan. 18, 1721/2	1	241
Maria, d. [John Woodward & Abigail], b. Sept. 10, 1794	1	74
Martha, [d. Josiah & Sarah], b. Apr. 19, 1733	1	62
Martha, m. James **CHAPMAN**, Mar. [ ], 1752	1	57
Martin, s. [Elijah & Abigail], b. Nov 1, 1750 (?)	1	61
Mary, [d. Josiah & Mehetable], b. Oct. 24, 1704	1	61
Mary, m. John **WEBSTER**, Aug. 20, 1724	1	328
Mary, [d. Joseph & Abigail], b. Aug. 30, 1734	1	63
Mary, [d. John & Experience], b. Jan. 8, 1738	1	63
Mehetable, [d. Josiah & Mehetable], b. June 29, 1708	1	61
Mehetable, [d. Joseph & Abigail], b. Aug. [ ], 1732	1	63
Mehetable, m. Abel **BEWELL**, Apr. 9, 1734	1	26
Melinda, m. Lewis **TAFT**, Dec. 20, 1804	1	216
Mercy, d. William & Mercy, b. Apr. 1, 1714	1	62
Mercy, m. Jonathan **CLARK**, Jr., Jan. 16, 1735	1	41
Mercy, [d. Thomas & Mercy], b. Feb. 18, 1740/41	1	60
Mindwell, d. [John & Mary], b. May 18, 1707	1	61
Molly, d. [Solomon & Anne], b. Oct. 5, 1761	1	67
Moses, [s. John & Mary], b. Nov. 10, 1718	1	61

BARBOUR COLLECTION

	Vol.	Page
DEWEY (cont.)		
Moses, m. Mary **ENGLISH**, May 12, 1744	1	67
Moses, s. [Moses & Mary], b. Apr. 20, 1745	1	67
Nathan, [s. Samuel & Elizabeth], b. May 7, 1742	1	60
Nathan, s. [Aaron & Mary], b. Oct. 27, 1758; d. Nov. 3, [1758]	1	71
Nath[anie]l, m. Margaret **BURROUGHS**, Jan. 24, 1699	1	60
Nathaniel, s. Nath[anie]l & Margaret, b Dec. 12, 1700	1	60
Noah, [s. Nath[anie]l & Margaret], b. May 13, 1706	1	60
Noah, m. Abigail **PLUMBLEY**, Oct. 31, 1728	1	60
Noah, [s. Noah & Abigail], b. July 8, 1734	1	60
Phebe, d. [Asahel & Lucina], b. Oct. 27, 1806	1	89
Philena, d. [Daniel & Temperance], b. Apr. 17, 1767	1	69
Philena, d. [John, Jr. & Rhoda], b. Apr. 17, 1767	1	70
Prudence, d. [Jonathan & Mary], b. Sept. 22, 1751	1	61
Rachel, [d. Jonathan & Mary], b. Jan. 15, 1742/3	1	61
Rebecca, d. [John, Jr. & Rhoda], b. July 4, 1759	1	70
Rhoda, d. [John, Jr. & Rhoda], b. Mar. 6, 1671	1	70
Samuel, [s. Nath[anie]l & Margaret], b. July 5, 1704	1	60
Samuel, m. Elizabeth **ALLEN**, Mar. 6, 1732	1	60
Samuel, s. Samuel & Elizabeth, b. Oct. 20, 1732	1	60
Sarah, [d. Nath[anie]l & Margaret], b. Aug. 2, 1709	1	60
Sarah, twin with Josiah, [d. Josiah & Sarah], b. Oct. 19, 1719	1	62
Sarah, d. Josiah & Sarah, b. Sept. 27, 1720	1	62
Sarah, m. William **NEGUS**, Apr. 5, 1743	1	224
Sarah, d. [Solomon & Anne], b. May 13, 1759	1	67
Sarah, m. Luisford **MOREY**, [ ]	1	201
Saxten, s. [Elijah & Abigail], b. Dec. 25, 1759	1	61
Silas, s. [Solomon & Anne], b. Aug. 24, 1754; d. Aug. 3, 1759	1	67
Silas, s. [Solomon & Anne], b. July 5, 1764	1	67
Silas, s. [Solomon & Anne], b. July 1, 1770	1	67
Silas, s. [Asahel & Lucina], b. June 16, 1801	1	89
Silas, s. Asahel & [Lucina], d. Dec. 27, 1836	1	89
Silvester, s. [Abraham & Grace], b. Dec. 7, 1759	1	65
Simeon, twin with William, [s. William & Mercy], b. May 1, 1718	1	62
Simeon, of Lebanon, m. Ann **PHELPS**, Mar. 29, 1739	1	62
Simeon, [s. Simeon & Ann], b. Feb. 22, 1744	1	62
Simeon, d. Mar. 2, 1749/50, in the 31st y. of his age	1	62
Solomon, [s. Josiah & Sarah], b. Apr. 29, 1724	1	62
Solomon, of Lebanon, m. Anne **DOWNER**, of Norwich, Feb. 14, 1748/9	1	67
Solomon, s. Solomon & Anne, b. Mar. 2, 1750	1	67
Solomon, m. Elizabeth **CADY**, of Tolland, Aug. 30, 1770, by Rev. Na[thaniel] W[illia]ms	1	67
Submit, d. [Abraham & Grace], b. Oct. 27, 1756	1	65
Susanna, d. [Eliphalet], b. Mar. 31, 1790	1	88
Suse, d. [Abraham & Amie], b. July 21, 1768	1	72
Sylvester, see under Silvester		
Tamor, [d. Nath[anie]l & Margaret], b. Oct. 20, 1717	1	60

LEBANON VITAL RECORDS 69

	Vol.	Page
DEWEY (cont.)		
Tamer, m. Ebenezer **WRIGHT**, Nov. 8, 1739	1	334
Tamer, [d. Noah & Abigail], b. Aug. 6, 1740	1	60
Temperance, d. [Daniel & Temperance], b. Jan. 5, 1754	1	69
Theody, d. Simeon & Ann, b. July 28, 1740	1	62
Theody, [d. Simeon & Ann], b. Mar. 8, 1749/50	1	62
Theody, d. Elijah & Abigail, b. Sept. 3, 1751; d. Oct. 29, 1751	1	61
Thomas, [s. Nath[anie]l & Margaret], b. Jan. 20, 1713	1	60
Thomas, m. Mercy **PLUMBLEY**, [ ]	1	60
William, m. Mercy **BAYLEY**, July 2, 1713	1	62
William, [s. William & Mercy], b. Mar. 1, 1716	1	62
William, s. [William & Mercy], d. Sept. 5, 1717	1	62
William, twin with Simeon, [s. William & Mercy], b. May 1, 1718	1	62
William, 2d, [s. William & Mercy], d. May 23, 1718	1	62
William, [s. Simeon & Ann], b. May 18, 1742; d. Apr. 6, 1744	1	62
William, [s. Simeon & Ann], b. Jan. 11, 1745/6	1	62
William, d. Nov. 10, 1759	1	62
Zerviah, [d. William & Mercy], b. Jan. 28, 1726	1	62
Zerviah, m. Solomon **CALKIN**, June 16, 1744	1	50
Zerviah, d. [Elijah & Abigail], b. May 20, 1750 (?); d. Aug. 7, 1750 (?)	1	61
DeWOLF, Elizabeth, m. Ebenezer **BREWSTER**, [ ]	1	27
Prudence, m. Joseph **STEBBINGS**, Mar. 16, 1720	1	279
DIBBLE, Hannah, m. John **LYMAN**, Jan. 11, 1710/11	1	170
DICKENS, Bathsheba, m. John **JOHNSON**, Jr., Feb. 22, 1816	1	417
DICKINSON, Austin, m. Anntonette **GAY**, b. of Lebanon, Jan. 28, 1835, by Rev. John H. Baker	1	231
Briant, of Columbia, m. Laura **WILLIAMS**, of Lebanon, Apr. 14, 1834, by Rev. Daniel Waldo	1	229
DIKE, Abigail, d. [Jabez & Esther], b. Dec. 27, 1766	1	70
Benj[ami]n, Jr., m. Ann **SABIN**, Feb. 10, 1773, by Rev. Mr. Throop	1	73
Esther, d. [Jabez & Esther], b. May 5, 1762	1	70
Jabez, s. Jabez & Esther, b. May 25, 1756	1	70
Sarah, d. [Jabez & Esther], b. June 18, 1758	1	70
DILENO, Thankfull, m. Ebenezer **METCALFE**, Jr., Oct. 7, 1725	1	196
DILLES, Ama, d. Simon & Rachel, b. Dec. 15, 1725	1	62
DIMOCK, DIMMICK, DUMMACK, Mary, m. Daniel **BREWSTER**, Oct. 10, 1734	1	26
Mehitable, m. Benjamin **PAIN**, Jr., Nov. 5, 1747, by Jonathan Trumbull, Asst.	1	248
Rufus R., of Coventry, m. Emily W. **BAILEY**, of Lebanon, Sept. 1, 1840, by Rev. Nathan Wildman	1	350
DINGLEY, Emily E., m. Leverette J. **WATROUS**, Sept. 10, 1846, by Rev. James M. Stanton, of Hebron	2	47
John, m. Maria **THATCHER**, b. of Lebanon, July 6, 1821, by Esek Brown	1	415

	Vol.	Page
DINGLEY (cont.)		
Lucy, of Lebanon, m. William M. **CASWELL**, of Columbia, Nov. 11, 1821, by Esek Brown	1	417
Mary, m. Benjamin **TUCKER**, b. of Lebanon, Aug. 21, 1838, by Rev. Nathan Wildman	1	458
DIXON, DICKSON, John, m. Mary **VAUGHAN**, July 29, 1742	1	65
John, d. Dec. 15, 1742	1	65
Mary, d. [John & Mary], b. Apr. 16, 1743	1	65
DODGE, Joel S., of Waterford, m. Francis E. **ROGERS**, of Lebanon, Sept. 14, 1845, by Rev. Benjamin G. Goff	2	41
Joseph Smith, [s. Nehemiah & Lucy], b. Aug. 23, 1806	1	384
Mercy Ann, d. [Nehemiah & Lucy], b. July 10, 1810	1	384
Nehemiah, m. Lucy **SMITH**, June 15, 1794, at New London	1	384
Nehemiah, Jr., 1st child of [Nehemiah & Lucy], b. Oct. 1, 1799, at Southington, Conn.	1	384
DOLBEAR, Dorcas, m. Jack **WATSON**, July 15, 1827, by Rev. Edw[ard] Bull	1	250
Jeremiah Fitch, m. Eliza Ann **PIERCE**, b. of Lebanon, Mar. 28, 1833, by Rev. Edward Bull	1	437
DORRANCE, Appleton, of Griswold, m. Harriet **STEWART**, of Lebanon, Oct. 25, 1827, by Rev. Esek Brown	1	194
Mary, m. Stephen **BUCKINGHAM**, b. of Lebanon, Jan. 2, 1798, by Rev. Tho[ma]s Brockway	1	377
Mary, of Columbia, m. Joseph T. **WELLS**, of Lebanon, Sept. 5, 1825, by Rev. Esek Brown, at his house	1	115
DOUBLEDAY, Abner, s. [Elisha & Hannah], b. Feb. 4, 1757	1	72
[A]eneas, s. [E[lisha] & Mary], b. Aug. 12, 1787 ("His 25th child he says")	1	72
Ammi, s. [Elisha & Hannah], b. Apr. 17, 1759	1	72
Amos Gates, s. [Silas & Lucy], b. May 17, 1816	1	237
Anne, d. [E[lisha] & Mary], b. Aug. 10, 1780	1	72
Asahel, s. [Elisha & Hannah], b. Mar. 31, 1752	1	64
Azuba, d. [Joseph & Elizabeth], b. July 25, 1768	1	72
Charles Dean, s. [Silas & Lucy], b. Sept. 15, 1803	1	237
Daniel, s. [E[lisha] & Mary], b. Aug. 5, 1784	1	72
Daniel, s. [Silas & Lucy], b. Aug. 18, 1806	1	237
Daniel, of Lebanon, m. Phebe **CLARK**, of Westerly, R.I., Mar. 10, 1833, by Dexter Bullard	1	433
Elisha, of Lebanon, m. Margaret **ADAMS**, of Cambridge, Oct. 21, 1736	1	64
Elisha, s. [Elisha & Margaret], b. Apr. 15, 1740	1	64
Elisha, m. Hannah **BAYLEY**, Oct. 2, 1749	1	64
Elisha, s. [Silas & Lucy], b. Dec. 27, 1810	1	237
E[lisha], m. Mary **LAW**, [ ]	1	72
Hannah, d. [Elisha & Hannah], b. July 6, 1763	1	72
Hannah, w. [Elisha], d. Nov. 17, 1774	1	72
Henry Harvey, s. [Silas & Lucy], b. Nov. 21, 1801	1	237
Jacob, s. [Joseph & Elizabeth], b. May 12, 1760	1	72
Jerusha, d. [Jesse & Rachel], b. Aug. 7, 1777	1	73
Jesse, s. Elisha [& Hannah], b. July 14, 1750	1	64

LEBANON VITAL RECORDS   71

	Vol.	Page
DOUBLEDAY (cont.)		
Jesse, m. Rachel **WOODWORTH**, Nov. 14, 1776, by Rev. Timo[thy] Stone	1	73
Joel, s. [Joseph & Elizabeth], b. June 12, 1766	1	72
Joseph, s. [Elisha & Margaret], b. Dec. 27, 1737	1	64
Joseph, m. Elizabeth **PHELPS**, Apr. 12, 1759	1	72
Lois, d. [Elisha & Hannah], b. June 24, 1769	1	72
Lucy, w. [Silas], d. Jan. 18, 1823	1	237
Lydia, d. [Elisha & Hannah], b. Feb. 26, 1766; d. Feb. 10, 1770	1	72
Lydia, d. [Elisha & Hannah], b. Sept. 14, 1771	1	72
Lydia Mary, d. [Silas & Lucy], b. Nov. 6, 1808	1	237
Margaret, w. Elisha, d. May 22, 1749, in the 32d y. of her age	1	64
Margaret, d. [Elisha & Hannah], b. July 29, 1754	1	64
Mariah, d. [Silas & Lucy], b. Dec. 27, 1820; d. Mar. 30, 1821	1	237
Mary, d. [E[lisha] & Mary], b. July 28, 1778	1	72
Mary, mother of Silas, d. Apr. 28, 1822	1	237
Sally, d. [E[lisha] & Mary], b. Sept. 5, 1782	1	72
Samuel Law, s. [Silas & Lucy], b. Jan. 8, 1813	1	237
Seth, s. [Elisha & Hannah], b. Aug. 5, 1761	1	72
Silas, s. [Elisha & Hannah], b. Nov. 5, 1774; d. Oct. 9, 1775	1	72
Silas, s. [E[lisha] & Mary], b. June 22, 1776	1	72
Silas, m. Lucy **DEAN**, Nov. 24, 1800	1	237
Silas, m. Hannah **GROSS**, b. of Lebanon, Mar. 14, 1824, by Rev. Esek Brown, at his house	1	237
DOWE, Juliana, of Coventry, m. Thomas **JUDD**, of Lebanon, Jan. 26, 1748/9	1	162
DOWNER, Anne, of Norwich, m. Solomon **DEWEY**, of Lebanon, Feb. 14, 1748/9	1	67
James, m. Lois **LATHROP**, Apr. 30, 1761, by J[oh]n Ellis, Clerk	1	67
James, [s. James & Lois], b. Oct. 23, 1761	1	67
Jemima, of Colchester, m. John **BARTLETT**, Jan. 31, 1754	1	39
Samuel, m. Phebe **BISHOP**, Apr. 4, 1722	1	63
Uriah, s. [James & Lois], b. Oct. 3, 1763	1	67
DUDLEY, Mary, m. Jeremiah **GUILD**, Nov. 11, 1731	1	122
DUMMACK, [see under **DIMOCK**]		
DUNHAM, Amelia, d. [Daniel & Anne], b. Jan. 2, 1782	1	71
Anna, of Mansfield, m. Nathaniel **HIDE**, of Lebanon, Dec. 1, 1742	1	149
Anna, [d. Samuel & Esther], b. May 23, 1745	1	64
Anna, m. Israel **WOODWARD**, Jr., Oct. 8, 1767, by Rev. Mr. Wheelock	1	357
Anne, d. [Daniel & Anne], b. Oct. 7, 1773	1	71
Azel, s. [Daniel & Anne], b. Nov. 8, 1770	1	71
Daniel, s. Samuel & Esther, b. Feb. 2, 1743/4	1	64
Daniel, m. Anne **MOSELEY**, of Wind[ha]m, Dec. 17, 1767, by Rev. Mr. Moseley	1	71

	Vol.	Page
DUNHAM (cont.)		
Elizabeth, m. Jonathan **BILL**, Jr., Mar. 3, 1756	1	363
Elizabeth, d. [Daniel & Anne], b. Oct. 3, 1775	1	71
John Moseley, s. [Daniel & Anne], b. May 17, 1772	1	71
Josiah, s. [Samuel & Esther], b. Mar. 28, 1748	1	64
Josiah, [s. Samuel & Esther], d. Oct. 19, 1768	1	64
Josiah, s. [Daniel & Anne], b. Apr. 7, 1769	1	71
Margaret, of Hab[ron], m. Samuel **WOODWARD**, Jr., May 1, 1760, by Rev. Mr. Lockwood	1	354
Mary, m. Eleazer **CURTICE**, Sept. 23, 1735	1	48
Philina, d. [Daniel & Anne], b. Oct. 25, 1783	1	71
Samuel, m. Esther **LYMAN**, Nov. 13, 1740	1	64
Samuel, d. Dec. 9, 1779, in the 62nd y. of his age	1	64
Samuel, s. [Daniel & Anne], b. Mar. 12, 1780	1	71
Sarah, d. [Daniel & Anne], b. Jan. 29, 1778	1	71
Sophia, d. [Daniel & Anne], b. Sept. 29, 1785	1	71
DUNLAP, Horace, of Hebron ,m. Lucy **PRESTON**, of Lebanon, Dec. 18, 1826, by Rev. Esek Brown	1	118
DURKEE, Sarah, m. Argel **GOODWIN**, Dec. 22, 1796	1	132
Susannah, of Woodbury, m. Israel **GILLETT**, Nov. 15, 1764, by Rev. Mr. Brice	1	129
DUTIBBER, James, m. Mehitable **PAYNE**, b. of Lebanon, Nov. 5, 1820, by Esek Brown	1	409
DUTTON, Abby T., m. Chester **MAXWELL**, Mar. 4, 1817	1	78
Abby Trumbull, d. [Hubbard & Abigail], b. Apr. 12, 1798	1	78
Charles H., m. Mary L. **MASON**, b. of Lebanon, Apr. 23, 1834, by Rev. Edward Bull	1	437
Charles Hubbard, s. [Hubbard & Abigail], b. Aug. 26, 1801	1	78
Hubbard, m. Abigail **BACKUS**, Mar. 16, 1797	1	78
Meriam Kilby, d. [Hubbard & Abigail], b. July 15, 1807	1	78
Sarah C., m. Ralph E. **GREEN**, July 30, 1845, by John C. Nichols	2	40
Sarah Clarke, d. [Hubbard & Abigail], b. Nov. 4, 1799; d. Aug. [ ], 1804	1	78
Sarah Clarke, d. [Hubbard & Abigail], b. Mar. 19, 1805	1	78
Warren Backus, s. [Hubbard & Abigail], b. Apr. 16, 1803	1	78
DYER, DYRE, Hannah, [d. Henry & Mary], b. Aug. 21, 1730	1	63
Henry, m. Mary **RICE**, Jan. 28, 1724/5	1	63
Henry, s. [Henry & Mary], b. May 27, 1727	1	63
Mary, [d. Henry & Mary], b. July 22, 1728	1	63
Mary, m. Nathaniel **LOOMISE**, Feb. 17, 1825 (Should be 1725)	1	171
Sarah, [d. Henry & Mary], b. Sept. 30, 1733	1	63
EAMES, [see also **AMES**], Naomi, of Colchester, m. Darius **HILLS**, Mar. 3, 1799, by Rev. John Gurley	1	137
EASTON, Elkanah C., of Plainfield, m. Eliza **WATTELS**, of Lebanon, Nov. 1, 1843, by John C. Nichols	2	29
EATON, Ann, m. Seth **JOHNSON**, Nov. 20, 1733	1	160
Charles, of Mansfield, m. Malissa **SMITH**, of Lebanon, Nov. 28, 1822, by Esek Brown	1	15

LEBANON VITAL RECORDS 73

	Vol.	Page
EATON (cont.)		
Charlotte S., of Lebanon, m. Josephas B. **HOLMES**, of Norwich, Aug. 18, 1845, by John C. Nichols	2	41
EDGERTON, EGGERTON, EDGARTON, Betty, d. [Joseph & Eunice], b. Dec. 31, 1746	1	82
Caroline E., [d. Charles], b. Nov. 2, 1831	1	208
Charles L., [s. Charles], b. Feb. 17, 1836	1	208
Dennis, d. July 24, 1752, at Mr. Jon[atha]n Lyman's	1	82
Eunice, [w. Joseph], d. [ ], 1755	1	82
Hannah, d. Richard & Hannah, b. [ ] 18, 1743/4	1	82
Henry L., twin with John L., [s. Charles], b. Sept. 19, 1838	1	208
Huldah M., [d Charles], b. Dec. 28, 1834	1	208
James, s. [Jonathan & Freedom], b. Apr. 27, 1759	1	81
Jedediah, s. [Jonathan & Freedom], b. Apr. 22, 1753	1	81
John L., twin with Henry L., [s. Charles], b. Sept. 19, 1838	1	208
Jonathan, m. Freedom **BUELL**, Oct. 31, 1751, by Rev. Mr. Eliot[t]	1	81
Jonathan, s. [Jonathan & Freedom], b. Sept. 1, 1756	1	81
Joseph, s. [Joseph & Eunice], b. Apr. 2, 1744	1	82
Joseph, d. Mar. 6, 1753, in the 43rd y. of his age	1	82
Joseph, m. Eunice **MEIGS**, [ ]	1	82
Joseph K., of Chatham, m. Almantha B. **SMITH**, of Lebanon, Nov. 29, 1832, by Rev. Esek Brown	1	93
Mary, m. Abraham **PORTER**, May 27, 1778	1	74
Rebecca, d. Richard & Rebecca, b. Aug. 10, 1751	1	82
Richard, m. Rebecca **WELLS**, [ ]	1	82
Sarah, m. Oliver **BUELL**, Sept. 24, (1755), by John Ellis, Clerk	1	38
Simon, of Norwich, m. Harriet M. **FOWLER**, of Lebanon, Jan. 4, 1848, by Rev. J. R. Brown, of Goshen	2	55
Temperance, d. [Joseph & Eunice], b. Sept. 23, 1749	1	82
EDWARDS, Abigail, m. William **METCALFE**, Oct. 25, 1737	1	198
Elisha, of Norwich, m. Lauretta Ann **STRONG**, of Lebanon, Mar. 31, 1841, by Rev. Lyman Strong	2	5
Harriet E., of Hartford, m. Noyes B. **DAVIS**, of Lebanon, Nov. 27, 1851, by Rev. N. W. Miner	2	72
Phinehas, s. Daniel & Hannah, b. May 6, 1727; d. June 9, 1727 (probably meant for 1737)	1	81
William, of Hartford, m. Abby **STEWARD**, of Lebanon, Jan. 20, 1825, by Rev. Esek Brown	1	95
EELES, EELLES, Abigail, d. Joshua & Mary, b. Feb. 2, 1752	1	81
Anne, d. Joshua & Mary, b. Sept. 25, 1742	1	81
Elizabeth, d. Joshua & Mary, b. Nov. 3, 1749	1	82
Elizabeth, d. [Thomas & Sarah], b. Sept. 15, 1771	1	83
Hannah, [d. Joshua & Mary], b. Jan. 5, 1743/4	1	81
John, s. [Thomas & Sarah], b. Aug. 10, 1767	1	83
Joshua, s. Joshua & Mary, b. June 1, 1750	1	82
Nathan, s. [Thomas & Sarah], b. June 28, 1769	1	83
Sarah, d. Joshua & Mary, b. Feb. 15, 1752	1	82

	Vol.	Page
EELES, EELLES (cont.)		
Thomas, m. Sarah **GARDNER**, Oct. 23, 1766, by W[illia]m Metcalf, Esq.	1	83
ELDER, Robert, of Boston, Mass., m. Esther C. **BACKUS**, May 14, 1838, by Rev. Israel T. Otis, Society of Goshen	1	456
ELDREDGE, Anna P., m. Abraham **THAYER**, June 29, 1823, by Rev. Timo[thy] Stone	1	10
[**ELLIOTT**], **ELIOT**, Benjamin, s. [Jacob, Jr. & Martha], b. Oct. 7, 1767	1	83
Betty, [d. Jacob & Betty], b. Mar. 16, 1736	1	81
Betty, w. Rev. [Jacob], d. Mar. 22, 1758, in the 46th y. of her age	1	81
Betty, of Lebanon, m. David **RIPLEY**, of Pomfret, Dec. 12, 1758, by Rev. Eliot	1	271
Jacob, m. Betty **ROBINSON**, May 4, 1732, by Rev. J[oh]n Robinson	1	81
Jacob, s. Jacob & Betty, b. Aug. 27, 1734	1	81
Jacob, Rev., of Lebanon, m. Anne **BLACKLEACH**, of Stratford, June 4, 1760, by Rev. Mr. Mills	1	81
Jacob, Jr., of Lebanon, m. Martha **BLACKLEACH**, of Stratford, May 27, 1761, by Rev. Mr. Eliot[t]	1	83
Jacob, twin with Samuel **BLACKLEACH**, s. [Jacob, Jr. & Martha], b. Aug. 27, 1765	1	83
Jacob, Rev., d. Apr. 12, 1766, in the 66th y. of his age	1	81
Jacob, Esq., d. Mar. 28, 1783	1	83
John, s. [Rev. Jacob & Anne], b. June 6, 1764	1	81
Joseph, s. [Rev. Jacob & Anne], b. Nov. 2, 1762	1	81
Martha, d. [Jacob, Jr. & Martha], b. Apr. 8, 1763	1	83
Martha, b. Apr. 5, 1763; d. Apr. 1, 1814	2	85
Samuel Blackleach, twin with Jacob, s. [Jacob, Jr. & Martha], b. Aug. 27, 1765	1	83
ELLIS, [see also **ALLIS**], Sarah, m. John **DAGGETT**, Jr., b. of Lebanon, Aug. 30, 1749	1	66
Susanna, m. John **WRIGHT**, Nov. 15, 1759, by Rev. Mr. Wheelock	1	355
ELY, Abby Eliza, d. [Zebulon & Sally Apame], b. Dec. 5, 1800	1	84
Amelia, d. [Zebulon & Sally Apame], b. Nov. 15, 1793	1	84
David DeForrest, twin with Jonathan Trumbull, s. [Zebulon & Sally Apame], b. Sept. 25, 1802	1	84
Elisha Mills, s. [Zebulon & Sally Apame], b. Nov. 1, 1787	1	84
Ezra, s. [Zebulon & Sally Apame], b. June 13, 1786	1	84
Ezra Stiles, s. [George F. & Lucy], b. May 11, 1834	1	434
George F., s. [Zebulon & Sally Apame], b. July 6, 1798	1	84
George Mills, s. [George F. & Lucy], b. Oct. [ ], 1825	1	434
Harriet Cornelia, d. [Zebulon & Sally Apame], b. Oct. 21, 1804	1	84
Jonathan Trumbull, twin with David DeForrest, s. [Zebulon & Sally Apame], b. Sept. 25, 1802	1	84
Julia, d. [Zebulon & Sally Apame], b. July 24, 1791	1	84

LEBANON VITAL RECORDS 75

	Vol.	Page
ELY (cont.)		
Laura, d. [Zebulon & Sally Apame], b. Jan. 8, 1796	1	84
Laura Aurelia, d. George F. & Lucy, b. Mar. 11, 1820	1	434
Polly, d. [Zebulon & Sally Apame], b. Aug. 28, 1784	1	84
Sally, d. [Zebulon & Sally Apame], b. Oct. 22, 1789	1	84
Zebulon, m. Sally Apame **MILLS**, of Stratford, Oct. 23, 1783	1	84
EMERSON, Esther E., of Lyme, m. James A. **CARY**, of Lebanon, June 19, 1845, by Nathan Wildman	2	40
ENGLISH, Abigail, [d. Richard & Mary], b. Nov. 12, 1724	1	80
Alice, [d. John & Abigail], b. Oct. 2, 1738 (sic)	1	80
Alice, [d. John & Abigail], b. Apr. 8, 1743	1	80
Hannah, [d. Richard & Mary], b. Sept. 19, 1722	1	80
John, s. Richard & Mary, b. Oct. 17, 1718	1	80
John, m. Abigail **NEWCOMB**, Nov. 9, 1738	1	80
John, [s. John & Abigail], b. Mar. 22, 1745	1	80
Mary, [d. Richard & Mary], b. Aug. 29, 1720	1	80
Mary, m. Moses **DEWEY**, May 12, 1744	1	67
Mary, w. [Richard], d. June 17, 1748, in the 60th y. of her age	1	80
Phebe, m. John **PORTER**, Jr., Oct. 28, 1747	1	249
Phebe, [d. Richard & Mary], b. June 30, 1829 (?) [1729]	1	80
Richard, [s. John & Abigail], b. Oct. 12, 1741	1	80
Richard, d. Apr. 15, 1748, ae 61	1	80
Sarah, m. Silas **WOODWORTH**, Sept. 22, 1746	1	344
Sarah, [d. Richard & Mary], b. July 23, 1827 (?) [1727]	1	80
EVERETT, EVERIT, EVERITT, Daniel, [s. Israel & Sarah], b. Jan. 26, 1713/14	1	80
Elizabeth, [d. Israel & Sarah], b. Aug. 1, 1716	1	80
Hannah, m. Benjamin **BABCOCK**, May [ ], 1745	1	168
Israel, m. Sarah **COLVER**, Nov. 9, 1710	1	80
Israel, s. Israel & Sarah, b. Apr. 11, 1712	1	80
Jeremiah, s. Jeremiah, b. May 10, 1761	1	83
Molly Ann, d. Israel, Jr., b. Apr. 16, 1765	1	83
Sarah, m. William **BEAMONT**, [ ]	1	20
FAIRBANKS, Dan, of Truxton, N.Y., m. Eunice H. **PETTIS**, of Lebanon, June 7, 1847, by John C. Nichols	2	51
Mary, m. William **SIMMS**, July 12, 1744	1	180
William Fletcher, s. Mary, b. Jan 1, 1738	1	104
FANNING, FANNEN, Mary, d. Richard & Hannah, b. Nov. 8, 1729, or Dec. 5, 1729	1	104
Richard, s. David & Jane, b. Aug. 26, 1774	1	112
FARGO, Frances A., m. Willard G. **PEMBER**, of Franklin, Nov. 5, 1829, by Rev. Edward Bull	1	424
Lucy, wid. m. Timo[thy] **HOLBROOK**, Oct. 5, 1786	1	153
FARNHAM, Celinda, of Hampton, m. Seth P. **BALDWIN**, of Brooklyn, Dec. 5, 1837, by Rev. Dexter Bullard	1	452
FENN, Hannah, of Milford, m. Seth **JOHNSON**, of Lebanon, [ ]	1	160
FENTON, Abigail, m. Abraham **SNOW**, [ ]	1	293
FILLMORE, FILMORE, Hannah, m. Will[ia]m **BATTY**, Feb. 2, 1824, by Rev. Esek Brown, at his house	1	8

76 BARBOUR COLLECTION

	Vol.	Page
FILLMORE, FILMORE (cont.)		
Ira, of Bozrah, m. Sophia **FRINK**, of Lebanon, Dec. 14, 1821, by William B. Ripley	1	417
Sally, m. Eleazer **MANNING**, Jr., Oct. 27, 1819, by Amaziah Fillmore, Clerk, Franklin	1	413
FINNEY, Benj[amin], s. David & marg[are]t, b. Aug. 9, 1771	1	107
David, [s. Josiah & Elizabeth], b. June 21, 1734	1	103
David, m. Jemima **WARNER**, Mar. 7, 1754	1	107
David, [m.] Wid. Margaret **FULLER**, [ ]	1	107
Eleazer, s. [David & Jemima],b. Jan. 20, 1755	1	107
Elizabeth, d. [Josiah & Elizabeth], b. Jan. 19, 1723/4	1	103
Elizabeth, [d. William & Elizabeth], b. May 25, 1742	1	104
Elizabeth, [w. William], d. Oct. [ ], 1742	1	104
Elizabeth, d. Oliver & Elizabeth, b. Sept. 10, 1750	1	108
Elizabeth, d. [David & Jemima], b. Apr. 1, 1757	1	107
Irene, d. William & Abigail, b. Mar. 20, 1748/9	1	100
Jemima, d. [David & Jemima], b. Aug. 15, 1763	1	107
Jemima, w. [David], d. Nov. 14, 1770	1	107
John, [s. Joshua & Martha], b. June 2, 1721	1	105
John, Jr., m. Hannah **WASHBURN**, b. of Lebanon, June 14, 1744	1	106
John, m. Rachel **WOODWARD**, b. of Lebanon, [ ]	1	106
Jonathan, [s. Josiah & Elizabeth], b. June 1, 1736	1	103
Joseph, s. William & Abigail, b. June 17, 1751	1	100
Josiah, m. Elizabeth **MAN**, Jan. [ ], 1722/3	1	103
Josiah, [s. Josiah & Elizabeth], b. Jan. 27, 1725/6; d. Sept. [ ], 1727	1	103
Josiah, [s. Josiah & Elizabeth], b. Feb. 24, 1727/8	1	103
Keziah, [d. Josiah & Elizabeth], b. Mar. 5, 1730	1	103
Lydia, [d. Josiah & Elizabeth], b. Mar. 6, 1732	1	103
Lydia, d. John & Rachel, b. Aug. 28, 1746	1	106
Martha, [d. Joshua & Martha], b. Mar. [ ], 1718/19	1	105
Martha, w. Joshua, d. May 14, 1751, in the 60th y. of her age	1	105
Mary, [d. Joshua & Martha], b. [ ]	1	105
Oliver, [s. Joshua & Martha], b. Nov. 11, 1728	1	105
Timothy, s. John & Hannah, b. Aug. 28, 1746	1	106
Uriah, s. [David & Jemima], b. Mar. 16, 1761	1	107
William, s. Joshua & Martha, b. May 10, 1715	1	105
William, of Lebanon, m. Elizabeth **CLARKE**, of Swanzey, Nov. 8, 1738	1	104
William, s. William & Elizabeth, b. Dec. 9, 1739	1	104
William, m. Abigail **BLACK**, Nov. 3, 1747	1	104
FIRTH, Ann, m. Samuel **HIDE**, Jr., Jan. 2, 1749/50	1	151
FISH, Aaron, m. Irane **SPRAGUE**, July 9, 1723	1	100
Aaron, m. Lydia **BACKUS**, of Windham, Feb. 5, 1755	1	110
Charles, s. [Aaron & Lydia], b. Mar. 31, 1766	1	110
Clarissa, of Windham, m. Harry **BROWNING**, of Lebanon, Jan. 3, 1828, by Rev. Esek Brown	1	211
Eliza Ann, m. John H. **THROOP**, b. of Lebanon, Aug. 22, 1839, by Nathan Wildman	1	457
Irene, m. James **DANIELSON**, Nov. 14, 1748	1	66

LEBANON VITAL RECORDS 77

	Vol.	Page
FISH (cont.)		
Irena, [m.] Zebulon **CASE**, [ ]	1	369
James, Danielson, s. [Aaron & Lydia], b. Apr. 9, 1759	1	110
Lydia, m. Ebenezer **FITCH**, Mar. 29, 1750	1	109
Lydia, d. [Aaron & Lydia], b. Mar. 29, 1764	1	110
Lydia B., m. Austin S. **HUTCHINSON**, Oct. 15, 1840, by Rev. Nathan Wildman	1	388
Nathan, s. [Aaron & Lydia], b. Apr. 11, 1762	1	110
Sibel, m. Timothy **KINGSLEY**, b. of Lebanon, Feb. 14, 1792	1	209
FISHER, Katie, of Attleborough, m .Robin **FRANK**, Nov. 2, 1753	1	462
FITCH, Abel, [s. Capt. Nath[anie]l & Ann], b. Nov. 22, 1722	1	101
Abner, [s. Jeremiah & Ruth], b. July 8, 1703	1	100
Abraham, [s. Nathan & Hannah], b. Jan. 22, 1737/8	1	105
Abraham, m. Bette **BISSEL**, May 18, 1758, by Solomon Williams, Clerk	1	128
Allinson, s. [Nathaniel & Abigail], b. Mar. 10, 1784	1	112
Amey, d. Eleazer & Amey, b. June 20, 1751	1	109
Amey, d. [Nathaniel & Abigail], b. Feb. 7, 1777	1	112
Andrew, m. Abigail **MASON**, May 17, 1781, by Rev. Timo[thy] Stone	1	112
Andrew, d. Aug. 22, 1811	1	112
Ann, m. Joseph **BRADFORD**, Oct. 5, 1698	1	20
Ann, d. [Capt. Nath[anie]l & Ann], b. Nov. 5, 1702	1	101
Ann, w. Capt. [Nath[anie]l], d. July 3, 1728, in the 48th y. of her age	1	101
Ann, d. Capt. James & Ann, b. Feb. 2, 1728/9	1	105
Ann, d. Joseph & Ann, b. July 12, 1737	1	102
Anne, d. John & Hannah, b. Oct. 6, 1735	1	103
Anne, d. Eleazer & Amey, b. Apr. 18, 1747, at Providence	1	109
Anne, d. Caleb & Ruth, b. Jan. 7, 1747/8	1	109
Anne, m. Elijah **LAMPHEAR**, Mar. 12, 1758, by W[illia]m Whiting, J.P.	1	189
Anne, twin with Orunah, d. [Nathan & Desiah], b. Sept. 23, 1771	1	110
Anne, m. John **PARTRIDGE**, [ ]	1	245
Arathusa, d. [Abraham & Bette], b. [ ] 27, 1764	1	128
Arunah, s. [Nathan & Desiah], b. May 17, 1755; d. Mar. 3, 1776	1	110
Arunah, see also Oruan and Orunah		
Asahel, s. [Nathaniel & Abigail], b. Oct. 23, 1789	1	112
Asenath, d. [Nathaniel & Abigail], b. Sept. 14, 1793	1	112
Azel, s. Joseph & Ann, b. Nov. 7, 1726	1	102
Benjamin, [s. John & Hannah], b. Jan. 26, 1738/9	1	103
Benjamin Bissel[l], s. [Abraham & Bette], b .Sept 21, 1761	1	128
Caleb, s. Capt. Nath[anie]l & Ann, b. June 17, 1725	1	101
Caleb, m. Ruth **WOODWORTH**, Apr. 4, 1747	1	109
Caleb, d. Mar. 19, 1750	1	109
Caleb, s. Caleb & Ruth, b. Mar. 23, 1750	1	109

BARBOUR COLLECTION

	Vol.	Page
FITCH (cont.)		
Cypron, [s. Nathan & Hannah], b. Mar. 16, 1734; d. Dec. 12, 1736	1	105
Cyprion, s. [Ebenezer & Lydia], b. May 5, 1753	1	109
Ebenezer, s. [Nathan & Hannah], b. Mar. 22, 1731	1	105
Ebenezer, m. Lydia **FISH**, Mar. 29, 1750	1	109
Ebenezer, s. [Ebenezer & Lydia], b. May 29, 1755	1	109
Eleazer, s. Joseph & Ann, b. Aug. 29, 1726	1	102
Eleazer, m. Naomi **HATCH**, Jr., b. of Lebanon, Sept. 4, 1799, by Elkanah Tisdale, J.P.	1	113
Eleazer, m. Amey **BOWEN**, [ ]	1	109
Elijah, s. [Nathaniel & Abigail], b. Dec. 17, 1778	1	112
Elijah, s. [Eleazer & Naomi, Jr.], b. Dec. 23, 1799	1	113
Elizabeth, [d. Capt. Nath[anie]l & Ann], b. May 26, 1718; d. Dec. 18, 1747	1	101
Elizabeth, [d. Capt. James & Ann], b. June 28, 1731	1	105
Elizabeth, m. Daniel **BISSEL[L]**, Feb. 15, 1746/7	1	35
Elizabeth, d. Eleazer & Amey, b. Feb. 12, 1748/9	1	109
Elizabeth, m. Jeremiah **MASON**, May 9, 1754, by Rev. Mr. Eliot	1	210
Elizabeth, d. [Nathan & Desiah], b. July 28, 1761	1	110
Esther M., of Lebanon, m. William N. **CARD**, of Columbia, Nov. 14, 1853, by Rev. Perry Bennett	2	79
Ezekiel, s. Nath[anie]l & Mindwell, b. Mar. 11, 1732	1	101
Ezra, s. Nehemiah & Elizabeth, b. Sept 5, 1732	1	102
Frederick, s. [Ebenezer & Lydia], b. May 23, 1762	1	109
Gurdon, s. [Andrew & Abigail], b. Feb. 16, 1786	1	112
Hannah, [d. Jeremiah & Ruth], b. Jan. 18, 1700	1	100
Hannah, w. Nathan, d. Feb. 1, 1737/8	1	105
Hannah, d. [Ebenezer & Lydia], b. Sept. 13, 1757	1	109
Hannah, d. [Nathan & Desiah], b. Dec. 11, 1767	1	110
Hannah, [d. John & Hannah], b. June 15, 1837(?) [1737]	1	103
Huldah Prior, m. Isaiah **LOOMIS**, 3d, May 18, 1815	1	419
Ichabod, s. Joseph & Ann, b. May 17, 1734	1	102
Ichabod, m. Lucy [ ]	1	111
Isaac, [s. Nath[anie]l & Mindwell], b. May 10, 1734	1	101
Jabez, s. Nath[anie]l & Mindwell, b. Oct. 4, 1730; d. Nov. 14, 1736	1	101
Jabez, s. [Andrew & Abigail], b. Feb. 19, 1784	1	112
James, Rev., d. Nov. 19, 1702	1	107
James, [s. Capt. Nath[anie]l & Ann], b. Oct. 15, 1709	1	101
John, [s. Capt. Nath[anie]l & Ann], b. Jan. 7, 1711/12	1	101
John, m. Hannah **SCOTT**, Nov. 5, 1734	1	103
John, d. Jan. 7, 1741/2	1	103
Joseph, m. Ann **WHITING**, Dec. 29, 1721	1	102
Joseph, m. Zerviah **HIDE**, Dec. 28, 1738	1	104
Joseph, d. May 9, 1741	1	102
Joseph, s. [Ichabod & Lucy], b. Sept. 7, 1760	1	111
Joshua, s. Capt. Nath[anie]l & Ann, b. Feb. 13, 1703/4	1	101
Judeth, m. John **WATTLE**, [ ]	1	337
Lucy, d. Jeremiah & Ruth, b. Apr. 18, 1699	1	100
Lydia, d. [Ebenezer & Lydia], b. Feb. 14, 1760	1	109

LEBANON VITAL RECORDS 79

	Vol.	Page
FITCH (cont.)		
Lydia, m. Martin **CARD**, b. of Lebanon, Mar. 30, 1845, by Nathan Wildman	2	38
Marietta, m. Azel **PIERCE**, May 18, 1836, by Rev. Edward Bull	1	432
Mason, d. Mar. 10, 1734	1	102
Mason, s. [Andrew & Abigail], b. Mar. 7, 1782	1	112
Mehetable, [d. Capt. Nath[anie]l & Ann], b. Feb. 3, 1716/17	1	101
Nabba, d. [Andrew & Abigail], b. Mar. 26, 1794	1	112
Nathan, [s. Capt. Nath[anie]l & Ann], b. Mar. 29, 1705	1	101
Nathan, [s. Nathan & Hannah], b. June 26, 1736	1	105
Nathan, d. June 12, 1750	1	105
Nathan, m. Desiah **HIGLEY**, Jan. 9, 1755, by W. M. Esq.	1	110
Nathan, m. Hannah **HUNTINGTON**, [ ]	1	105
Nath[anie]l, m. Ann **ABEL**, Dec. 10, 1701	1	101
Nathaniel, [s. Capt. Nath[anie]l & Ann], b. May 14, 1714	1	101
Nath[anie]l, Capt., m Mindwell **TISDALE**, Sept. 17, 1729	1	101
Nathaniel, m. Abigail **LYMAN**, May 6, 1776, by Mr. Brockway	1	112
Nehemiah, [s. Capt. Nath[anie]l & Ann], b. Feb. 10, 1707/8	1	101
Nehemiah, m. Elizabeth **VETCH**, Nov. 3, 1731	1	102
Oruan, s. [Nathan & Desiah], b. Sept. 6, 1763; d. Mar. 1, 1765	1	110
Orunah, twin with Anne, s. [Nathan & Desiah], b .Sept. 23, 1771; d. June 13, 1776	1	110
Orunah; see also Arunah		
Patten, s. [Nathaniel & Abigail], b. Apr. 16, 1783	1	112
Phylanda, d. [Ebenezer & Lydia], b. May 14, 1764	1	109
Rachel, [d. Capt. Nath[anie]l & Ann], b. Oct. [ ], 1720; d. May 28, 1726	1	101
Rebecca, d. [Nathan & Desiah], b. June 1, 1759	1	110
Roger, s. [Nathan & Desiah], b. May 29, 1757; d .Feb. 27, 1765	1	110
Roger, s. [Nathan & Desiah], b. Nov. 25, 1765	1	110
Ruth, m. Jonathan **HOUSE**, Oct. 23, 1751	1	151
Samuel, s. Joseph & Ann, b. Jan. 16, 1723/4	1	102
Samuel, s. [Nathaniel & Abigail], b. Jan. 9, 1791	1	112
Sarah Hide, d. [Abraham & Bette], b. Mar. 14, 1759	1	128
Simon, [s. Nathan & Hannah], b. Aug. 24, 1732; d. Dec. 14, 1736	1	105
Simon, s. Ebenezer & Lydia, b. Mar. 9, 1750/51	1	109
Sophia, d. [Nathaniel & Abigail], b. May 6, 1786	1	112
Thomas, s. Joseph & Ann, b. June 11, 1739; d. Feb. 27, 1746/7	1	102
Tryphenia, [d. John & Hannah], b. Aug. 10, 1740	1	103
Wealthy, m. Oliver **PETTICE**, Dec. 8, 1807	1	390
William, s. James & Bial, b. Sept. 18, 1734	1	104
William, m. Abby **FORD**, b. of Lebanon, Apr. 8, 1824, by Rev. Esek Brown, at his house	1	90

BARBOUR COLLECTION

	Vol.	Page
FITCH (cont.)		
Zarba, [child of John & Hannah], b. Apr. 7, 1742	1	103
Caleb, [child of Capt. Nath[anie]l & Ann], b. June 17, 1725 ("Caleb" pencilled in)	1	101
FLINT, FLYNT, Fanny M., m. Marvin **BURNHAM**, b. of Windham, Dec. 5, 1837, by Rev. Dexter Bullard	1	452
Naomi, m. Eliphalet **HIDE**, May 20, 1766, by Rev. J[oh]n Ellis	1	165
FOOT, Anson, Dr., of Guilford, m. Eunice **HUTCHINSON**, of Lebanon, Dec. 4, 1828, by Rev. Esek Brown	1	260
Joseph, m. Thankful **PEAS[E]**, June 9, 1748	1	108
Joseph, s. Joseph & Thankful, b. June 21, 1749	1	108
Lucretia, d. [Joseph & Thankful], b. Jan. 31, 1753	1	108
Thankful, d. Joseph & Thankful, b. Nov. 28, 1750	1	108
FORD, Abby, m. William **FITCH**, b. of Lebanon, Apr. 8, 1824, by Rev. Esek Brown, at his house	1	90
Abigail, d. [Jacob & Lydia], b. Oct. 16, 1800	1	114
Abijah Smith, s. [Jacob & Lydia], b. May 27, 1794	1	114
Benjamin, [s. Matthew & Mary], b. July 24, 1724	1	100
Ezekiel, s. [Jacob & Lydia], b. July 28, 1796	1	114
Ezekiel, m. Sally **BURNHAM**, b. of Lebanon, Nov. 30, 1820 by Esek Brown	1	411
Gordon Lester, s. [Lester & Eliza], b. Dec. 16, 1823	1	14
Gurdon Lester, s. [Ezekiel & Sally], b. [ ]	1	411
Henry Burnham, s. [Lester & Eliza], b. June 20, 1826	1	14
Isaac, [s. Matthew & Mary], b. Nov. 15, 1722	1	100
Jacob, [s. Matthew & Mary], b. Feb. 9, 1718/19	1	100
Jacob, s. [Jacob & Lydia], b. Apr. 3, 1792	1	114
Jacob, d. June 23, 1824. Abijah S. Ford, Adms.	1	114
John, [s. Matthew & Mary], b. Feb. 17, 1720/21	1	100
Laura, of Lebanon, m. Melanct[h]on W. **CAREY**, of Sterling, N.Y. Sept. 21, 1836, by Rev. Edward Bull	1	214
Lester, s. [Jacob & Lydia], b. Oct. 30, 1798	1	114
Lester, m. Eliza **BURNHAM**, b. of Lebanon, Jan. 16, 1823, by Esek Brown	1	14
Lester, m. Lucy **BURNHAM**, b. of Lebanon, July 5, 1835, by William T. Williams, J.P.	1	14
Lydia, 2d, d. Jacob & Lydia, d. Mar. 31, 1825, ae 35. "Stated by her mother."	1	114
Marcia Condict, d. [Lester & Eliza], b. Mar. 28, 1828	1	14
Mary A., of Lebanon, m .Abel **CLARK**, of Willimantic, Feb. 27, 1848, by W[illia]m Palmer, V.D.M., at the house of Elder Nathan Wildman, Franklin	2	55
Matthew, s. Matthew & Mary, b. June 25, 1717	1	100
Origen, s. [Jacob & Lydia], b. Nov. 10, 1802	1	114
Sarah, of Lebanon, m. John **GRAVES**, of Griswold, July 5, 1854 by Rev. Perry Bennett	2	80
FOSKET, Mary, d. [Robert & Esther], b. Aug. 5, 1792	1	113
Milo, s. [Robert & Esther], b. June 21, 1797	1	113
Robert, m. Esther **RICHARDSON**, [ ]	1	113
FOSTER, Asa, s. Asa & Hannah, b. Apr. 22, 1750	1	106
Asa, s. [Joseph, Jr. & Anne], b. Feb. 10, 1765	1	112

LEBANON VITAL RECORDS 81

	Vol.	Page
FOSTER (cont.)		
Daniel, [s. Asa & Hannah], b. Feb. 26, 1747/8 (?)	1	106
Eliab, [s. David & Alithea], b .Apr. 18, 1737	1	104
Elijah, [s. David & Alithea], b. Feb. 26, 1734/5	1	104
Hannah, m. Jedediah **BILL**, b. of Lebanon, Apr. 10, 1740	1	27
Hannah, d. [Asa & Hannah], b. May 5, 1757	1	106
Jasper C., of Canterbury, m. Mary **SWEET**, of Lebanon, Oct. 4, 1821, by Esek Brown	1	416
Jeremiah, [s. Jeremiah & Mary], b. May 9, 1735	1	105
Jeremiah, m. Mary **SKINNER** [ ]	1	105
Joseph, Jr., m. Anne **MARTIN**, of Stonington, [ ]	1	112
Katherine, m. John **CALKIN**, Nov. 5, 1719	1	45
Lucy, [d. David & Alithea], b. Sept. 14, 1740	1	104
Mary, [d. Jeremiah & Mary], b. July 3, 1733	1	105
Mary, w. Daniel, d. Jan. 24, 1742/3, in the 73rd. y. of her age	1	107
Mary, d. Asa & Hannah, b. May 20, 1745; d. June 25, 1751	1	106
Mary, [d. Asa & Hannah], b. Sept. 24, 1753	1	106
Nathaniel, [s. Jeremiah & Mary], b. Feb. 27, 1738	1	105
Phebe, d. Phinehas & Lydia, b. Apr. 5, 1736	1	103
Phinehas, m. Lydia **HILLS**, May 1, 1735	1	103
Reuben, s. David & Alithea, b. Apr. 3, 1733	1	104
Samuel, [s. Jeremiah & Mary], b. Feb. 13, 1731/2; d. Feb. 23, 1731/2	1	105
Samuel, s. [Asa & Hannah], b. Apr. 5, 1747/8; d. same day	1	106
Sarah, m. Nathan **GLEASON**, Dec. 19, 1739	1	49
Sarah, d. [Joseph, Jr. & Anne], b. Dec. 9, 1766	1	112
Sibel, of East Windsor, m. Benjamin **THATCHER**, Jr., Jan. 14, 1790, by Rev. Duo[ ]d McClure	1	318
William, s. [Asa & Hannah], b. Oct. 24, 1755	1	106
William, s. [Joseph, Jr. & Anna], b. July 27, 1763	1	112
-----, child of David, d. Dec. 31, 1743	1	107
FOWLER, Abigail, d. {Dijah & Abigail], b. Mar. 1, 1747	1	101
Adijah, s. John & Sarah, b. June 10, 1717	1	104
Amos, s. [Dijah & Abigail], b. Mar. 17, 1758	1	101
Anson, m. Sally **ROBINSON**, b. of Lebanon, Apr. 10, 1831, by Rev. Esek Brown	1	264
Dijah, of Lebanon, m. Abigail **BIGELOW**, of Colchester, Dec. 18, 1745	1	101
Dijah, s. Dijah & Abigail, b. Aug. 14, 1748	1	101
Edward L.C., m. Betsey **THOMAS**, b. of Lebanon, Sept. 8, 1842, by Rev. Israel T. Otis	2	16
Elizabeth, m. Samuel **LYMAN**, May 9, 1669, ("Perhaps 1699" – Arnold)	1	170
Elizabeth, m. Thomas **LOOMISE**, Jan. 8, 1712/13	1	170
Elizabeth, m. Samuel **LYMAN**, Jr., [ ]	1	178
Hannah, d. Jonathan & Hannah, b. Aug. 24, 1725	1	100
Harriet, m. Edmond **HARDING**, b. of Lebanon, Mar. 14, 1821, by Esek Brown	1	414

BARBOUR COLLECTION

	Vol.	Page
FOWLER (cont.)		
Harriet M., of Lebanon, m. Simon **EDGERTON**, of Norwich, Jan. 4, 1848, by Rev. H. R. Brown, of Goshen	2	55
John, s. John & Sarah, b. Oct. 3, 1708	1	104
John, s. [Dijah & Abigail], b. Dec. 5, 1754	1	101
Joseph, m. Elizabeth **POWELL**, Jan. 8, 1712/13	1	100
Joseph, Jr., m. Sarah **METCALF**, Feb. 3, 1747	1	108
Joseph, s. Joseph & Sarah, b. Dec. 31, 1747	1	108
Lydia, d. Dijah & Abigail, b. Feb. 7, 1753	1	101
Lydia A., of Lebanon, m. Jedediah T. **HOUGH**, of Bozrah, Jan. 31, 1844, by John C. Nichols	2	30
Mark, [s. John & Sarah], b. Nov. 7, 1712	1	104
Mark, of Lebanon, m. Hannah **CHUBB**, of Ashford, Nov. 18, 1746	1	108
Mark, s. [Dijah & Abigail], b. May 9, 1756	1	101
Mary, [d. John & Sarah], b. Nov. 13, 1710	1	104
Nancy, m. Lodwick C. **BUD[D]INGTON**, b. of Preston, Feb. 25, 1829, by Esek Brown	1	75
Sarah, m. John **BISSEL[L]**, Nov. 14, 1714	1	22
Sarah, [d. John & Sarah], b. Dec. 28, 1718	1	104
Sarah, d. Dijah & Abigail, b. June 7, 1750	1	101
Thomas, d. Nov. 10, 1706	1	107
Thomas, s. Thomas & Elizabeth, b. Apr. 19, 1714	1	100
Thomas, m. Rhoda **CLARK**, Apr. 17, 1766, by Joseph Clark, Esq.	1	111
FOX, Charles A., m. We[a]lthy A. **SEXTON**, about the last of Mar. 1825, by Erastus Ripley (David A.)	1	13
David A., see under Charles A.		
Edwin, of Hampton, m. Jennet L. **MINER**, of Bozrah, Jan. 1, 1846, by Nathan Wildman	2	44
Erastus, of Windham, m. Watey **BUTTON**, of Lebanon, Mar. 24, 1830, by Rev. Edward Bull	1	427
Jerusha P., of Lebanon, m. Dr. Earl **KNIGHT**, of Bozrah, [Oct.] 14, 1823, by Daniel Waldo	1	92
Lucy, of Chatham, m. Chester **KIMBALL**, of Leb[ano]n, Nov. 8, 1786, by Rev. Cyrian Strong, of Chatham	1	164
Mary, of Groton, m. Perez **SWIFT**, of Lebanon, Nov. 3, 1746	1	291
Roswell, d. June 2, 1825, ae 73 y. David Fox & Earl Knight, Adms.	1	218
FRANK, Caleb, s. [Robin & Katie], b. Sept. 29, 1759	1	462
Jerathmuel, s. [Robin & Katie], b. Dec. 27, 1760	1	462
Joshua, s. [Robin & Katie], b. Mar. 6, 1756	1	462
Molly, d. [Robin & Katie], b. Nov. 4, 1757	1	462
Robin, m. Katie **FISHER**, of Attleborough, Nov. 2, 1753	1	462
FRAZIER, James Pettis, s. [William & Sarah], b. May 28, 1761	1	110
John, s. [William & Sarah], b. Mar. 18, 1765	1	110
William, of Norwich, m. Sarah **GUILD**, of Lebanon, June 23, 1760, by Rev. Mr. Wheelock	1	110

LEBANON VITAL RECORDS 83

	Vol.	Page
FREEMAN, Lewis, of Hebron, m. Ruby HILLS, of Lebanon, Feb. 16, 1825, by Rev. Daniel Waldo, of Exeter	1	95
FRENCH, Elizabeth, m. Daniel BASCOM, [ ]	1	19
Mary W., m. Joel CHAPPELL, b. of Lebanon, Jan. 2, 1849, by Nathan Wildman	2	59
Miriam, m. Recompence TIFFANY, Feb. 5, 1756	1	317
Sarah, m. Isaac LYMAN, Aug. 6, 1745	1	175
Sarah, m. Ephraim SPRAGUE, Jr., b. of Lebanon, Mar. 13, 1755, by Rev. Mr. Wheelock	1	296
FRINK, Jonathan S., m. Ruth W. ARMSTRONG, Mar. 18, 1830, by Rev. Richard F. Cleveland	1	427
Sarah, of Norwich, m. Jasper HUNT, of Lebanon, Nov. 8, 1770, by W[illia]m Whiting, J.P.	1	138
Sophia, of Lebanon, m. Ira FILLMORE, of Bozrah, Dec. 14, 1821, by William B. Ripley	1	417
FROST, John, m. Abigail SPENCER, Jan. 27, 1713/14	1	100
FULLER, Abiel, m. Hannah PORTER, Dec. 19, 1732	1	102
Abiel, [s. Abiel & Hannah], b. Mar. 6, 1739	1	102
Abigail, [d. Joshua & Mercy], b. Jan. 31, 1730/31	1	101
Amos, s. Benjamin & Tabitha [Wheaton], b. Apr. 3, 1721	1	104
Amos, m. Priscilla WOODWORTH, June 29, 1721	1	100
Amos, [s. Amos & Priscilla], b. Apr. 5, 1734	1	100
Amos, s. Amos, d. Oct. 16, 1739	1	107
Amos, [s. Amos & Priscilla], b. May 10, 1744	1	100
Anna, [d. Abiel & Hannah], b. May 26, 1736	1	102
Asa W., of Colchester, m. Aralutia A. TILDEN, of Exeter, Jan. 14, 1849, by John Avery	2	58
Bazeleel, s. [Joshua, Jr. & Margaret], b. Jan. 10, 1750	1	107
Benjamin, Jr., m. Sarah PORTER, May 29, 1745	1	106
Benjamin, s. [Benjamin, Jr. & Sarah], b. Apr. 15, 1747	1	106
David, s. Ezekiel & Hannah, b. Aug. 17, 1727	1	105
Dorcas, d. Jeremiah & Bethiah, b. Feb. 17, 1742/3	1	106
Ebenezer, [s. Ezekiel & Hannah], b. July 22, 1735	1	105
Eleazer, [s. Amos & Priscilla], b. July 28, 1746	1	100
Eleazer, s. [Joshua, Jr. & Margaret], b. Mar. 7, 1752	1	107
Elizabeth, m. Miles STANDISH, July 8, 1724	1	279
Elizabeth, m. David JOHNSON, Mar. 9, 1742	1	160
Ellen A., of Lebanon, m. Charles A. BROWN, of Sag Harbor, L.I., [ ], by Rev. Dexter Bullard	2	58
Esther, m. John PORTER, May 19, 1805, by Isaiah Loomis	2	33
Eunice L., d. [Samuel & Mary Ann], b. June 10, 1844	2	9
Hannah, [d. Amos & Priscilla], b. July 19, 1724	1	100
Hannah, [d. Benjamin & Tabitha (Wheaton)], b. Feb. 9, 1724/5	1	104
Harriet N., of Lebanon, m. Geo[rge] F. BARROWS, of Mansfield, Nov. 20, 1849, by Rev. Dexter Bullard, Liberty Hill	2	63
Isaiah, [s. Amos & Priscilla], b. May 15, 1742	1	100
James, [s. Amos & Priscilla], b. Oct. 21, 1728	1	100
James, s. Amos, d. Jan. 13, 1730/31	1	107
James, [s. Amos & Priscilla], b. Oct. 19, 1737	1	100

84 BARBOUR COLLECTION

	Vol.	Page
FULLER (cont.)		
James, s. Benjamin & Sarah, b. May 8, 1749	1	106
Jeremiah, m. Bethiah [ ]	1	106
Jerusha, [d. Ezekiel & Hannah], b. Aug. 18, 1733	1	105
Jerusha, m. Simeon **CHAPPELL**, Jan. 7, 1755, by Alex[ande]r Phelps, Esq.	1	57
John, [s. Benjamin & Tabitha (Wheaton)], b. Feb. 26, 1722/3	1	104
John, of Hertford, Vt., m. Ann **DEWEY**, of Lebanon, Feb. 24, 1822, by Esek Brown	1	420
John, of New Haven, m. Harriet E. **SUTTON**, of Lebanon, Nov. 28, 1849, by Rev. John Avery, of Exeter	2	63
John H., d. Nov. 7, 1824. Silas & W[illia]m Fuller, Adms.	1	94
Joseph, [s. Amos & Priscilla], b. Sept. 2, 1726	1	100
Joshua, m. Mercy **KNAP[P]**, Nov. 26, 1724	1	101
Joshua, s. Joshua & Mercy, b. Sept. 21, 1725	1	101
Joshua, Jr., m. Margaret **RICHARDSON**, Oct. 12, 1749	1	107
Judith, d. Amos & Priscilla, b. Oct. 22, 1721 (?)	1	100
Judeth, d. Oct. 21, 1739	1	107
Judeth, [d. Amos & Priscilla], b. Feb. 2, 1739/40	1	100
Lucina, m. Asahel **DEWEY**, b. of Lebanon, Mar. 8, 1798, by Rev. Thomas Brockway	1	89
Lucy, [d. Jeremiah & Bethiah], b. Nov. 24, 1743	1	106
Margaret, wid., [m.] David **FINNEY**, [ ]	1	107
Mary, [d. Ezekiel & Hannah], b. [ ] 17, 1742	1	105
Mary, m. Joseph **ROOT**, Oct. 19, 1769, by Rev. Stephen White	1	274
Mary A., of Lebanon, m. Leander **RICHARDSON**, of Columbia, Nov. 29, 1846, by Rev. James W. Woodward, of Columbia	2	48
Mercy, [d. Joshua & Mercy], b. Mar. 12, 1729	1	101
Molly, m. Joseph **HUNT**, [ ], 1769	1	138
Nathan, [s. Ezekiel & Hannah], b. Oct. 1, 1731	1	105
Priscilla, [d. Amos & Priscilla], b. Sept. 21, 1730	1	100
Samuel, [s. Joshua & Mercy], b. Apr. 23, 1727	1	101
Samuel, Capt., m. Wid. Mary **TICKNER**, May 22, 1776, by Sam[ue]l Gray, J.P.	1	113
Samuel, m. Mary Ann **MANNING**, Oct. 5, 1841, by Nathan Wildman	2	9
Sarah, d. Abiel & Sarah, b. Aug. 29, 1730	1	102
Sarah, w. Abiel, d. Sept. 6, 1730	1	102
Sybel, [d. Amos & Priscilla], b. May 1, 1732	1	100
Sybel, d. [Amos], d. Oct. 4, 1739	1	107
Sylvanus, s. [Joshua, Jr. & Margaret], b. Nov 22, 1754	1	107
Thomas, [s. Joshua & Mercy], b. Feb. 18, 1730/31(?)	1	101
Thomas, s. [Joshua, Jr. & Margaret], b. Jan. 30, 1758; d. June 3, [1758]	1	107
Timothy, [s. Benjamin & Tabitha (Wheaton)], b. July 5, 1727	1	104
GAGER, Asenath, m. Green **McCALL**, June 5, 1788	1	395

LEBANON VITAL RECORDS 85

	Vol.	Page
GAGER (cont.)		
Charles, of Franklin, m. Mary A. **COREY**, of Lebanon, Dec. 26, 1847, by Nathan Wildman	2	54
Elizabeth, w. William, d. Sept. 2, 1730	1	124
Martha C. P., m. Justin L. **BADCOCK**, b. of Lebanon, Apr. 29, 1844, by John C. Nichols	2	33
Mary, d. William & Mehitable], b. Aug. 25, [ ]	1	121
Mehitable, [d. William & Mehitable], b. Apr. 5, 1734	1	121
Mehitable, d. May 5, 1736	1	124
Mehitable, d. Nov. 15, 1739, in the 6th y. of her age	1	124
Sam[ue]l, [s. William & Elizabeth], b. Apr. 18, 1728	1	121
Sam[ue]l, s. William, d. Dec. 15, 1728	1	124
Samuel, s. W[illia]m & Mary, b. Aug. 27, 1743, O.S.; d. Mar. 3, 1760	1	121
Sarah, d. William & Elizabeth, b. Oct. 10, 1726	1	121
William, m. Elizabeth **WHITING**, Nov. 1, 1725	1	121
William, m. Mehitable **TAYLOR**, June 1, 1731	1	121
William, s. William & Mehitable, b. Jan. 12, 1731/2	1	121
William, s. William & Mehitable, b. Jan. 31, 1732/3	1	121
William, m. Mary **ALLEN**, Mar. 31, 1737	1	121
William, s. William, d. May 27, 1738, in the 6th y. of his age	1	124
William, s.William & Mehitable, b. June 8, 1738	1	121
GALLUP, GALLOP, Allen, m. Cynthia B. **ATWELL**, Jan. 18, 1826, by Denison Wattles, Jr., J.P.	1	116
Esther A., m. Jesse **LEWIS**, b. of Lebanon, Nov. 6, 1826, by Rev. Edward Bull	1	118
Sally, of Groton, m. William **McCALL**, of Lebanon, Feb. 10, 1819, by Rev. Timothy Tuttle, Groton	1	405
Sally, m. Albert **KELLY**, Sept. 19, 1830, by Erastus Ripley	1	228
GARDINER, [see also **GARDNER**], Charles, m. Polly **HAYWARD**, b. of Lebanon, Sept. 13, 1818, by Esek Brown	1	404
Edward, s. Fleetus & Pamer, b. Apr. 6, 1799; d. Dec. [ ], 1882	1	464
George P., m. Mary **TILDEN**, b. of Lebanon, [Jan.] 10, 1822, by W[illia]m B. Ripley	1	418
Hannah, of Lebanon, m. Nicholas **GARDINER**, of Exeter, R.I., June 15, 1823, by Esek Brown	1	9
Jemima, m. Samuel **ADDAMS**, b. of Lebanon, Oct. 7, 1821, by Esek Brown	1	416
Jonathan, of Norwich, m. Lucy A. D. **LYMAN**, of Lebanon, Jan. 26, 1846, by Nathan Wildman	2	44
Mary, m. Solomon **CALKIN**, Nov. 3, 1742	1	50
Mary T., d. Jacob & Mary, b. Sept. 16, 1847	2	47
Nicholas, of Exeter, R.I., m. Hannah **GARDINER**, of Lebanon, June 15, 1823, by Esek Brown	1	9
Jacob, of Montville, m. Mary **WILDMAN**, of Lebanon, Oct. 11, 1846, by Nathan Wildman	2	47
Mary, m. Russell **HEWITT**, May 18, 1828, by Allen Hewitt, Elder	1	97

	Vol.	Page
GARDINER (cont.)		
Mary C., of Lebanon, m. Alfred **HART**, of Norwich, Feb. 21, 1841, by Rev. Nathan Wildman	2	4
Milla, of Lebanon, m .William T. **LATIMER**, of Montville, Jan. 9, 1848, by Nathan Wildman	2	54
Sarah, m. Thomas **EELES**, Oct. 23, 1766, by W[illia]m Metcalf, Esq.	1	83
GARRISON, John K., of Franklin, m. Mary **BROWN**, of Lebanon, Mar. 11, 1849, by John Avery	2	60
GARY, GAREY, Ambrose, s. [Ebenezer & Lucy], b. May 30, 1768	1	129
Ebenezer, s. [Ebenezer & Lucy], b. Sept. 18, 1755	1	129
Ebenezer, m. Lucy **COLLINS**, [ ]	1	129
Enos, m. Esther **BUCKINGHAM**, Feb. 25, 1787, by Rev. Thomas Brockway (See also **GEARY**)	1	131
Gilbert, s. Ebenezer & Lucy, b. Dec. 11, 1759	1	129
Lucy, d. [Ebenezer & Lucy], b. Jan. 16, 1773	1	129
Mealea, d. [Ebenezer & Lucy], b. Sept. 8, 1757	1	129
Mira, d. [Enos & Esther], b. Dec. 7, 1792	1	131
Shubael, s. [Ebenezer & Lucy], b. Dec. 3, 1776	1	129
Violetta, d. [Ebenezer & Lucy], b. Jan. 1, 1763	1	129
William Lewis, s. [Enos & Esther], b. June 24, 1789	1	131
Winthrop, s. [Enos & Esther], b. Jan. 12, 1795	1	131
GATES, Alfred, Rev., of Preston, m. Sally **CHAMPLAIN**, of Lebanon, Nov. 8, 1832, by Rev. Esek Brown	1	435
Grace, of Colchester, m. Abraham **DEWEY**, of Leb[ano]n, Nov. 23, 1752	1	65
John C., of Norwich, m. Frances A. **LUMIS**, of Lebanon, Nov. 28, 1850, by Rev. John Avery, of Exeter	2	68
Margaret, of Cov[entry], m. William **TUPPER**, Oct. 7, 1755	1	313
GAY, Abel, s. John & Lucy, b. June 19, 1755	1	124
Abel, m. Rhoda **LOOMIS**, Nov. 4, 1810	1	138
Abel, m. Mary **CHAMPLAIN**, b. of Lebanon, Sept. 22, 1831, by Rev. Esek Brown	1	263
Abigail, w. Joseph, d. May 10, 1730	1	122
Abigail, d. [Philip & Margaret], b. Apr. 27, 1736	1	126
Abigail, [d. Samuel & Mary], b. Feb. 17, 1742/3	1	123
Abigail, m. Samuel **BAYLEY**, Jr., June 23, 1763	1	209
Abner, s. [Philip & Margaret], b. Mar. 9, 1738	1	126
Ambrose Cushman, s. [Asa & Betsey], b. Oct. 4, 1817	1	137
Amos, s. [Asa & Betsey], b. July 3, 1814	1	137
Anntonett, d. [Abel & Rhoda], b. Sept. 23, 1814	1	138
Anntonette, m. Austin **DICKINSON**, b. of Lebanon, Jan. 28, 1835, by Rev. John H. Baker	1	231
Asa, m. Betsey **SIMS**, [ ]	1	137
Asaiel, s. [Samuel & Abigail], b. June 9, 1755	1	123
Augustus, m. Ann Maria **MAXWELL**, b. of Lebanon, Apr. 11 ,1825, by Rev. Daniel Waldo	1	133
Augustus, d. Sept. 16, 1829, ae 33	1	133
Austin, s. [Abel & Rhoda], b. Oct. 20, 1819	1	138

LEBANON VITAL RECORDS 87

	Vol.	Page
GAY (cont.)		
Austin, m. Clarissa C. **LOOMIS**, b. of Lebanon, Sept. 27, 1843, by Rev. Nathan Wildman	2	27
Betsey, d. Sam[ue]l & Mary, d. Apr. 20, 1759	1	122
Betty, d. Samuel & Abigail, b. May 23, 1750	1	123
Caroline, d. [Asa & Betsey], b. Mar. 3, 1812	1	137
Damond (?) L., s. [Abel & Rhoda], b. Oct. 13, 1812	1	138
Eleanor, d. Philip & Margaret, b. May 6, 1734	1	126
Eli, s. [Philip & Margaret], b. Jan. 22, 1740	1	126
Elisha, s. Samuel & Joanna, b. June 12, 1717	1	123
Emulous A., s. [Abel & Rhoda], b. June 8, 1816	1	138
Emulous A., m. Dolly A. **MAXWELL**, b. of Lebanon, Nov. 29, 1838, by Rev. Ebenezer Robinson	1	449
George Sims, s. [Asa & Betsey], b. Mar. 31, 1807	1	137
Gideon, [s. Joseph & Abigail], b. Nov. 14, 1727	1	122
Gordon Hyde, s. [Asa & Betsey], b. June 8, 1809	1	137
Hannah, [d. Samuel & Joanna], b. Jan. 15, 1726/7	1	123
Hannah, m. David **WOODWORTH**, [ ]	1	330
Jacob M.C.L., s. [Able & Rhoda], b. June 9, 1823	1	138
Jacob McL., m. Mary L. **BULLARD**, b. of Lebanon, Aug. 6, 1848, by Rev. Dexter Bullard	2	57
Jannett, d. [Abel & Rhoda], b. Sept. 9, 1811	1	138
Janette, m. John **COOK**, b. of Lebanon, Sept. 26, 1831, by Rev. Esek Brown	1	263
John, m. Lydia **CULVER**, Dec. 7, 1721	1	121
John, s. John & Lucy, b. Oct. 23, 1746; d. Nov. 13, 1746	1	124
Joseph, m. Abigail **THORP**, Dec. 25, 1723	1	122
Joseph, [s. Samuel & Mary], b. July 3, 1744	1	123
Lucy, d. Samuel & Mary, b. Dec. 12, 1720	1	122
Lucy, m. James **BAILEY**, May 26, 1762, by Rev. Mr. Williams	1	366
Mary, [d. Samuel & Joanna], b. Nov. 21, 1721	1	123
Samuel, s. Samuel & Mary, b. Nov. 1, 1747	1	123
Samuel, m. Mary [ ]	1	123
Samuel Augustus, s. [Asa & Betsey], b. Mar. 27, 1820	1	137
Simeon, [s. Joseph & Abigail], b. July 4, 1724	1	122
William, s. [Samuel & Abigail], b. July 6, 1752	1	123
William R., m. Catharine **WETMORE**, b. of Lebanon, May 25, 1853, by John C. Nichols	2	78
Zephaniah, s. Sarah, b. Mar. 7, 1733	1	121
-----, d. [Augustus & Ann Maria], b. [ ]	1	133
GEARY, Charles, s. [Enos & Esther], b. Apr. 6, 1796 (See also **GARY**)	1	131
Esther, d. [Enos & Esther], b. May 8, 1791 (See also **GARY**)	1	131
Martha, d. [Enos & Esther], b. Mar. 13, 1798 (See also **GARY**)	1	131
GEER, Charles, of Salina, N.,Y., m. Elizabeth **HALL**, of Lebanon, Jan. 13, 1831, by Erastus Ripley	1	239
Cyrus G., [s. David], b. Feb. 27, 1811, at Preston	1	12
Cyrus G., m. Eunice **STARK**, Mar. 31, 1836, by Rev. Israel T. Otis, Lebanon Goshen	1	442

	Vol.	Page
GEER (cont.)		
David, Jr., [s. David], b. Mar. 5, 1821	1	12
David, Jr., m. Lorinda **SMITH**, b. of Lebanon, Mar. 27, 1844, by Israel T. Otis, V.D.M.	2	32
Erastus, [s. David], b. Oct. 9, 1823	1	12
Erastus, m. Almira H. **SAXTON**, b. of Lebanon, [May], 12, 1852, by Rev. J. R. Brown, of Goshen	2	75
John C., of New York, m. Harriet **BENNETT**, of Norwich, Feb. 26, 1837, by Levi Meech, Elder	1	433
Sally A., [d. David], b. July 20, 1818, at Lebanon	1	12
Sarah Ann, m. Henry N. **STARK**, b. of Lebanon, Oct. 28, 1840, by Rev. Israel T. Otis	1	85
Thankfull S., [d. David], b. May 10, 1814, at Preston	1	12
Thankfull S., of Lebanon, m. Elias B. **AVERY**, of Preston, Jan. 14, 1838, by Rev. Israel T. Otis, in the Society of Goshen Lebanon	1	448
William F., [s. David], b. June 30, 1812, at Preston	1	12
William F., of Selina, N.Y., m. Mary J. **LATHROP**, of Goshen, Lebanon, Oct. 22, 1837, by Rev. Israel T. Otis	1	448
GIBBS, Esther, d. John & Sarah, b. Sept 5, 1730	1	123
Esther, m. Eleazer **CLARK**, Apr. 23, 1747	1	55
Fear, [d. John & Sarah], b. Aug. 6, 1743	1	123
Isaac, s. [John & Sarah], b. Apr. 26, 1752	1	123
John, [s. John & Sarah], b. Apr. 16, 1737	1	123
Lois, d. John & Sarah, b. Apr. 22, 1748	1	123
Sarah, [d. John & Sarah], b. Oct. 14, 1732	1	123
Sarah, d. John & Sarah, d. Oct. 26, 1735	1	123
Sarah, [d. John & Sarah], b. Jan. 26, 1736	1	123
GILBERT, Abilena, twin with Sarah, d. Sam[ue]l & Mercy, b. Mar. 10, 1710	1	122
Deborah, of Ta[u]nton, m. Ebenezer [**TISDALE**], June 10, 1762, by Rev. Mr. Crocker	1	307
Lydia C., of Lebanon, m. William J. **KING**, of Providence, R.I., Oct. 10, 1835, by Rev. Edward Bull	1	432
Samuel, [s. Sam[ue]l & Mercy], b. May 1, 1712	1	122
Sarah, twin with Abilena, d. Sam[ue]l & Mercy, b. Mar. 10, 1710	1	122
GILES, Edwin, of Franklin, N.Y., m. Emeline **STARK**, of Lebanon, Oct. 7, 1838, by Rev. Israel T. Otis	1	457
GILLETT, GILLET, Adonijah, s. [Sam[ue]l & Hepsibah], b. Sept. 24, 1750	1	129
Clarissa C., d. [Henry & Anna H.], b. Feb. 26, 1831; d. Oct. 2, 1832	1	424
Daniel Ordaway, s. [Israel & Martha], b. Mar. 23, 1762	1	129
David, [s. Cornelius & Deborah], b. Mar. 1, 1720	1	120
Demas, d. [Sam[ue]l & Hepsibah], b. July 19, 1752	1	129
Ebenezer, m. Mary **ORDWAY**, Sept. 23, 1730	1	121
Edwin, of Hebron, m. Sarah J. **RANDALL**, Feb. 5, 1851, by Rev. J. R. Brown, of Goshen	2	69
Elijah, [s. Nathaniel & Sarah], b. July 31, 1706	1	122

LEBANON VITAL RECORDS 89

	Vol.	Page
GILLETT, GILLET (cont.)		
Eliza Maria, d. [Henry & Anna H.], b. Feb. 17, 1829	1	424
Elizabeth, d. [Sam[ue]l & Hepsibah], b. May 29, 1758	1	129
Eunice, m. John ORDAWAY, b. of Lebanon, May 22, 1748	1	235
Experience, d. [John & Experience], b. Aug. 18, 1701	1	120
Experience, [d. Ebenezer & Mary], b. July 11, 1731	1	121
Freedom, d. [Sam[ue]l & Hepsibah], b. Sept. 10, 1766	1	129
Gershom, [s. John & Experience], b. June 26, 1711	1	120
Gershom, s. Eleazer & Sarah, b. Mar. 9, 1755	1	124
Griswold, of Hebron, m. Sophia BASCOMB, of Lebanon, Dec. 5, 1824, by Rev. Daniel Waldo	1	94
Henry, m. Anna H. BACKUS, Nov. 12, 1823, by Rev. David Austin, at Bozrah	1	424
Hepzibah, d. [Sam[ue]l & Hepsibah], b. June 23, 1746	1	129
Hosea was found dead Jan. 18, 1822. Cert. by Olive Gillett, Adm.	1	403
Israel, m. Martha THROOPE, b. of Lebanon, Jan. 8, 1761, by Rev. Mr. Williams	1	129
Israel, m. Susannah DURKEE, of Woodbury, Nov. 15, 1764, by Rev. Mr. Brice	1	129
Jerusha, d. [Sam[ue]l & Hepsibah], b. Jan. 24, 1760	1	129
John, m. Experience DEWEY, Jan. 3, 1699/1700	1	120
John, [s. John & Experience], b. Oct. 7, 1702	1	120
John, Jr., m. Abigail LEE, Dec. 1, 1726	1	121
Jonathan, [s. Nathaniel & Sarah], b. May 5, 1708	1	122
Jonathan, s. Cornelius & Deborah, b. July 5, 1716	1	120
Joseph, [s. Nathaniel & Sarah], b. Oct. 11, 1704	1	122
Joshua, [s. Nathaniel & Sarah], b. Dec. 26, 1710	1	122
Joshua, s. Nath[anie]l, d. Mar. 13, 1711	1	124
Laura Jane, d. [Henry & Anna H.], b. Sept 12, 1827	1	424
Lucy, d. [John, Jr. & Abigail], b. Oct. 11 ,1728	1	121
Lucy, d. [Sam[ue]l & Hepsibah], b. May 11, 1748	1	129
Martha, w. Israel, d. July 24, 1763	1	129
Martha, d. [Israel & Susannah], b. Sept. 21, 1765	1	129
Mary, m. Ebenezer HINCKLEY, Apr. 5, 1750, by Rev. Mr. Little, Colchester	1	159
Milo, of Lebanon, m. Mary WILSON, of Windham, Dec. 14, 1834, by Dexter Bullard	1	130
Nathaniel, s. Nathaniel & Sarah, b. Nov. 18, 1702	1	122
Nathaniel, d. July 10, 1714	1	124
Rhoda, m. John DEWEY, Jr., Nov. 18, 1756	1	70
Rhoda, d. [Sam[ue]l & Hepsibah], b. Feb. 10, 1764	1	129
Ruth, d. [Sam[ue]l & Hepsibah], b. Oct. 27, 1754	1	129
Sam[ue]l, m. Mary CHAPPELL, Jan. 30, 1717/18	1	120
Sam[ue]l, m. Hepsibah LOOMIS, of Sharon, Oct. 16. 1745	1	129
Sarah H., d. [Henry & Anna H.], b. July 28, 1842	1	424
Simon, s. [Sam[ue]l & Hepsibah], b. Apr. 6, 1756	1	129
William W., s. [Henry & Anna H.], b. Aug. 27, 1836	1	424
-----, s. [Henry & Anna H.], b. Sept 12, 1824; d .Oct. 17, 1824	1	424

	Vol.	Page
GITTAU, Mary, of Woodbury, m. David **LYMAN**, Apr. 8, 1742	1	173
GLADWIN, Rebecca, m. William **WATERMAN**, Aug. 7, 1755	1	350
GLOVER, Marcy, d. Thomas & Joanna, b. Nov. 18, 1744	1	124
Thomas, s. Henry & Mary, b. Jan. 8, 1719/20	1	121
Thomas, of Lebanon, m. Joanna **SWIFT**, of Sandwich, Feb. 10, 1743/4	1	124
GOFF, Gurdon S., of Chatham, m.Chloe M. **TILDEN**, of Lebanon, Dec. 17, 1837, by Rev. Lyman Strong	1	449
GOLDTHWAITE, William C., of Westfield, Mass., m. Julia **HEBARD**, of Lebanon, Aug. 14, 1850, by John C. Nichols	2	67
GOODALE, Cynthia, m. Henry **PAYNE**, Apr. 20, 1823, by Rev. Joel Howes, of Hartford	1	89
GOODWIN, Abel, m. Olive **TORREY**, Feb. 5, 1800	1	419
Abel, s. [William & Mary], b. June 27, 1775; d. Sept. 10, 1777	1	130
Abel, s. [William & Mary], b. Nov. 5, 1777	1	130
Abel, Jr., s. [Abel & Olive], b. June 15, 1822	1	419
Anna, Jr., m. Nathan **CLARK**, Jr., s. of the late Nathan, b. of the village of Lebanon, Apr. 11, 1793, by Rev. Zebulon Ely	1	87
Anna, w. Jonathan, d. Feb. 12, 1809	1	130
Anne, d. [Jonathan, Jr. & Anna], b. Sept. 28, 1772	1	130
Anson, s. [Abel & Olive], b. Sept. 7, 1818	1	419
Argel, m. Sarah **DURKEE**, Dec. 22, 1796	1	132
Asa[h]el, s. [Jonathan, Jr. & Anna], b. Aug. 31, 1769	1	130
Azel, s. [Jonathan & Sarah], b. June 22, 1762	1	125
Calvin, s. [Jonathan, Jr. & Mary], b. Dec. 24, 1800	1	133
Clarissa T., m. Simeon **CROCKER**, b. of Lebanon, Feb. 15, 1826, by Rev. Esek Brown	1	85
Clarissa Torrey, d. [Abel & Olive], b. Dec. 31, 1801	1	419
Cynthia, d. [Abel & Olive], b. Nov. 7, 1803	1	419
Cynthia, m. Elisha L. **TAYLOR**, b. of Lebanon, Feb. 20, 1833, by Rev. Esek Brown	1	433
Hepzibah, m. Pelatiah **BLISS**, June 19, 1744, by Col. Trumball	1	39
Jonathan, m. Sarah **CASE**, Jan. 25, 1743/4	1	125
Jonathan, s. [Jonathan & Sarah], b. Feb. 26, 1744/5	1	125
Jonathan, Jr., m. Anna **CLARK**, of Mansf[ie]ld, Nov. 3, 1768, by Rev. Mr. Salter	1	130
Jonathan, s. [Jonathan, Jr. & Anna], b. May 27, 1776	1	130
Jonathan, Jr., m. Mary **CHEEVER**, Jan. 28, 1796, by Rev. Zebulon Ely. Stated by Jonathan [Goodwin, Jr.]	1	133
Joseph McC., of Lebanon, m. Amelia Maria **BULKELEY**, of Mansfield, Oct. 7, 1841, by Nathan Wildman	2	10
Lucinda, d. [Jonathan, Jr. & Mary], b. Sept. 7, 1807	1	133
Maria, m. Archibald G. **BAILEY**, b. of Lebanon, Mar. 15, 1832, by Rev. Esek Brown	1	230

LEBANON VITAL RECORDS

	Vol.	Page
GOODWIN, (cont.)		
Marila, d. [Jonathan, Jr. & Mary], b. Jan. 27, 1799	1	133
Marinda, [d. Abel & Olive], b. Aug. 18, 1806	1	419
Mary, d. [William & Mary], b. May 1, 1772; d. May 7, 1772	1	130
Mary, d. [Jonathan, Jr. & Mary], b. Mar. 16, 1797	1	133
Mary, d. [Abel & Olive], b. Oct. 4, 1810	1	419
Olive, d. [Abel & Olive], b. July 28, 1815	1	419
Parthenia, d. [Jonathan & Sarah], b. Jan. 31, 1759	1	125
Samuel, m. Sarah **WOODWORTH**, b. of Lebanon, Oct. 24, 1748	1	125
Samuel, Jr., d. Aug. 27, 1822, ae 44 y. Recorded by James Buell, Adms.	1	407
Samuel, m. Esther **GOULD**, Sept. 26, 1824, by Rev. Roswell Hawkes	1	192
Sarah, d. Jonathan & Sarah, b. May 31, 1749	1	125
Sarah, d. Samuel & Sarah, b. Sept. 20, 1749	1	125
Sarah, m. Zina **HYDE**, Nov. 30, 1769	1	155
Sarah, w. Samuel, d. July 4, 1823	1	125
Theron, s. [Abel & Olive], b. Oct. 21, 1813	1	419
William, [s. Jonathan & Sarah], b. Nov. 9, 1746	1	125
William, m. Mary **MANNING**, of Windham, May 16, 1771	1	130
W[illia]m, s. [William & Mary], b. June 27, 1773; d. Sept. 5, 1783	1	130
William Torrey, s. [Abel & Olive], b. Dec. 5, 1808	1	419
GOULD, GOOLD, Alethea, d. [John & Eunice], b. Mar. 23, 1767	1	132
Augustine, s. [John & Eunice], b. July 15, 1773	1	132
Esther, d. [John & Eunice], b. Oct. 26, 1775	1	132
Esther, m. Samuel **GOODWIN**, Sept. 26, 1824, by Rev. Roswell Hawkes	1	192
Eunice, d. [John & Eunice], b. Aug. 10, 1771	1	132
Francis, s. [John & Eunice], b. Feb. 23, 1769	1	132
James, m. Elizabeth **CHAPPEL**, May 24, 1747	1	125
James, s. [James & Elizabeth], b. Sept. 3, 1749	1	125
John, m. Eunice **CRANDALL**, Apr. 8, 1756, by Rev. Mr. Wheelock	1	123
John, m. Eunice **CRANDALL**, Apr. 8, 1756, by Rev. Mr. Wheelock	1	132
John, s. [John & Eunice], b. Sept. 4, 1759	1	132
Lydia, d. James & Elizabeth, b. Jan. 5, 1747/8	1	125
Rosamond, d. [John & Eunice], b. Mar. 13, 1761	1	132
Roxellana, d. [John & Eunice], b. Feb. 13, 1765; d. Aug. 13, 1771	1	132
Sarah, d. [John & Eunice], b. Sept. 22, 1757	1	132
Submit, d. [John & Eunice], b. Mar. 22, 1763	1	132
Submit, m. David **LYMAN**, May 8, 1785, by Rev. Mr. Ely	1	191
GOVE, Nathaniel, s. Nathaniel & Sarah, b. May 11, 1708	1	123
GRANDYE, Edmund, m. Rachel **LYMAN**, May 15, 1745	1	121
Edmund, s. Edmund & Rachel, b. Nov. 5, 1746	1	121

	Vol.	Page
GRANDYE (cont.)		
Elijah, s. [Edmund & Rachel], b. Mar. 3, 1747/8	1	121
Jesse, s. Edmund & Rachel, b. Feb. 13, 1749/50	1	121
Jesse, s. [Edmund & Rachel], b. Mar. 9, 1756	1	121
Rachel, d. [Edmund & Rachel], b. Feb. 17, 1758	1	121
GRANT, Wealthy, of North Stonington, m. Charles L. LOOMIS, of Lebanon, Nov. 10, 1836, by Israel T. Otis	1	195
GRAVES, John, of Griswold, m. Sarah **FORD**, of Lebanon, July 5, 1854, by Rev. Perry Bennett	2	80
GRAY, Ann, d. Simeon & Ann, b. July 29, 1732; d. Aug. 25, 1732	1	120
Ann, d. Simeon & Ann, b. June 25, 1735	1	120
Anne, d. [Simeon & Mary], b. Aug. 16, 1765	1	127
Edward Manning, s. Edward & Sarah, b. Oct. 21, 1745	1	123
Eliphalet, s. [Simeon & Mary], b. Dec. 12, 1762; d. Jan. 17, [1763]	1	127
Elizabeth, twin with Susannah, d. Ebenezer & Mary, b. Dec. 11, 1733	1	120
Esther, [d. Ebenezer & Mary], b. May 20, 1739	1	120
John, [s. Dr. Ebenezer & Mary], b. Sept. 21, 1723	1	120
Jonathan, [s. Ebenezer & Mary], b. Mar. 26, 1732	1	120
Katharine Lucy, d. Edward & Sarah, b. Dec. 19, 1748	1	123
Latham, m. Julia Ann **PENDLETON**, Jan. 20, 1825, by Erastus Ripley	1	95
Lucy, [d. Ebenezer & Mary], b. June 8, 1730	1	120
Mary, 1st w. Eben[eze]r, d. July 27, 1726	1	119
Mary, [d. Dr. Ebenezer & Mary], b. July 27, 1726; d. July 31, 1726	1	120
Mary, d. Ebenezer & Mary, b. Nov. 11, 1728	1	120
Mary, d. [Simeon & Mary], b. Jan. 15, 1761; d. Mar. 5, 1762 ae 1 y. 2 m. 10 d.	1	127
Mary E., m. Anson S. **BAILEY**, b. of Lebanon, Jan. 3, 1853, by J.C. Nichols	2	77
Samuel, s. Dr. Ebenezer & Mary, b. Apr. 6, 1721	1	120
Simeon, m. Ann **HIDE**, [Nov. 11, 1731]	1	120
Simeon, s. Simeon & Ann, b. Oct. 18, 1733	1	120
Simeon, d. Nov. 13, 1742	1	120
Simeon, m. Mary **WHITE**, b. of Lebanon, Mar. 17, 1757, by Rev. Mr. Williams	1	127
Simeon, s. [Simeon & Mary], b. Dec. 19, 1757; d. June latter end, 1758	1	127
Simeon, s. [Simeon & Mary], b. July 3, 1759	1	127
Simeon, s. [Simeon & Mary], d. Jan. 29, 1763	1	127
Simeon, s. [Simeon & Mary], b. [ ]	1	127
Susannah, twin with Elizabeth, d. Ebenezer & Mary, b. Dec. 11, 1733	1	120
William, [s. Ebenezer & Mary], b. May 16, 1737	1	120
GREEN, James M., of Winsted, m. Caroline E. **WALMESLEY**, of Lebanon, May 16, 1844, by John C. Nichols	2	34

LEBANON VITAL RECORDS 93

	Vol.	Page
GREEN (cont.)		
Jonathan, s. [Beriah & Elizabeth, late of Preston, now of Lebanon], b. Dec. 20, 1796	1	132
Mary, of Lebanon, m. Joseph F. **HITCHCOCK**, of Warren, Mass., June 18, 1850, by John C. Nichols	2	66
Ralph E., m. Sarah C. **DUTTON**, July 30, 1845, by John C. Nichols	2	40
GREENMAN, Jane, m. Warren **SEGAR**, Mar. 1, 1852, by Rev. N. W. Miner	2	73
GREENWOOD, Sally A., of Lebanon, m. Christopher C. **CRUMB**, of Charleston, R.I., Nov. 27, 1828, by Rev. Edward Bull	1	75
GRISWOLD, Jemima, of Bolton, m. Isaiah **TIFFANY**, of Lebanon, Dec. 13, 1753, by Rev. T[h]o[ma]s White	1	309
Joseph A., of Roxbury, Mass., m. Maria **HILL**, of Lebanon, Mar. 24, 1835, by Rev. John H. Baker	1	440
Lydia, m. Caleb **HUNTINGTON**, Jan. 28, 1719/20	1	141
Oliver, of Norwich, m. Experience **DEWEY**, of Lebanon, Apr. 9, 1707, by Rev. Mr. Williams	1	124
GROSS, GROSE, Betsey, d. [Jonah & Sarah], b. May 5, 1794	1	131
Elizabeth, d. [Capt. Simeon & Phebe], b. Nov. 16, 1764	1	126
Hannah, m. Silas **DOUBLEDAY**, b. of Lebanon, Mar. 13, 1824, by Rev. Esek Brown, at his house	1	237
Israel, s. [Capt. Simeon & Phebe], b. Oct. 4, 1760	1	126
Israel, s. [Jonah & Sarah], b. Jan. 13, 1783	1	131
John, s. Capt. Simeon & Phebe, b. July 18, 1753	1	126
Jona, s. [Capt. Simeon & Phebe], b. Jan. 13, 1757	1	126
Jonah, m. Sarah **LADD**, of Norwich, June 22, 1780, by Rev. Andrew Lee, in Norwich	1	131
Jonah L., s. [Jonah & Sarah], b. Dec. 11, 1789	1	131
Joseph, s. [Jonah & Sarah], b. Oct. 16, 1791	1	131
Mary, d. [Samuel & Hannah], b. Sept. 17, 1774	1	131
Micah, s. [Capt. Simeon & Phebe], b. Mar. 21, 1755	1	126
Phebe, d. [Capt. Simeon & Phebe], b. Aug. 8, 1762	1	126
Phebe, d. [Jonah & Sarah], b. Aug. 3, 1787	1	131
Richard, s. [Jonah & Sarah], b. Apr. 23, 1797	1	131
Samuel, d. Feb. 17, 1825, ae 77 y. James Buell, Adms.	1	91
Samuel, m. Hannah **OWEN**, July 1, 1773, by Rev. Mr. Williams	1	131
Samuel, s. [Samuel & Hannah], b. Dec. 8, 1777	1	131
Sarah, d. [Jonah & Sarah], b. Nov. 14, 1785	1	131
Simon, s. [Samuel & Hannah], b. Aug. 7, 1780	1	131
Thomas, s. [Capt. Simeon & Phebe], b. Nov .12, 1758	1	126
GROVER, Gamaleel, s. [Thomas & Joanna], b. Oct. 7, 1749	1	124
Hannah, m. Jeremiah **RUDE**, May 10, 1753	1	272
GUILD, Cynthia, [d. Jeremiah & Mary], b. Sept. 15, 1732	1	122
Cynthia, m. John **WOODWARD**, Sept. 7, 1752	1	345
Elizabeth, m. John **SWROTLAND**, Jr., Apr. 15, 1736	1	282
Jabez, [s. Samuel, Jr. & Katherine], b. Aug. 20, 1735	1	122
Jabez, [s. Samuel, Jr. & Katherine], d. Aug. 7, 1742	1	122
Jacob, m. Wid. Hannah **LARABEE**, of Coventry, May 26, 1757, by Rev. Mr. Wheelock	1	126

	Vol.	Page
GUILD (cont.)		
Jeremiah, m. Mary **DUDLEY**, Nov. 11, 1731	1	122
Joseph, s. [Jacob & Hannah], b. July 23, 1760	1	126
Lois, [d. Samuel, Jr. & Katherine], b. June 26, 1745	1	122
Lovina, d. [Jacob & Hannah], b. Mar. 11, 1758	1	126
Phebe, [d. Samuel, Jr. & Katherine], b. June 5, 1732	1	122
Phebe, m. Samuel **WOODWARD**, Jan. 24, 1732/3	1	329
Phebe, m. Stephen **HUNT**, Jr. Apr. 3, 1755	1	153
Samuel, Jr., m. Katherine **ALLEN**, Sept. 15, 1731	1	122
Samuel, [s. Samuel, Jr. & Katherine], b. Nov. 14, 1749	1	122
Samuel, Sr., d. May 29, 1750	1	122
Sarah, m. James **WRIGHT**, Apr. 23, 1724	1	329
Sarah, of Lebanon, m. William **FRAZIER**, of Norwich, June 23, 1760, by Rev. Mr. Wheelock	1	110
Temperance, [d. Samuel, Jr. & Katherine], b. Dec. 15, 1733	1	122
Temperance, m. Joseph **HIBBERT**, Aug. 7, 1755	1	147
GUILE, Abigail, d. Samuel & Sarah, b. June 19, 1721	1	122
Deborah, d. Israel & Sarah, b. June 26, 1715	1	123
Deborah, m. John **HOUSE**, Sept. 6, 1739	1	144
Hannah, [d. Israel & Sarah], b. Feb. 14, 1717	1	123
Israel, [s. Israel & Sarah], b. Nov. 25, 1729	1	123
Jacob, [s. Israel & Sarah], b. Aug. 7, 1722	1	123
Kaziah, [d. Israel & Sarah], b. May 26, 1719	1	123
Mary, m. Thomas **LYMAN**, Jan. 25, 1727	1	173
Sarah, [d. Israel & Sarah], b. Dec. 5, 1732	1	123
GULICK, William, of Princeton, N.J., m. Eliza J. **THOMAS**, of Lebanon, Mar. 26, 1837, by Rev. Israel J. Otis	1	391
GURLEY, Abbey, of Exter, m. Orinel S. **HINCKLEY**, of Thetford, Oct. 4, 1824, by Daniel Waldo	1	191
GUSTEN, Lemuel, m. Hannah **CUTTEN**, Dec. 30, 1740	1	125
Lemuel, s. Lemuel & Hannah, b. Sept. 1, 1741; d. Nov. 4, 1741	1	125
Lemuel, s. Lemuel & Hannah, b. July 25, 1747	1	125
Rachel, d. Lemuel & Hannah, b. Oct. 4, 1748; d. Oct. 12, 1750	1	125
Rachel, d. Lemuel & Hannah, b. Dec. 12, 1750	1	125
HACKLEY, Anne, [d. John], b. May 14, 1759	1	163
Ednah, [d. John], b. Sept. 4, 1765	1	163
Lucy, [d. John], b. Sept. 23, 1762	1	163
Marshal, m. Hannah **ABEL**, Oct. 3, 1739	1	144
Samuel, s. [Marshal & Hannah], b. Oct. 1, 1740	1	144
HACKSTUN, Hannah, of Norwich, m. James **WOODWORTH**, Mar. 30, 1758, by Rev. Mr. Powers	1	355
HADLOCK, Elizabeth, [d. Pasco & Elizabeth], b. Oct. 11, 1747	1	144
James, [s. Pasco & Elizabeth], b. Apr. 17, 1744	1	144
John, d. Dec. 29, 1709/10	1	149
John, [s. Pasco & Elizabeth], b. Jan. 24, 1837 [1737?]	1	144
Jonathan, [s. Pasco & Elizabeth], b. Sept. 19, 1742	1	144
Pasco, m. Elizabeth **DAGGET**, Nov. 1, 1736	1	144

LEBANON VITAL RECORDS 95

	Vol.	Page
HADLOCK (cont.)		
Samuel, [s. Pasco & Elizabeth], b. Feb. 16, 1740/41	1	144
Sarah, [d. Pasco & Elizabeth], b. June 15, 1739	1	144
Solomon, [s. Pasco & Elizabeth], b. May 5, 1748	1	144
HAINES, HAYNES, Betsey, of Lebanon, m. Jared **CLARKE**, Jr., of Columbus, N.Y., Sept. 12, 1824, by Daniel Waldo	1	81
Daniel, m. Lucy W. **TARBOX**, b. of Lebanon, Nov. 26, 1829, by Rev. Daniel Waldo	1	219
Ezekiel A., m. Corintha R. **ABEL**, b. of Lebanon, Sept. 29, 1839, by Rev. Lyman Strong	1	434
Olivia, m. Marcus **McCALL**, b. of Lebanon, Aug. 24, 1834, by Rev. Daniel Waldo, Exeter	1	231
Orlivia, m. Marcus **McCALL**, Aug. 24, 1831, by Rev. Daniel Waldo, Exeter	1	385
Samuel E., m. Emily E. **BAILEY**, b. of Hebron, Aug. 20, 1838, by Rev. Ebenezer Robinson	1	450
HALE, Calvin, Jr., of East Hartford, m. Rebecca B. **LOOMIS**, of Lebanon, Nov. 26, 1835, by Rev. Dexter Ballard	1	401
Junius, m. L. Maria **BEAUMONT**, b. of Lebanon, Apr. 11, 1811, by Rev. Nathan Wildman	2	6
HALL, Abigail, d. [John & Silence], b. Sept. 14, 1760	1	157
Cynthia B., m. Ansel **BAILEY**, Dec. 16, 1827, by Erastus Ripley	1	423
Elizabeth, of Lebanon, m. Charles **GEER**, of Salina, N.Y., Jan. 13, 1831, by Erastus Ripley	1	239
Hannah, m. David **DEWEY**, [ ]	1	65
John, m. Silence **LYMAN**, Dec. 27, 1753	1	157
John, s. [John & Silence], b. Sept. 6, 1756	1	157
Lucy, of Lebanon, m. Joseph **CAVELLY**, of Rope Ferry, May 1, 1827, by Erastus Ripley	1	246
Martha, m. Thomas **ALLEN**, Nov. 9, 1744	1	5
Sarah, [d. John & Silence], b. May 3, 1758	1	157
-----, 1st child of [John & Silence], b. Jan. 10, 1754; d. Feb. 28, [1754]	1	157
HAMILTON, David, of Lebanon, m. Anne **WRIGHT**, of Colchester, Aug. 23, 1727	1	142
HAMMOND, Mehetable, m. Samuel **METCALF**, Feb. 16, 1756	1	207
HAMSLEY, Almira, m. Jedediah **BUCK**, Oct. 21, 1838, by Rev. Nathan Wildman	1	458
HANCHETT, Hiram, of Lima, N.Y., m. Sariah **HARVEY**, of Lebanon, Oct. 13, 1840, by Rev. Israel T. Otis	1	85
HARDING, Edmond, m. Harriet **FOWLER**, b. of Lebanon, Mar. 14, 1821, by Esek Brown	1	414
HARRIS, Abby Jane, d. Luther & Abby, b. Oct. 24, 1830	1	431
Ann Mercy, d, [Asa & Faith], b. Mar. 19, 1767	1	159
Asa, m. Faith **MACKALL**, July 23, 1761	1	159
Asa, s. [Asa & Faith], b. Apr. 18, 1762	1	159
Eli, s. [Asa & Faith], b. Dec. 25, 1764	1	159
Hannah, d. [Asa & Faith], b. Sept. 16, 1763	1	159
James, s. [Asa & Faith], b. Aug. 19 1769	1	159

	Vol.	Page
HARRIS (cont.)		
Martha, m. Benjamin **KINNE**, b. of Norwich, Feb. 7, 1782, by Neh[emiah] Waterman, J.P.	1	168
Mary, m. Jonah **SWEATLAND**, Oct. 20, 1774, by Mr. Lockwood	1	297
Richard J., m. Julia L. **JACKSON**, Nov. 28, 1839, by Rev. Israel T. Otis	1	462
HART, Alfred, of Norwich, m. Mary C. **GARDINER**, of Lebanon, Feb. 21, 1841, by Rev. NathanWildman	2	4
HARTSHORN, Ariel, s. [Ezekiel & Meriam], b. Sept. 17, 1781	1	155
Ezekiel, [m.] Meriam [ ]	1	155
HARTWELL, Mehitable, d. John & Martha, b. Apr. 19, 1720	1	145
HARVEY, Betsey, of Lebanon, m. Andrew **MACK**, of Hebron, Oct. 4, 1843, by Israel T. Otis	2	28
Sariah, of Lebanon, m. Hiram **HANCHETT**, of Lima, N.Y., Oct. 13, 1840, by Rev. Israel T. Otis	1	85
Sarah Ann, of Charlestown, R.I., m. John **WHEATON**, of Lebanon, Feb. 6, 1829, by Rev. Daniel Waldo, of Exeter	1	261
HASCALL, HASKALL, HASKELL, Clarinda, m. Daniel **PUTNAM**, May 1, 1815	1	403
Hannah, of Mansfield, m. Dr. James **THOMAS**, of Lebanon, Oct. 5, 1774, by Rev. Mr. Salter	1	315
Harriet, m. John P. **PERRY**, b. of Norwich, June 28, 1835, by Rev. John H. Baker	1	407
HASKINS, HASKINGS, [see also **HOSKINS**], Anne, m. Ezekiel **THOMAS**, Oct. 2, 1740	1	302
Submit, m. Moses **SPEAR**, [ ] 9, 1748/9	1	285
HASSE, Sophia, m. Adam **BACKMAN**, b. Germans, Feb. 24, 1850, by John C. Nichols	2	65
HATCH, Caroline E., m. Amos L. **BABCOCK**, Feb. 14, 1854, by Rev. Perry Bennett	2	79
Eliphalet, [s. Moses & Mary], b. Feb. 21, 1745	1	144
Hannah, of Mansfield, m. Noah **CHAPPELL**, Sept. 10, 1751	1	47
Joseph, [s. Moses & Mary], b. Mar. 14, 1740	1	144
Mary, [d. Moses & Mary], b. May 1, 1742	1	144
Moses, m. Mary **BLISS**, Feb. 1, 1738	1	144
Naomi, Jr., m. Eleazer **FITCH**, b. of Lebanon, Sept. 4, 1799, by Elkanah Tisdale, J.P.	1	113
Pelatiah, [s. Moses & Mary], b. May 7, 1747	1	144
-----, d. Moses & Mary, b. Dec. 31, 1738	1	144
HAUN, Mary, m. Erastus **NEWCOMB**, b. of Lebanon, Mar. 31, 1822, by Esek Brown	1	420
HAWKINS, W[illia]m B., of Willimantic, m. Lucy C. **CHAMPLAIN**, b. of Conn. Apr. 8, 1838, by Rev. Benajah Cook, Jr., of Willimantic	1	455
HAYNES, [see under **HAINES**]		
HAYS, Juliet, m. Harvey **POST**, b. of Lebanon, Apr. 19, 1843, by Rev. Stephen Hays, of Exeter	2	23
HAYWARD, Betsey, d. [John & Eunice],b. Feb. 15, 1796	1	213

LEBANON VITAL RECORDS 97

	Vol.	Page
HAYWARD (cont.)		
Betsey, m. John J. **TRAVIS**, b. of Lebanon, Jan. 21, 1821, by Esek Brown	1	412
Caleb, m. Martha **SMALLEY**, Oct. 26, 1752	1	152
Caleb, s. [John & Eunice], b. Dec. 29, 1792	1	213
Caleb, m. Sally **ARMSTRONG**, b. of Lebanon, Dec. 29, 1819, by Esek Brown	1	11
Charles, s. [John & Eunice], b. Apr. 28, 1808	1	213
Charles, s. [Caleb & Sally], b. Aug. 26, 1838	1	11
Cordelia, d. [Caleb & Sally], b. Apr. 4, 1821	1	11
Cordelia, of Lebanon, m. Denison P. **COON**, of Norwich, Oct. 6, 1840, by Rev. Nathan Wildman	1	388
Elisha, s. [John & Eunice], b. Nov. 29, 1794; d. Feb. 9, 1795	1	213
Elisha, s. [John & Eunice], b. May 22, 1802	1	213
Eunice, twin with Hutchinson, [d. John & Eunice], b. July 30, 1812; d. Sept. 9, 1826, ae 14	1	213
Eunice, w. John, d. Apr. 16, [ ], in the 44th y. of her age	1	213
Eunice Elizabeth, d. [Caleb & Sally], b. Oct. 5, 1836	1	11
Hutchinson, twin with Eunice, [s. John & Eunice], b. July 30, 1812	1	213
John, s. [Caleb & Martha], b. Nov. 14, 1766	1	152
John, m. Eunice **HUTCHINSON**, Feb. 30, 1790	1	213
John, s. [John & Eunice], b. June 27, 1800	1	213
John, Jr., m. Mariah **WEEDEN**, b. of Lebanon, Mar. 26, 1820, by Rev. Esek Brown	1	407
John, Dea., d. Sept. 1, 1826, in the 60th y. of his age	1	213
John C., s. [Caleb & Sally], b. Dec. 23, 1823	1	11
Joseph, s. [John & Eunice], b. Aug. 4, 1804	1	213
Martha, d. [Caleb & Martha], b. July 19, 1755	1	152
Moses, s. [Caleb & Martha], b. Sept. 28, 1768	1	152
Nelson, s. [John & Eunice], b. July 1, 1810	1	213
Polly, d. [John & Eunice], b. Apr. 11, 1798	1	213
Polly, m. Charles **GARDINER**, b. of Lebanon, Sept 13, 1818, by Esek Brown	1	404
Ruth, d. [Caleb & Martha], b. July 20, 1753	1	152
Ruth, d. [John & Eunice], b. June 23, 1791, in Norwich, Vt.	1	213
Samuel, s. [Caleb & Martha], b. Apr. 19, 1763	1	152
Samuel, s. [John & Eunice], b. July 27, 1806	1	213
HAZARD, Phebe, of Lebanon, m. Theodore **BREWSTER**, of Hartford, Mar. 10, 1825, by Rev. Esek Brown	1	95
Ruth, m. Marshall **THATCHER**, b. of Lebanon, Dec. 24, 1821, by Esek Brown	1	418
HAZZEN, HAZEN, Andrew, s. [Joseph, Jr. & Olive], b. June 4, 1766	1	139
Joseph, Jr., m. Olive **STODDARD**, Aug. 20, 1763, by J[oh]n Ellis, Clerk	1	139
Mary, d. Joseph & Eliz[abeth], b. Sept. 11, 1754	1	147
Rebecca, d. [Joseph, Jr. & Olive], b. Aug. 28, 1764	1	139
Solomon Stoddard, s. [Joseph, Jr. & Olive], b. Oct. 1, 1768	1	139

	Vol.	Page
HEALEY, Judeth, m. Joseph **WISE**, Jr. Mar. 19, 1750	1	349
HEATH, Bartholomew, m. Eleanor **CORBIT**, Oct. 3, 1734	1	149
Joseph, [s. Bartholomew & Eleanor], b. Apr. 22, 1735	1	149
HENRY, Fidelia, of Lebanon, m. Eleazer **BENTLEY**, of Franklin, Oct. 23, 1829, by Rev. Esek Brown	1	228
HERRINGTON, [see also **YARRINGTON**], Samuel, reputed s. Samuel & Hopestill Thomas, b. July 27, 1751	1	148
HEWITT, HEWET, HEWETT, Benjamin, of Windham, m. Ann **PERRY**, of Lebanon, June 3, 1829, by Rev. Esek Brown	1	227
Eli, of Windham, m. Mary **LAMB**, of Franklin, Jan. 26, 1840, by Nathan Wildman	1	423
Elizabeth, m. Joseph **KING**, Oct. 20, 1844, by Rev. J. B. Guild, of Willimantic	2	34
Russell, m. Mary **GARDNER**, May 18, 1828, by Allen Hewitt, Elder	1	97
HIBBARD, HEBARD, HEBART, HIBBERT, [see also **HUBBARD**], Abigail, m. Peter **THATCHER**, [ ]	1	306
Albert, s. [Larned & Persis Elizabeth], b. Jan. 5, 1826	1	133
Ann, of Windham, m. Thomas **NEWCOMB**, of Lebanon, Mar. 26, 1751	1	224
Arthur, s. Learned & Persis E., b. June 15, 1842	1	133
Charles, s. [Larned & Persis Elizabeth], b. Jan. 9, 1831	1	133
Daniel, s. [Larned & Persis Elizabeth], b. Sept. 5, 1836	1	133
Edward Warren, s. [Larned & Persis Elizabeth], b. Oct. 14, 1844	1	133
Elizabeth, d. [Larned & Persis Elizabeth], b. July 7, 1838	1	133
Ellen, d. [Larned & Persis Elizabeth], b. Apr. 22, 1829; d. Oct. 18, 1831	1	133
Hannah, m. Samuel **CULVER**, May 13, 1714	1	51
Henry, [s. Larned & Persis Elizabeth], b. Oct. 19, 1833; d. July 24, 1835	1	133
Joseph, m. Temperance **GUILD**, Aug. 7, 1755	1	147
Julia, d. [Larned & Persis Elizabeth], b. Oct. 11, 1827	1	133
Julia, of Lebanon, m. William C. **GOLDTHWAITE**, of Westfield, Mass., Aug. 14, 1850, by John C. Nichols	2	67
Larned, m. Persis Elizabeth **STRONG**, b. of Lebanon, Apr. 11, 1825, by Rev. Daniel Waldo	1	133
Lydia, m. Abraham **BLISS**, Jan. 6, 1765, by Nath[anie]l Wales, Esq.	1	367
Martha, m. Ephraim **COLVER**, Nov. 6, 1707	1	51
Shubael, of Norwich, m. Martha L. **PETTIS**, of Lebanon, May 12, 1840, by John C. Nichols	1	98
Triphena, of Windham, m. Thomas **BUCKINGHAM**, Aug. 6, 1778, by Rev. Mr. White	1	366
HIDE, [see under **HYDE**]		
HIGLEY, Desiah, m. Nathan **FITCH**, Jan. 9, 1755, by W. M. Esq.	1	110
Susannah, m. Elisha **BLACKMAN**, Jan. 2, 1723/4	1	29
HILLS, HILL, Abigail, d. [Darius & Abigail], b. July 16, 1766	1	137

LEBANON VITAL RECORDS   99

	Vol.	Page
HILLS, HILL (cont.)		
Abigail, m. Alpheas **KINGSLEY**, b. of Lebanon, Apr. 21, 1791, by Rev. John Gurley	1	381
Abigail, w. Darius, d. Oct. 9, 1798, in the 57th y.	1	137
Abigail, m. Joseph **DEWEY**, [ ]	1	63
Abner, [s. Samuel & Hannah], b. Jan. 19, 1733	1	147
Abner, m. Mary **COMSTOCK**, Apr. 10, 1760, by Rev. Mr. Eliot	1	158
Abner, s. [Abner & Mary], b. Jan. 18, 1761	1	158
Abraham, of Stonington, m. Jerusha **SMITH**, of Lebanon, Sept. 1, 1748	1	149
Amasa, s. [Consider & Azuba], b. Sept. 4, 1770	1	163
Azuba, d. [Consider & Azuba], b. Sept. 3, 1768	1	163
Benjamin, s. [Henry & Lodisa], b. Feb. 23, 1803	1	90
Bethiah Langrell, d. [Consider & Azuba], b. Sept. 11, 1766	1	163
Charles W., of Colebrook, m. Ann E. **ROCKWELL**, of Lebanon, Sept. 30, 1851, by Rev. Dexter Bullard	2	71
Consider, [s. Samuel & Hannah], b. Sept. 7, 1741	1	147
Consider, s. [Eliab & Naomi], b. June 25, 1762	1	158
Consider, m. Azuba **ROWLEE**, Nov. 28, 1765, by Joshua West, Esq.	1	163
Cyrus, s. [Darius & Abigail], b. Oct. 14, 1770	1	137
Darius, [s. Samuel & Hannah], b. Aug. 28, 1739	1	147
Darius, of Lebanon, m. Abigail **STRONG**, of Colchester, Oct. 25, 1764, by Epaphras Lord, Esq.	1	137
Darius, m. Naomi **EAMES**, of Colchester, Mar. 3, 1799, by Rev. John Gurley	1	137
David, s. [Joseph & Naomi], b. July 26, 1790	1	378
Dorothy, [d. Phillip & Hannah], b. Nov. 20, 1730	1	143
Dorothy, m. Jonathan **WEBSTER**, May 25, 1748	1	341
Dorothy, d. James, b. Sept. 10, 1754	1	154
Eliab, [s. Samuel & Hannah], b. Mar. 9, 1728	1	147
Eliab, m. Naomi **WOODWORTH**, Nov. 9, 1757, by Rev. Mr. S. Williams	1	158
Eliab T., of Lebanon, m. Lydia **CHURCH**, of Colchester, Jan. [ ], 1801, by Rev. Solomon Cone, of Colchester	1	169
Eliab Turner, s. [Darius & Abigail], b. Sept. 16, 1775	1	137
Elijah, [s. Samuel & Hannah], b. July 6, 1736	1	147
Elijah, s. [Samuel, Jr.], b. Apr. 30, 1757	1	155
Ephraim, m. Hannah **BENTLEY**, Feb. 19, 1735/6	1	143
Ephraim, [s. Ephraim & Lydia], b. Feb. 21, 1741/2	1	143
Eunice, d. [Joseph & Naomi], b. Dec. 19, 1792	1	378
Faith, [d. Ephraim & Lydia], b. Jan. 12, 1753, N.S.	1	143
George H., m. Sophia A. **LARNED**, b. of Lebanon, Dec. 2, 1840, by Rev. Nathan Wildman	2	1
George Henry, s. [Henry & Lodisa], b. Aug. 16, 1816	1	90
Hannah, d. Ephraim & Hannah, b. Nov. 6, 1736	1	143
Hannah, w. Ephraim, d. Nov. 27, 1736	1	143
Hannah, 3d, m. Christopher **PEASE**, b. of Lebanon, June 9, 1748	1	248

BARBOUR COLLECTION

	Vol.	Page
HILLS, HILL (cont.)		
Hannah, w. Samuel, d. Mar. 17, 1777, in the 78th y. of her age	1	147
Hannah, [d. Samuel & Hannah], b. [ ]	1	147
Harriet E., of Lebanon, m. Daniel R. **CARPENTER**, of South Kingston, R.I., Mar. 13, 1831, by Rev. Daniel Waldo, of Exeter	1	399
Henry, m. Lodisa **SNOW**, Feb. 25, 1802	1	90
Huldah, d. [Consider & Azuba], b. June 20, 1772	1	163
Huldah, [w. Joseph], d. Sept 11, 1786	1	378
James, [s. Phillip & Hannah], b. Oct. 31, 1727	1	143
Joseph, m. Huldah **PIERCE**, Nov. 30, 1749	1	378
Joseph, s. [Abner & Mary], b. Mar. 30, 1764	1	158
Joseph, m. Naomi **BINGHAM**, Dec. 14, 1785, by Rev. Mr. Jos[eph] Cogswell	1	378
Joseph, s. [Joseph & Naomi], b. Feb. 28, 1788	1	378
Joseph, [s. Samuel & Hannah], b. [ ]	1	147
Lebbeus, s. Ephraim & Lydia, b. Oct. 3, 1739	1	143
Lena, m. Azel **ROCKWELL**, b. of Lebanon, Dec. 15, 1824, by Rev. Esek Brown	1	93
Lova, d. [Henry & Lodisa], b. Nov. 23, 1805	1	90
Lydia, m. Phinehas **FOSTER**, May 1, 1735	1	103
Lydia, d. Ephraim & Lydia, b. Oct. 13, 1750	1	143
Mariah, d. [Henry & Lodisa], b. June 11, 1809	1	90
Maria, of Lebanon, m. Joseph A. **GRISWOLD**, of Roxbury, Mass., Mar. 24, 1835, by Rev. John H. Baker	1	440
Mary Bates, d. [Abner & Mary], b. Oct. 5, 1762	1	158
Nicholas, m. Eleanor **SLOCUM**, Nov. 21, 1831, by Asa Wilcox, Elder	1	420
Nobles, s. Ephraim & Lydia, b. Oct. 24, 1747	1	143
Phebe, [d. Samuel & Hannah], b. Dec. 10, 1726	1	147
Phebe, [d. Samuel & Hannah], d. Dec. 28, 1726	1	147
Phebe, d. [Abner & Mary], b. July 30, 1766	1	158
Phillip, m. Hannah **CUTTEN**, Feb. 7, 1726/7	1	143
Ruby, of Lebanon, m. Lewis **FREEMAN**, of Hebron, Feb. 16, 1825, by Rev. Daniel Waldo, of Exter	1	95
Samuel, [s. Samuel & Hannah], b. July 28, 1729	1	147
Samuel, Jr., m. [ ], Oct. 28, 1756	1	155
Samuel, m. Hannah, [ ]	1	147
Seward, [s. Samuel & Hannah], b. June 4, 1731	1	147
Willard, s. [Henry & Lodisa], b. Oct. 11, 1813	1	90
HINCKLEY, HINCKELEY, Ann, [d. Gershom & Mary], b. Oct. 5, 1716	1	150
Ann, d. [Jared & Ann], b. June 28, 1765	1	156
Ann, w. Jared, d. Mar. 12, 1783	1	156
Ann, of Lebanon, m. Jeriah J. **HOUGH**, of Bozrah, Jan. 25, 1821, by W[illia]m B. Ripley	1	412
Apaum, [s. Dyer T. & Martha], b. May 4, 1792; d. Mar. 30, 1848	2	85
Apame, m. Prosper **WETMORE**, Dec. 15, 1817	1	406

LEBANON VITAL RECORDS 101

	Vol.	Page
HINCKLEY, HINCKELEY (cont.)		
Azel, m. Hannah JOHNSON, b. of Lebanon, Nov. 22, 1827, by Rev. Esek Brown	1	423
Benjamin Throop, [s. Dyer T. & Martha], b. May 1, 1796; d. Aug. 22, 1825	2	85
Bethiah, d. Gershom & Mary, b. Jan. 27, 1712/13	1	150
Bethiah, m. Nath[anie]l BOZWORTH, Nov. 22, 1733	1	27
Bethiah, d. [Ebenezer & Mary], b. Feb. 13, 1751	1	159
Charity, [d. Dyer T. & Martha], b. Mar. 8, 1790; d. Feb. 5, 1791	2	85
Charles, [s. Gershom & Mary], b. Oct. 11, 1734	1	150
Charles, m. Elizabeth THROOP, Oct. 24, 1764, by Benjamin Throop, Clerk	1	164
Chauncey, m. Nancy STARK, Feb. 21, 1821, by W[illia]m B. Ripley	1	413
Chloe, [d. Gershom & Mary], b. Nov. 9, 1735	1	150
Dan[iel], s. [Jared & Ann], b. Sept. 20, 1756	1	156
Dyer T., b. Apr. 13, 1766; d. Dec. 13, 1847	2	85
Ebenezer, [s. Gershom & Mary], b. Mar. 17, 1725	1	150
Ebenezer, m. Mary GILLETT, Apr. 5, 1750, by Rev. Mr. Little, Colchester	1	159
Ebenezer, m. Alice HIDE, May 28, 1767, by Joshua West, Esq.	1	159
Emily, [d. Dyer T. & Martha], b. Jan. 2, 1789; d. Sept. 3, 1825	2	85
Emily T., m. Augustus WETMORE, Feb. 26, 1816	1	406
Gershom, m. Mary BEWEL, Oct. 29, 1712	1	150
Gershom, [s. Gershom & Mary], b. Sept.1 ,1718	1	150
Gershom, d. Nov. 24, 1774	1	150
Hannah, [d. Gershom & Mary], b. Apr. 8, 1739	1	150
Harriet, [d. Dyer T. & Martha], b. Mar. 24, 1794; d. Mar. 3, 1824	2	85
Jacob Eliot, [s. Dyer T. & Martha], b. Aug. 31, 1804; d. Aug. 4, 1805	2	85
Jacob Eliot, 2d, [s. Dyer T. & Martha], b. Oct. 29, 1808; d. June 4, 1833	2	85
Jared, [s. Gershom & Mary], b. Oct. 8, 1731	1	150
Jared, m. Ann HIDE, Oct. 22, 1755, by Rev. Mr. W[illia]ms	1	156
Jared, s. [Jared & Ann], b. Nov. 8, 1758	1	156
Jared, m. Wid. Mary SHUNAN, of East Haddam, Nov. 26, 1783	1	156
Jerusha, [d. Gershom & Mary], b. Dec. 29, 1720	1	150
Jerusha, m. Nathan WEST, July 20, 1741	1	335
Joel, s. [Ebenezer & Mary], b. Apr. 1, 1756	1	159
John, [s. Gershom & Mary], b. Feb. 10, 1729/30	1	150
Lois, [d. Gershom & Mary], b. Sept. 24, 1727	1	150
Lois, d. [Ebenezer & Mary], b. May 27, 1761	1	159
Lucy, [d. Gershom & Mary], b. Mar. 19, 1738	1	150
Lydia, d. [Ebenezer & Mary], b. June 17, 1763	1	159
Lydia Esther, of Lebanon, m. James HUSS, of Clinton, N.Y., Oct. 14, 1830, by Erastus Ripley	1	228

	Vol.	Page
HINCKLEY, HINCKELEY (cont.)		
Martha Eliot, [w. Dyer T.], d. Apr. 1, 1814	2	85
Mary, d. Gershom & Mary, b. Dec. 7, 1714	1	150
Mary, d. [Ebenezer & Mary], b. Sept. 21, 1752	1	159
Mary, w. Eb[eneze]r, d. Apr. 10, 1765	1	159
Mary, [w. Gershom], d. Feb. 22, 1774	1	150
Mary, w. Jared, d. Mar. 11, 1790	1	156
Monissa, m. Pardon **SISSON**, Jr., b. of Lebanon, Jan. 1, 1822, by W[illia]m B. Ripley	1	418
Olive, d. [Ebenezer & Mary], b. Apr. 11, 1758	1	159
Orinel S., of Thetford, m. Abbey **GURLEY**, of Exter, Oct. 4, 1824, by Daniel Waldo	1	191
Philena, [d. Dyer T. & Martha], b. Feb. 8, 1787	2	85
Priscilla, d. [Jared & Ann], b. July 21, 1763	1	156
Rhoda, d.[Ebenezer & Mary], b. June 19, 1754	1	159
Sarah, [d. Dyer T. & Martha], b. Nov. 19, 1799; d. Jan. 9, 1800	2	85
Sarah, 2d, [d. Dyer T. & Martha], b. May 27, 1801	2	85
Sarah, m. Augustus **WETMORE**, b. of Lebanon, Nov. 27, 1825, by Rev. Edward Bull	1	406
Thankfull, [d. Gershom & Mary], b. Apr. 19, 1723	1	150
Thankfull, m. John **ROBINSON**, Jr., Jan. 17, 1743	1	268
Timothy, s. [Jared & Ann], b. Oct. 25, 1767	1	156
HITCHCOCK, Joseph F., of Warren, Mass., m. Mary **GREEN**, of Lebanon, June 18, 1850, by John C. Nichols	2	66
HODGE, HODGES, Abigail, m. Elkanah **TISDALE**, b. of Taunton, [Oct. 23, 1766]	1	277
Esther, d. Ephraim & Bethiah, b. Mar. 24, 1746	1	148
Susanna, of Taunton, m. John **SPRAGUE**, of Lebanon, Mar. 24, 1733	1	285
HOLBROOK, Abby Jane, m. Charles P. **OTIS**, Sept. 8, 1835, by Rev. Israel T. Otis	1	239
Abel, [s. Abel & Hannah], b. June 6, 1735	1	147
Abel, d. Oct. 25, 1765	1	147
Anson, of Columbia, m. Ann E. **ABELL**, of Exeter, Nov. 25, 1841, by Rev. Stephen Harp, of Exeter	2	11
Charles, of Columbia, m. Mary Ann **WILLIAMS**, of Lebanon, Nov. 22, 1835, by Rev. Lyman Strong	1	397
Charles A., m. Eunice M. **BAILEY**, b. of Lebanon, Mar. 4, 1849, by Rev. Dexter Bullard	2	61
Chester, s. [Timo[thy] & Lucy], b. Nov. 28, 1790	1	153
Daniel, [s. Nathaniel & Martha], b. Dec. 24, 1727	1	141
Daniel, [s. Abel & Hannah], b. July 2, 1746	1	147
Eliphalet, s. [Peletiah & Mary], b. Feb. 15, 1773	1	136
Elizabeth, w. Daniel, d. Apr. 21, 1720	1	149
Elizabeth, [d. Nathaniel & Martha], b. Oct. 23, 1729	1	141
Elizabeth, [d. Abel & Hannah], b. Apr. 16, 1737	1	147
Elizabeth, [d. Abel & Hannah], d. Oct. 24, 1740, in the 4th year of her age	1	147
Elizabeth, d. [Timothy & Hannah], b. Sept. 19, 1764	1	153

LEBANON VITAL RECORDS 103

	Vol.	Page
HOLBROOK (cont.)		
Elizabeth, m. Samuel **BLISS**, 3d, b. of Lebanon, May 20, 1787, by Rev. Zebulon Ely	1	377
Esther, [d. Abel & Hannah], b. Dec. 24, 1738	1	147
Eunice, d. Nicholas & Mary, b. Apr. 11 ,1737	1	148
Hannah, d. Abel & Hannah, b. Jan. 2, 1729/30; d. Oct. 20, 1740	1	147
Hannah, [d. Abel & Hannah], b. June 8, 1743; d. June 19, 1760	1	147
Hannah, d. [Timothy & Hannah], b. May 12, 1754	1	153
Hannah, w. [Timothy], d. June 2, 1784	1	153
John, [s. Abel & Hannah], b. Apr. 16, 1733; d. Oct. 12, 1740	1	147
John, s. Timo[thy] & Lucy, b. Mar. 8, 1788; d. Feb. 3, 1795	1	153
John C., of Lebanon, m. Ruth M. **BACKUS**, of Bolton, [ ], by Rev. Dexter Bullard	2	62
Lucy, d. [Timothy & Hannah], b. Dec. 12, 1771	1	153
Mary, [d. Abel & Hannah], b. Sept. 10, 1731	1	147
Mary, m. Israel **LOOMIS**, Sept. [ ], 1743	1	174
Mary, d. [Timothy & Hannah], b. Sept. 22, 1759	1	153
Mary, d. [Peletiah & Mary], b. Aug. 7, 1771	1	136
Mary A., of Lebanon, m. Nathan **BASS**, of Lisbon, Mar. 30, 1848, by John C. Nichols	2	55
Nathaniel, m. Martha **WRIGHT**, July 15, 1725	1	141
Nathaniel, d. Jan. 25, 1787; 83 y. old in July 1786	1	141
Nicholas, d. Mar. 17, 1743	1	148
Peletiah, s. [Nathaniel & Martha], b. Aug. 25, 1743	1	141
Peletiah, s. [Peletiah & Mary], b. Apr. 15, 1776	1	136
Peletiah, m. Mary **CLARK**, Oct. 27, 1768, by Rev. Richard Salter	1	136
Peletiah, s. [Peletiah & Mary], b. Aug. 1, 1769; d. Oct. [ ], 1775	1	136
Rebecca, m. Amaziah **RUST**, Nov. 2, 1792, by Timo[thy] Larrabee, J.P.	1	275
Samuel, s. [Timothy & Hannah], b. Dec. 16, 1776	1	153
Sarah, [d. Nathaniel & Martha], b. June 6, 1726	1	141
Sarah, d. [Timothy & Hannah], b. Nov. 9, 1761	1	153
Susannah, d. [Timothy & Hannah], b. Nov. 4, 1767; d. Nov. 30, [1767]	1	153
Susannah, d. [Timothy & Hannah], b. July 25, 1769	1	153
Timothy, m. Hannah **WHITE**, July 5, 1754	1	153
Timothy, s. [Timothy & Hannah], b. June 22, 1757; d. Jan. 8, 1771. Was killed	1	153
Timothy, s. [Timothy & Hannah], b. Jan. 17, 1774	1	153
Timo[thy], m. Wid. Lucy **FARGO**, Oct. 5, 1786	1	153
HOLDRIDGE, Bridget, m. Daniel **WEBSTER**, Oct. 30, 1765, by Rev. Jacob Eliot	1	356
HOLLEY, Nathan, m. Lois or Louis **MASON**, Jan. 14, 1821, by Dan[i]el Hutchinson, J.P.	1	411
HOLMES, Almira, of Lebanon, m. Avery **MAINE**, of Windham, Nov. 30, 1843, by Nathan Wildman	2	69

	Vol.	Page
HOLMES (cont.)		
Asher D., of Norwich, m. Almira A. **COREY**, of Lebanon, Nov. 26, 1848, by Nathan Wildman	2	59
Betty, d. Israel & Priscilla, b. July 31, 1746	1	148
Eliza, m. Solomon **PETERSON**, b. of Lebanon, (persons of color), May 31, 1826, by Rev. Edward Bull	1	218
Josephas B., of Norwich, m. Charlotte S. **EATON**, of Lebanon, Aug. 18, 1845, by John C. Nichols	2	41
HOLT, Caroline S., of Lebanon, m. Jacob **WOOSTER**, of Albany, Oct. 3, 1839, by Rev. Jonathan Trumbull Ely	1	455
HORTON, Eunice, m. Nathan[ie]l **PORTER**, Sept. 17, 1724	1	241
HOSKINS, [see also **HASKINS**], Mary, m. Moses **CASE**, Jan. 23, 1717/18	1	47
HOSMER, Janette A., of Windham, m. Frederick **YEOMANS**, of Columbia, May 9, 1847, by Nathan Wildman	2	50
Zephia E., of Lebanon, m. Ludiah **ROBINSON**, of Glastonbury, May 13, 1821, at the house of Mr. Hyde, by William Palmer	1	408
HOUGH, Jedediah T., of Bozrah, m. Lydia A. **FOWLER**, of Lebanon, Jan. 31, 1844, by John C. Nichols	2	30
Jeriah J., of Bozrah, m. Ann **HINCKLEY**, of Lebanon, Jan. 25, 1821, by W[illia]m B. Ripley	1	412
HOUSE, Benajah, [s. Nathaniel & Abigail]. b. May 16, 1736	1	143
Benajah, m. Lois **HUTCHINSON**, June 10, 1762, by Rev. Mr. Lockwood	1	157
Benajah, s. [Benejah & Lois], b. Dec. 19, 1764	1	157
Deborah, [d. John & Deborah], b. Apr. 6, 1742	1	144
Eleazer, s. [Eliphalet & Lucretia], b. Aug. 25, 1760	1	154
Elijah, s. John & Deborah, b. Sept. 27, 1745	1	144
Eliphalet, [s. Nathaniel & Abigail], b. Mar. 22, 1734	1	143
Eliphalet, m. Lucretia **HOWELL**, of Hebron, Jan. 15, 1756, by Mr. Lathrop	1	154
Eliphalet, s. [Eliphalet & Lucretia], b. Mar. 12, 1758; d. Apr. 5, [1758]	1	154
Eliphalet, s. [Eliphalet & Lucretia], b. Apr. 2, 1759	1	154
Erastus, s. [Benajah & Lois], b. Nov. 18, 1766	1	157
Gideon, s. Nathaniel & Hannah, b. Sept. [ ], 1720	1	146
Hannah, [d. Nathaniel & Hannah], b. Oct. 9, 1723	1	146
Hannah, m. Josiah **BROWN**, Dec. 22, 1768, by B. Bill, Esq.	1	16
John, m. Deborah **GUILE**, Sept. 6, 1739	1	144
John, s. John & Deborah, b. Apr. 29, 1744	1	144
Jonathan, [s. Nathaniel & Hannah], b. Mar. 3, 1721/2	1	146
Jonathan, m. Ruth **FITCH**, Oct. 23, 1751	1	151
Jonathan, s. [Jonathan & Ruth], b. July 22, 1752	1	151
Lois, d. [Benajah & Lois], b. Feb. 26, 1763	1	157
Lucy, m. Joseph **LOOMER**, Dec. 20, 1759, by Rev. Mr. S. Lockwood	1	186
Mary, d. [Eliphalet & Lucretia], b. Jan. 22, 1757	1	154
Mary, d. [Eliphalet & Lucretia], d. June 13, 1759	1	154

LEBANON VITAL RECORDS 105

	Vol.	Page
HOUSE (cont.)		
Mercy, d. John & Deborah, b. Oct. 9, 1747	1	144
Nathaniel, m. Abigail BILL, Mar. 1, 1733	1	143
Phebe, s. John & Deborah, b. June 26, 1749	1	144
Rebecca, [d. Nathaniel & Hannah], b. Aug. 5, 1727	1	146
Sarah, [d. John & Deborah], b. June 2, 1740	1	144
Simon, [s. Nathaniel & Hannah], b. Jan. 14, 1725	1	146
Simon, s. John & Deborah, b. Mar. 2, 1751	1	144
HOVEY, Azel, s. [Nathan & Jemima], b. Nov. 5, 1763	1	150
Jemima, m. David CLARK, June 15, 1769, by Rev. Dr. Williams	1	372
Nathan, m. Jemima PHELPS, Nov. 11, 1762, by Rev. Mr. Williams	1	150
Nathan, [s. Nathan & Jemima], b. July 8, 1765	1	150
HOWARD, Jemima, had s. Benjamin, reputed s. Benjamin OWEN, b. Feb. 8, 1731/2	1	232
Martha, m. Joseph HOWES, Jan. 1, 1777, by Rev. Mr. Stone	1	138
HOWELL, Joseph E., of Hadley, m .Lucy A. BABCOCK, of Franklin, Sept. 1, 1850, by Nathan Wildman	2	67
Lucretia, of Hebron, m. Eliphalet HOUSE, Jan. 15, 1756, by Rev. Mr. Lathrop	1	154
HOWERNAS, Louis, m. Elizabeth HYDE, Feb. 27, 1853, by John C. Nichols	2	78
HOWES, Elizabeth, d. [Zachariah & Bethiah], b. Sept. 27, 1770	1	151
Henry, s. [Joseph & Martha], b. Apr. 12, 1785	1	138
John, s. [Joseph & Martha], b. July 16, 1787	1	138
Joseph, s. Zachariah & Bethiah, b. Nov. 27, 1752	1	151
Joseph, m. Martha HOWARD, Jan. 1, 1777, by Rev. Mr. Stone	1	138
Joseph, s. [Joseph & Martha], b. Mar. 28, 1783	1	138
Martha, d. [Joseph & Martha], b. May 22, 1777	1	138
Sally, d. [Joseph & Martha], b. Mar. 1, 1779	1	138
Sophia, d. [Joseph & Martha], b. Jan. 28, 1781	1	138
Zachariah, s. [Zachariah & Bethiah], b. May 7, 1754	1	151
Zenas, s. [Zachariah & Bethiah], b. May 20, 1756, in Windham	1	151
HOXEY, HOXIE, HOXSIE, Abby J., of Lebanon, m. Joshua TRACY, Jr., of Franklin, Mar. 20, 1833, by Rev. Esek Brown	1	436
Dorcas, m. Benoni SWEET, Jr., b. of Lebanon, Nov. 22, 1820, by Esek Brown	1	410
Elizabeth, of Lebanon, m. Benjamin BENNETT, of Willimantic, May 5, 1850, by Nathan Wildman	2	65
James, of Griswold, m. Eunice PITCHER, of Lebanon, May 17, 1737, by Rev. Oliver Brown	1	415
Janes, of Griswold, m. Charlotte B. PITCHER, of Lebanon, Nov. 25, 1841, by John C. Nichols	2	15
Mary, m. Henry H. KENT, b. of Franklin, Mar. 23, 1851, by Rev. Nathan Wildman	2	69

106 BARBOUR COLLECTION

	Vol.	Page
HOXEY, HOXIE, HOXSIE (cont.)		
Mary Ann, m. Daniel **BLANCHARD**, b. of Lebanon, [ ], by Rev. Esek Brown	1	264
Sarah, of Lebanon, m. William **BLIVEN**, of Bozrah, July 4, 1843, by Rev. Israel T. Otis	2	24
HUBBARD [see also **HIBBARD**], Edward H., m .Mary B. **BROWN**, b. of Lebanon, Sept. 11, 1842, by Rev. Nathan Wildman	2	17
Martha, of Glassenbery, m. Benjamin **SMALLEY**, Jr. of Lebanon, Apr. 22, 1752	1	292
HULL, Abby F., m. Samuel W. **KINGSLEY**, Oct. 2, 1823, by Erastus Ripley	1	235
Latham, Jr., of North Stonington, m. Hannah T. **ARNOLD**, Mar. 30, 1836, by Rev. Israel T. Otis	1	442
Susan, m. George **BABCOCK**, Dec. 25, 1838, by Rev. Nathan Wildman	1	447
HUNT, Abigail, m. Isaac **BAYLEY**, Apr. 16, 1730	1	25
Abigail, d. [Elijah & Abigail], b. May 23, 1777	1	135
Abigail, d. [Joseph & Molly], b. Apr. 17, 1783	1	138
Almira, d. [Elijah & Abigail], b. Nov. 2, 1794	1	135
Amasa A., of Columbia, m. Eunice H. **ABELL**, of Lebanon, Sept. 22, 1852, by Rev. John Avery, of Exeter	2	76
Asa[h]el, s. [Elijah & Abigail], b. July 25, 1787	1	135
Asenath, d. [Joseph & Molly], b. July 30, 1790	1	138
Azuba, d. [Elijah & Abigail], b. May 30, 1785	1	135
Beulah, [d. Ebenezer & Hannah], b. Mar. 6, 1723	1	147
Beulah, of Lebanon, m. Jacob **PARSONS**, of Northampton, Feb. 20, 1745/6	1	243
Clarence, [s. Thomas & Mary], b. Feb. 5, 1690	1	145
Clemence, m. Sam[u]el **WADSWORTH**, Apr. 12, 1711	1	326
Clista Reynolds, d. [Elijah & Abigail], b. July 12, 1781	1	135
Daniel, s. [Joseph & Molly], b. Sept. 24, 1778	1	138
Dorothy, d. G[ideon] & Rebecca, b. Feb. 28, 1738	1	142
Dorothy, m. Jonathan **CLARK**, Jr., Mar. 26, 1756	1	368
Ebenezer, d. Feb. 23, 1742/3	1	147
Eben[eze]r, s. [William, Jr.], b. Jan. 12, 1769	1	139
Ebenezer, m. Hannah **CLARK**, May [ ], 1798 (?) [1698]	1	147
Eldad, [s. William & Sarah], b. Oct. 21, 1742	1	144
Elijah, [s. Stephen & Esther], b. June 22, 1734	1	143
Elijah, m Abigail **REYNOLDS**, Nov. 18, 1773, by Rev. Mr. Brockway	1	135
Eliphas, [s. Simeon & Hannah], b. Jan. 25, 1738/9	1	148
Elizabeth, [d. Thomas & Mary], b. Oct. 20, 1692	1	145
Elizabeth, d. Thomas, d. Apr. 14, 1698	1	149
Elizabeth, [d. Thomas & Mary], b. Mar. 18, 1700	1	145
Elizabeth, m. Lemuel **WOODWORTH**, Oct. 10, 1757, by Rev. Mr. Throope	1	343
Esther, [d. Stephen & Esther], b. Jan. 29, 1732/3	1	143
Esther, m. Israel **LOOMISE**, Dec. 15, 1737	1	174
Esther, [d. Simeon & Hannah], b. Feb. 27, 1746/7	1	148
Eunice, [d. Stephen & Esther], b. Feb. 11, 1742/3	1	143

LEBANON VITAL RECORDS 107

	Vol.	Page
HUNT (cont.)		
Gad, s. Simeon & Hannah, b. Jan. 2, 1748/9	1	148
Gamaleel, [s. Thomas & Ruth], b. Mar. 26, 1733	1	142
Gideon, m. Rebecca ORDWAY, June 7, 1732	1	142
Gideon, m. Abigail COLVER, Oct. 16, 1744	1	142
Gideon, [s. Thomas & Mary], b. [ ]	1	145
Hannah, d. Ebenezer & Hannah, b. Oct. 12, 1699	1	147
Hannah, d. Thomas & Mary, b. Oct. 3, 1702	1	145
Hannah, m. William SUMNER, Oct. 11, 1721	1	279
Hannah, m. Saxton BAYLEY, June 24, 1731	1	25
Hannah, d. Simeon & Hannah, b. Mar. 15, 1737	1	148
Hannah, m. Thomas LOOMISE, Dec. 20, 1743	1	170
Harriet, m. James BREANLEY*, b. of Lebanon, Nov. 24, 1848, by Rev. Dexter Bullard (*Perhaps "BRUMLEY")	2	59
Huldah, [d. Jonathan & Ruth], b. Jan. 26, 1732/3	1	142
Jasper, [s. Jonathan & Ruth], b. June 2, 1745	1	142
Jasper, of Lebanon, m. Sarah FRINK, of Norwich, Nov. 8, 1770, by W[illia]m Whiting, J.P.	1	138
Jerusha, d. [Eldad], b. Nov. 2, 1767	1	139
John, [s. Stephen & Esther], b. Mar. 3, 1738; d. Jan. 3, 1742/3	1	143
Jonathan, m. Ruth CUSHMAN, May 24, 1732	1	142
Jonathan, s. Jonathan & Ruth, b. Feb. 9, 1749/50	1	142
Jonathan, [s. Thomas & Mary], b. [ ]	1	145
Joseph, [s. William & Sarah], b. Oct. 31, 1740	1	144
Joseph, m. Molly FULLER, [ ], 1769	1	138
Joseph, s. [Joseph & Molly], b. Jan. 26, 1772	1	138
Lebbeus, s. [Joseph & Molly], b. May 6, 1770	1	138
Lemuel, [s. Stephen & Esther], b. Mar. 2, 1735/6	1	143
Limah, d. [Joseph & Molly], b. Feb. 10, 1781	1	138
Lore, [d. Jonathan & Ruth], b. Nov. 26, 1738	1	142
Luther, [s. Jonathan & Ruth], b. Jan. 20, 1742/3	1	142
Mary, [d. Thomas & Mary], b. Nov. 17, 1694	1	145
Mary, w. Thomas, d. Feb. 23, 1708/9	1	149
Medad, [d. Simeon & Hannah], b. Jan. 2, 1742/3	1	148
Meriam, d. [Joseph & Molly], b. July 28, 1776	1	138
Molly, d. [Joseph & Molly], b. May 30, 1774	1	138
Nathan S., of Pomfret, m. Rhoda L. MASON, of Lebanon, Oct. 25, 1842, by John C. Nichols	2	22
Oliver, [s. William & Sarah], b. Dec. 21, 1737; d. May 6, 1738	1	144
Philena, d. [Elijah & Abigail], b. June 20, 1783	1	135
Philena, d. [Elijah & Abigail], d. May 18, 1796	1	135
Rachel, [d. Stephen & Esther], b. July 2, 1740	1	143
Rebecca, w. Gideon, d. Jan. 20, 1743/4	1	142
Rebecca, d. Gideon & Abigail, b. Dec. 31, 1745	1	142
Rebecca, m. Dan CLARK, Nov. 24, 1761	1	369
Sally, d. [Joseph & Molly], b. Mar. 7, 1788	1	138
Salmon, s. [Jasper & Sarah], b. June 30, 1772	1	138
Samuel, s. G[ideon] & Rebecca, b. Jan. 30, 1734/5	1	142
Sarah, [d. William & Sarah], b. Mar. 3, 1743/4	1	144

HUNT (cont.)

	Vol.	Page
Sarah, w. William, d. Feb. 7, 1745/6	1	144
Sarah, d. Jonathan & Ruth, b. July 11, 1747	1	142
Sarah, m. Samuel **WEST**, Sept. 12, 1765, by Ja[me]s Clark, J.P.	1	356
Sarah, d. [Elijah & Abigail], b. Apr. 29, 1790	1	135
Simeon, [s. Simeon & Hannah], b. July 25, 1740	1	148
Simeon, [s. Simeon & Hannah], b. Jan. 15, 1744/5	1	148
Simeon, m. Hannah **LYMAN**, [ ]	1	148
Stephen, m. Esther **JANES**, June 18, 1730	1	143
Stephen, s. [Stephen & Esther], b. July 6, 1731	1	143
Stephen, Jr., m. Phebe **GUILD**, Apr. 3, 1755	1	153
Stephen, s. [Elijah & Abigail], b. Oct. 14, 1774	1	135
Submit, [d. William & Sarah], b. Feb. 1, 1745/6	1	144
Sybel, [d. Ebenezer & Hannah], b. Nov. 7, 1720	1	147
Sibbel, m. Moses **SPEAR**, Dec. 12, 1744	1	285
Sibel, d. [Stephen, Jr. & Phebe], b. May 13, 1757	1	153
Thaddeus, s. [Joseph & Molly], b. Nov. 10, 1785	1	138
Theodora, d. [Jonathan & Ruth], b. Jan. 17, 1755	1	142
Theodoty, d. G[ideon] & Rebecca, b. Mar. 21, 1741; d. Dec. 3, 1747	1	142
Thomas, [s. Thomas & Mary], b. Apr. 8, 1697	1	145
Thomas, m. Ruth **THACHER**, Dec. 17, 1730	1	142
Thomas, d. Apr. 24, 1735	1	142
Vesta, [d. Jonathan & Ruth], b. July 15, 1735	1	142
William, m. Sarah **LYMAN**, Dec. 19, 1734	1	144
William, [s. William & Sarah], b. Oct. 21, 1735	1	144
William, s. William, Jr., b. Dec. 20, 1766	1	139
William, s. [Jasper & Sarah], b. July 12, 1774	1	138
HUNTINGTON, Abigail, m. James **CALKIN**, Apr. 15, 1734	1	48
Abner, [s. Caleb & Lydia], b. Mar. 6, 1726	1	141
Abner, of Lebanon, m. Mary **WHITMAN**, of Norwich, Nov. 14, 1749	1	150
Andrew, [s. Simeon & Sarah], b. May 29, 1747	1	143
Ann, [d. John & Mehitable], b. June 30, 1729	1	146
Anne, d. [Oliver & Anne], b. July 21, 1762	1	208
Bathsheba, d. [Caleb & Zerviah], b. Dec. 12, 1750	1	153
Betty, d. [Ezekiel], b. Sept. 3, 1760, at Cornwallis	1	164
Caleb, m. Lydia **GRISWOLD**, Jan. 28, 1719/20	1	141
Caleb, [s. Caleb & Lydia], b. Dec. 9, 1721	1	141
Caleb, m. Zerviah **CASE**, Feb. 6, 1747	1	153
Clarissa, d. [Simeon & Achsah], b. Feb. 26, 1831	1	194
Cordelia Elizabeth, [d. Eliphalet & Nancy], b. Aug. 24, 1813	1	443
Cordelia Louise, [d. Eliphalet & Nancy], b. Aug. 26, 1809; d. Oct. 20. 1812	1	443
Daniel, [s. Caleb & Lydia], b. Feb. 3, 1737	1	141
Daniel, [s. John & Mehitable], b. Mar. 16, 1743	1	146
Dan[ie]l, s. [William & Bethiah], b. Aug. 9, 1758; d. Sept. 6, 1758	1	155
Daniel, s. [Eze[kiel], b. Sept. 6, 1766	1	164
Dan[ie]l, s. [William & Bethiah], b. Oct. 11, 1774	1	155

LEBANON VITAL RECORDS 109

	Vol.	Page
HUNTINGTON (cont.)		
David, [s. John & Mehitable], b. Nov. 24, 1745	1	146
David, s. Abner & Mary, b. Nov. 17, 1750	1	150
Ebenezer, [s. Simeon & Sarah], b. Sept. 27, 1740	1	143
Eleazer, [s. Samuel & Hannah], b. May 9, 1744	1	140
Eleazer, m. Betsey **THROOPE**, May 11, 1835, by Rev. Edward Bull	1	438
Elijah, twin with Elisha, [s. Caleb & Lydia], b. Apr. 25, 1724	1	141
Eliphalet, [s. Samuel & Hannah], b. Apr. 14, 1737	1	140
Eliph[ale]t, [s. Oliver & Anne], b. Sept. 19, 1777	1	208
Eliphalet, m. Nancy **CLARK**, Dec. 24, 1805	1	443
Elisha, twin with Elijah, [s. Caleb & Lydia], b. Apr. 25, 1724	1	141
Elisha, m. Elizabeth Dennisson, Mar. 8, 1749/50	1	149
Eliza, m. J. F. Mason **PEABODY**, Apr. 13, 1835, by Rev. Edward Bull	1	438
Elizabeth, m. Moses **CLARK**, Feb. 23, 1709/10	1	44
Elizabeth, [d. John & Mehitable], b. Mar. 25, 1731	1	146
Elizabeth, [d. John & Mehitable], d. Dec. 1, 1736	1	146
Elizabeth, d. [Elisha & Elizabeth], b. Jan. 28, 1750/51	1	149
Elizabeth, m. Simon **CLARK**, May 30, 1770	1	368
Elizabeth, d. Simeon, b. Apr. 30, 1819	1	194
Emily, of Lebanon, m. Horace **STRONG**, of Bolton, Dec. 22, 1835, by Rev. Edward Bull	1	432
Esther, d. [Eze[kiel], b. July 5, 1763	1	164
Eunice, [d. John & Mehitable], b. Apr. 25, 1733	1	146
Eunice, [d. Simon & Sarah], b. Mar. 28, 1745	1	143
Eunice, [d. William & Bethiah], b. Jan. 14, 1769	1	155
Ezekiel, [s. Caleb & Lydia], b. Aug. 20, 1732	1	141
Ezekiel, d. [Eze[kiel], b. Nov. 18, 1764	1	164
Ezra, s. [Caleb & Zerviah], b. Mar. 24, 1749	1	153
Hannah, [d. Simon & Sarah], b. Aug. 25, 1749	1	143
Hannah, d. [Oliver & Anne], b. Aug. 12, 1764	1	208
Hannah, m. Nathan **FITCH**, [ ]	1	105
Harriet, [d. Eliphalet & Nancy], b. Sept. 7, 1819; d. Aug. 15, 1824	1	443
Henry Hart, [s. Eliphalet & Nancy], b. Apr. 26, 1815	1	443
Ira Clark, s. [Simeon & Achsah], b. July 28, 1828	1	194
Israel, [s. John & Mehitable], b. Apr. 6, 1741	1	146
Jabez, s. Simon & Sarah, b. Feb. 16, 1752; d. Aug. 18, 1753	1	143
James, [s. Caleb & Lydia], b. Apr. 25, 1728	1	141
Jerusha, of Windham, m. John **CLARK**, of Lebanon, [ ]	1	58
John, [s. Samuel & Mary], b. May 17, 1706	1	145
John, [s. John & Mehitable], b. May 4, 1735; d. Dec. 14, 1736	1	146
John, [s. John & Mehitable], b. Mar. 12, 1737/Dec. 17, 1736 (So written in the copy)	1	146
John, m. Mehitable **METCALF**, [ ]	1	146
Jonathan, [s. Samuel & Hannah], b. Mar. 19, 1741	1	140

HUNTINGTON (cont.)

	Vol.	Page
Joseph, [s. John & Mehitable], b. May 6, 1739	1	146
Joseph, s. [Ezekiel], b. May 25, 1758	1	164
Josiah, [s. Samuel & Hannah], b. Nov. 5, 1746	1	140
Juliet, [d. Eliphalet & Nancy], b. May 26, 1811	1	443
Juliette, of Lebanon, m. William **WATTLES**, of Bridge Hampton, L.I., Oct. 18, 1833, by Rev. Edward Bull	1	437
Louisa, d. [Oliver & Anne], b. Nov. 12, 1763	1	208
Lucy, [d. Oliver & Anne], b. [ ]	1	208
Lucy Ann, [d. Eliphalet & Nancy], b. Aug. 21, 1817	1	443
Lydia, [d. Caleb & Lydia], b. June 3, 1722	1	141
Lydia, d. [Caleb & Zerviah], b. Sept. 9, 1753	1	153
Lynde, [s. Oliver & Anne], b. [ ]	1	208
Lynde Lord, s. [Eliphalet & Nancy], b. Aug. 15, 1807	1	443
Marcia, m. Hezekiah W. **RIPLEY**, June 4, 1826, by Rev. Israel G. Rose, of Canterbury	1	14
Marietta, m. Henry B. **WILLIAMS**, b. of Lebanon, Jan. 19, 1826, by Rev. Edward Buell	1	117
Mary, [d. Samuel & Mary], d. July 30, 1712	1	145
Mary, [d. Samuel & Hannah], b. June 1, 1725	1	140
Mary, [w. Samuel], d. Oct. 5, 1743	1	145
Mary, d. [William & Bethiah], b. Aug. 18, 1761	1	155
Mary G., m. Denison **WATTLES**, Jr., b. of Lebanon, Oct. 27, 1817, at Pomfret, Abington Society, by Rev. Walter Lyon	1	412
Mary G., d. [Eleazer & Betsey], b. Aug. 13, 1836	1	438
Mary L., of Lebanon, m. Richard A. **SHELDON**, of Columbus, O., Feb. 18, 1852, by J. C. Nichols	2	73
Mary Louisa, [d. Eliphalet & Nancy], b. Aug. 6, 1823	1	443
Nancy, w. Eliphalet, d. June 4, 1827	1	443
Oliver, [s. Samuel & Hannah], b. Apr. 15, 1729	1	140
Oliver, m. Anne Lynde, June 24, 1761, by Rev. M. Hart	1	208
Oliver, [s. Oliver & Anne], b. [ ]	1	208
Rebeckah, m. Joseph **CLARK**, June 20, 1717	1	42
Rhoda, d. [William & Bethiah], b. Dec 14, 1759; d. Dec. 11, 1764	1	155
Sabeth, [child of Oliver & Anne], b. [ ]	1	208
Samuel, Lieut., d. May 10, 1717	1	145
Samuel, m. Hannah **METCALF**, Dec. 4, 1722	1	140
Samuel, [s. Samuel & Hannah], b. Oct. 16, 1723	1	140
Samuel, [s. Oliver & Anne], b. [ ]	1	208
Sarah, d. Samuel & Mary, b. Oct. 22, 1701	1	145
Sarah, m. John **CALKINS**, 3d, Apr. 9, 1721	1	45
Sarah, of Norwich, m. Simon **HUNTINGTON**, of Lebanon, May 15, 1735	1	143
Sarah, [d. Simon & Sarah], b. Mar. 5, 1738	1	143
Sarah, d. Simeon, b. Aug. 28, 1821	1	194
Sarah, of Lebanon, m. Isaac **JOHNSON**, of Norwich, Sept. 26, 1842, by John C. Nichols	2	15
Simeon, m Achsah **CLARK**, [May] 12, 1824, by Daniel Waldo	1	194
Simon, [s. Samuel & Mary], b. Aug. 15, 1708	1	145

LEBANON VITAL RECORDS   111

	Vol.	Page
HUNTINGTON (cont.)		
Simon, of Lebanon, m .Sarah **HUNTINGTON**, of Norwich, May 15, 1735	1	143
Simon, [s. Simon & Sarah], b. Feb. 8, 1742/3	1	143
Simon, s. Simon & Sarah, d. Aug. 20, 1753	1	143
Simon, d. Aug. 22, 1753, ae 45 y. wanting 4 d.	1	143
Susanna, [d. Caleb & Lydia], b. June 23, 1730	1	141
Sybel, [d. Samuel & Hannah], b. Feb. 5, 1734/5	1	140
We[a]lthy, d. [William & Bethiah], b. Apr. 18, 1763	1	155
William, [s. Samuel & Hannah], b. Aug. 12, 1731; d. Sept. 11, 1731	1	140
William, s. Samuel & Hannah, b. Aug. 2, 1732	1	140
William, m. Bethiah **THROOP**, Oct. 27, 1757	1	155
William, s. [William & Bethiah], b. Mar. 6, 1765	1	155
William, d. Dec. 18, 1834	1	379
William L., s. [Simeon & Achsah], b. Aug. 23, 1833	1	194
Zebulon, s. [Caleb & Zerviah], b. Dec. 9, 1747; d. Apr. [ ], 1748	1	153
Zerviah, d. Samuel & Hannah, b. July 23, 1727	1	140
HUNTLEY, Andrew, m. Zelinda **BOSWORTH**, [ ], 1794	1	154
Anna, d. [Andrew & Zelinda], b. Feb. 5, 1799; d. Aug. 14, 1800	1	154
Clarissa, d. [Andrew & Zelinda], b. Dec. 9, 1796	1	154
Lois, d. [Andrew & Zelinda], b. Sept. 11, 1794	1	154
HURLBURT, Caroline C., of Lebanon, m. Elisha **CLARK**, of Bozrah, Apr. 9, 1829, by Rev. David B. Ripley, Bozrahville	1	75
HUSS, James, of Clinton, N.Y., m. Lydia Esther **HINCKLEY**, of Lebanon, Oct. 14, 1830, by Erastus Ripley	1	228
HUTCHINS, Marvin W., of Colchester, m. Harriet **PEABODY**, of Lebanon, Mar. 7, 1838, by Rev. Israel T. Otis	1	455
HUTCHINSON, HUCHINSON, HUTCHISSON, Aaron, [s. John & Hannah], b. Apr. 4, 1702	1	145
Aaron, [s. John & Hannah], d. Dec. 25, 1719	1	145
Aaron, [s. Joseph & Mary], b. Mar. 1, 1722	1	145
Amaziah, [s. Eleazer, Jr. & Ruth], b. Dec. 14, 1762	1	152
Andrew J., s. [Erastus & Nancy], b. Dec. 10, 1826	1	260
Ann, [d. Joseph & Mary], b. Mar. 29, 1724	1	145
Ann, [d. John & Temperance], b. Nov. 5, 1738	1	140
Anne, [d. Eleazer & Jemima], b. Jan. 17, 1727/8	1	141
Anne, d. [Eleazer, Jr. & Ruth], b. Sept. 5, 1760	1	152
Austin, s. [Erastus & Nancy], b. Apr. 20, 1818	1	260
Austin S., m Lydia B. **FISH**, Oct. 15, 1840, by Rev. Nathan Wildman	1	388
Azuba, d. [James & Azuba], b. July 8, 1762	1	152
Bezaleel, s. [Eleazer, Jr. & Ruth], b. May 24, 1767	1	152
Cylinda, d. [Samuel & Eunice], b. Sept. 22, 1776	1	159
Daniel, [s. Samuel & Thankful], b. July 4, 1724	1	140
Daniel, s. [Elisha & Eunice], b. Nov. 22, 1767	1	136
Daniel, s. [James & Azuba], b. Jan. 11, 1769	1	152

	Vol.	Page
HUTCHINSON, HUCHINSON, HUTCHISSON (cont.)		
Daniel, m. Susannah **THROOP**, Oct. 20, 1787, by Rev. Zebulon Ely	1	260
Daniel, s. [Daniel & Susannah], b. July 20, 1806	1	260
Daniel, Dr., of Lebanon, d. Oct. 11, 1827. Erastus Hutchinson, Adm.	1	260
Daniel, s. [Erastus & Nancy], b. Aug. 24, 1828	1	260
Eleazer, [s. Samuel & Sarah], b. Mar. 21, 1703/4	1	145
Eleazer, m. Jemima **WRIGHT**, July 15, 1725	1	141
Eleazer, [s. Eleazer & Jemima], b. Feb. 19, 1734/5	1	141
Eleazer, Jr., m. Ruth **LONG**, of Cov[entry], Feb. 12, 1756, by Mr. Sam[ue]l Lockwood	1	152
Eleazer, s. [Eleazer, Jr. & Ruth], b. Dec. 20, 1756	1	152
Eleazer, 3d or 4th, m. Huldah **JONES**, Feb. 23, 1780, by Rev. Mr. Lockwood	1	137
Eleazer, s. [Eleazer 3d or 4th & Huldah], b. Nov. 16, 1780	1	137
Elisha, m. Eunice **HIDE**, Oct. 1, 1766	1	136
Elisha, s. [Elisha & Eunice], b. Dec. 25, 1774	1	136
Elihu, s. [Paul & Susanna], b. Jan. 26, 1777	1	157
Elisha, s. [Daniel & Susannah], b. Feb. 13, 1800	1	260
Elisha, m. Marietta **BAILEY**, b. of Lebanon, Sept. 23, 1826, by Rev. Esek Brown	1	135
Elizabeth, m. Caleb **CHAPPELL**, Dec. 6, 1721	1	46
Enoch, s. [Samuel & Eunice], b. Dec. 8, 1766	1	159
Ephraim, s. [James & Azuba], b. Oct. 31, 1754	1	152
Erastus, s. [Daniel & Susannah], b. Dec. 5, 1790	1	260
Erastus, m. Nancy **LOOMIS**, b. of Lebanon, Dec. 21, 1815, by Rev. Daniel Putnam, at the house of Col. Isaiah Loomis	1	260
Esther, [d. Stephen & Esther], b. Mar. 27, 1744	1	142
Eunice, d. [Samuel & Eunice], b. July 25, 1763	1	159
Eunice, d. [Elisha & Eunice], b. Oct. 24, 1771	1	136
Eunice, m. John **HAYWARD**, Feb. 30, 1790	1	213
Eunice, d. [Daniel & Susannah], b. June 10, 1795	1	260
Eunice, of Lebanon, m. Dr. Anson **FOOT**, of Guilford, Dec. 4, 1828, by Rev. Esek Brown	1	260
Experience, d. Samuel & Sarah, b. Mar. 28, 1698	1	145
Experience, m. John **STEDMAN**, Nov. 26, 1719	1	279
Ezra, [s. Samuel & Thankful], b. Nov. 2, 1826 [1726?]	1	140
Hannah, [d. Samuel & Sarah], b. Sept. 14, 1709	1	145
Hannah, m. Benjamin **BUELL**, June 28, 1710	1	21
Hannah, d. Jonathan & Mindwell, b. May 23, 1715; d. May 26, 1725	1	146
Hannah, m. Josiah **WEBSTER**, July 21, 1726	1	328
Hannah, [d. Eleazer & Jemima], b. Feb. 8, 1736/7	1	141
Henry, s. [Erastus & Nancy], b. Apr. 11, 1820	1	260
Hezekiah, s. [Timothy & Mercy], b. Oct. 6, 1752	1	148
Hiram T., s. [Erastus & Nancy], b. Oct. 18, 1821	1	260
Huldah, [d. Stephen & Esther], b. June 14, 1741	1	142
James, [s. Stephen & Esther], b. Nov. 26, 1731	1	142
James, of Leb[anon], m. Azuba **LONG**, of Cov[entry], Dec. 25, 1753, by Esq. Long	1	152

LEBANON VITAL RECORDS 113

	Vol.	Page
HUTCHINSON, HUCHINSON, HUTCHISSON (cont.)		
James s. [James & Azuba], b. May 30, 1758	1	152
James M., s. [Erastus & Nancy], b. Mar. 4, 1823	1	260
Jemima, [d. Eleazer & Jemima], b. Mar. 15, 1731	1	141
Jemima, d. [Paul & Susanna], b. Sept 11, 1762	1	157
Jemima, d. [Samuel & Eunice], b. Sept. 3, 1774	1	159
Jeremiah, [s. Samuel & Sarah], b. July 21, 1712	1	145
Joel, s. [Paul & Susanna], b. Nov. 8, 1766	1	157
John, m. Hepzibah WASHBURN, Oct. 29, 1708	1	140
John, [s. John & Hepzibah], b. Feb. 17, 1711/12	1	140
John, d. Dec. 21, 1719	1	145
John, Sr., d. Feb. 9, 1727, in the 43rd y. of his age	1	140
John, m. Temperance COGSWELL, Nov. 10, 1737	1	140
John, [s. Stephen & Esther], b. Dec. 5, 1737	1	142
John, [s. John & Temperance], b. May 27, 1742	1	140
John, [s. Paul & Susanna], b. July 21, 1764	1	157
John, s. [Daniel & Susannah], b. Oct. 28, 1792	1	260
Jonathan, d. Sept. 10, 1717	1	146
Jonathan, [s. Joseph & Mary], b. Oct. 19, 1719	1	145
Jonathan, s. [James & Azuba], b. June 20, 1760	1	152
Joseph, [s. Joseph & Mary], b. Apr. 18, 1726	1	145
Joseph, m. Mary WARNER, of Windham, Aug. 13, 1783, by Rev. Mr. White; d. Nov. 21, 1804, ae 85 in Feb. next	1	137
Joseph, s. [Daniel & Susannah], b. Aug. 1,1788	1	260
Julia, d. [Erastus & Nancy], b. Nov. 4, 1824	1	260
Julia, of Lebanon, m. Edwin M. KNIGHT, of West Hartford, Jan. 10, 1847, by John C. Nichols	2	49
Lois, [d. Eleazer & Jemima], b. July 30, 1744	1	141
Lois, m. Benajah HOUSE, June 10, 1762, by Rev. Mr. Lockwood	1	157
Lois, d. [Samuel & Eunice], b. June 24, 1772	1	159
Lydia, d. [James & Azuba], b. July 8, 1764	1	152
Margaret, d. [John & Hepzibah], b. Apr. 18, 1710	1	140
Margaret, m. Joshua ALLEN, Sept. 11, 1740	1	3
Marietta Foot, d. [Elisha & Marietta], b. Dec. 21, 1828	1	135
Martha, [d. Samuel & Sarah], b. May 17, 1701	1	145
Martha, [d. Eleazer & Jemima], b. Feb. 9, 1738/9	1	141
Mary, [d. John & Hannah], b. July 13, 1705	1	145
Mary, d. Joseph & Mary, b. Oct. 8, 1717	1	145
Mary, d. [Samuel & Eunice], b. Dec. 20, 1768	1	159
Mary, [w. Joseph], d. July 27, 1821, ae 87 last Apr.	1	137
Mindwell, [d. Jonathan & Mindwell], b. Sept. 13, 1717; d. Oct. 15, 1717	1	146
Moses, s. John & Hannah, b. Feb. 21, 1699/1700	1	145
Paul, [s. Stephen & Esther], b. Apr. 18, 1736	1	142
Paul, m. Susanna SPRAGUE, June 25, 1761	1	157
Phebe, d. [Paul & Susanna], b. Apr. 2, 1773	1	157
Rachel, m. Dan[ie]l TERRY, Oct. 2, 1766	1	317
Rachel, d. [Elisha & Eunice], b. Aug. 21,1769	1	136
Rachel, d. [Elisha & Eunice], d. [ ], in the 4th y. of her age	1	136

	Vol.	Page
HUTCHINSON, HUCHINSON, HUTCHISSON (cont.)		
Rebecca, [d. Eleazer & Jemima], b. Mar. 15, 1733	1	141
Ruth, [d. Eleazer, Jr. & Ruth], b. Feb. 10, 1765	1	152
Ruth, d. [Elisha & Eunice], b. Oct. 18, 1779; d. May 4, 1810	1	136
Ruth, w. J[ame]s, late of Windham, d. Apr. 24, 1782, in the 70th y. of her age	1	137
Ruth, m. Timothy **BAILEY**, Oct. 13, 1796, by Rev. Zebulon Ely	1	383
Samuel, m. Thankful **STEADMAN**, Mar. 28, 1715	1	140
Samuel, [s. Samuel & Thankful], b. Dec. 26, 1719	1	140
Sam[ue]l, [s. Eleazer & Jemima], b. Feb. 10, 1741/2	1	141
Samuel, d. Apr. 17, 1757, in the 91st. y. of his age almost completed	1	65
Samuel, m. Eunice **BADGER**, June 10, 1762	1	159
Samuel, s. [Samuel & Eunice], b. Jan. 11, 1765	1	159
Sarah, m. Josiah **DEWEY**, Dec. 4, 1718	1	62
Sarah, [d. Eleazer & Jemima], b. June 25, 1726	1	141
Sarah, m. Simeon **CURTICE**, b. of Lebanon, Dec. 20, 1744	1	53
Sarah, [d. Stephen & Esther], b. Oct. 29, 1747	1	142
Sarah, d. Timothy & Mercy, b. Nov. 9, 1750	1	148
Silas, s. [Eleazer, Jr. & Ruth], b. Nov. 7, 1758	1	152
Solomon, [s. Samuel & Thankful], b. Sept. 26, 1730	1	140
Stephen, [s. Samuel & Sarah], b. Mar. 2, 1706/7	1	145
Stephen, m. Esther **TERRY**, Feb. 19, 1729/30	1	142
Stephen, [s. Stephen & Esther], b. Nov. 15, 1733	1	142
Stephen, s. [James & Azuba], b. Aug. 11, 1756	1	152
Susanna, d. [Paul & Susanna], b. Nov. 3, 1768	1	157
Temperance, [d. John & Temperance], b. May 10, 1740	1	140
Thankfull, m. William **SLADE**, July 12, 1716	1	278
Thomas, [s. John & Hepzibah], b. [ ]	1	140
Timothy, m. Mercy **SAMSON**, Oct. 17, 1749	1	140
Timothy, [s. John & Hepzibah], b. [ ]	1	148
Zenas, s. [Paul & Susanna], b. Nov. 21, 1770	1	157
Zenas, s. [Eleazer, 3d, or 4th & Huldah], b. Sept. 7, 1782	1	137
-----, m. Constant **WOODWORTH**, [ ], 175[ ]	1	346
HUTSON, Abigail, d. John & Rachel, b. Mar. 17, 1714	1	145
HYDE, HIDE, Abby Jane, m. James Madison **KINGSLEY**, b. of Lebanon, Mar. 21, 1841, by Rev Ebenezer Robinson	2	5
Abel, s. [Eliphalet & Naomi], b. May 8, 1767	1	165
Abigail, [d. Samuel & Priscilla], b. Nov. 4, 1744	1	146
Alice, m. Ebenezer **HINCKLEY**, May 28, 1767, by Joshua West, Esq.	1	159
Amasa, m. Rucy **LEWIS**, b. of Lebanon, July 4, 1830, by Rev. Edw[ard] Bull	1	210
Amisay, [child of Charles], b. Apr. 16, 1807	1	392
Ann, m. Simeon **GRAY**, [Nov. 11, 1731]	1	120
Ann, m. Jared **HINCKLEY**, Oct. 22, 1755, by Rev. Mr. W[illia]ms	1	156
Ann, d. [Samuel & Ann], b. Feb. 24, 1764	1	151

LEBANON VITAL RECORDS 115

	Vol.	Page
HYDE, HIDE (cont.)		
Anna, [d. Samuel & Priscilla], b. Oct. 22, 1727	1	146
Anna, [d. Nathaniel & Anna], b. Jan. 29, 1748/9	1	149
Anna, w. Nath[anie]l, d. June 19, 1760	1	149
Ansel C., m. Evalina T. **SPRAGUE**, b. of Lebanon, Mar. 23, 1842, by Rev. Nathan Wildman	2	14
Asa[h]el, s. [Samuel & Ann], b. May 11, 1762	1	151
Betsey, d. Eben[eze]r, Jr. & Lucy, b. Mar. 15, 1778	1	148
Caleb, s. Caleb & Mary, b. Feb. 28, 1724/5; d. Apr. 12, 1730	1	141
Caleb, [s. Caleb & Mary], b. Aug. 1, 1735; d. Sept 11, 1735	1	141
Caleb, Capt., d. Mar. [ ], 1764	1	141
Caleb, m. Mary **BLACKMAN**, [ ]	1	141
Charles, [s. Charles], b. Feb. 23, 1780	1	392
Charles, m. [ ] **ABEL**, [ ]	1	392
Charles, m. Mrs. **ROGERS**, [ ]	1	392
Charles Porter, s. [Oliver & Polley], b. May 10, 1793	1	385
Dan, [s. Samuel & Priscilla], b. May 7, 1733	1	146
Dan, [s. Charles], b. Mar. 10, 1771	1	392
Dan, [s. Charles], b. Aug. 13, 1803	1	392
Daniel, [s. Charles], b. May 2, 1813	1	392
David, s. [Nath[anie]l & Anna], b. Oct. 6, 1756; d. Apr. 6, 1758	1	149
David, [s. Charles], b. Aug. 16, 1772	1	392
Deborah, [d. Ebenezer & Dorothy], b. Oct. 16, 1734	1	142
Deborah, m. Amos **ROBINSON**, May 11, 1758, by Rev. Mr. Williams	1	274
Ebenezer, m. Dorothy **THROOP**, Feb. 25, 1728/9	1	142
Ebenezer, [s. Ebenezer & Dorothy], b. Sept. 10, 1732	1	142
Ebenezer, d. Aug. 21, 1742	1	142
Ebenezer, s. W[illia]m & Abigail, b. Nov. 26, 1759	1	155
Eleanor, [d. Caleb & Mary], b. Dec. 22, 1736; d. [ ]	1	141
Elijah, Jr., m. Mary **CLARK**, Feb. 24, 1757	1	156
Elijah Clark, s. [Elijah, Jr. & Mary], b. June 19, 1758	1	156
Eliphalet, m. Naomi **FLYNT**, May 20, 1766, by Rev. J[oh]n Ellis	1	165
Eliza, of Lebanon, m. Ogden **KINGSLEY**, of Columbia, Nov. 11, 1832, by Dexter Bullard	1	431
Elizabeth, [d. Ebenezer & Dorothy], b. Oct. 13, 1736	1	142
Elizabeth, [d. Ebenezer & Dorothy], b. Mar. 14, 1740	1	142
Elizabeth, m. Louis **HOWERNAS**, Feb. 27, 1853, by John C. Nichols	2	78
Erastus, s. [Zipa & Lois], b. Nov. 9, 1790	1	155
Esther, d. Nath[anie]l & Anna, b. Apr. 10, 1751; d. May 9, 1753	1	149
Esther, twin with Molly, [d. Elijah, Jr. & Mary], b. June 20, 1760; d. June 3, 1762	1	156
Esther, d. [Elijah, Jr. & Mary], b. June 8, 1764	1	156
Esther Everts, twin with Waston Brockley, [d. Oliver & Polley], b. June 8, 1800	1	385

HYDE, HIDE (cont.)

	Vol.	Page
Eunice, [d. Nathaniel & Anna], b. June 16, 1746	1	149
Eunice, m. Elisha HUTCHINSON, Oct. 1, 1766	1	136
Eunice, d. [Eben[eze]r, Jr. & Lucy], b. Oct. 29, 1779	1	148
Eunice, m. Simon WILLIAMS, Jr., Aug. 27, 1793, by Rev. John Gurley	1	397
Eunice, d. [Oliver & Polley], b. Feb. 8, 1795	1	385
Fanny, d. [Oliver & Polley], b. Jan. 14, 1789	1	385
Gershom, s. [Elijah, Jr. & Mary], b. June 30, 1768	1	156
Gershom, of Bath, Me., m. Sarah HYDE, of Lebanon, Jan. 3, 1821, by Rev. Zebulon Ely	1	411
Hannah, [d. Samuel & Priscilla], b. July 19, 1738	1	146
Hannah, [d. Charles], b. Jan. 29, 1809	1	392
Harriet, [d. Charles], b. June 16, 1811	1	392
Ignatius, [s. Ebenezer & Dorothy], b. Apr. 30, 1731; d. June 10, 1731	1	142
Ignatius, [s. Ebenezer & Dorothy], b. Apr. 28, 1738	1	142
Jonathan, s. Nathaniel & Anna, b. Sept. 25, 1743	1	149
Jonathan, s. [Zina & Sarah], b. July 20, 1772	1	155
Joseph, s. [Samuel & Ann], b. Aug. 7, 1757	1	151
Joseph, d. Sept. 15, 1827	1	156
Joshua, [s. Caleb & Mary], b. Feb. 7, 1726/7	1	141
Judith, d. W[illia]m & Abigail], b. Apr. 17, 1758	1	155
Lucretia, of Norwich, m. Josiah BUELL, of Lebanon, July 13, 1769, by Rev. Mr. Ellis	1	375
Lucy, d. [Elijah, Jr. & Mary], b. Dec. 25, 1771	1	156
Lucy, m. George KINGSLEY, b. of Lebanon, Aug. 14, 1828, by Rev. Esek Brown	1	395
Lydia, m. Jonathan METCALF, Jr., Nov. 2, 1727	1	201
Lydia, [d. Charles], b. June 26, 1786	1	392
Lydia, d. [Oliver & Polley], b. May 11, 1804	1	385
Mary, d. Caleb [& Mary], b. July 3, 1731	1	141
Mary, m. Ichabod ROBINSON, May 25, 1749	1	271
Mary, [d. Charles], b. Mar. 12, 1774	1	392
Mason, s. [Samuel & Ann], b. Feb. 24, 1766	1	151
Melinda, d. [Elijah, Jr. & Mary], b. Mar. 10, 1766	1	156
Molly, twin with Esther, [d. Elijah, Jr. & Mary], b. June 20, 1760	1	156
Nancy, of Lebanon, m. Turner KINGSLEY, of Columbia, Mar. 24, 1825, by Rev. Esek Brown	1	134
Naomi, w. [Eliphalet], d. Mar. 21, 1768	1	165
Nathaniel, of Lebanon, m. Anna DUNHAM, of Mansfield, Dec. 1, 1742	1	149
Nathaniel, s. [Nathaniel & Anna], b. Feb. 1, 1744/5	1	149
Olive, twin with Oliver, [d. Elijah, Jr. & Mary], b. Feb. 22, 1774; d. Feb. 22, 1775, ae 1 y.	1	156
Oliver, twin with Olive, [s. Elijah, Jr. & Mary], b. Feb. 22, 1774	1	156
Oliver, m. Polley LEE, Oct. 10, 1782	1	385
Oliver, [s. Charles], b. Mar. 21, 1816	1	392
Polly, d. [Oliver & Polley], b. July 22, 1783	1	385

LEBANON VITAL RECORDS 117

	Vol.	Page
HYDE, HIDE (cont.)		
Priscilla, twin with Sybel, [d. Samuel & Priscilla], b. Apr. 16, 1731; d. Oct. 5, 1732	1	146
Priscilla, [d. Samuel & Priscilla], b. June 4, 1735; d. July 4, 1759, at Litchfield	1	146
Priscilla, of Norwich, m. Eliphalet **BARKER**, of Lebanon, Apr. 14, 1764, by Rev. J[oh]n Ellis	1	366
Pruda, d. [Oliver & Polley], b. Oct. 12, 1790	1	385
Pruda, [d. Charles], b. Mar. 26, 1802; d. June 6, 1802	1	392
Pruda, [d. Charles], b. May 2, 1805	1	392
Rhoda, d. [Elijah, Jr. & Mary], b. Mar. 23, 1770	1	156
R[h]oda, [d. Charles], b. Apr. 6, 1783	1	392
Rhoda, d. [Oliver & Polley], b. Feb. 4, 1785	1	385
Roxeynda, d. [Oliver & Polley], b. Nov. 16, 1786	1	385
Samuel, m. Priscilla **BRADFORD**, Jan. 14, 1724/5	1	146
Samuel, s. Sam[ue]l & Priscilla, b. Oct. 24, 1725	1	146
Samuel, Lieut. d. Nov. 6, 1742	1	149
Samuel, Jr., m. Ann **FIRTH**, Jan. 2, 1749/50	1	151
Samuel, s. Samuel & Ann, b. Dec. 1, 1750; d. Aug. 11, 1753	1	151
Samuel, s. Samuel & Ann, b. Oct. 15, 1754	1	151
Samuel, d. [ ], 1776 at Greenwich	1	151
Sarah, m. Ebenezer **BROWN**, Feb. 25, 1713/14	1	22
Sarah, [d. Caleb & Mary], b. June 14, 1729	1	141
Sarah, d. Samuel & Ann, b. Aug. 20, 1752	1	151
Sarah, d. [Zina & Sarah], b. Feb. 23, 1775	1	155
Sarah, [d. Charles], b. Nov. 11, 1777	1	392
Sarah, w. Zina, d. Aug. 4, 1783	1	155
Sarah, sister of Joseph & her d. Harriet d. Mar. 10, 1797, being burned in Joseph Hyde's dwelling	1	151
Sarah, of Lebanon, m. Gershom **HYDE**, of Bath, Me., Jan. 3, 1821, by Rev. Zebulon Ely	1	411
Sarah, m. Abel **BUEL**, Jr. [ ]	1	365
Simon, [s. Charles], b. Feb. 24, 1769	1	392
Submit, [d. Ebenezer & Dorothy], b. Nov. 24, 1742	1	142
Sybel, twin with Priscilla, [d. Samuel & Priscilla], b. Apr. 16, 1731	1	146
Sibel, m. Jabez **METCALF**, Dec. 11, 1753	1	203
Walter, [s. Charles], b. Jan. 25, 1776	1	392
Waston Brockley, twin with Esther Everts, [s. Oliver & Polley], b. June 8, 1800	1	385
We[a]lthy, d. [Zina & Lois], b. Dec. 1, 1785	1	155
Wealthy, d. [Oliver & Polley], b. July 8, 1797	1	385
William, [s. Ebenezer & Dorothy], b. Apr. 8, 1730	1	142
William, m. Abigail **LANGREEL**, Mar. [ ], 1754, by Rev. Mr. Eliot	1	154
William, s. [William & Abigail], b. Jan. 16, 1756	1	154
William, m. Abigail **WORTH**, [ ]	1	155
William H., m. Lydia **WILLIAMS**, b. of Lebanon, Mar. 27, 1850, by Rev. John Avery, of Exeter	2	65
Zabdiel, s. [Elijah, Jr. & Mary], b. June 4, 1762	1	156
Zerviah, m. Joseph **FITCH**, Dec. 28, 1738	1	104

BARBOUR COLLECTION

	Vol.	Page
HYDE, HIDE (cont.)		
Zerviah, [d. Samuel & Priscilla], b. Dec. 15, 1740	1	146
Zervia[h], m. Andrew **METCALFE**, Sept. 20, 1758, by Rev. Benj[ami]n Throope	1	208
Zerviah, d. [Nath[anie]l & Anna], b. Sept. 6, 1759	1	149
Zina, m. Sarah **GOODWIN**, Nov. 30, 1769	1	155
Zina, m. Lois **BOSWORTH**, Feb. 24, 1785	1	155
Zina, s. [Zina & Lois], b. Oct. 14, 1787	1	155
Zina, d. Jan. 13, 1796	1	155
-----, had negro Prince who m. Patience, an Indian woman, "about 6 y. ago", by John Miller, J.P. Affidavit made Dec. 4, 1745. Nab, d. Prince & Patience, b. Mar. 11, 1742; Cephas, s. Prince & Patience, b. June [ ], 1745; Jethro, s. Prince & Patience, b. Mar. [ ], 1750	1	463
INGHAM, Robert, of Willimantic, m. Frrances A. W. LYMAN, of Lebanon, Mar. 17, 1833, by Rev. Esek Brown	1	436
INGRAHAM, Abigail, m. Joseph **BAYLEY**, May 12, 1724	1	24
David, s. Jared & Mercy, b. Mar. 8, 1747/8	1	161
Eunice, [d. Jared & Mary], b. July 29, 1739	1	161
Jabez, s. [Jared & Mercy], b. May 1, 1754	1	161
Jacob, s. Jared & Mercy, b. Nov. 19, 1745	1	161
Jonathan, s. Jared & Mercy, b. May 15, 1750	1	161
Lois, d. Jared & Mary, b. Oct. 10, 1741	1	161
Mary, [d. Jared & Mary], b. Aug. 20, 1743	1	161
Patience, m. Ebenezer **BILL**, [ ]	1	31
IRISH, Ezra, s. [Job, Jr. & Betsey], b. Nov. 8, 1807	1	387
Ezra O., of Lebanon, m. Calistia **SHAILER**, of Vernon, July 26, 1832, by Salmon Cone, V.D.M.	1	428
Job, Jr., m. Betsey **OBRIAN**, Aug. 17, 1800	1	387
Joseph, s. [Job, Jr. & Betsey], b. Apr. 14, 1804, in Franklin	1	387
Mary, d. [Job, Jr. & Betsey], b. May 29, 1801, in Groton	1	387
JACKSON, Abby, m. Socrates **DEMING** (colored), b. of Lebanon, Dec. 25, 1844, by Israel T. Otis, V.D.M.	2	36
Jane, m. George **PECKHAM**, Aug. 13, 1854, by E. W. Tucker	2	80
Julia L., m. Richard J. **HARRIS**, Nov. 28, 1839, by Rev. Israel T. Otis	1	462
Timothy, m. Eliza Ann **WILLIAMS**, b. of Lebanon, Oct. 24, 1830, by Rev. Esek Brown	1	462
JACOBS, Asa G., of Mansfield, m. Laura **CLARK**, of Lebanon, May 19, 1835, by Rev. John H. Baker	1	76
Augusta Pamela, d. Truman & Mary, b. June 13, 1827	1	118
David, s. David & Mary, b. Apr. 11, 1742	1	162
Emily M., of Lebanon, m. Josiah **WARREN**, of South Coventry, Dec. 2, 1850, by Rev. John Avery, of Exeter	2	69
Luman, m. Hannah **ABEL**, b. of Lebanon, Aug. 19, 1822, by Esek Brown	1	422
Mary Artelia, d. Truman & Mary, b. Oct. 4, 1824	1	118

LEBANON VITAL RECORDS 119

	Vol.	Page
JANES, Abel, d. Dec. 18, 1718	1	162
Abel, [s. William & Abigail], b. Apr. 24, 1724	1	161
Abigail, [d. William & Abigail], b. Dec. 8, 1714	1	161
Bathsheba, m. Marverick JOHNSON, Oct. 1, 1730	1	160
Daniel, s. Jonathan & Irene, b. Mar. 17, 1751	1	160
David, s. Jonathan & Irene, b. Dec. 23, 1736	1	160
Dinah, d. Mindwell, d. May 28, 1798, ae about 88 y.	1	162
Elijah, [s. William & Abigail], b. May 6, 1729	1	161
Eliphalet, [s. Jonathan & Ireny], b. Feb. 23, 1742/3	1	160
Elizabeth, m. Jedediah PHELPS, [ ]	1	244
Esther, m. Stephen HUNT, June 18, 1730	1	143
Irene, [d. Jonathan & Ireny], b. Apr. 3, 1741; d. June 28, 1743	1	160
Irene, d. Jonathan & Irene, b. July 30, 1745	1	160
Israel, [s. William & Abigail], b. Jan. 26, 1733/4	1	161
Jonathan, s. William & Abigail, b. Mar. 12, 1713	1	161
Jonathan, m. Ireny BRADFORD, Mar. 18, 1736	1	160
Jonathan, s. [Jonathan & Ireny], b. Jan. 28, 1738/9	1	160
Mary, [d. William & Abigail], b. Oct. 6, 1720	1	161
Mary, d. Apr. 24, 1735	1	162
Rachel, m. Israel PHELPS, Jan. 26, 1713/14	1	241
Sarah, [d. William & Abigail], b. Oct. 18, 1731	1	161
Solomon, s. Jonathan & Ireny, b. June 20, 1748	1	160
Timothy, [s. William & Abigail], b. June 10, 1716	1	161
William, m. Abigail LOOMIS, June 5, 1712	1	161
William, [s. William & Abigail], b. Oct. 30, 1826 [1726?]	1	161
JEWETT, Ebenezer, of Hampton, m. Lucy OMBSBURY, of Lebanon, Sept. 21, 1851, by Rev. Dexter Bullard	2	71
JILLSON, Lydia K., m. Benjamin CORBIN, Jr., b. of Willimantic, Mar. 5, 1843, by Rev. Ebenezer Robinson	2	26
JOHNSON, Abbe Cornelia, [d. John, Jr. & Bathsheba], b. Dec. 3, 1816	1	417
Abel, s. Marverick & Bathsheba, b. Mar. 16, 1732/3; d. Jan. 10, 1736/7	1	160
Anas, m. Ephraim TERRY, Jr., Dec. 24, 1772	1	319
Ann, w. Seth, d. Apr. 13, 1735	1	160
Ann, d. [John & Mary], b. Feb. 21, 1752	1	163
Bathsheba, w. Marverick, d. Oct. 13, 1736	1	160
Bathsheba, d. Marverick & Deborah, b. Apr. 28, 1739	1	161
Benjamin, s. Seth & Hannah, b. Dec. 21, 1742	1	160
Betsey C., of Lebanon, m. Benjamin CONGDON, of Franklin, Jan. 1, 1845, by Rev. Stephen Hayes of Exeter	2	37
Charlotte J., m. Phineas D. TRYON, b. of Lebanon, Nov. 28, 1850, by Rev. John Avery of Exter	2	68
Content, d. Seth & Hannah, b. July 1, 1760	1	160
David, s. William & Margaret, b. July 2, 1722	1	161
David, m. Elizabeth FULLER, Mar. 9, 1742	1	160
Deborah, d. [Marverick & Deborah], b. May 30, 1741	1	161
Ebenezer, [s. John & Sarah], b. Aug. [ ], 1715; d. Oct. 1, 1715	1	161

JOHNSON (cont.)

	Vol.	Page
Ebenezer, [s. John & Sarah], b. July [ ], 1719; d. Nov. 30, 1727	1	161
Ebenezer, [s.] Marverick & Bathsheba, b. Oct. 14, 1731	1	160
Ebenezer, s. Seth & Hannah, b. June 14, 1748	1	160
Elizabeth Eldredge, [d. John, Jr. & Bathsheba], b. July 21, 1818	1	417
Fenn, s. Seth & Hannah, b. Aug. 5, 1744	1	160
Hannah, d. [John & Mary], b. Apr. 9, 1735	1	163
Hannah, m. Azel **HINCKLEY**, b. of Lebanon, Nov. 22, 1827, by Rev. Esek Brown	1	423
Isaac, of Norwich, m. Sarah **HUNTINGTON**, of Lebanon, Sept. 26, 1842, by John C. Nichols	2	15
Jerusha, [d. William & Margaret], b. Apr. 26, 1720	1	161
John, [s. John & Sarah], b. Apr. [ ], 1709; d. Feb. [ ], 1711	1	161
John, s. [John & Sarah], b. Aug. 25, 1726	1	161
John, s. John & Mary, b. Aug. 22, 1750	1	163
John, Jr., of L[ebanon], m. Sally **BIBS**, of Ashford, Apr. 10, 1777, by James Messenger	1	376
John, Jr., m. Bathsheba **DICKINS**, Feb. 22, 1816	1	417
John, Jr., m. Mary **BREWSTER**, [ ]	1	163
John Orlando, [s. John, Jr. & Bathsheba], b. Mar. 29, 1820	1	417
Lois, twin with Mary, [d. John & Sarah], b. Aug. [ ], 1713; d. Sept. [ ], 1713	1	161
Lorenzo Nelson, [s. Elisha & Phoebe], b. Aug. 13, 1816	1	428
Lucretia Watrous, [d. Elisha & Phebe], b. Mar. 24, 1819	1	428
Lucy Anne, d. Elisha & Phebe, b. Aug. 18, 1809	1	428
Margaret, [d. William & Margaret], b. Dec. 14, 1716	1	161
Marverick, s. John & Sarah, b. Jan. 1, 1707	1	161
Marverick, m. Bathsheba **JANES**, Oct. 1, 1730	1	160
Marverick, [s. Marverick & Bathsheba], b. Jan. 15, 1734/5	1	160
Marverick, m. Deborah **PAYN**, May 10, 1737	1	160
Marverick, d. Dec. 18, 1744	1	160
Marverick, m. Hannah **BREWSTER**, Feb. 7, 1759, by Rev. Mr. Williams	1	164
Maveric[k], d. July 10, 1760, at Crown Point	1	164
Mary, twin with Lois, [d. John & Sarah], b. Aug. [ ], 1713	1	161
Mary, twin with Sarah, d. Marverick & Bathsheba, b. Oct. 7, 1736	1	160
Mary, d. John & Mary, b. Nov. 27, 1748	1	163
Mary Antoinette, [d. John, Jr. & Bathsheba], b. Apr. 17, 1824	1	417
Mary Jane, [d. Elisha & Phebe], b. Oct. 15, 1824	1	428
Olive Beebe, [d. Elisha & Phebe], b. Mar. 30, 1814	1	428
Ruby Ann, m. Warren F. **MANNING**, b. of Lebanon, Nov. 26, 1846, by Rev. Israel T. Otis	2	49
Samuel, s. Daniel & Keziah, b. June 10, 1751	1	162

LEBANON VITAL RECORDS 121

	Vol.	Page
JOHNSON (cont.)		
Sarah, [d. John & Sarah], b. July 11, 1724; d. Aug. 25, 1724	1	161
Sarah, twin with Mary, d. Marverick & Bathsheba, b. Oct. 7, 1736	1	160
Seth, [s. John & Sarah], b. May [ ], 1711	1	161
Seth, m. Ann **EATON**, Nov. 20, 1733	1	160
Seth, s. Seth & Hannah, b. Jan. 5, 1746	1	160
Seth, of Lebanon, m. Hannah **FENN**, of Milford, [ ]	1	160
Sophia, m. Thomas **BADCOCK**, [ ]	1	399
Sophia Antoinette, [d. John, Jr. & Bathsheba], b. Aug. 12, 1822; d. May 3, 1825	1	417
Stephen, s. Marverick & Deborah, b. Jan. 24, 1737/8	1	160
Susa, d. Daniel & Kaziah, b. Jan. 22, 1748/9	1	162
Suza, d. [John & Mary], b. Jan. 2, 1761	1	163
Susan, m. Elisha **PAYNE**, b. of Lebanon, Jan. 6, 1808, by Elder Nehemiah Dodge	1	385
Sibel, [d. John & Sarah], b. May 1, 1729; d. June 25, 1729	1	161
Sibbel, d. Seth & Ann, b. Sept. 10, 1734	1	160
Wealthy, d. [Marverick & Hannah], b. Oct. 19, 1759	1	164
William, [s. William & Margaret], b. Dec. 26, 1718	1	161
JONES, Amos, s. [Jonathan & Abijah], b. Aug. 31, 1762	1	162
Elizabeth, m. Noah **WEBSTER**, Oct. 1, 1755	1	336
Enoch, s. [Jonathan & Abijah], b. Jan. 10, 1767	1	162
Esther, d. [Jonathan & Abijah], b. Feb. 18, 1765	1	162
Huldah, m. Eleazer **HUTCHINSON**, 3d or 4th, Feb. 23, 1780, by Rev. Mr. Lockwood	1	137
Irenia, d. [Jonathan & Abijah], b. May 3, 1770	1	162
Jerusha, m. Elijah **CHAPPELL**, Dec. 18, 1752	1	57
Jonathan, s. Jonathan & Abijah, b. May 14, 1754	1	162
Lois, d. [Jonathan & Abijah], b. May 5, 1757	1	162
Rachel, m. Jeremiah **CALKIN**, Nov. 10, 1725	1	47
Samuel, s. [Jonathan & Abijah], b. Dec. 3, 1759	1	162
JOY, Abigail, d. [William & Abigail], b. Dec. 6, 1746	1	161
David, [s. William & Abigail], b. June 14, 1745	1	161
John, [s. William & Abigail], b. Aug. 30, 1743	1	161
William, m. Abigail **SULLARD**, [ ]	1	161
JOYCE, Kate, d. John & Mary, b. June 5, 1733	1	162
JUDD, Thomas, of Lebanon, m. Juliana **DOWE**, of Coventry, Jan. 26, 1748/9	1	162
KAPLES, KAPPLES, Anne, [d. Thomas], b. Sept. 13, 1762	1	167
Eben[eze]r, [s. Thomas], b. Jan. 9, 1756	1	167
Mary, [d. Thomas], b. Nov. 21, 1759	1	167
Molly, [d. Thomas], b. July 30, 1760	1	167
Nancy, [d. Thomas], b. Aug. 12, 1764	1	167
Thomas, [s. Thomas], b. Feb. 9, 1754	1	167
Thomas, 3d, [s. Thomas], b. Oct. 14, 1787	1	388
KELLOGG, KELLOG, Amos, s. Joseph & Mary, b. July 7, 1760	1	167
Beulah, [d. Thomas & Elizabeth], b. Jan. 2, 1731/2	1	166
Edward, m. Jemima **BARTLETT**, Jan. 4, 1737/8	1	166

	Vol.	Page
KELLOGG, KELLOG (cont.)		
Elishua, [s. Thomas & Elizabeth], b. Mar. 27, 1723	1	166
Elizabeth, [d. Thomas & Elizabeth], b. Jan. 31, 1734/5	1	166
Jason, s. Thomas & Elizabeth, b. Mar. 25, 1726	1	166
Joseph, [s. Edward & Jemima], b. Aug. 13, 1738	1	166
Lemuel, s. Thomas [& Elizabeth], b. Nov. 4, 1727	1	166
Lydia, d. Edward & Jemima, b. Sept. 16, 1740	1	166
Preserved, [s. Edward & Jemima], b. Oct. 25, 1742	1	166
Rhoda, [d. Thomas & Elizabeth], b. Jan. 29, 1729/30	1	166
Sibel, [d. Thomas & Elizabeth], b. Dec. 11, 1721	1	166
Thomas, m. Elizabeth **LEE**, Dec. 22, 1720	1	166
KELLY, Albert, m. Sally **GALLUP**, Sept. 19, 1830, by Erastus Ripley	1	228
KELSEY, Mark, s. Mark & Mary, b. June 20, 1724	1	166
KENT, Henry H., m. Mary **HOXSEY**, b. of Franklin, Mar. 23, 1851, by Rev. Nathan Wildman	2	69
KILBURN, Temperance, of Hebron, m .David **WOODWARD**, of Lebanon, Jan. 10, 1750/51	1	343
KIMBALL, Chester, of Leb[ano]n, m. Lucy **FOX**, of Chatham, Nov. 8, 1786, by Rev. Cyrian Strong, of Chatham	1	164
Craft Payson, s. Lebbeus & Sarah, b. Jan. 14, 1788	1	163
George W., of Hartford, m. Harriet N. **MORGAN**, of Lebanon, May 2, 1837, by Rev. Israel T. Otis	1	447
Gurdon, s. [Chester & Lucy], b. Jan. 29, 1788	1	164
Stephen H., of Woodstock, m. Clarissa **CARD**, of Lebanon, Feb. 21, 1827, by Rev. Esek Brown	1	193
KINDERICK, Elizabeth, m. Ebenezer **RICHARDSON**, Jan. 14, 1717/18	1	267
KING, Abby, d. Joseph & Abby, b. Jan. 5, 1822	1	400
Abby S., of Lebanon, m. John D. **SMITH**, of Franklin, Aug. 5, 1841, by Rev. Israel T. Otis	2	8
Eliza J., of Lebanon, m. Prentice O. **SMITH**, of Franklin, Apr. 29, 1840, by Israel J. Otis, V.D.M.	1	77
Joseph, m. Elizabeth **HEWETT**, Oct. 20, 1844, by Rev. J. B. Guild, of Willimantic	2	34
Mary, of Bolton, m Henry **WOODWARD**, Jr., of Lebanon, June 3, 1742	1	334
William J., of Providence, R.I., m. Lydia C. **GILBERT**, of Lebanon, Oct. 10, 1835, by Rev. Edward Bull	1	432
KINGMAN, Joseph, [s. Samuel & Phebe], b. May 1, 1748	1	166
Mitchel, s. Samuel & Phebe, b. Nov. 3, 1744	1	166
Samuel, s. [Samuel & Phebe], b. Sept. 16, 1746	1	166
KINGSBURY, KINGSBERRY, Elizabeth, m. Samuel **ASHLEY**, Aug. 19, 1717	1	4
Ruth, m. Simon **TRACY**, Nov. 21, 1818	1	210
KINGSLEY, KINGSLY, KINSLEY, Abigail, d. [Alpheas & Abigail], b. Dec. 19, 1794	1	381
Almyra, d. [Alpheas & Abigail], b. May 13, 1793	1	381
Alpheas, m. Abigail **HILLS**, b. of Lebanon, Apr. 21, 1791, by Rev. John Gurley	1	381
Alpheas, s. [Alpheas & Abigail], b. Jan. 9, 1792	1	381

LEBANON VITAL RECORDS 123

	Vol.	Page
KINGSLEY, KINGSLY, KINSLEY (cont.)		
Andrew, [s. Shubael W. & Mary], b. May 1, 1835	1	84
Arthur E., s. [Shubael W. & Mary], b. June 3, 1843	1	84
Asa, s. Eliphaz & Triphena, b. Mar. 8, 1769	1	168
Asahel, Jr., of Columbia, m. Mary **PERRY**, of Lebanon, Feb. 11, 1822, by Esek Brown	1	420
Celia O., d. [Shubael & Mary], b. Jan. 24, 1837; d. Mar. 29, 1856	1	84
C[h]loe, d. [Nathan & Mary], b. May 23, 1773	1	165
Chloe, m. Eleazer **CALKIN**, Apr. 10, 1794	1	368
Darius, s. [Alpheas & Abigail], b. May 29, 1799	1	381
Electy, d. [Timothy & Sibel], b. Mar. 12, 1802	1	209
Electy, of Lebanon, m. John **MOULTON**, of Windham, Dec. 16, 1824, by Roger Bingham	1	94
Elijah, of Lebanon, m. Dorothy **BASS**, of Windham, Feb. 11, 1761, by Nathaniel Huntington, J.P.	1	167
Elijah, s. [Elijah & Dorothy], b. Aug. 17, 1764	1	167
Eliza A., d. [Shubael W. & Mary], b. Sept. 8, 1840	1	84
Elizabeth, J., d. [Shubael W. & Mary], b. Dec. 16, 1838	1	84
Eunice, d. [Elijah & Dorothy], b. May 10, 1761 (?)	1	167
Eunice D., m. Thomas J. **KINGSLEY**, b. of Lebanon, Apr. 9, 1829, by Rev. Esek Brown	1	227
George, m. Lucy **HYDE**, b. of Lebanon, Aug. 14, 1828, by Rev. Esek Brown	1	395
Hannah, d. [Elijah & Dorothy], b. Nov. 21, 1762	1	167
Harriet, d. [Timothy & Sibel], b. Mar. 6, 1794	1	209
Henry D., s. [Shubael W. & Mary], b. Mar. 6, 1845; d. Aug. 17, 1872	1	84
James Madison, m. Abby Jane **HYDE**, b. of Lebanon, Mar. 21, 1841, by Rev. Ebenezer Robinson	2	5
Jane, m. Oliver **SHERMAN**, June 1, 1853, by Rev. Perry Bennett, at the house of Monroe Kingsley	2	78
Jane Elizabeth, [d. Shubael W. & Mary], d. Dec. 16, 1843	1	84
Lidia, d. [Eldad & Priscilla], d. June 4, 1747, in the 8th y. of her age	1	166
Lidia, d. Eldad & Priscilla, b. June 6, 1753	1	166
Marinda, d. [Alpheas & Abigail], b. May 2, 1801	1	381
Mary, d. Eldad & Priscilla, b. Mar. 6, 1744	1	166
Mary, w. Shubael W., d. July 1, 1861	1	84
Mary E., m. Thomas J. **KINGSLEY**, b. of Lebanon, Nov. 18, 1841, by Rev. Ebenezer Robinson	2	26
Nathan, s. [Eldad & Priscilla], b. Sept. 20, 1747	1	166
Nathan, s. [Elijah & Dorothy], b. Aug. 25, 1771	1	167
Nathan, m. Mary **THA[T]CHER**, May 28, 1772, by Mr. Stone	1	165
Ogden, s. [Alpheas & Abigail], b. June 25, 1803	1	381
Ogden, of Columbia, m. Eliza **HYDE**, of Lebanon, Nov. 11, 1832, by Dexter Bullard	1	431
Orinel, s. [Timothy & Sibel], b. May 29, 1792 (?)	1	209
Orimel, m. Nancy **CARD**, b. of Lebanon, Mar. 15, 1826, by Rev. Esek Brown	1	117
Phebe, [d. John D.], b. Feb. 7, 1848	2	13

	Vol.	Page
KINGSLEY, KINGSLY, KINSLEY (cont.)		
Reuben, s. [Nathan & Mary], b. Feb. 1, 1775	1	165
Samuel W., m. Abby F. **HULL**, Oct. 2, 1823, by Erastus Ripley	1	235
Sarah J., [d. John D.], b. Sept. 17, 1844	2	13
Shubael W., m. Mary **LOOMIS**, May 8, 1831	1	84
Shubael W., d. Aug. 30, 1870	1	84
Sibel, w. [Timothy], d. Mar. 13, 1818	1	209
Thomas J., m. Eunice D. **KINGSLEY**, b. of Lebanon, Apr. 9, 1829, by Rev. Esek Brown	1	227
Thomas J., m. Mary E. **KINGSLEY**, b. of Lebanon, Nov. 18, 1841, by Rev. Ebenezer Robinson	2	26
Thomas Jefferson, s. [Timothy & Sibel], b. Nov. 7, 1799	1	209
Timothy, m. Sibel **FISH**, b. of Lebanon, Feb. 14, 1792	1	209
Turner, s. [Alpheas & Abigail], b. Dec. 29, 1797	1	381
Turner, of Columbia, m. Nancy **HYDE**, of Lebanon, Mar. 24, 1825, by Rev. Esek Brown	1	134
Walter G., s. Shubael W. & Mary, b. Jan. 4, 1834	1	84
-----, m. Cynthia **LATHROP**, Oct. 3, 1827, by Erastus Ripley	1	297
KINNE, KINNEE, Anne, [d. Nathan & Deborah], b. Mar. 6, 1781	1	165
Benjamin, m. Martha **HARRIS**, b. of Norwich, Feb. 7, 1782, by Neh[emiah] Waterman, J.P.	1	168
Dyer, d. [Benjamin & Martha], b. Feb. 9, 1783	1	168
Mary, [d. Nathan & Deborah], b. Dec. 7, 1778	1	165
KNAP[P], Mercy, m. Joshua **FULLER**, Nov. 26, 1724	1	101
KNEELAND, William, of Hebron, m. Betsey **McCALL**, of Lebanon, Jan. 13, 1847, by Rev. Joshua R. Brown, of Goshen	2	50
KNIGHT, Earl, Dr., of Bozrah, m. Jerusha P. **FOX**, of Lebanon, [Oct.] 14, 1823, by Daniel Waldo	1	92
Edwin M., of West Hartford, m. Julia **HUTCHINSON**, of Lebanon, Jan. 10, 1847, by John C. Nichols	2	49
KNOWLES, Ruth, m. Elisha **TICKNER**, Nov. 25, 1756	1	316
LADD, Benjamin A., m. Alice A. **CHAMPLAIN**, b. of Lebanon, Aug. 23, 1852, by Rev. N. W. Miner, in Hartford	2	75
Charlotte, of Franklin, m. Abijah **SMITH**, Jr., May 15, 1791, by Hor[atio] Hartshorn, J.P.	1	299
Lydia, m. Abijah **BADCOCK**, Apr. 11, 1780	1	217
Sarah, of Norwich, m. Jonah **GROSS**, June 22, 1780, by Rev. Andrew Lee, in Norwich	1	131
LAMB, Benjamin, s. [Ebenezer & Mary], b. Aug. 7, 1755	1	184
Betsey, d. [Chester & Mary], b. Jan. 8, 1812	1	421
Chester, m. Mary **WILLIAMS**, b. of Lebanon, Mar. 21, 1811, by Rev. W[illia]m B. Ripley	1	421
Edward C., s. [Chester & Mary], b. Feb. 5, 1816	1	421
Hannah F., of Lebanon, m. Daniel H. **WADSWORTH**, of Manchester, Nov. 13, 1850, by Rev. Joshua R. Brown, of Goshen	2	68
Harriet, d. [Chester & Mary], b. Nov. 15, 1819	1	421

LEBANON VITAL RECORDS

	Vol.	Page
LAMB (cont.)		
Henry W., s. [Chester & Mary], b. Dec. 27, 1813	1	421
Henry W., m. Harriet M. **BUTLER**, b. of Lebanon, Dec. 7, 1842, by Rev. Stephen Hays, of Exeter	2	18
Joseph, [s. Ebenezer & Mary], b. July 29, 1730	1	179
Joseph, s. [Ebenezer & Mary], b. Nov.11, 1753	1	184
Lydia, m. William **CLARK**, Oct. 3, 1738	1	41
Margaret, [d. Ebenezer & Mary], b. Apr. 23, 1737; d. Oct. 20, 1738	1	179
Mary, d. Ebenezer & Mary, b. Aug. 30, 1724	1	179
Mary, d. Ebenezer & Mary, b. Sept. 1, 1749	1	184
Mary, d. [Chester & Mary], b. Mar. 3, 1818	1	421
Mary, of Franklin, m. Eli **HEWITT**, of Windham, Jan. 26, 1840, by Nathan Wildman	1	423
Nathan, s. [Ebenezer & Mary], b. Aug. 27, 1751; d. July 29, 1753	1	184
Sophia, m. John **ABEL**, b. of Lebanon, Jan. 22, 1826, by Rev. Daniel Waldo	1	116
William [s. Ebenezer & Mary], b. Jan. 1, 1739/40	1	179
LAMPHERE, LAMPHEAR, LAMPHEIR, LANDPHERE,		
Abner, [s. Hezekiah & Sarah], b. July 12, 1753	1	175
David, [s. Hezekiah & Sarah], b. Apr. 10, 1743	1	175
Elijah, m. Anne **FITCH**, Mar. 12, 1758, by W[illia]m Whiting, J.P.	1	189
Hannah, [d. Hezekiah & Sarah], b. Dec. 29, 1746	1	175
Hezekiah, m. Sarah **CLARK**, b. of [ ], Feb. 12, 1740/1	1	175
Julia Ann, of Lebanon, m. Hiram **WELLS**, of Hebron, Oct. 14, 1833, by Rev. Edward Bull	1	437
Lydia, [d. Hezekiah & Sarah], b. Oct. 12, 1751	1	175
Sarah, [d. Hezekiah & Sarah], b. Dec. 8, 1744	1	175
Sybel, [d. Hezekiah & Sarah], b. Feb. 22, 1748/9	1	175
Zerviah, [d. Hezekiah & Sarah], b. Nov. 30, 1741	1	175
LANCE, Anne, d. John & Martha, b. Mar. 9, 1720	1	171
Eleanor, [d. John & Martha], b. Dec. 3, 1721	1	171
LANE, Jared, s. [Robert & Mary], b. June 1, 1745	1	180
Jesse, [s. Robert & Mary], b. Mar. 24, 1746	1	180
Mary, d. Robert & Mary, b. Oct. 2, 1748	1	180
Robert, m. Mary **THA[T]CHER**, [ ], 174[ ]	1	180
LANGRELL, Abigail, [d. Joseph & Mary], b. June 27, 1730	1	179
Abigail, m. William **HIDE**, Mar. [ ], 1754, by Rev. Mr. Eliot	1	154
Bethiah, [d. Joseph & Mary], b. Oct. 7, 1825 [1725?]	1	179
Hannah, [d. Joseph & Mary], b. Jan. 29, 1732	1	179
Joseph, m. Mary **THOMAS**, [ ], 172[ ]	1	179
Mary, d. [Joseph & Mary], b. July 26, 1723	1	179
Thomas, [s. Joseph & Mary], b. Mar. 7, 1727/8	1	179
LARABEE, Hannah, wid., of Coventry, m. Jacob **GUILD**, May 26, 1757, by Rev. Mr. Wheelock	1	126

	Vol.	Page
LARNED, [see also LEARNED], Sophia A., m. George H. HILL, b. of Lebanon, Dec. 2, 1840, by Rev. Nathan Wildman	2	1
LATHAM, Amos S., see under John LATHAM		
Carey, of Lebanon, m Emily THOMPSON, of Commingston, Mass., Nov. 26, 1839, by John C. Nichols	1	461
Harriet, d. [John or Amos S. & Sally], b. Apr. 23, 1823	1	413
John, of Colchester, m. Sally POWERS, of Lebanon, Mar. 4, 1821, by Esek Brown (Arnold notes "This ought to be Amos S. Latham. Signed A. Martin, T.C.")	1	413
Mary A., m. Rowland PURRY, b. of Lebanon, Apr. 30, 1834, by Rev. Edward Bull	1	318
LATHROP, Ann V., of Franklin, m. Easton COOCH, of Lebanon, Apr. 18, 1826, by Rev. Esek Brown	1	218
Cynthia, m. Mr. KINGSLEY, Oct. 3, 1827, by Erastus Ripley	1	297
Erastus, of Lebanon, m. Prudence M. PARK, of Bozrah, Aug. 15, 1843, by Rev. Nathan Wildman	2	24
Jerusha, of Edgartown, m. Simeon NEWCOMB, of Lebanon, Nov. 17, 1740	1	222
Leonard, m. Susan BROWN, b. of Lebanon, Sept. 12, 1842, by Levi Meech, Elder	2	15
Lois, m. James DOWNER, Apr. 30, 1761, by J[oh]n Ellis, Clerk	1	67
Lucy, of Lebanon, m. Jedediah WILLIAMS, of Norwich, Jan. 27, 1828, by Rev. Edward Bull	1	424
Lydia, m. Ebenezer BACON, Jan. 17, 1733, by Rev. Ja[me]s Green	1	128
Mary J., of Goshen, Lebanon, m. William F. GEER, of Selina, N.Y., Oct. 22, 1837, by Rev. Israel T. Otis	1	448
Nancy M., of Lebanon, m. Codington SMITH, of Bozrah, Sept. 21, 1852, by J. R. Brown, Goshen	2	76
Olive, of Norwich, m. Joshua STARK, of Lebanon, the fore part of 1786, by Rev. Christopher Palmer. Witnesses: Abiell & Caleb Stark	1	299
Rebecca, m. Abiel SQUIER, [ ]	1	293
Susan, m. Henry OTIS, Jan. 4, 1832, by Erastus Ripley	1	239
LATIMER, William T., of Montville, m. Milla GARDNER, of Lebanon, Jan. 9, 1848, by Nathan Wildman	2	54
LAW, Ann, d. [Wigglesworth & Ann], b. Feb. 24, 1759	1	184
Betty, d. [Wigglesworth & Ann], b. Aug. 5, 1761	1	184
James, s. [Wigglesworth & Ann], b. Mar. 28, 1754	1	181
John, s. Wigglesworth & Ann, b. Aug. 9, 1756	1	184
Mary, m. E[lisha] DOUBLEDAY, [ ]	1	72
Nathan, s. [Wigglesworth & Ann], b. May 12, 1764	1	184
Rebecca, d. Wigglesworth & Sarah, b. Oct. 4, 1745; d. Aug. 26, 1746	1	181
Rebeckah, d. Wigglesworth & Sarah, b. May 31, 1747	1	181
Sarah, d. Wigglesworth & Sarah, b. May 14, 1749	1	181
Sarah, w. Wigglesworth, d. Nov. 3, 1750	1	181

LEBANON VITAL RECORDS 127

	Vol.	Page
LAW (cont.)		
Thomas, s. Wigglesworth & Ann, b. Feb. 14, 1752	1	181
Wigglesworth, m. Sarah **ORDWAY**, Dec. 12, 1744	1	181
Wigglesworth, m. Ann **TUTLE**, May 2, 1751	1	181
LAWRENCE, Rhoda, d. [Samuel & Lydia], b. Sept. 26, 1748	1	182
Samuel, m. Lydia **THROOPE**, May 22, 1740	1	182
LAY, Abigail, of Lyme, m. Nath[anie]l **ROGERS**, Jr. ,of Lebanon, Dec. 9, 1779, by Rev. Mr. S. Johnson	1	276
LEACH, LEECH, Delia, d. [Joseph & Rebecca], b. Feb. 1, 1796	1	401
Isaac, s. [Joseph & Bethiah], b. May 2, 1772; d. Apr. 4, 1773	1	189
Isaac, s. [Joseph & Bethiah], b. Apr. 9, 1774	1	189
Jonathan Lyman, s. [Joseph & Bethiah], b. Oct. 6, 1766	1	189
Jon[athan] Lyman, [s. Joseph & Bethiah], d. Apr. 14, 1767	1	189
Jonathan Lyman, s. [Joseph & Bethiah], b. June 21, 1768	1	189
Joseph, m. Bethiah **LYMAN**, Oct. 17, 1765	1	189
Joseph, [s, Joseph & Bethiah], b. Mar. 3, 1770	1	189
Joseph, m. Rebeccah **SOUTHWORTH**, Apr. 19, 1795	1	401
Joseph, d. July 25, 1825, ae 55 y. Henry William & Delia S. Leach, Adms.	1	114
Rebecca S., w. Joseph, d. Sept. 15, 1834, ae 75	1	114
LEARNED, [see also **LARNED**], Betty, d. [Joseph & Hannah], b. Apr. 13, 1759	1	185
Israel, s. [Joseph & Hannah], b. Nov. 3, 1763	1	185
Israel, s. [Joseph & Hannah], b. May 1, 1769	1	185
John s., [Joseph & Hannah], b. June 25, 1773	1	185
Joseph, s. [Joseph & Hannah], b. Apr. 12, 1753	1	185
Nathan, s. [Joseph & Hannah], b. Feb. 29, 1756	1	185
Thena, d. [Joseph & Hannah], b. Mar. 30, 1766; d. Nov. 26, 1768	1	185
LEASON, Hannah, of Lebanon, m. Eli **BENJAMIN**, of Windham, Mar. 24, 1830, by Rev. Esek Brown	1	463
LEE, Abigail, [d. Stephen & Elizabeth], b. Feb. 27, 1703/4	1	176
Abigail, m. John **GILLETT**, Jr., Dec. 1, 1726	1	121
Adah, twin with Tillah, d. [Sam[ue]l, Jr. & Mary], b. Oct. 9, 1762	1	186
Anna, [d. Stephen & Elizabeth], b. June 26, 1706	1	176
Anna, m. David **LYMAN**, May 27, 1736	1	173
Anne, [d. Stephen & Mercy], b. July 12, 1745	1	171
Anne, d. [Stephen], d. Sept. 20, 1755	1	167
Asa, of Lebanon, m. Eunice E. **REYNOLDS**, of Norwich, Nov. 8, 1846, by Rev. Percivill Mathewson, of Colchester	2	48
Asahel, [s. Stephen & Elizabeth], b. Dec. 8, 1708	1	176
Asahel, m. Hannah [ ]	1	179
Charles B., of Colchester, m. Mary E. **CROCKER**, of Lebanon, Oct. 13, 1851, by Rev. John Avery, of Exeter	2	71
Cynthia, d. [Nathan & Sarah], b. July 8, 1766	1	190
Daniel, [s. Stephen & Elizabeth], b. Sept. 13, 1715	1	176

	Vol.	Page
LEE (cont.)		
Daniel, of Lebanon, m. Eunice **SEARL**, of Northampton, Nov. 14, 1739	1	174
Dan[ie]l, s. [Israel & Dorothy], b. July 13, 1758	1	180
Deborah, [d. Stephen & Mercy], b. Mar. 8, 1726	1	171
Deborah, m. Aaron **WALTERS**, Jan. 19, 1748/9	1	344
Desire, d. [Asahel & Hannah], b. Aug. 21, 1731	1	179
Dorothy, [d. Israel & Dorothy], b. Apr. 3, 1756	1	180
Elizabeth, d. Stephen & Elizabeth, b. Aug. 15, 1698	1	176
Elizabeth, m. Thomas **KELLOG[G]**, Dec. 22, 1720	1	166
Elizabeth, d. Jan. 18, 1744/5 in the 73d y. of her age	1	181
Elizabeth, of Ashford, m. Francis **SNOW**, of Lebanon, Nov. 19, 1766, by Elijah Whiton, J.P.	1	296
Elizabeth, [d. Stephen & Mercy], b. Dec. 31, 1827 [1727?]	1	171
Ezra, [s. Stephen & Mercy], b. May 9, 1743	1	171
Israel, s. Sam[ue]l & Mehitable, b. Oct. 21, 1720	1	178
Israel, m. Dorothy **TRACY**, Dec. 7, 1743	1	180
Israel, s. [Israel & Dorothy], b. Dec. 25, 1744	1	180
Jerusha, d. Israel & Dorothy, b. May 23, 1749	1	180
John, s. Asahel & Hannah, b. Jan. 8, 1733/4	1	179
John Abel, s. [Nathan & Sarah], b. Aug. 10, 1764	1	190
Lois, [d. Stephen & Mercy], b. Mar. 7, 1731/2	1	171
Lois, d. [Stephen], d. Dec. 18, 1755	1	167
Lydia, of Lebanon, m. George **ROGERS**, of Norwich, June 30, 1824, by Rev. William Palmer, at Asa Lee's	1	114
Mary, [d. Stephen & Elizabeth], b. Dec. 19, 1713	1	176
Mary, d. [Sam[ue]ll, Jr. & Mary], b. Sept. 12, 1753	1	186
Mehitable, d. Israel & Dorothy, b. Nov. 10, 1751	1	180
Mercy, w. Stephen, d. Nov. 25, 1755	1	167
Nathan, [s. Stephen & Mercy], b. Aug. 23, 1738	1	171
Nathan, m. Sarah **METCALF**, b. of Lebanon ,Oct. 6, 1763, by Rev. Mr. B. Throope	1	190
Polley, m. Oliver **HYDE**, Oct. 10, 1782	1	385
Rachel, [d. Stephen & Elizabeth], b. Apr. 16, 1711	1	176
Rachel, m. Ebenezer **WRIGHT**, [ ]	1	334
Samuel, [s. Sam[ue]l & Mehitable], b. Sept 11, 1728	1	178
Sam[ue]ll, Jr., of Lebanon, m. Mary **CULVER**, of Norwich, Dec. 26, 1751, by Rev. Benj[ami]n Lord	1	186
Samuel, m. Mehitable **BALDWIN**, [ ]	1	178
Sam[ue]ll Lord, s. [Sam[ue]ll, Jr. & Mary], b. Aug. 27, 1752	1	186
Sarah, d. [Israel & Dorothy], b. June 8, 1761	1	180
Solomon, [s. Israel & Dorothy], b. Mar. 29, 1747	1	180
Stephen, [s. Stephen & Elisabeth], b. Dec. 19, 1700	1	176
Stephen, m. Mercy **BENTLEY**, May 20, 1725	1	171
Stephen, d. Sept. 5, 1725	1	176
Stephen, [s. Stephen & Mercy], b. Mar. 2, 1729/30	1	171
Tillah, twin with Adah, d. [Sam[ue]l, Jr. & Mary], b. Oct. 9, 1762	1	186
William, [s. Stephen & Mercy], b. Feb. 22, 1734/5	1	171

LEBANON VITAL RECORDS 129

	Vol.	Page
LEE (cont.)		
W[illia]m, s. [Stephen], d. Mar. 2, 1756	1	167
William, m. Mary Ann SCISSON, Oct. 6, 1824, by		
Erastus Ripley	1	11
Zadoc, s. [Stephen & 2d w.], b. July 27, 1762	1	167
LESTER, W[illia]m B., of Woodstock, m. Jane E.		
BIRCHARD, of Lebanon, Apr. 11, 1849, by Rev.		
Horatio Merrill	2	61
LEWIS, Abigail Ann, of Lebanon, m. Warren BLODGETT,		
of Colchester, Oct. 6, 1839, by Rev. Charles		
Nichols, Exeter Society	1	454
Jesse, m. Esther A. GALLUP, b. of Lebanon, Nov. 6,		
1826, by Rev. Edward Bull	1	118
Lovinia, of Goshen, m. Alfred DANIELS, of Colchester,		
Nov. 30, 1820, by W[illia]m B. Ripley	1	410
Mary, of Lebanon, m. Charles SANDER, of Hebron,		
Nov. 27, 1823, by Daniel Waldo	1	12
Prudence, m. Arcus BUTTON, b. of Lebanon, Sept. 10,		
1821, by Esek Brown	1	415
Rucy, m. Amasa HYDE, b. of Lebanon, July 4, 1830, by		
Rev. Edw[ard] Bull	1	210
Ruhamy, of New London, m. Joseph BENTLEY, of		
Lebanon, Nov. 27, 1745	1	23
Warren R., of Lebanon, m. Harriet BILL, of Hebron,		
Nov. 2, 1845, by Rev. James M. Stanton, Hebron	2	43
LILLIE, David, s. Samuel & Mehitable, b. Nov. 28, 1742	1	170
Mehitable, d. [Silas & Mehitable], b. Dec. 27, 1771	1	189
Silas, s. [Silas & Mehitable], b. June 2, 1766, at Hebron	1	189
Zenas, s. [Silas & Mehitable], b. June 5, 1769, at Hebron	1	189
LINCOLN, Charles T., of Windham, m. Catherine DEAN, of		
Lebanon, Mar. 1, 1846, by Nathan Wildman	2	46
LINES, Elizabeth, m. Daniel BLISS, Jr., Feb. 5, 1756, by Rev.		
Mr. Wheelock	1	17
LISK, [see SISK]		
LITTLE, Alenson, s. John, b. May 4, 1790	1	191
Asa, s. William & Sybel, b. Oct. 31, 1751	1	183
Consider, [s. John & Mary], b. Mar. 24, 1746	1	180
Cynthia, of Lebanon, m. Joseph CURREL, of Boston,		
Sept. 23, 1832, by Rev. Edward Bull	1	430
David, s. Nathaniel & Mabell, b. Oct. 28, 1746	1	179
David, s. [Gamaliel], b. Mar. 23, 1768	1	190
Elizabeth, d. [John & Mary], b. Apr. 1, 1752	1	180
Faith, d. [Nathaniel & Mabell], b. Feb. 9, 1753	1	179
Gamaliel, [s. John], b. Jan. 18, 1741/2	1	180
John, s. [John & Mary], b. Mar. 9, 1750	1	180
John Phelps, s. [Gamaliel], b. Feb. 15, 1770	1	190
Jonathan, s. [William & Sybel], b. July 15, 1756	1	183
Joseph P., of Lebanon, m. Elizabeth C. PERRY, of		
Windham, Feb. 19, 1843, by Rev. Nathan Wildman	2	21
Lucy, d. [William & Sybel], b. Apr. 29, 1754; d. Dec. 6,		
1829	1	183
Mabell, d. Nath[anie]l & Mabell, b. Feb. 2, 1750	1	179

	Vol.	Page
LITTLE (cont.)		
Mary, d. [John & Mary], b. Mar. 8, 1748	1	180
Melinda, d. J[oh]n, Jr., b. May 14, 1787	1	191
Nath[anie]ll, Dr., d. Apr. 5, 1753	1	179
Otiss, s. John & Mary, b. Apr. 1, 1744	1	180
Priscilla, d. [John & Mary], b. Oct. 19, 1754	1	180
Theodatia, d. [Gamaliel], b. July 28, 1766	1	190
Theodosia, d. Nath[anie]l & Mehitable, b. Jan. 4, 1744/5, at Middletown	1	179
William, m. Sibel **METCALF**, Nov. 10, 1748	1	183
William, s. William & Sybel, b. Aug. 11, 1749	1	183
Woodbridge, s. Nathaniel & Mabel, b. Feb. 20, 1740/41, at Hartford	1	179
[LLOYD], LOYDE, Catharine, m. John **THOMPSON**, Sept. 3, 1826, by Erastus Ripley	1	400
LOCKWOOD, Alfred, m. Lucy Jane **ABEL**, b. of Lebanon, Aug. 30, 1840, by Rev. Lyman Strong	1	231
LOMBARD, LUMBARD, Evelina, of Lebanon, m. Labon **BUTTON**, of Wilberham, Mar. 13, 1823, by Esek Brown	1	86
Louisa, m. John **BROWN**, b. of Lebanon, Sept. 27, 1832, by Rev. Daniel Waldo, of Exeter	1	430
Orlivia, of Lebanon, m. Philo **WASHBURN**, of New York, June 15, 1836, by Levi Meach, Elder	1	395
Sanford, of Williamsburg, N.Y., m. Mary Ann **BABCOCK**, of Lebanon, Mar. 26, 1849, by Rev. Dexter Bullard	2	61
LONG, Azuba, of Cov[entry], m. James **HUTCHINSON**, of Leb[anon], Dec. 25, 1753, by Esq. Long	1	152
Ruth, of Coventry, m. Eleazer **HUTCHINSON**, Jr., Feb. 12, 1756, by Mr. Sam[ue]l Lockwood	1	152
LOOMER, Charles, s. [Joseph & Lucy], b. June 10, 1760	1	186
Darius, s. [Joseph & Lucy], b. Feb. 11, 1769	1	186
Dorastas, m. Martha **PAYN[E]**, Jan. 13, 1793	1	193
Frederic, s. [Joseph & Lucy], b. Oct. 24, 1766	1	186
Joseph, s. [Joseph & Lucy], b. Aug. 15, 1762	1	186
Joseph Payn[e], s. [Dorastas & Martha], b. Dec. 10, 1793	1	193
Nancy, [d. Dorastas & Martha], b. Oct. 29, 1796	1	193
Septemus, s. [Dorastas & Martha], b. Aug. 6, 1801	1	193
Zervia, of Norwich, m. John **POLLEY**, of Lebanon, June 6, 1764, by William Whiting, J.P.	1	258
Joseph, m. Lucy **HOUSE**, Dec. 20, 1758 (written in)	1	186
LOOMIS, LOOMISE, LOOMISS, LUMIS, Aaron, s. [Israel, Jr.], b. Apr. 6, 1778	1	192
Aaron, of Lebanon, m. Lydia **PIERCE**, of Brooklyn, May 14, 1805	1	393
Abby Cornelia (**BEAUMONT**), [d. John & Abigail Beaumont], d. Oct. 12, 1864	1	425
Abigail, m. William **JANES**, June 5, 1712	1	161
Abigail, [d. Zachariah & Joannah], b. Dec. 1, 1715	1	177
Abigail, [d. Caleb & Abigail], b. July 3, 1731; d. Jan. 13, 1750/51	1	173

LEBANON VITAL RECORDS 131

	Vol.	Page
LOOMIS, LOOMISE, LOOMISS, LUMIS (cont.)		
Abigail, [d. Joseph & Abigail], b. May 8, 1745	1	173
Abigail, d. [Thomas & Susanna], b. Oct. 1, 1747	1	172
Abigail, d. [Daniel & Mary], b. May 17, 1761. Moved to Coventry	1	187
Abigail, wid. m. Capt. Elijah SPRAGUE, May 8, 1766	1	291
Abigail, [w. Isaiah], d. July 12, 1826, ae 71	1	444
Abigail Bailey, [d. Isaiah, 3d, & Huldah Prior], b. Mar. 24, 1818	1	419
Abigail Bailey, twin with Alba William, [d. Isaiah, 3d, & Huldah Prior], b. Mar. 20, 1829	1	419
Abijah, d. (?) [Joseph & Lydia], b. Mar. 1, 1777	1	391
Abner, [s. Caleb & Abigail], b. Apr. 21, 1729	1	173
Abner, s. Ezekiel & Elizabeth, b. Feb. 11, 1747/8	1	184
Abraham, [s. Ezekiel & Mary], b. June 23, 1721	1	177
Adgat, s. [Veach], b. May 29, 1815	1	446
Adna, s. [Joseph & Lydia], b. July 30, 1772	1	391
Alba William, twin with Abigail BAILEY, [s. Isaiah, 3d, & Huldah Prior], b. Mar. 20, 1829	1	419
Amos, s. Thomas & Susannah, b. Apr. 24, 1752	1	172
Amos, s. Lt. Tho[ma]s & Susanna, d. Aug. 25, 1756	1	172
Amos, s. [Joseph & Lydia], b. Feb. 20, 1768	1	391
Amos, s. [John & Elizabeth], b. Mar. 20, 1780	1	190
Amos, m. Lucy TILDEN, June 1, 1794, by Rev. Zebulon Ely	1	386
Amos, Capt., d. Mar. 31, 1811	1	386
Amos, s. [Arial & Eliza], b. Oct. 14, 1812	1	392
Amos F., m. Maria STEWART, b. of Lebanon, Nov. 10, 1844, by Nathan Wildman	2	35
Anna, m. Samuel WRIGHT, Dec. 13, 1727	1	329
Anne, [d. John & Ann], b. June 12, 1727	1	171
Anson, s. [Veach], b. Jan. 14, 1813	1	446
Arial, s. [Joseph & Lydia], b. Mar. 6, 1782	1	391
Arial, m. Eliza WATTLES, Nov. 27, 1803	1	392
Ariel, m. Abijah WILLIAMS, July 22, 1822, b. of Lebanon, by John H. Fowler, Exeter	1	421
Artemus, s. [Daniel & Eunice], b. Aug. 30, 1770	1	187
Asa, s. Ezekiel & Elizabeth, b. Apr. 9, 1750	1	184
Asahel, [s. Benoni & Hannah], b. Nov. 23, 1738	1	172
Asa[h]el, m. Mary SIMS, June 23, 1763, by Rev. Mr. Wheelock	1	188
Asahel, s. Asahel & Mary, b. July 30, 1776	1	188
Athelina, w. Timothy, d. June 12, 1813	1	262
Azuba, [d. Joseph & Abigail], b. Feb. 19, 1749	1	173
Benajah, s. Ephraim & Mary, b. Sept. 25, 1719; d. July 1, 1738	1	178
Benajah, s. Ephraim & Hannah, b. Oct. 9, 1747	1	178
Benoni, [s. Joseph & Sarah], b. Mar. 30, 1715	1	177
Benoni, m. Hannah WOODWARD, Nov. 5, 1735	1	172
Benoni, s. Benoni & Hannah, b. Jan. 3, 1749	1	172
Betsey, of Columbia, m. Bennet COOK, of Lebanon, Feb. 28, 1821, by Esek Brown	1	413

LOOMIS, LOOMISE, LOOMISS, LUMIS (cont.)

	Vol.	Page
Caleb, m. Abigail **WRIGHT**, Jan. 27, 1726	1	173
Caleb, [s. Caleb & Abigail], b. June 19, 1735	1	173
Charles L., s. Veach, b. Dec. 6, 1810	1	446
Charles L., of Lebanon, m. Wealthy **GRANT**, of North Stonington, Nov. 10, 1836, by Israel T. Otis	1	195
Charles L., m. Francis E. **CLARK**, b. of Lebanon, Dec. 21, 1842, by Rev. Stephen Hays, of Exeter	2	19
Chauncey, s. [John & Elizabeth], b. Mar. 7, 1792	1	190
Clarissa C., m. Austin **GAY**, b. of Lebanon, Sept. 27, 1843, by Rev. Nathan Wildman	2	27
Clarissa Cornelia, d. [Timothy & Betsey], b. Feb. 15, 1819	1	262
Daniel, [s. Joseph & Sarah], b. Apr. 7, 1713	1	177
Daniel, [s. Benoni & Hannah], b. Aug. 15, 1736	1	172
Daniel, s. Israel & Esther, b. Dec. 31, 1739	1	174
Daniel, s. [John & Mindwell], b. May 8, 1747	1	182
Daniel, m. Eunice **LYMAN**, June 16, 1762, by Ja[me]s Clark, Esq.	1	187
Daniel, m. Mary **SPRAGUE**, b. of Lebanon, June 19, 1762, by W[illia]m Metcalf, Esq.	1	187
David, [s. John & Mindwell], b. Apr. 9, 1737 (?)	1	182
Deadamia, d. [Aaron & Lydia], b. Oct. 17, 1809	1	393
Deborah, [d. Caleb & Abigail], b. Mar. 8, 1738	1	173
Desire, d. [Thomas & Susanna], b. July 10, 1754	1	172
Dwight, of Rockville, m. Mary E. **BILL**, of Lebanon, Nov. 30, 1848, by Nathan Wildman	2	59
Dyer, s. [Nathaniel & Mary], b. Apr. 2, 1727	1	171
Ebenezer, [s. Zachariah & Joanna], b. June 11, 1720	1	177
Ebenezer, m. Hannah **SNOW**, of Windham, Jan. 31, 1751	1	185
Ebenezer, s. [Ebenezer & Hannah], b. Apr. 22, 1752	1	185
Eb[eneze]r, d. Nov. 28, 1759, in the 40th y. of his age	1	185
Ebenezer, s. Ebenezer & Hannah, d. May 22, 1762	1	185
Edwin H., s. [Hezekiah & Eliza], b. June 18, 1815	1	262
Eleazer, s. [Israel, Jr.], b. Feb. 22, 1766	1	192
Elijah, [s. Ezekiel & Mary], b. Mar. 24, 1725	1	177
Elijah, m. Elizabeth **THROOPE**, Apr. [ ], 1751	1	181
Elijah, s. Elijah & Deborah, b. Mar. 22, 1753	1	179
Elijah, d. Jan. [ ], 1809	1	181
Elizabeth, [d. Zachariah & Joanna], b. June 22, 1722	1	177
Elizabeth, [d. Thomas & Susanna], b. Oct. 25, 1735; d. Oct. 11, 1740	1	172
Elizabeth, [d. Thomas & Susanna], b. Aug. 10, 1741	1	172
Elizabeth, w. Thomas, d. July 18, 1742	1	170
Elizabeth, m. Dan[iel] **PAYNE**, Apr. 22, 1760, by Ja[me]s Clark, Clerk	1	253
Elizabeth, d. [John & Elizabeth], b. Mar. 20, 1784	1	190
Elizabeth M., m. Harlow **ROBINSON**, b. of Lebanon, Jan. 1, 1846, by John C. Nichols	2	43
Elizabeth Wattles, Jr., [d. Arial & Eliza], b. May 22, 1821; d. Aug. 1, 1822	1	392

LEBANON VITAL RECORDS 133

	Vol.	Page
LOOMIS, LOOMISE, LOOMISS, LUMIS (cont.)		
Elizabeth Wattles, w. Ariel, d. Sept. 18, 1821, ae 42 y.	1	392
Emmeline, m. Elihu **THOMAS**, b. of Lebanon, Nov. 7, 1821, by W[illia]m B. Ripley	1	416
Ephraim, [s. Ephraim & Mary], b. May 21, 1727	1	178
Ephraim, m. Mary **TUTTLE**, [ ]	1	178
Erastus, s. [John & Elizabeth], b. Nov. 7, 1781	1	190
Erastus, s. [Joseph & Ruth], b. Sept. 27, 1793	1	391
Esther, w. Israel, d. Feb. 16, 1742/3	1	174
Esther, d. [Israel & Mercy], b. Jan. 2, 1748	1	174
Esther, d. [Israel, Jr.], b. Dec. 19, 1774	1	192
Eunice, d. [Daniel & Eunice], b. May 4, 1767	1	187
Eunice, d. [Veach], b. May 6, 1818	1	446
Eunice, of Lebanon, m .Edward H. **STRONG**, of Colchester, Dec. 7, 1843, by Rev. Israel T. Otis	2	30
Ezekiel, s. [Ezekiel & Mary], b. June 17, 1716	1	177
Ezekiel, Jr., m. Elizabeth **COLTON**, Mar. 1, 1742/3	1	184
Ezekiel, Jr., d. Jan. 25, 1743/4	1	181
Ezekiel, s. Ezekiel & Elizabeth, b. Feb. 6, 1744/5	1	184
Ezekiel, m. Mary **TEMPLE**, [ ]	1	177
Ezra, [s. Ezekiel & Mary], b. Aug. 13, 1726	1	177
Frances A., of Lebanon, m. John C. **GATES**, of Norwich, Nov. 28, 1850, by Rev. John Avery, of Exeter	2	68
George, s. [Arial & Eliza], b. Mar. 27, 1807	1	392
George Henry Lathrop, [s. Isaiah, 3d & Huldah Prior], b. July 19, 1824	1	419
Gideon Prior, [s. Isaiah, 3d, & Huldah Prior], b. Sept. 20, 1826	1	419
Gilbert, [s. Hezekiah & Eliza], b. Sept. 1, 1828	1	262
Grace, m. Capt. John **WEBSTER**, Aug. 4, 1709	1	325
Griswold, [s. Arial & Eliza], b. May 22, 1821	1	392
Hannah, m. John **BIRCHARD**, Dec. 30, 1708	1	21
Hannah, m. Thomas **WOODWARD**, Mar. 20, 1712	1	326
Hannah, [d. Benoni & Hannah], b. Mar. 27, 1741	1	172
Hannah, d. [Ebenezer & Hannah], b. Apr. 11, 1754	1	185
Hannah, wid. m. Ebenezer **CASE**, Feb. 18, 1762, by Rev. Mr. Williams	1	370
Hannah, m. John **ARNOLD** [ ]	1	10
Harvey, s. [Joseph & Lydia], b. Apr. 23, 1783	1	391
Henry A., s. [Hezekiah & Eliza], b. Jan. 19, 1817	1	262
Henry A., m. Abby C. **BEAUMONT**, Feb. 15, 1843, by Rev. Nathan Wildman	2	21
Henry Williams, s. [Ariel & Abijah], b. Sept. 13, 1823	1	421
Hepsibah, of Sharon, m. Sam[ue]l **GILLETT**, Oct. 16, 1745	1	129
Hezekiah, s. [Joseph & Lydia], b. Feb. 8, 1779	1	391
Hezekiah, b. Oct. 24, 1790; m. Eliza **BENNET**, Oct. 25, 1812	1	262
Hezekiah M., [s. Hezekiah & Eliza], b. Dec. 25, 1819	1	262
Huldah, d. [Israel, Jr.], b. Nov. 9, 1772	1	192
Huldah, m. William **BLISS**, June 16, 1799	1	393

	Vol.	Page
LOOMIS, LOOMISE, LOOMISS, LUMIS (cont.)		
Irene, d. Caleb & Abigail, b. Aug. 5, 1728	1	173
Irene, d. Joseph & Abigail, b. Apr. 24, 1751	1	173
Isaac, s. [Joseph & Ruth], b. July 31, 1789	1	391
Isaiah, [s. Thomas & Susanna], b. Dec. 20, 1740; d. Oct. 11, 1740	1	172
Isaiah, s. Thomas & Susannah, b. Sept. 17, 1749	1	172
Isaiah, s. [Israel & Mercy], b. Aug. 3, 1758	1	174
Isaiah, m. Abigail **WILLIAMS**, Dec. 8, 1774; d. Nov. 20, 1834, ae 85	1	444
Isaiah, s. [Israel, Jr.], b. Dec. 26, 1780	1	192
Isaiaih, 3d, m. Huldah Prior **FITCH**, May 18, 1815	1	419
Israel, [s. John & Martha], b. Sept. 29, 1715	1	170
Israel, s. [Caleb & Abigail], b. Sept. 25, 1727	1	173
Israel, m. Esther **HUNT**, Dec. 15, 1737	1	174
Israel, s. Israel & Esther, b. Jan. 22, 1741/2	1	174
Israel, m. Mary **HOLBROOK**, Sept. [ ], 1743	1	174
Israel, m. Mercy **MARSH**, Apr. 8, 1747	1	174
Israel, s. [Caleb & Abigail], d. Aug. 13, 1749, in the 22d y. of his age	1	173
Israel, s. [Israel, Jr.], b. June 24, 1767	1	192
Israel, s. [Aaron & Lydia], b. Oct. 26, 1807	1	393
Jacob, s. [Israel & Mercy], b. Jan. 24, 1755	1	174
Jane E., [d. Hezekiah & Eliza], b. Apr 23, 1824; d. Nov. 10, 1824	1	262
Jarvis, s. [Joseph & Ruth], b. May 7, 1791	1	391
Jerome, s. Joseph & Abigail, b. Aug. 20, 1757	1	170
Jessa Fitch, [child of Isaiah, 3d & Huldah Prior], b. Dec. 16, 1821	1	419
Joanna, [d. Zachariah & Joanna], b. June 22, 1708	1	177
Joanna, [d. Zachariah & Joanna], b. Apr. 13, 1718	1	177
Joanna, of Windsor, m. Sam[ue]l **BROWN**, of Lebanon, [ ], 1721	1	22
Joanna, m. Joseph **LYMAN**, Dec. 2, 1741	1	175
Joanna, [w. Zachariah], d. Nov. 25, 1759, in the 74th y of her age	1	177
Joel, [s. Benoni & Hannah], b. Jan. 4, 1743/4	1	172
John, m. Martha **OSBORN**, Oct. 30, 1706	1	170
John, s. John & Martha, b. Sept. 24, 1709	1	170
John, Dea., d. Aug. 31, 1715	1	181
John, m. Ann **LYMAN**, Sept. 30, 1825 [1725?]	1	171
John, s. [John & Martha], d. June 10, 1726	1	170
John, s. John & Mindwell, Sept. 16, 1733	1	182
John, s. Israel & Esther, b. Sept. 3, 1738; d. Jan. 26, 1738/9	1	174
John, s. [Israel & Mercy], b. Nov. 3, 1751	1	174
John, m. Elizabeth **TILDEN**, b. of Lebanon, Oct. 14, 1773	1	190
John, s. John [& Elizabeth], b. Aug. 16, 1775	1	190
John, m. Polly **STEWART**, b. of Lebanon, Nov. 27, 1825, by Rev. Esek Brown	1	115
John, d. May 24, 1841	1	116

LEBANON VITAL RECORDS 135

	Vol.	Page
LOOMIS, LOOMISE, LOOMISS, LUMIS (cont.)		
Jonathan, [s. John & Martha], b. Aug. 13, 1722	1	170
Jonathan, 4th, s. [Ezekiel & Elizabeth], b. July 19, 1752	1	184
Joseph, [s. Joseph & Sarah], b. Oct. 10, 1710	1	177
Joseph, Sr., d. Feb. 26, 1714/15	1	177
Joseph, m. Sarah **WOODWARD**, Feb. 19, 1735/6	1	173
Joseph, s. Thomas & Susanna, b. Dec. 5, 1737; d. Oct. 16, 1740	1	172
Joseph, m. Abigail **CLARKE**, Nov. 9, 1738	1	173
Joseph, s. Joseph & Abigail, b. Nov. 15, 1741	1	173
Joseph, [s. Thomas & Susanna], b. Apr. 29, 1743	1	172
Joseph, m. Lucy **HOUSE**, Dec. 20, 1759, by Rev. Mr. S. Lockwood	1	186
Joseph, d. Apr. 11, 1760	1	170
Joseph, m. Lydia **BOZWORTH**, May 5, 1763	1	391
Joseph, s. [Joseph & Lydia], b. July 8, 1780	1	391
Joseph, s. Jos[eph], & Mary, b. Apr. 28, 1785	1	191
Joseph, m. Ruth **BINGHAM**, Dec. 12, 1787	1	391
Joseph, m. Sarah **BISSEL**, [ ]	1	177
Joseph Nelson, [s. Ariel & Eliza], b. Sept. 8, 1817	1	392
Josiah, d. Oct. 20th or thereabout, 1735, in the 75th y. of his age	1	181
Lois, d. [Abraham & Sarah], b. July 17, 1753	1	185
Lara, d. [Israel, Jr.], b. Dec. 28, 1768	1	192
Lora, d. [Aaron & Lydia], b. Mar. 27, 1806	1	393
Louisa, d. [John & Elizabeth], b. Oct. 29, 1789	1	190
Lovina, d. [Daniel & Eunice], b. Mar. 30, 1765	1	187
Lowy, d. [Amos & Lucy], b. Feb. 10, 1802	1	386
Lucinda, m. Thomas C. **POTTER**, b. of Lebanon, Nov. 3, 1831, by Rev. Esek Brown	1	265
Lucinda Malvina, d. [Timothy & Betsey], b. Sept. 12, 1823	1	262
Lucy, d. [Isaiah & Abigail], b. Apr. 23, 1783	1	444
Lucy, d. [Amos & Lucy], b. Nov. 16, 1799	1	386
Lucy, w. Capt. Amos, d. Feb. 16, 1807	1	386
Lucy, m. Eliphalet **ABEL**, b. of Lebanon, Mar. 27, 1823, by Rev. Daniel Waldo, Exeter	1	7
Lucy, m. Eliphalet **ABEL**, Mar. 27, 1823	1	444
Lydia, d. [Joseph & Lydia], b. Feb. 14, 1771	1	391
Lydia, w. Joseph, d. Dec. 14, 1786	1	391
Lydia, d. [Isaiah & Abigail], b. Dec. 8, 1790	1	444
Lydia, d. [Amos & Lucy], b. June 20, 1797	1	386
Lydia, m. Simeon **LOOMISS**, Mar. 29, 1810	1	322
Lydia, m. Jonathan **LYMAN**, [ ]	1	176
Lydia W., m. Rowland L. **COBB**, b. of Lebanon, Oct. 30, 1842, by John C. Nichols	2	22
Margaret, d. [Zachariah & Joanna], b. June 26, 1710	1	177
Mariah, twin with Mary, d. [Timothy & Betsey], b. May 11, 1827	1	262
Maria, of Lebanon, m. Cyrus **PEASE**, of Ellington, Mar. 5, 1851, by Nathan Wildman	2	69
Maria Lucretia, d. [Amos & Lucy], b. Apr. 20, 1804	1	386

LOOMIS, LOOMISE, LOOMISS, LUMIS (cont.)

	Vol.	Page
Martha, [d. John & Martha], b. Oct. 4, 1712	1	170
Marvin T., s. [Hezekiah & Eliza], b. June 15, 1818; d. Apr. 8, 1819	1	262
Mary, [d. Ezekiel & Mary], b. June 27, 1717	1	177
Mary, w. Josiah, d. Apr. 2, 1738, in the 78th y. of her age	1	181
Mary, d. [John & Mindwell], b. Apr. 27, 1742	1	182
Mary, [w. Israel], d. Apr. [ ], 1745	1	174
Mary, d. [Abraham & Sarah], b. May 10, 1749	1	185
Mary, d. [Israel & Mercy], b. Aug. 19, 1749	1	174
Mary, m. Abijah BADCOCK, May 18, 1771	1	217
Mary, d. [John & Elizabeth], b. Feb. 5, 1778	1	190
Mary, twin with Mariah, d. [Timothy & Betsey], b. May 11, 1827	1	262
Mary, m. Lot McCall BUTLER, b. of Lebanon, Jan. 1, 1829, by Rev. Daniel Waldo	1	89
Mary, m. Shubael W. KINGSLEY, May 8, 1831	1	84
Mary, m. Noyes B. DAVIS, b. of Lebanon, Jan. 14, 1849, by Nathan Wildman	2	60
Mary S., d. [Arial & Eliza], b. Sept. 30, 1809	1	392
Melinda, d. [Israel, Jr.], b. Dec. 29, 1787	1	192
Melinda, m. Finnius WARD, Dec. 23, 1810, by Nehemiah Dodge	1	400
Mindwell, d. [John & Mindwell], b. Mar. 5, 1737	1	182
Nancy, m. Erastus HUTCHINSON, b. of Lebanon, Dec. 21, 1815, by Rev. Daniel Putnam, at the house of Col. Isaiah Loomis	1	260
Nathan, s. [Abraham & Sarah], b. Oct. 27, 1750	1	185
Nathaniel, m. Mary DYER, Feb. 17, 1825 [1725?]	1	171
Nelson B., s. [Hezekiah & Eliza], b. Dec. 9, 1813	1	262
Norton Brown, s. [Timothy & Betsey], b. Sept. 25, 1820	1	262
Orvilla, d. [Amos & Lucy], b. May 17, 1795	1	386
Phebe, [d. Caleb & Abigail], b. Mar. 7, 1733	1	173
Phebe, d. Benoni & Hannah, b. July 21, 1751	1	172
Phinehas, [s. Ezekiel & Mary], b. Sept. 23, 1723	1	177
Polly, d. May 17, 1824. Isaiah Loomis, 2d Executor	1	94
Rachel, d. [Daniel & Eunice], b. Apr. 21, 1763	1	187
Rebecca, d. Elijah, b. Feb. [ ], 1776	1	181
Rebecca, d. [Israel, Jr.], b. Apr. 5, 1776	1	192
Rebecca B., of Lebanon, m. Calvin HALE, Jr., of East Hartford, Nov. 26, 1835, by Rev. Dexter Bullard	1	401
Rebec[c]ah Bingham, [d. Isaiah, 3d, & Huldah Prior], b. Apr. 22, 1816	1	419
Reuben, [s. Benoni & Hannah], b. Apr. 28, 1746	1	172
Rhoda, [d. Joseph & Abigail], b. Mar. 17, 1747	1	173
Rhoda, d. [Israel & Mercy], b. June 14, 1753	1	174
Rhoda, m. Abel GAY, Nov. 4, 1810	1	138
Ruby, d. [Joseph & Lydia], b. Jan. 5, 1766	1	391
Ruth, d. [Zachariah & Joanna], b. June 14, 1729	1	177
Ruth, d. [Benoni & Hannah], b. Mar. 1, 1754	1	172
Ruth, m. Elijah STRONG, Mar. 18, 1756, by Rev. Mr. Williams	1	291

LEBANON VITAL RECORDS 137

	Vol.	Page
LOOMIS, LOOMISE, LOOMISS, LUMIS (cont.)		
Sabina, d. [Amos & Lucy], b. Apr. 25, 1806	1	386
Salmon, s. [Joseph & Lydia], b. Aug. 20, 1774	1	391
Salmon, s. [Arial & Eliza], b. Dec. 2, 1804	1	392
Salmon, m. Abigail CHAMPLAIN, b. of Lebanon, Feb. 25, 1829, by Esek Brown	1	75
Samuel, s. [Ebenezer & Hannah], b. Apr. 20, 1757; d. Nov. 22, 1759	1	185
Sarah, d. [Joseph & Sarah], b. Dec. 29, 1708	1	177
Sarah, m. Jonathan CURTICE, Dec. 7, 1710	1	44
Sarah, m. Josiah LYMAN, Nov. 25, 1717	1	171
Sarah, [d. John & Martha], b. June 14, 1726	1	170
Sarah, d. July 14, 1726	1	181
Sarah, d. Joseph & Sarah, b. Nov. 15, 1736	1	173
Sarah, w. Joseph, d. Nov. 19, 1736	1	173
Sarah, m. John CLARK, July 16, 1755	1	59
Sarah, d. [Joseph & Abigail], b. Sept. 12, 1759	1	170
Sarah Ann, d. [Timothy & Athelina], b. Oct. 8, 1811; d. Apr. 15, 1813	1	262
Sherman, s. [Isaiah & Abigail], b. May 1787	1	444
Silas, s. [Israel, Jr.], b. Dec. 6, 1770	1	192
Simeon, s. Joseph & Abigail, b. May 14, 1755	1	170
Simeon, m. Lydia LOOMISS, Mar. 29, 1810	1	322
Susannah, [d. Thomas & Susanna], b. Apr. 26, 1745	1	172
Susannah, d. [Isaiah & Abigail], b. Nov. 17, 1779	1	444
Susannah, d. Elijah, b. Mar. 18, 1780	1	181
Thomas, m. Elizabeth FOWLER, Jan. 8, 1712/13	1	170
Thomas, Jr., m. Susannah CLARK, Nov. 7, 1734	1	172
Thomas, m. Hannah HUNT, Dec. 20, 1743	1	170
Thomas, s. [Lt. Tho[ma]s & Susanna], b. Apr. 8, 1756	1	172
Timothy, [s. John & Martha], b. Aug. 24, 1718	1	170
Timothy, m. Athelina BROWN, Nov. 25, 1810	1	262
Timothy, m. Betsey WILLS, Nov. 23, 1818	1	262
Veach, s. [Isaiah & Abigail], b. Dec. 16, 1775	1	444
William, s. [Joseph & Abigail], b. June 26, 1753	1	173
Zachariah, [s. Zachariah & Joanna], b. Apr. 14, 1712; d. Aug. 7, 1715	1	177
Zachariah, [s. Zachariah & Joanna]b. Sept. 12, 1726	1	177
Zachariah, d. Apr. 6, 1751, in the 70th y. of his age	1	177
Zachariah, m. Joanna ABEL, [ ]	1	177
Zerviah, [d. Zachariah & Joanna], b. Sept. 2, 1724	1	177
Zerviah, [d. Ezekiel & Mary], b. Aug. 8, 1728	1	177
Zerviah, d. Elijah, b. Mar. 23, 1778	1	181
Zerviah, d. Mar. 12, 1795	1	181
-----, m. John PERKINS, Dec. 16, 1779, by Rev. S. Lockwood	1	258
LORD, Adelaide M., of Middletown, m. Elnathan ROWLEY, of Colchester, July 5, 1840, by Henry H. Abel, J.P.	1	77
Jarvis P., of Sherbourne, N.Y., m. Harriet P. BILL, of Lebanon, [May] 26, 1827, by Rev. Daniel Waldo	1	324
Polly, d. [Daniel & Jane], b. June 21, 1795	1	193
Thomas Hyde, s. [Daniel & Jane], b. July 1, 1797	1	193

	Vol.	Page
LORING, Abner D., m. Mary Ann **ADAMS**, b. of Lebanon, Apr. 12, 1840, by Nathan Wildman	1	464
Hannah, of Lebanon, m. George H. **NEWCOMB**, of Windham, Oct. 9, 1842, by Rev. Rob[er]t C. Mills, of Colchester Borough	2	18
Sally, m. Nathaniel **BROWN**, b. of Lebanon, Jan. 15, 1849, by Nathan Wildman	2	60
Solomon, m. Angelina **SAWYER**, b. of Lebanon, Mar. 23, 1828, by Rev. Esek Brown	1	214
LUCAS, Joseph H., m. Mary **MAPLES**, b. of Norwich, Jan. 21, 1825, by Rev. Esek Brown, in Lebanon	1	114
LYMAN, Abel, s. John & Mary, b. Jan. 4, 1751/2	1	169
Abigail, d. June 3, 1709	1	175
Abigail, d. Isaac & Abigail, b. [ ] 28, 1709	1	175
Abigail, [d. Ebenezer & Lydia], b. Dec. 23, 1726	1	178
Abigail, m. James **WHITE**, Apr. 22, 1731	1	329
Abigail, d. Thomas & Mary, b. May 5, 1752	1	174
Abigail, m. Nathaniel **FITCH**, May 6, 1776, by Mr. Brockway	1	112
Albert G., m. Lucinda P. **SEGARS**, [Oct.] 10, 1837, by Rev. Dexter Bullard	1	449
Ame, d. [Thomas, Jr. & Anne], b. Nov. 14, 1768	1	186
Ann, d. Richard & Elizabeth, b. Aug. 30, 1698	1	176
Ann, m. John **LOOMISE**, Sept. 30, 1825 [1725?]	1	171
Anna, [d. Josiah & Sarah], b. Mar. 18, 1724	1	171
Anna, [d. Ebenezer & Lydia], b. Aug. 4, 1737	1	178
Anna, d. Dec. 11 1737	1	181
Anne, [d. Jonathan & Lydia], b. Jan. 28, 1730/31	1	176
Anne, m. Isaiah **TIFFANY**, Jr., May 19, 1748	1	310
Anne, wid. m. Jabez **WRIGHT**, Dec. 13, 1774, by Ab[raha]m Burnap, J.P.	1	346
Asa, s. [Jonathan & Bethiah], b. Oct. 31, 1757	1	174
Asa, s. [Jon[athan] & Bethiah], d. June 14, 1771, in the 14th y. of his age	1	169
Asa, s. [William & Mary], b. Feb. 24, 1777	1	188
Benjamin, s. Isaac & Rebecca, b. Jan. 30, 1734/5	1	175
Benjamin, twin with Joseph, [s. Thomas & Mary], b. July 6, 1744	1	173
Bethiah, [d. Jonathan & Bethiah], b. Oct. 15, 1741	1	174
Bethiah, m. Joseph **LEACH**, Oct. 17, 1765	1	189
Betsey, of Lebanon, m. [ ] **BACKUS**, of Windham, May 2, 1826, by Rev. Esek Brown	1	217
Caleb, s. Isaac & Thankful, b. Apr. 16, 1728	1	175
Caleb, m. Mary **BETTIS**, June 2, 1756, by Rev. Sol[omon] Williams	1	187
Clarissa, d. [William & Mary], b. Oct. 31, 1771	1	188
Daniel, [s. Samuel & Elizabeth], b. Feb. 18, 1704/5	1	170
Daniel, m. Mehitable **PORTER**, Mar. 3, 1730/31	1	172
Daniel, [s. Thomas & Mary], b. July 9, 1746	1	173
Daniel, s. Thomas, d. July 23, 1746	1	181
David, m. Anna **LEE**, May 27, 1736	1	173

LEBANON VITAL RECORDS 139

	Vol.	Page
LYMAN (cont.)		
David, of Lebanon, m. Mary **BENTON**, of Tolland, May 1, 1740	1	173
David, s. David & Mary, b. May 20, 1741	1	173
David, s. David [& Mary], d. Aug. 16, 1741	1	173
David, m. Mary **GITTAU**, of Woodbury, Apr. 8, 1742	1	173
David, s. [Jonathan & Bethiah], b. May 11, 1756; d. [May] 14, [1756]	1	174
David, s. [Caleb & Mary], b. May 20, 1761	1	187
David, m. Submit **GOULD**, May 8, 1785, by Rev. Mr. Ely	1	191
David, s. [David & Submit], b. Oct. 19, 1786	1	191
Ebenezer, [s. Richard & Mary], b. Aug. 4, 1702	1	176
Ebenezer, [s. Ebenezer & Lydia], b. Jan. 22, 1746/7	1	178
Ebenezer, m. Lydia **WRIGHT**, [ ]	1	178
Elias, s. John & Mary, b. Apr. 4, 1754	1	169
Elijah, [s. Jonathan & Lydia], b. July 21, 1727	1	176
Elijah, m. Esther **CLARK**, Dec. 14, 1749	1	183
Elijah, s. [John & Mary], b. Mar. 18, 1764	1	169
Eliphalet, s. [Jonathan & Bethiah], b. Mar. 5, 1754	1	174
Elisha, [s. Jabez & Martha], b. Sept. 22, 1742	1	171
Elizabeth, m. George **SMITH**, June 27, 1716	1	278
Elizabeth, [d. Ebenezer & Lydia], b. Jan. 4, 1740/41	1	178
Elizabeth, w. Samuel, d. Feb. 21, 1742/3	1	170
Elizabeth, d. Jabez & Martha, b. Oct. 11, 1745	1	171
Elizabeth, d. [William & Mary], b. Sept 1, 1768	1	188
Esther, d. Josiah & Sarah, b. Sept. 17, 1718	1	171
Esther, m. Samuel **DUNHAM**, Nov. 13, 1740	1	64
Esther, d. Elijah & Esther, b. July 14, 1750	1	183
Eunice, [d. Thomas & Mary], b. July 29, 1732	1	173
Eunice, d. [Jabez & Martha], b. May 6, 1752	1	171
Eunice, m. Daniel **LOOMIS**, June 16, 1762, by Ja[me]s Clark, Esq.	1	187
Ezekiel, s. [Jabez & Martha], b. Oct. 23, 1733	1	171
Frances A. W., of Lebanon, m. Robert **INGHAM**, of Willimantic, Mar. 17, 1833, by Rev. Esek Brown	1	436
Gershom Clark, s. Elijah & Esther, b. Jan. 18, 1753	1	183
Grace, [d. Ebenezer & Lydia], b. Dec. 6 ,1730	1	178
Hannah, [d. Samuel & Elizabeth], b. June 27, 1707/8	1	170
Hannah, [d. Richard & Mary], b. Sept. 13, 1708	1	176
Hannah, [d. Jonathan & Lydia], b. Feb. 15, 1715/16	1	176
Hannah, m. Joseph **SWEETLAND**, Nov. 9, 1732	1	281
Hannah, d. John & Hannah, b. Dec. 29, 1732	1	172
Hannah, [d. Thomas & Mary], b. Aug. 4, 1741	1	173
Hannah, w. John, d. June 28, 1746	1	172
Hannah, of Lebanon, m. Samuel **BAILEY**, of Groton, Oct. 31, 1751, by Rev. Mr. Williams	1	363
Hannah, m. Simeon **HUNT**, [ ]	1	148
Harriet E., of Lebanon, m. W[illia]m W. **WHITE**, of Bolton, Aug. 26, 1838, by Rev. Ebenezer Robinson	1	450
Isaac, s. Isaac & Abigail, b. Dec. 27, 1707; d. Jan. 17, 1708	1	175

LYMAN (cont.)

	Vol.	Page
Isaac, m. Sarah **FRENCH**, Aug. 6, 1745	1	175
Isaac, m. Rebecca **ORDWAY**, [ ]	1	175
Isaac, m. Abigail **PUMROY**, [ ]	1	175
Isaac, Jr., [s. Isaac & Abigail], b. [ ]	1	175
Isaac, m. Thankful **SMITH**, [ ]	1	175
Israel, s. [Richard & Mary], b. Feb. 22, 1700/1; d. Mar. 13, 1701	1	176
Israel, [s. Jabez & Martha], b. Nov. 24, 1737	1	171
Jabez, [s. Samuel & Elizabeth], b. Oct. 10, 1702	1	170
Jabez, m. Martha **BLISS**, Jan. 29, 1730	1	171
Jabez, s. [Jabez & Martha], b. Mar. 21, 1731	1	171
Jacob, twin with Rachel, [s. Jonathan & Lydia], b. May 4, 1721	1	176
Jacob, m. Mehitable **BUSHNELL**, June 26, 1745	1	181
James, s. [Caleb & Mary], b. Oct. 7, 1768	1	187
Jane, d. [Joseph & Clarissy], b. Nov. 24, 1816	1	394
Jeremiah, s. [Thomas, Jr. & Anne], b. Jan. 6, 1766	1	186
Jerusha, d. Jabez & Martha, b. Dec. 4, 1747	1	171
Jesse, s. [Thomas, Jr. & Anne], b. June 20, 1764	1	186
John, m. Hannah **DIBBLE**, Jan. 11, 1710/11	1	170
John, [s. Richard & Mary], b. Jan. 10, 1711	1	176
John, m. Hannah **BIRCHARD**, Feb. 25, 1730/31	1	172
John, [s. David & Mary], b. Feb. 14, 1744	1	173
John, m. Mary **STRONG**, Sept. 3, 1747	1	172
John, s. John & Mary, b. Dec. 7, 1749	1	172
Jonathan, s. [Jonathan & Lydia], b. Sept. 19, 1708	1	176
Jonathan, [s. Jonathan & Lydia], b. Apr. 23, 1712	1	176
Jonathan, Jr., m. Bethiah **CLARK**, Oct. 2, 1735	1	174
Jonathan, s. Jonathan & Bethiah, b. May 8, 1737	1	174
Jonathan, Lieut., d. Aug. 11, 1753	1	176
Jonathan, Jr., s. [Jon[athan] & Bethiah], d. May 4, 1766, at Springfield, ae 29 y., wanting 4 d.	1	169
Jonathan, s. [William & Mary], b. Oct. 15, 1773	1	188
Jonathan, s. W[illia]m & Mary, d. Oct. 26, 1796, in the State of New York	1	188
Jonathan, s. [Joseph & Clarissy], b. Aug. 10, 1810	1	394
Jonathan, m. Lydia **LOOMIS**, [ ]	1	176
Joseph, [s. Jonathan & Lydia], b. July 3, 1718	1	176
Joseph, m. Joanna **LOOMISE**, Dec. 2, 1741	1	175
Joseph, twin with Benjamin, [s. Thomas & Mary], b. July 6, 1744	1	173
Joseph, s. [Jonathan & Bethiah], b. Apr. 3, 1749	1	174
Joseph, s. [William & Mary], b. Aug. 15, 1783	1	188
Joseph, m. Clarissy **ROCKWELL**, May 1, 1808	1	394
Joseph Bradford, s. Richard & Ann, b. Sept. 1, 1767	1	183
Josiah, m. Sarah **LOOMISE**, Nov. 25, 1717	1	171
Josiah, s. [Josiah & Sarah], b. June 4, 1721; d. Sept. 25, 1747	1	171
Josiah, s. [John & Mary], b. Aug. 3, 1760	1	169
Lois, d. [Thomas, Jr. [&Anne], b. Apr. 6, 1762	1	186
Lucy, d. [Jabez & Martha], b. Dec. 19, 1739	1	171

LEBANON VITAL RECORDS 141

	Vol.	Page
LYMAN (cont.)		
Lucy, d. [Elijah & Esther], b. July 16, 1756	1	183
Lucy A. D., of Lebanon, m. Jonathan **GARDINER**, of Norwich, Jan. 26, 1846, by Nathan Wildman	2	44
Ludlow, m. Harriet E. **TAYLOR**, Sept. 12, 1839, by David Avery, Elder	1	460
Lydia, [d. Jonathan & Lydia], b. Nov. 23, 1709	1	176
Lydia, d. [Ebenezer & Lydia], b. Mar. 19, 1725	1	178
Lydia, [d. Jonathan & Bethiah], b. Dec. 11, 1743; d. Feb. 24, 1749/50	1	174
Lydia, d. Jonathan & Bethiah, b. Aug. 1, 1751	1	174
Lydia, d. [William & Mary], b. Nov. 28, 1781	1	188
Lydia, of Lebanon, m. Joseph **PARSONS**, of Enfield, July 24, 1832, by Rev. Edward Bull	1	430
Martha, [d. Jabez & Martha], b. Nov. 15, 1735	1	171
Mary, [d. Richard & Mary], b. Oct. 27, 1706	1	176
Mary, [d. Thomas & Mary], b. Feb. 20, 1728	1	173
Mary, m. Matthew **SMITH**, Mar. 22, 1732	1	281
Mary, [d. Thomas & Mary], b. May 19, 1739	1	173
Mary, w. David, d. May 29, 1741, in the 26th y. of her age	1	173
Mary, d. John & Mary, b. Aug. 14, 1748	1	172
Mary, m. Abel **WRIGHT**, Nov. 6, 1766, by Rev. Mr. Williams	1	357
Mary, w. William, d. June 8, 1792	1	188
Mehetable, [d. Daniel & Mehetable], b. Dec. 12, 1731	1	172
Melinda, of Lebanon, m. Luther **BACKUS**, of Windham, Oct. 28, 1827, by Rev. Esek Brown	1	194
Molly, d. [William & Mary], b. June 28, 1762	1	188
Rachel, twin with Jacob, [d. Jonathan & Lydia], b. May 4, 1721	1	176
Rachel, [d. Thomas & Mary], b. Apr. 15, 1735	1	173
Rachel, [d. Jonathan & Bethiah], b. Mar. 20, 1740	1	174
Rachel, m. Edmund **GRANDYE**, May 15, 1745	1	121
Rachel, d. Thomas & Mary, b. Sept. 3, 1747	1	174
Rachel, d. Thomas, Jr. [& Anne], b. Feb. 16, 1761; d. June 7, 1771	1	186
Rachel, d. [Richard & Ann], b. Sept. 19, 1769	1	183
Rhoda, d. [Joseph & Clarissy], b. Apr. 26, 1819	1	394
Richard, m. Mary **WOODWARD**, Apr. 11, 1700	1	176
Richard, d. Nov. 4, 1708	1	176
Richard, Jr., [s. Richard & Mary], b. Mar. 23, 1721	1	176
Richard, Sr., d. June 3, 1746	1	176
Richard, s. J[oh]n & Mary, b. Aug. 13, 1757	1	169
Roger, s. [Caleb & Mary], b. Mar. 7, 1773	1	187
Samuel, m. Elizabeth **FOWLER**, May 9, 1669 ("Perhaps 1699" Arnold Copy)	1	170
Samuel, s. [Samuel & Elizabeth], b. May 22, 1703	1	170
Samuel, s. [Samuel, Jr. & Elizabeth], b. Nov. 8, 1723	1	178
Samuel, Jr., m. Elizabeth **SMITH**, [ ]	1	178
Sarah, [d. Jonathan & Lydia], b. Jan. 24, 1713/14	1	176
Sarah, [d. Thomas & Mary], b. June 11, 1730	1	173

	Vol.	Page
LYMAN (cont.)		
Sarah, m. William **HUNT**, Dec. 19, 1734	1	144
Sarah, [d. Jonathan & Bethiah], b. Jan. 8, 1746/7; d. Mar. 8, 1749/50	1	174
Sarah, d. [William & Mary], b. Oct. 2, 1766	1	188
Sarah, [d. William & Mary], d. Jan. 1, 1791	1	188
Sarah, d. [Joseph & Clarissy], b. [ ]	1	394
Sereus, s. [Joseph & Clarissy], b. May 28, 1812	1	394
Silence, [d. Ebenezer & Lydia], b. Feb. 8, 1728/9	1	178
Silence, m. John **HALL**, Dec. 27, 1753	1	157
Tamer, [d. Ebenezer & Lydia], b. Feb. 9, 1742/3	1	178
Thankfull Smith, d. [Caleb & Mary], b. May 13, 1766	1	187
Theodah, 2d w. W[illia]m, d. Oct. 2, 1821	1	188
Thomas, [s. Richard & Mary], b. July [ ], 1704	1	176
Thomas, m. Mary **GUILE**, Jan. 25, 1727	1	173
Thomas, [s. Thomas & Mary], b. June 28, 1737	1	173
Thomas, Jr., m. Anne **MANLEY**, Nov. 14, 1759. Witnesses: George & Eliz[abeth] Manley	1	186
Thomas, Jr., d. Nov. 1, 1769	1	186
Thomas, s. [Thomas, Jr. [&Anne], b. Jan. 12, 1770	1	186
William, s. Isaac & Rebecca, b. Nov. 10, 1730	1	175
William, [s. Jonathan & Bethiah], b. Aug. 12, 1738	1	174
William, m. Mary **BARKER**, Feb. 12, 1761, by Rev. Mr. Williams	1	188
William, s. [Caleb & Mary], b. Mar. 9, 1764	1	187
William, s. [William & Mary], b. Sept. 5, 1764	1	188
William, s. [Joseph & Clarissy], b. Dec. 11, 1814	1	394
William, d. Apr. 2, 1827	1	188
Zerviah, [d. Jonathan & Lydia], b. Apr. 14, 1723	1	176
Zerviah, m. Samuell **BUSHNELL**, Oct. 5, 1743	1	28
Zilphah, [d. Daniel & Mehitable], b. Nov. 14, 1733	1	172
LYNDE, Anne, m. Oliver **HUNTINGTON**, June 24, 1761, by Rev. Mr. Hart	1	208
MACK, Andrew, of Hebron, m. Betsey **HARVEY**, of Lebanon, Oct. 4, 1843, by Israel T. Otis	2	28
MACKALL, [see under **McCALL**]		
MAGGEE, Elizabeth, d. Joshua & Elizabeth, b. Mar. 8, 1737/8	1	201
Elizabeth, w. Joshua, d. [ ], 1740 (see also McGEE)	1	201
MAINE, Avery, of Windham, m. Almira **HOLMES**, of Lebanon, Nov. 30, 1843, by Nathan Wildman	2	29
MALONA, John, of Coventry, m. Lovisa **STEWART**, of Hebron, Sept. 11, 1827, by Charles Abel, J.P.	1	411
MALTBY, Sarah, m. Eleazer **WHEELOCK**, Apr. 22, 1735	1	331
MANLEY, Anne, m. Thomas **LYMAN**, Jr., Nov. 14, 1759. Witnesses: George & Eliz[abeth] Manley	1	186
[**MANN**] **MAN**, Abigail, m. Simon **BAXTER**, Apr. 6, 1721	1	23
Elizabeth, m. Josiah **FINNEY**, Jan. [ ], 1722/3	1	103
Esther, d. Richard, b. Dec. 18, 1721	1	199
Esther, m. James **TISDALE**, [ ]	1	309
Hannah, m. Moses **OWEN**, Feb. 4, 1713/14	1	232
Rebecca, m. Isaac **TILDEN**, June 14, 1716	1	301

LEBANON VITAL RECORDS 143

	Vol.	Page
MANNING, Benjamin, of Lebanon, m. Asenath A. ROBINSON, of Franklin, Feb. 10, 1852, by John C. Nichols	2	73
Benjamin Seabury, [s. John, Jr. & Louise], b. July 24, 1821	1	414
Edward, s. [John, Jr. & Louise], b. Feb. 20, 1831	1	414
Eleazer, Jr., m. Sally FILLMORE, Oct. 27, 1819, by Amaziah Fillmore, Clerk, Franklin	1	413
Eleazer, Jr., d. Jan. 9, 1830, ae 47, the 18th day of last Apr.	1	413
Eliza Allen, d. [Samuel & Jemima], b. Nov. 2, 1832	1	393
Henry, s. [John & Mary], b. Jan. 15, 1787	1	212
Jabez, of Lebanon, m. Mary ROBINSON, of Franklin, Apr. 16, 1848, by John C. Nichols	2	56
Jabez Perkins, s. [John & Mary], b. Feb. 27, 1793	1	212
Jabez Perkins, s. [John, Jr. & Louise], b. Sept. 21, 1824	1	414
Jemima, w. Samuel, d. Sept. 8, 1836, ae 40	1	393
John, m. Mary PERKINS, b. of Windham, Feb. 18, 1784, by Rev. Mr. Cogswell	1	212
John, s. [John & Mary], b. Mar. 1, 1785	1	212
John, m. Irena WOOD, of Windham, Mar. 4, 1795, by Rev. Ja[me]s Cogswell	1	212
John, Jr., m. Louise WILLIAMS, b. of Lebanon, Mar 21, 1817, by Rev. Daniel Putnam, at the house of Mr. Williams	1	414
John, Dea., d. Dec. 20, 1828, in the 76th y. of his age	1	212
John Henry, s. [John, Jr. & Louise], b. Feb. 1, 1819	1	414
Mary, of Windham, m. William GOODWIN, May 16, 1771	1	130
Mary, w. John, d. May 28, 1794	1	212
Mary, d. [John & Irene], b. July 28, 1797	1	212
Mary Ann, d. [Eleazer, Jr. & Sally], b. Sept. 2, 1824	1	413
Mary Ann, m. Samuel FULLER, Oct. 5, 1841, by Nathan Wildman	2	9
Nath[anie]l Williams, s. [John, Jr. & Louise], b. June 28, 1820	1	414
Rhoda, m. John WILLIAMS, s. of Nath[anie]l, of Lebanon, 1st Society, May 26, 1796, by Rev. Z. Ely	1	396
Samuel, s. [John & Mary], b. May 2, 1789	1	212
Samuel 2d., s.[John, Jr. & Louise], b. Nov. 14, 1822	1	414
Sarah Ann, d. Samuel [& Jemima], b. Sept. 3, 1827	1	393
Warren F., m. Ruby Ann JOHNSON, b. of Lebanon, Nov. 26, 1846, by Rev. Israel T. Otis	2	49
Warren Fillmore, s. [Eleazer, Jr. & Sally], b. Sept. 30, 1820	1	413
William, s. [John, Jr. & Louise], b. Oct. 30, 1826	1	414
W[illia]m Ripley, s. [John & Irene], b. Jan. 5, 1796	1	212
MANTLE, Lucy, m. Abel STIMSON, b. of Lebanon, Sept. 17, 1828, by Rev. Daniel Waldo	1	218
Rhoda, m. David BROWN, Jr., b. of Lebanon, Mar. 7, 1830, by Rev. Daniel Waldo	1	192

	Vol.	Page
MAPES, Mary, m. Joseph H. LUCAS, b. of Norwich, Jan. 21, 1825, by Rev. Esek Brown, in Lebanon	1	114
MARINER, Mary, m. Nathan ROBINSON, June 1, 1806, by W[illia]m B. Ripley	1	384
MARKS, Hezekiah, [s. Hezekiah & Mary], b. July 1, 1759	1	202
Samuel, s. Hezekiah & Mary, b. Oct. 16, 1757	1	202
MARRAH, Dennis, m. Abigail AIERS, Jan. 29, 1717/18	1	196
MARSH, Abel, m. Dorothy UDALL, of Stonington, Dec. 26, 1754	1	204
Abraham, [s. Jonathan & Alice], b. May 31, 1742	1	202
Alice, d. [Jonathan & Keziah], b. Oct. 11, 1753	1	202
Alice, w. Jona[than], d. [ ]	1	202
Amasa, s. [Peletiah, Jr. & Ann], b. Oct. 3, 1756	1	206
Ann, m. Peletiah MARSH, Jr., Dec. 28, 1752, by Rev. Mr. Williams	1	206
Ann, d. [Peletiah, Jr. & Ann], b. Oct. 13, 1758	1	206
Anne, m. Samuel WEBSTER, Feb. 14, 1722/3	1	328
Dan[iel], s. [Peletiah, Jr. & Ann], b. Sept. 24, 1754	1	206
Dorothy, d. [Joseph & Dorothy], b. Apr. 28, 1752	1	204
Elizabeth, [d. Jonathan & Alice], b. July 26, 1735	1	202
Elizabeth, m. Reuben METCALFE, Sept. 16, 1754	1	203
Hannah, d. Joseph & Hannah, b. Nov. 9, 1704	1	200
Hannah, m. Peleg SPRAGUE, Feb. 24, 1732	1	283
Hannah, [d. Jonathan & Alice], b. Nov. 20, 1736	1	202
Isaiah, [s. Peletiah & Mary], b. Feb. 13, 1738	1	220
Jesse, [s. Peletiah & Mary], b. Sept. 8, 1743	1	220
Joel, [s. Jonathan & Alice], b. June 1, 1745	1	202
John, [s. Jonathan & Alice], b. Mar. 10, 1739	1	202
Jonathan, [s. Joseph & Hannah], b. Sept. 23, 1713	1	200
Jonathan, m. Wid. Keziah PHELPS, Dec. 4, 1752	1	202
Jonathan, m. Alice NEWCOMB, [ ]	1	202
Joseph, [s. Joseph & Hannah], b. Dec. 5, 1699	1	200
Joseph, m. Dorothy MASON, Jan. 10, 1750	1	204
Lucy, [d. Peletiah & Mary], b. Feb. 14, 1736	1	220
Lucy, m. Israel WILLIAMS, Sept. 10, 1754	1	348
Lydia, d. [Joseph & Dorothy], b. Nov. 5, 1750	1	204
Lydia, m. Josiah ROCKWELL, Jr., June 8, 1768, by Rev. Mr. Williams	1	274
Mary, [d. Peletiah & Mary], b. Dec. 22, 1733	1	220
Mercy, m. Israel LOOMIS, Apr. 8, 1747	1	174
Oliva, d. [Abel & Dorothy], b. Jan. 18, 1756	1	204
Olive, of Exeter, m. Samuel BROWN, Jr., of Colchester, Aug. 27, 1821, by Rev. Jared Andrews, of Chaplin, in Mansfield	1	414
Pelatiah, [s. Joseph & Hannah], b. Dec. 8, 1707	1	200
Peletiah, of Lebanon, m. Mary MOORE, South Hold, May 10, 1731	1	220
Peletiah, s. [Peletiah & Mary], b. Apr. 14, 1732	1	220
Peletiah, Jr., m. Ann MARSH, Dec. 28, 1752, by Rev. Mr. Williams	1	206
Rhoda, d. [Joseph & Dorothy], b. July 20, 1754	1	204

LEBANON VITAL RECORDS 145

	Vol.	Page

MARSH (cont.)
Sarah, twin with Zebulon, [d. Jonathan & Alice], b. May
   12, 1748   1   202
Silas, [s. Peletiah & Mary], b. Mar. 3, 1740   1   220
Zebulon, twin with Sarah, [s. Jonathan & Alice], b. May
   12, 1748   1   202
-----, twins, [Peletiah & Mary], b. Mar. 31, 1746   1   220
-----, s. [Peletiah, Jr. & Ann], b. Sept. 8, 1753; d. [   ],
   ae 3 wks.   1   206
MARTIN, Abigail, of Windham, m. Elijah **DEWEY**, of
   Lebanon, May 10, 1750   1   61
Ame, d. Thomas & Ann, b. Nov. 30, 1748   1   199
Anderson, father of Anderson, d. Dec. 8, 1821, by
   hanging. Anderson Martin, Adms.   1   403
Anderson, d. Dec. 24, 1826. Gurdon Robinson, Exec.   1   236
Ann, d. Thomas & Ann, b. May 8, 1747   1   199
Anne, of Stonington, m. Joseph **FOSTER**, Jr., [   ]   1   112
Betsey, of Lebanon, m. Russell **WYLES**, of Colchester,
   Sept. 21, 1830, by Rev. Esek Brown   1   228
Brotherton, m. Betty **BART[L]ETT**, Oct. 2, 1746   1   203
Chandler, s. [Brotherton & Betty], b. Aug. 9, 1759   1   203
Charles Titus, s. [J. Anderson, Jr. & Damaris], b. Jan. 4,
   1812   1   236
Cyrus, s. [Brotherton & Betty], b. Apr. 10, 1747   1   203
David, twin with Jonathan, s. [Thomas & Ann], b. Apr.
   25, 1745   1   199
Elizabeth, d. [Brotherton & Betty], b. Sept. 29, 1754   1   203
Eunice Elizabeth, d. [J. Anderson, Jr. & Damaris], b. Dec.
   14, 1814; d. Sept. 24, 1823, ae 8 y. 9 m. 10 d.   1   236
George Rodney, s. [J. Anderson, Jr. & Damaris], b. Apr.
   9, 1817; d. Sept. 29, 1823, ae 6 y. 5 m. 20 d.   1   236
J. Anderson, Jr., of Lebanon, m. Damaris **STANTON**, of
   Handcock, Mass., Oct. 15, 1806, by [   ] Jones,
   Esq.   1   236
John Milton, s. [J. Anderson, Jr. & Damaris], b. Aug. 9,
   1807, at Handcock, Mass.   1   236
Jonathan, twin with David, s. [Thomas & Ann], b. Apr.
   25, 1745   1   199
Lemuel, s. [Brotherton & Betty], b. July 17, 1749   1   203
Mary Ann, d. [J. Anderson, Jr. & Damaris], b. June 4,
   1809; d. Oct. 26, 1811   1   236
Mary Ann Elizabeth, d. [J. Anderson, Jr. & Damaris], b.
   Sept. 3, 1824   1   236
Molley, d. Thomas & Ann, b. Oct. 27, 1750   1   199
Oliver Cromwell, s. [J. Anderson, Jr. & Damaris], b. Feb.
   27, 1822; d. Oct. 18, 1823, ae 19 m. 21 d.   1   236
Perez, s. [Brotherton & Betty], b. Oct. 21, 1756   1   203
Peter, s. [Brotherton & Betty], b. Aug. 20, 1751   1   203
Thomas, m. Ann **CLARK**, Aug. 9, 1744   1   199
William, d. May 15, 1719   1   202
William Champlain, s. [J. Anderson, Jr. & Damaris], b.
   May 10, 1820   1   236

	Vol.	Page
MARVIN, Susanna, of Lyme, m. Nath[anie]l **ROGERS**, of Lebanon, Apr. 23, 1778, by Rev. Mr. Johnson	1	275
MASON, Abby Jane, [d. Daniel & Eunice], b. Dec. 28, 1811	1	210
Abigail, d. [Jeremiah & Elizabeth], b. Jan. 26, 1755	1	210
Abigail, m. Andrew **FITCH**, May 17 1781, by Rev. Timo[thy] Stone	1	112
Anna, d. [Jeremiah & Elizabeth], b. June 27, 1763	1	210
Bethia[h] H., m. John **WATTLES**, b. of Lebanon, Mar. 11, 1824, by Daniel Waldo	1	119
Bethiah Huntington, d. Daniel & Eunice, b. Mar. 8, 1800	1	210
Caroline Heddon, d. [Peleg & Mary], b. July 18, 1830	1	93
Daniel, s. [Jeremiah & Elizabeth], b. Sept. 13, 1770	1	210
Daniel, d. Mar. 26, 1828	1	210
Dorothy, m. Joseph **MARSH**, Jan. 10, 1750	1	204
Edward, m. Philura **STILES**, b. of Lebanon, Jan. 24, 1833, by Rev. Esek Brown	1	435
Edward, d. Mar. 3, 1847	1	198
Elijah, s. [Peleg Sanford & Mary], b. Sept. 26, 1756	1	202
Elizabeth, d. [Jeremiah & Elizabeth], b. Jan. 20, 1759	1	210
Esther, d. Peleg Sanford & Mary, b. Nov. 12, 1748	1	202
Esther, m. Daniel **TILDEN**, b. of Lebanon, [ ]	1	321
Eunice Elizabeth, [d. Daniel & Eunice], b. Mar. 4, 1801	1	210
Geo[rge] E., [s. Edward & Philura], b. Oct. 10, 1837; d. Apr. 10, 1842	1	435
James, s. [Peleg Sanford & Mary], b. Apr. 7, 1759	1	202
James F., s. Edward & Philura, b. Dec. 22, 1833	1	435
James Fitch, s. [Jeremiah & Elizabeth], b. Dec. 13, 1756; d. Sept. 26, 1759	1	210
James Fitch, [s. Jeremiah & Elizabeth], b. Feb. 19, 1761	1	210
Jane Elizabeth, d. [Peleg & Mary], b. Aug. 12, 1826	1	93
Jeremiah, m. Elizabeth **FITCH**, May 9, 1754, by Rev. Mr. Eliot	1	210
Jeremiah, [s. Edward & Philura], b. Oct. 20, 1845; d. Feb. 20 1846, ae 4 m.	1	435
John, s. John & Anne, b. Sept. 13, 1702	1	200
John G. H., [s. Daniel & Eunice], b. Aug. 9, 1808; d. July 28, 1829	1	210
Julia Ann, [d. Daniel & Eunice], b. Oct. 10, 1805	1	210
Lois or Louis, m. Nathan **HOLLEY**, Jan. 14, 1821, by Dan[i]el Hutchinson, J.P.	1	411
Lucy, d. [Peleg Sanford & Mary], b. Dec. 2, 1753	1	202
Lucy F., d. [Edward & Philura], b. Aug. 20, 1835	1	435
Mary, [d. Hezekiah & Ann], b. Aug. 31, 1707	1	200
Mary, d. [Peleg Sanford & Mary], b. Mar. 22, 1751	1	202
Mary, Jr., d. Peleg & Mary, b. Aug. 29, 1821	1	93
Mary L., m. Charles H. **DUTTON**, b. of Lebanon, Apr. 23, 1834, by Rev. Edward Bull	1	437
Mary Lyon, [d. Daniel & Eunice], b. June 28, 1802	1	210
Peleg Sanford, s. Peleg Sanford & Mary, b. May 15, 1746	1	202
Philura, wid. [Edward], d. Oct. 13, 1860	1	198
Rachel, d. Hezekiah & Ann, b. Nov. 20, 1704	1	200

LEBANON VITAL RECORDS 147

	Vol.	Page
MASON (cont.)		
Rhoda L., of Lebanon, m. Nathan S. **HUNT**, of Pomfret, Oct. 25, 1842, by John C. Nichols	2	22
Rhoda Louisa, [d. Daniel & Eunice], b. Mar. 18, 1804	1	210
Wealthy Fitch, [d. Daniel & Eunice], b. Mar. 10, 1807; d. Dec. 25, 1830	1	210
William A., [s. Edward & Philura], b. Sept. 30, 1843; d. May 2, 1862, at Newburn, N.C.	1	435
MATHER, Mary, of Middletown, m. Constant **BOZWORTH**, of Leb[ano]n, Nov. 28, 1759	1	364
MATTESON, George, m. Hannah **PERRY**, about the last week in Mar., 1829, by Erastus Ripley	1	97
MATTOON, Abel, [s. Gershom & Jemima], b. Mar. 22, 1736	1	197
Gershom, m. Jemima **ABEL**, Nov. 28, 1719	1	197
Gershom, m. Abigail **CHAPPELL**, May 12, 1743	1	197
Jemima, [d. Gershom & Jemima], b. June 28, 1727	1	197
Jemima, w. Gershom, d. Feb. 12, 1741	1	197
Lydia, [d. Gershom & Jemima], b. June 10, 1729	1	197
Mary, [d. Gershom & Jemima], b. Mar. 1, 1723/4	1	197
Mary, m. Benjamin **METCALFE**, Jr., Feb. 27, 1755	1	205
Phillip, s. Gershom & Jemima, b. Oct. 18, 1721	1	197
Sarah, d. Gershom & Abigail, b. Mar. 24, 1744	1	197
MAXFIELD, Mary, m. Benjamin **BALL**, Jr., Oct. 17, 1745	1	32
MAXWELL, Abby Jane, d. [Chester & Abby T.], b. Feb. 26, 1818	1	78
Ann Maria, m. Augustus **GAY**, b. of Lebanon, Apr. 11, 1825, by Rev. Daniel Waldo	1	133
Chester, m. Abby T. **DUTTON**, Mar. 4, 1817	1	78
Dolly A., m. Emulous A. **GAY**, b. of Lebanon, Nov. 29, 1838, by Rev. Ebenezer Robinson	1	449
Eunice A., of Lebanon, m. Henry **SLADE**, of Buffalo, N.Y., Nov. 11, 1830, by Rev. Edward Bull	1	266
Eunice E., m. Alexander **SHERMAN**, Mar. 6, 1844, by Nathan Wildman	2	32
John, b. Jan. 26, 1754; d. Mar. 13, 1825, ae 71. Solomon Maxwell, Exec.	1	96
John T., m. Lucy **BABCOCK**, [Oct.] 15, 1837, by Rev. Dexter Bullard	1	450
Joseph W., m. Helen **BABCOCK**, b. of Lebanon, Nov. 25, 1849, by Rev. Dexter Bullard, Liberty Hill	2	63
Julia Rockwell, d. [Chester & Abby T.], b. Jan. 30, 1829	1	78
Sarah H., of Lebanon, m. Isham **THOMPSON**, of Columbia, Mar. 26, 1838, by Rev. Dexter Bullard	1	454
Solomon, s. [Chester & Abby T.], b. Nov. 17, 1819	1	78
MAYNARD, Aurelia H., m. Edward L. **STILES**, Feb. 19, 1844, by Nathan Wildman	2	31
Marvin W., of Hebron, m. Harriet D. **ARMSTRONG**, Feb. 4, 1824, by Rev. Esek Brown, at his house	1	8
Ransom, m. Abigail **CLARKE**, b. of Lebanon, Mar. 30, 1826, by Rev. Esek Brown	1	117
McCALL, MACKALL, Abby, m. Pardon **SISSON**, Jr., Sept. 30, 1827, by Erastus Ripley	1	297

McCALL, MACKALL (cont.)

	Vol.	Page
Andrew Fitch, s. [John], b. Mar. 31, 1796	1	323
Archippus, s. James & Hannah, b. Aug. 9, 1723	1	201
Archip[p]us, of Norwich, m. Emily **CLARK**, of Lebanon, Apr. 2, 1851, by Rev. John Avery, of Exeter	2	69
Asenath, d. [John G. & Eunice], b. Oct. 12, 1831	1	119
Aurelia, d. Jabez & Almira, b. Nov. 9, 1828	1	129
Aurelia, of Lebanon, m. Erastus P. **RANDALL**, of Hebron, Sept. 18, [ ], by Rev. J. R. Brown, of Goshen (Probably 1850)	2	67
Benajah, m. Hannah **OTIS**, Nov. 6, 1735	1	198
Benajah, s. [James], b. Sept. 12, 1743	1	207
Betsey, d. [John G. & Eunice], b. Oct. 21, 1820	1	119
Betsey, of Lebanon, m. William **KNEELAND**, of Hebron, Jan. 13, 1847, by Rev. Joshua R. Brown, of Goshen	2	50
Charles, s. Henry & Melissa, b. June 13, 1811	1	426
David, [s. Henry & Melissa], b. Nov. 26, 1828	1	426
David Avery, s. [John G. & Eunice], b. Sept. 30, 1818, at Goshen	1	119
Delight, [d. Benajah & Hannah], b. Mar. 19, 1744	1	198
Delight, m. Chandler **BARTLETT**, Aug. 7, 1777, by Rev. Timo[thy] Stone	1	16
Dyer, s. [John], b. June 14, 1798	1	323
Edwin, s. [John G. & Eunice], b. Oct. 6, 1822	1	119
Elihu, s. [James], b. Apr. 15, 1754 N.S.	1	207
Elijah Brewster, s. [John], b. [ ] 20, 1794	1	323
Eliza, d. [John G. & Eunice], b. May 22, 1828	1	119
Elizabeth, twin with Nancy, [d. John], b. June 20, 1792	1	323
Enoch H., m. Clarissa **BACKUS**, Nov. 17, 1835, by Rev. Israel T. Otis	1	441
Enoch Hale, [s. Henry & Melissa], b. Apr. 1, 1813	1	426
Ephraim, s. [James], b. Dec. 7, 1747	1	207
Eunice Bates, d. [James], b. Aug. 22, 1759	1	207
Faith, m. Asa **HARRIS**, July 23, 1761	1	159
George, [s. Henry & Melissa], b. Mar. 28, 1815	1	426
George, m. Harriet **WEST**, b. of Lebanon, Jan. 13, 1841, by Rev. Nathan Wildman	2	2
Green, m. Asenath **GAGER**, June 5, 1788	1	395
Hannah, m. Ezekiel **THOMAS**, Jr., June 12, 1766, by Joshua West, Esq.	1	319
Harriet, d. [Green & Asenath], b. Oct. 20, 1806	1	395
Henry, [s. Henry & Melissa], b. Feb. 14, 1819	1	426
Hobert, [s. Henry & Melissa], b. May 19, 1826	1	426
Jabez, s. [Green & Asenath], b. Jan. 23, 1803	1	395
Jacob, [s. Henry & Melissa], b. Feb. 3, 1817	1	426
Jacob, [s. Henry & Melissa], d. May 1, 1822	1	426
Jacob, s. [Henry & Melissa], b. May 18, 1823	1	426
James, of Colchester, m. Eunice **BATES**, Nov. 20, 1740	1	206
James, s. [James & Eunice], b. Apr. 10, 1742; d. Aug. 16, 1742	1	206
James, s. [James], b. July 3, 1745	1	207

LEBANON VITAL RECORDS

	Vol.	Page
McCALL, MACKALL (cont.)		
James, s. [John], b. Apr. 18, 1787, in Bozra[h]	1	323
Jerusha, d. [Green & Asenath], b. July 28, 1797	1	395
John, m. [ ] **BREWSTER**, [ ]	1	323
John G., m. Eunice **WHITELY**, Nov. 27, 1817, by Rev. Salmon Cone, at Colchester	1	119
John Gager, s. [Green & Asenath], b. Dec. 13, 1793	1	395
Joseph, s. [Green & Asenath], b. June 20, 1800	1	395
Joseph, m. Zerviah **BUSHNELL**, b. of Lebanon, Jan. 14, 1838, by Levi Meech, Elder	1	454
Lucy Ann, d. [William & Sally], b. May 4, 1823	1	405
Marcus, m. Orlivia **HAINES**, Aug. 24, 1831, by Rev. Daniel Waldo, Exeter	1	385
Marcus, m. Olivia **HAINES**, b. of Lebanon, Aug. 24, 1834, by Rev. Daniel Waldo, Exeter	1	231
Mary, d. [Green & Asenath], b. Oct. 5, 1795	1	395
Mary A., m. Oliver E. **PETTIS**, b. of Lebanon, Sept. 6, 1853, by E. W. Tucker	2	79
Mary Almira, d. [Jabez & Almira], b. Aug. 19, 1834	1	129
Melissa, [d. Henry & Melissa], b. Oct. 27, 1831	1	426
Nancy, twin with Elizabeth, [d. John], b. June 20, 1792; d. Dec. 28, 1792	1	323
Nath[anie]l, s. Benajah & Hannah, b. Sept. 25, 1740	1	198
Olive, d. [John], b. Dec. 19, 1790	1	323
Peletiah, s. [John], b. Nov. 24, 1799	1	323
Rozel, s. [John], b. Feb. 18, 1789	1	323
Ruth, [d. Benajah & Hannah], b. Feb. 12, 1736/7	1	198
Salmon, s. [William & Sally], b. Mar. 17, 1826	1	405
Samuel, s. [James], b. May 26, 1751	1	207
Sarah T., m. William C. **OSGOOD**, b. of Lebanon, Mar. 29, 1841, by Israel T. Otis, V.D.M.	2	6
Stephen Titus, m. Judith **SPINCK**, on or about Feb. 10, 1831, by Erastus Ripley	1	239
William, s. [Green & Asenath], b. July 24, 1790	1	395
William, of Lebanon, m. Sally **GALLUP**, of Groton, Feb. 10, 1819, by Rev. Timothy Tuttle, Groton	1	405
W[illia]m Green, s. [William & Sally], b. Jan. 19, 1821	1	405
McCRACKEN, Jennet, of Exeter, m. James **BROWN**, of Norwich, Aug. 7, 1836, by Rev. Alpheas Geer	1	383
McGEE, [see also **MAGGEE**], Elizabeth, m. Reuben **WOODWORTH**, Nov. 2, 1757	1	351
MEACH, [see under **MEECH**]		
MEACHAM, MEECHAM, Keziah, m. Jacob **PHELPS**, July 14, 1737	1	242
Mary, m. John **TIFFANY**, May 5, 1748	1	310
MEEGH, Betsey, of Stonington, m. Avery **PARKE**, of Preston, Sept. 14, 1806	1	324
MEIGS, Eunice, m. Joseph **EDGERTON**, [ ]	1	82
MERRAH, Abigail, of Coventry, m. William **PETERS**, of Lebanon, Mar. 26, 1752	1	248
MESUSAN, Peter, m. Elizabeth **RICHBIE**, Dec. 23, 1740	1	198

150 BARBOUR COLLECTION

	Vol.	Page
METCALF, METCALFE, Abel, [s. Benjamin & Sarah], b. Jan. 13, 1731/2	1	197
Abel, m. Abigail THORPE, Aug. 12, 1755, by Rev. B. Throope	1	205
Abel, s. [Abel & Abigail], b. Feb. 22, 1765	1	205
Abia, child of [Ebenezer & Thankful], b. March, 1736	1	196
Abia, m. Elijah WEBSTER, Mar. 20, 1755	1	348
Abigail, [d. Jonathan & Hannah], b. Sept. 4, 1714	1	199
Abigail, [d. Jonathan & Hannah], d. Mar. 25, 1715	1	199
Abigail, d. William & Abigail, b. Apr. 2, 1739	1	198
Abigail, w. William, d. Sept. 24, 1764, in the 57th y. of her age	1	198
Abigail, d. Eliphalet & Mary, b. June 18, 1783	1	389
Adelia, see under Alice		
Alice, m. John WILLIAMS, June 30, 1736	1	331
Alice, or Adelia, d. [Reuben & Elizabeth], b. Feb. 22, 1769	1	203
Allen, s. [John & Anna], b. Apr. 6, 1770	1	211
Andrew, [s. Benjamin & Sarah], b. Dec. 5, 1736	1	197
Andrew, m. Zervia[h] HYDE, Sept. 20, 1758, by Rev. Benj[ami]n Throope	1	208
Anna, [d. Ebenezer & Hannah], b. Mar. 18, 1716	1	200
Anna, [twin with Ruth, d. John & Anna], b. June 2, 1763	1	211
Anna, w. [John], d. May 25, 1776	1	211
Anne, [d. Benjamin & Sarah], b. Feb. 21, 1747/8	1	197
Anne, wid. [Simeon], d. Jan. 28, 1776	1	204
Arunah, [d. Zebulon & Lydia], b. July 4, 1757	1	210
Benjamin, m. Sarah ABEL, Oct. 26, 1826 [1726?]	1	197
Benjamin, s. Benjamin & Sarah, b. Sept. 17, 1727	1	197
Benjamin, Jr., m. Mary MATTOON, Feb. 27, 1755	1	205
Benjamin, s. [Benjamin, Jr. & Mary], b. Sept. 10, 1764	1	205
Benjamin, [s. Ebenezer & Hannah], b. [ ]	1	200
Betty, d. [Abel & Abigail], b. Mar. 9, 1772	1	205
Charles, s. [Zebulon & Lydia], b. Dec. 14, 1764	1	210
Clarissa, d. [Abel & Abigail], b. July 29, 1777	1	205
Daniel, [s. Jonathan & Lydia], b. May 13, 1742	1	201
Daniel, [s. Jonathan & Lydia], b. Mar. 10, 1748	1	201
Dan[iel], s. [Benjamin, Jr. & Mary], b. Apr. 22, 1758	1	205
Dan[iel], s. [Samuel & Mehetable], b. May 14, 1759	1	207
Daniel, d. Feb. 28, 1831, ae 83	1	212
David, s. [Jonathan & Lydia], b. Nov. 8, 1757	1	201
David, d. Sept. 7, 1823, ae 65. "Stated by his son"	1	132
Ebenezer, Jr., m. Thankfull DILENO, Oct 7, 1725	1	196
Ebenezer, [s. Benjamin & Sarah], b. Dec. 27, 1741; d. Apr. 11, 1742	1	197
Ebenezer, d. Nov. 15, 1755, in the 76th y. of his age	1	200
Ebenezer, s. [Abel & Abigail], b. Oct. 5, 1757	1	205
Eben[eze]r, d. Jan. 22, 1780, ae 76 y. the 10th of Apr. 1779, O.S.	1	196
Ebenezer, [s. Ebenezer & Hannah], b. [ ]	1	200
Ebenezer Delano, s. [Reuben & Elizabeth], b. Oct. 11, 1763	1	203

LEBANON VITAL RECORDS   151

	Vol.	Page
METCALF, METCALFE (cont.)		
Eleazer, s. [Jonathan & Lydia], b. Jan. 22, 1755	1	201
Elihu, s. [Benjamin, Jr. & Mary], b. Sept 23, 1760	1	205
Elijah, [s. Jonathan & Lydia], b. Jan. 11, 1734/5	1	201
Eliphalet, [s. William & Abigail], b. July 10, 1744; d. May [ ], 1745	1	198
Eliphalet, [s. William & Abigail], b. Nov. 25, 1747	1	198
Eliphalet, s. [Abel & Abigail], b. Jan. 28, 1763	1	205
Eliphalet, m. Mary **WEST**, Dec. 21, 1775	1	389
Eliphalet, s. [Eliphalet & Mary], b. May 29, 1785	1	389
Eliza, w. [Reuben], d. Oct. 16, 1775	1	203
Eliza, of Lebanon, m. Isaac P. **ROBINSON**, of Canterbury, Feb. 6, 1833, by Rev. Edward Bull	1	431
Elizabeth, d. [Reuben & Elizabeth], b. Apr. 30, 1760	1	203
Elizabeth, d. [Eliphalet & Mary], b. Feb. 16, 1792	1	389
Ellen Maria, of Lebanon, m. Amos **DART**, of Colchester, Aug. 11, 1840, by Rev. Benjamin G. Goff, in Lebanon	1	79
Emily, d. [Eliphalet & Mary], b. Sept 2, 1798	1	389
Esther, d. [Abel & Abigail], b. Feb. 23, 1756	1	205
Eunice, d. [John & Anna], b. Aug. 24, 1772	1	211
Eunice, d. [John & Anna], d. Nov. 25, 1776	1	211
Ezekiel, s. [Levi & Abigail], b. June 25, 1784	1	212
George, s. Daniel & Mary, b. Oct. 29, 1786	1	212
George C., d. Aug. 19, 1830, ae 28	1	132
Hannah, [d. Jonathan & Hannah], b. Jan. 17, 1701/2	1	199
Hannah, m. Samuel **HUNTINGTON**, Dec. 4, 1722	1	140
Hannah, [d. Zebulon & Lydia], b. Apr. 29, 1760	1	210
Hannah, d. [John & Anna], b. Mar. 2, 1768	1	211
Ira, s. [Abel & Abigail], b. Mar. 15, 1767	1	205
Jabez, [s. Ebenezer & Hannah], b. Nov. 30, 1718	1	200
Jabez, m. Sibel **HIDE**, Dec. 11, 1753	1	203
Jabez, s. [Andrew & Zervia], b. Aug. 26, 1761	1	208
Job, [s. Jonathan & Hannah], b. Nov. 23, 1712; d. Mar. 24, 1715	1	199
Joel, s. [Abel & Abigail], b. Apr. 21, 1770	1	205
John, [s. Jonathan & Lydia], b. Feb. 26, 1736/7	1	201
John, m. Anna **ALLEN**, Nov. 22, 1761	1	211
John, [s. Eliphalet & Mary], b. May 24, 1779	1	389
Jonathan, [s. Jonathan & Hannah], b. Aug. 10, 1704	1	199
Jonathan, Jr., m. Lydia **HIDE**, Nov. 2, 1727	1	201
Jonathan, [s. Jonathan & Lydia], b. Feb. 14, 1729/30; d. Feb. 10, 1761	1	201
Jonathan, d. Mar. 5, 1728/9, in the 63rd y. of his age	1	199
Jonathan, Jr., m. Beulah **DANA**, Sept. 6, 1753	1	205
Jonathan, twin with Lydia, [s. Samuel & Mehetable], b. July 7, 1761	1	207
Joseph, [s. Ebenezer & Hannah], b. July 8, 1711	1	200
Joseph, s. [Jabez & Sibel], b. June 12, 1763	1	203
Levi, [s. Ebenezer & Thankfull], b. Aug. 27, 1731	1	196
Levi, m. Abigail **CUTTING**, Oct. 24, 1776, by Rev. Mr. Gurley, of Exeter	1	212

METCALF, METCALFE (cont.)

	Vol.	Page
Levi, twin with Simon, s. [Levi & Abigail], b. Dec. 4, 1777	1	212
Levina, d. [Reuben & Elizabeth], b. Jan. 19, 1757	1	203
Lois, d. [Benjamin, Jr. & Mary], b. Feb. 28, 1756	1	205
Lucian B., of Otsego, N.Y., m. Lydia H. **ABEL**, of Lebanon, June 14, 1840, by Rev. Lyman Strong	1	169
Lucy, [d. Ebenezer & Hannah], b. Dec. 25, 1713	1	200
Lucy, [d. William & Abigail], b. May 25, 1746	1	198
Lucy, d. [Eliphalet & Mary], b. Oct. 20, 1789; d. Dec. 3, 1809	1	389
Lucy H., of Lebanon, m. Sumner **SHEPHERD**, of East Windsor, Conn., May 26, 1841, by Rev. John C. Nichols	2	7
Luke, s. [Andrew & Zervia], b. May 4, 1764	1	208
Lydia, [d. Benjamin & Sarah], b. Mar. 30, 1734	1	197
Lydia, [d. Jonathan & Lydia], b. May 16, 1740; d. Oct. 20, 1742	1	201
Lydia, [d. Jonathan & Lydia], b. Jan. 1, 1744/5; d. Mar. 17, 1747	1	201
Lydia, d. [Jonathan, Jr. & Beulah], b. Aug. 7, 1755	1	205
Lydia, twin with Jonathan, [d. Samuel & Mehetable], b. July 7, 1761	1	207
Lydia, [d. Zebulon & Lydia], b. Sept. 6, 1762	1	210
Margaret, [d. Jonathan & Hannah], b. May 25, 1716	1	199
Margaret, m. John **WILLIAMS**, Aug. 24, 1741	1	331
Mary, [d. Jonathan & Hannah], b. Apr. 17, 1711	1	199
Mary, m. Ichabod **WARNER**, Mar. 5, 1711/12	1	326
Mary, d. [Jonathan, Jr. & Beulah], b. Jan. 26, 1754	1	205
Mary, d. [Eliphalet & Mary], b. Feb. 11, 1781; d. Sept. 4, 1783	1	389
Mary, d. [Eliphalet & Mary], b. Aug. 28, 1787	1	389
Mehitable, [d. Jonathan & Hannah], b. July 26, 1706	1	199
Mehitable, d. [Samuel & Mehetable], b. Nov. 20, 1764	1	207
Mehitable, m. John **HUNTINGTON**, [ ]	1	146
Molly, d. [John & Anna], b. Oct. 26, 1774	1	211
Moses, s. [Levi & Abigail], b. Sept. 6, 1779	1	212
Olive, d. [Abel & Abigail], b. Nov. 17, 1759	1	205
Priscilla, d. [Andrew & Zervia], b. [ ], 29, 1759	1	208
Rebeckah, [d. Benjamin & Sarah], b. June 3, 1744	1	197
Rebeckah, m. William **ALDEN**, May 29, 1766	1	382
Reuben, s. Ebenezer & Thankfull, b. Mar. 28, 1726	1	196
Reuben, m. Elizabeth **MARSH**, Sept. 16, 1754	1	203
Reuben, m. Joyce **PINNER**, June 13, 1776	1	203
Ruth, [twin with Anna, d. John & Anna], b. June 2, 1763	1	211
Samuel, [s. Jonathan & Lydia], b. May 13, 1732	1	201
Samuel, m. Mehetable **HAMMOND**, Feb. 16, 1756	1	207
Samuel, s. [Samuel & Mehetable], b. Apr. 20, 1763	1	207
Sarah, [d. Benjamin & Sarah], b. Dec. 10, 1738	1	197
Sarah, m. Joseph **FOWLER**, Jr., Feb. 3, 1747	1	108

LEBANON VITAL RECORDS 153

	Vol.	Page
METCALF, METCALFE (cont.)		
Sarah, m. Nathan **LEE**, b. of Lebanon, Oct. 6, 1763, by Rev. Mr. B. Throope	1	190
Sarai, d. [Reuben & Elizabeth], b. Nov. 17, 1765	1	203
Sarah, d. [Levi & Abigail], b. Apr. 8, 1782	1	212
Simeon, s. Ebenezer & Thankfull, b. Nov. 5, 1729	1	196
Simeon, m. Anne **BREWSTER**, Oct. 16, 1774	1	204
Simeon, d. Oct. 26, 1773 (?) (Conflicts with date of marriage)	1	204
Simon, s. Jonathan & Lydia, b. Jan. 20, 1750/51	1	201
Simon, twin with Levi, s.[Levi & Abigail], b. Dec. 4, 1777	1	212
Sybel, d. Jonathan & Lydia, b. July 13, 1728	1	201
Sibel, m. William **LITTLE**, Nov. 10, 1748	1	183
Sibel, d. [Samuel & Mehetable], b. May 8, 1757	1	207
Sybel, d. [Abel & Abigail], b. Dec. 3, 1761	1	205
Sibel, d. Sam[ue]ll & Mehetable, d. Aug. 26, 1836	1	207
Thankfull, w. Ebenezer, d. Dec. 26, 1777, in the 76th y. of her age	1	196
Theodorus, s. [Reuben & Elizabeth], b. Nov. 9, 1755	1	203
Theodorus, s. Reuben [& Elizabeth], d. Mar. 18, 1777	1	203
Timothy, [s. Ebenezer & Hannah], b. [ ]	1	200
Timothy Edwards, s. [Eliphalet & Mary], b. Sept. 10, 1795	1	389
William, [s. Jonathan & Hannah], b. Aug. 17, 1708	1	199
William, m. Abigail **EDWARDS**, Oct. 25, 1737	1	198
William, [s. William & Abigail], b. June 14, 1742	1	198
William, Jr., [s. William & Abigail], d. July 5, 1750, in the 9th y. of his age	1	198
William, s. [Jonathan & Lydia], b. Feb. 26, 1753	1	201
William, s. [Eliphalet & Mary], b. Dec. 10, 1776	1	389
Zebulon, [s. Benjamin & Sarah], b. July 11, 1729	1	197
Zebulon, m. Lydia **BOURN**, Oct. 24, 1754, by Benjamin Throop, Clerk	1	210
MILLER, Andrew, s. [Garvan & Mary], b. Sept. 21, 1758	1	196
Ellen B., m. Warren W. **PALMER**, Mar. 20, 1853 by Rev. Perry Bennett, at the house of Caleb Miller	2	77
Hannah, d. Garvan & Mary, b. Mar. 4, 1757	1	196
Hannah H., m. Thomas **ARMSTRONG**, b. of Lebanon, Mar. 23, 1823, by Esek Brown	1	86
MILLS, Sally Apame, of Stratford, m. Zebulon **ELY**, Oct. 23, 1783	1	84
MINER, Jennet L., of Bozrah, m. Edwin **FOX**, of Hampton, Jan. 1, 1846, by Nathan Wildman	2	44
MITCHELL, Abraham, m. Joanna **TAYLOR**, Apr. 12, 1720	1	196
MOORE, Mary of South Hold, m. Peletiah **MARSH**, of Lebanon, Mar 10, 1731	1	220
MOREY, MORY, Hannah, d. Luisford & Sarah, b. Feb. 17, 1732	1	201
Israel, [s. Luisford & Sarah], b. May 27, 1735	1	201
Luisford, [s. Luisford & Sarah], b. Mar. 5, 1737	1	201
Luisford, m. Sarah **DEWEY**, [ ]	1	201

MOREY, MORY (cont.)

	Vol.	Page
Lydia, [d. Luisford & Sarah], b. [ ] 3, 1741	1	201
Mary, [d. Luisford & Sarah], b. Aug. 7, 1743	1	201
Samuel, [d. Luisford & Sarah], b. June 20, 1739	1	201
Sarah, d. [Luisford & Sarah], b. Mar. 20, 1730	1	201
Thomas, m. Sarah **CROSBY**, b. of Norwich, Nov. 26, 1761, by Rev. Mr. Powers of Norwich	1	205
MORGAN, Gilbert, of Natchez, Miss., m. Elizabeth B. **TEW**, of Lebanon, Aug. 28, 1837, by Rev. Lyman Strong	1	373
Griswold E., m .Eliza J. **SAXTON**, b. of Lebanon, Nov. 27, 1834, by Rev. Edward Bull	1	402
Harriet N., of Lebanon, m. George W. **KIMBALL**, of Hartford, May 2, 1837, by Rev. Israel T. Otis	1	447
Jemima, of Norwich, m. Stephen **PAYNE**, Sept. 4, 1754, by J[oh]n Ellis, Clerk	1	252
John, of Norwich, m. Deborah **PAYN[E]**, Oct. 28, 1746	1	198
Lucretia, m. David **CARTER**, b. of Colchester, July 17, 1832, by Rev. Daniel Waldo, of Exeter	1	398
Nathaniel H., m. Harriet E. **SAXTON**, b. of Lebanon, May 4, 1831, by Rev. Edw[ard] Bull	1	266
MORY, [see under **MOREY**]		
MOSELEY, Anne, of Wind[ha]m, m. Daniel **DUNHAM**, Dec. 17, 1767, by Rev. Mr. Moseley	1	71
Elizabeth, of Windham, m. Simon **CLARK**, of Lebanon, May 25, 1758	1	368
MOSHER, Alden S., of Exeter, m. Abigail B. **PARKS**, of Plainfield, Aug. 13, 1848, by John Avery	2	57
MOSIER, Richard C., m. Lois L. **TILDEN**, b. of Lebanon, Nov. 26, 1841, by Rev. Allpheas Geer, of Hebron	2	12
MOULTON, John, of Windham, m. Electy **KINGSLEY**, of Lebanon, Dec. 16, 1824, by Roger Bingham	1	94
MUDGE, Ebenezer, m. Abigail **SKINNER**, Jan. 13, 1708/9	1	196
Ebenezer, s. Ebenezer & Abigail, b. Oct. 23, 1709	1	196
Martha, m. Isaac **TILDEN**, Dec. 30, 1714	1	301
Mary, [d. Ebenezer & Abigail], b. Mar. 30, 1711	1	196
Ruth, [d. Ebenezer & Abigail], b. Feb. 2, 1710/11	1	196
Thankfull, m. William **NICHOLS**, July 19, 1714	1	222
MUMFORD, Minerva, m. John **MYERS**, b. of Lebanon, Sept. 22, 1845, by Rev. Israel T. Otis	2	42
MUNN, Martha, of Colchester, m. Levi Abel **WEBSTER**, of Lebanon, Oct. 13, 1801, by Rev. Solomon Cone. Witness: Simeon M. Webster	1	351
MUNSON, Mary Ann, of Lebanon, m. Cyrus **WHEELER**, of North Stonington, July 23, 1854, by E. W. Tucker	2	77
MURCH, Chauncey Wright, s. [James & Rachel], b. Mar. 16, 1766	1	211
Eben[eze]r, s. [James & Rachel], b. Sept. 18, 1767	1	211
Elizabeth, m. Joshua **COLE**, May 1, 1729	1	47
James, m. Rachel **WRIGHT**, Jan. 2, 1765	1	211
Molly, d. [James & Rachel], b. Nov. 2, 1769	1	211
MURDOCK, Esther, d. [William & Mary], b. Feb. 1, 1769	1	206
Eunice, d. [William & Mary], b. Nov. 18, 1763	1	206

	Vol.	Page
MURDOCK (cont.)		
Hannah, [d. Samuel & Submit], b. Aug. 15, 1726	1	197
Hannah, d. [William & Mary], b. Dec. 5, 1761	1	206
Jasper, of N.Y., m. Abby **SCOVILLE**, of Lebanon, Dec. 12, 1847, by Rev. F. P. Coe	2	53
Jonathan, [s. Samuel & Submit], b. Feb. 19, 1732/3	1	197
Lois, d. [William & Mary], b. Sept. 21, 1766	1	206
Mary, d. [William & Mary], b. Dec. 28, 1773	1	206
[Mary], w. Willi[a]m, d. Jan. 16, 1774	1	206
Samuel, m. Submit **THROOPE**, June 24, 1725	1	197
Samuel, [s. Samuel & Submit], b. Aug. 27, 1729	1	197
Submit, [d. Samuel & Submit], b. Nov. 13, 1736	1	197
William, s. Samuel & Submit, b. July 26, 1728	1	197
William, of Windham, m. Mary **PIERCE**, of Lebanon, Dec. 17, 1760, by Rev. Mr. Williams	1	206
MYERS, John, m. Minerva **MUMFORD**, b. of Lebanon, Sept. 22, 1845, by Rev. Israel T. Otis	2	42
NEGUS, Anne, d. William & Sarah, b. May 2, 1750	1	224
Israel, s. Sam[uel] & Sarah, b. Apr. 8, 1734	1	223
Jemima, d. [William & Sarah], b. Sept. 18, 1755	1	224
Phebe, d. [William & Sarah], b. Mar. 13, 1758	1	224
Sarah, d. William & Sarah, b. Mar. 24, 1744	1	224
William, m. Sarah **DEWEY**, Apr. 5, 1743	1	224
NEWCOMB, Abigail, [d. John & Alice], b. Nov. 16, 1715	1	223
Abigail, m. John **ENGLISH**, Nov. 9, 1738	1	80
Abraham, [s. John & Alice], b. July 22, 1718	1	223
Abraham, [s. John & Alice], d. May 10, 1732	1	223
Abraham, [s. Eddy & Abigail], b. Apr. 15, 1745	1	224
Alice, [d. John & Alice], b. Mar. 24, 1712	1	223
Allice, [twin with Deborah], d. [Jonathan & Deborah], b. June 21, 1755	1	225
Alice, m. Jonathan **MARSH**, [ ]	1	202
Andrew, [s. Eddy & Abigail], b. Apr. 15, 1747	1	224
Anne, [d. Hezekiah & Jerusha], b. Mar. 4, 1720	1	223
Asa[h]el, s. [Paul & Martha], b. Aug. 18, 1779	1	226
Benjamin, s. [John, Jr. & Mercy], b. Feb. 22, 1753	1	226
Bethuel, s. [Jacob & Elizabeth], b. Dec. 17, 1751	1	225
Bradford, [s. Silas & Submit], b. Nov. 9, 1747	1	222
Calvin, s. [Silas & Submit], b. May 22, 1758	1	222
Catherine, d. [John & Alice], b. May 21, 1710	1	223
Clarissa, d. [James & Submit], b. Feb. 8, 1767	1	225
Cyrian, s. [James & Submit], b. Nov. 18, 1768	1	225
Daniel, s. [Silas & Submit], b. Nov. 18, 1741, at Falltown	1	222
David, s. [James & Submit], b. Feb. 15, 1763	1	225
Deborah, [twin with Simeon], d. Simeon & Jerusha, b. [ ] 28, 1745	1	222
Deborah, [twin with Allice], d. [Jonathan & Deborah], b. June 21, 1755	1	225
Doddridge, s. [James & Submit], b. Feb. 11, 1771	1	225
Eddy, [s. John & Alice], b. Sept. 23, 1713	1	223
Eddy, m. Abigail [ ]	1	224
Elizabeth, [d. Hezekiah & Jerusha], b. Dec. 19, 1727	1	223

NEWCOMB (cont.)

	Vol.	Page
Elizabeth, [d. Eddy & Abigail], b. June 12, 1743	1	224
Erastus, m. Mary HAUN, b. of Lebanon, Mar. 31, 1822, by Esek Brown	1	420
Eunice, d. Dec. 7, 1715	1	224
Eunice, d. [Jacob & Elizabeth], b. Oct. 16, 1754	1	225
George H., of Windham, m. Hannah LORING, of Lebanon, Oct. 9, 1842, by Rev. Rob[er]t C. Mills, of Colchester Borough	2	18
Hannah, d. Silas & Submit, b. Mar. 1, 1749/50; d. Aug. [ ], 1752	1	222
Hannah, d. [Silas & Submit], b. May 17, 1754	1	222
Hezekiah, m. Jerusha BRADFORD, Nov. 14, 1716	1	223
Hezekiah, [s. Hezekiah & Jerusha], b. Dec. 27, 1722	1	223
Israel, s. Jacob & Elizabeth, b. Feb. 7, 1748/9	1	225
Israel, s. [Jacob & Elizabeth], b. Dec. 20, 1764	1	225
Jacob, [s. John & Alice], b. Oct. 10, 1724	1	223
James, [s. Hezekiah & Jerusha], b. Feb. 7, 1732/33	1	223
James, m. Submit DAVIS, Sept. 11, 1755	1	225
James, s. [James & Submit], b. May 28, 1756	1	225
Gemima, [d. Hezekiah & Jerusha], b. Dec. 14, 1730	1	223
Jerome P., s. Simon [M.], b. July 20, 1823	1	135
Jerusha, [d. Hezekiah & Jerusha], b. Mar. 24, 1726, at Ezra Cleveland's, Canterbury	1	223
Jerusha, d. Nov. 4, 1739	1	223
Jerusha, [d. Silas & Submit], b. Jan. 6, 1740	1	222
Jerusha, [d. Simeon & Jerusha], b. Jan. 2, 1743/4	1	222
Jerusha, m. Wadsworth BREWSTER, May 24, 1759, by Rev. Mr. Wheelock	1	361
Jesse, s. [Silas & Submit], b. May 26, 1756	1	222
Joanna, d. Jonathan & Deborah, b. June 21, 1750	1	225
John, s. [John & Alice], b. July 29, 1720	1	223
John, Jr., m. Mercy BARNABY, June 5, 1747	1	226
John, s. [John, Jr. & Mercy], b. Feb. 16, 1756	1	226
John, s. [Silas & Submit], b. May 26, 1760	1	222
John, m. Alice [ ]	1	223
Jonathan, [s. John & Alice], b. Aug. 21, 1722	1	223
Jonathan, m. Deborah TUPPER, Nov. 9, 1746	1	225
Joseph, s. [John, Jr. & Mercy], b. July 8, 1751	1	226
Joseph, s. [Thomas & Ann], b. Aug. 21, 1752	1	224
Katharine, m. Noah WEBSTER, [ ]	1	339
Levina, d. [Jacob & Elizabeth], b. Mar. 15, 1759	1	225
Linus P., s. [Simon M.]. b. June 27, 1827	1	135
Lois, d. [Jacob & Elizabeth], b. June 27, 1756	1	225
Luther, s. [Silas & Submit], b. June 12, 1762	1	222
Martin V., s. [Simon M.], b. July 18, 1831	1	135
Mehetable, [d. Simeon & Jerusha], b. Mar. 7, 1741/2	1	222
Paul, s. [Silas & Submit], b. Mar. 15, 1752	1	222
Paul, m. Martha WOODWARD, May 26, 1775, by Rev. Mr. Brockway	1	226
Paul, s. [Paul & Martha], b. Apr. 8, 1782	1	226
Peter, [s. Hezekiah & Jerusha], b. Nov. 28, 1718	1	223

LEBANON VITAL RECORDS 157

	Vol.	Page
NEWCOMB (cont.)		
Phebe, d. [James Submit], b. May 18, 1757	1	225
Priscilla, m. James **PINNEO**, June 16, 1731	1	242
Rebecca, d. [James & Submit], b. Dec. 29, 1758	1	225
Rubee, d. [Jonathan & Deborah], b. Oct. 24, 1751	1	225
Samuel, [s. Hezekiah & Jerusha], b. Sept. 2, 1829 [1729?]	1	223
Sarah, m. Ebenezer **NIGH**, Jan. 13, 1719/20	1	222
Sarah, d. [Jacob & Elizabeth], b. May 14, 1761	1	225
Silas, s. Hezekiah & Jerusha, b. Sept. 2, 1717	1	223
Silas, m. Submit **PINEO**, b. of Lebanon, Mar. 5, 1739	1	222
Silas, s. [Silas & Submit], b. Nov. 29, 1743, at Falltown	1	222
Silas, d. May 24, 1773	1	222
Silas, s. [Paul & Martha], b. Apr. 26, 1776	1	226
Simeon, of Lebanon, m. Jerusha **LATHROP**, of Edgartown, Nov. 17, 1740	1	222
Simeon, [twin with Deborah], s. Simeon & Jerusha, b. [ ], 28, 1745	1	222
Simon, d. Jan. 20, 1744/5, in the 79th y. of his age	1	224
Submit, [d. Silas & Submit], b. Oct. 7, 1745	1	222
Submit, d. [James & Submit], b. Apr. 10, 1765	1	225
Thomas, [s. Hezekiah & Jerusha], b. Sept. 3, 1724	1	223
Thomas, of Lebanon, m. Ann **HIBBARD**, of Windham, Mar. 26, 1751	1	224
Thomas, s. [James & Submit], b. May 12, 1761	1	225
Zilpah, d. [Jonathan & Deborah], b. June 15, 1758	1	225
NEWCOMBER, Elizabeth, m. Ebenezer **WRIGHT**, Apr. 20, 1721	1	327
NEWELL, Erastus, of Pom[f]ret, m. Maria **CARD**, of Lebanon, Nov. 24, [ ], by Rev. Esek Brown	1	115
NEWTON, Sally, of Colchester, m. Justin **WILLIAMS**, of Lebanon, [Sept.] 6, 1813, by Solomon Cone, Colchester	1	395
NICHOLS, Mary, d. Samuel, b. Apr. 27, 1748	1	224
Timothy, s. Samuel, b. Oct. 20, 1750	1	224
William, m. Thankfull **MUDGE**, July 19, 1714	1	222
NIGH, Ebenezer, m. Sarah **NEWCOMB**, Jan. 13, 1719/20	1	222
NILES, Henry Littlefield, .s. Jeremiah, b. Dec. 9, 1802	1	382
NORTH, Anna*, m. John **ALMSTRONG**, Jan. 19, 1709/10 (*Should be Anna **WORTH**)	1	1
Lydia*, m. Joseph **ALMSTRONG**, Dec. 15, 1712 (*Should be Lydia **WORTH**)	1	1
NORTHAM, Mary, of Colchester, m. Solomon **ABEL**, of Lebanon, Mar. 9, 1747/8	1	7
NORTHUP, Abigail, of Worcestershire, m. John **CALKIN**, Jr., of Worcestershire, June 10, 1744	1	54
NOYES, Ruth B., of Lebanon, m. Edwin **ALLEN**, of Windham, Dec. 9, 1833, by Rev. Daniel Waldo, of Exeter	1	441
OBRIAN, Betsey, m. Job **IRISH**, Jr. Aug. 17, 1800	1	387
OCRA, Sarah, of Lebanon, m. Job **CONGDON**, of Franklin, Oct. 23, 1832, by Rev. Edward Bull	1	357

	Vol.	Page
OMBSBURY, Lucy, of Lebanon, m. Ebenezer **JEWETT**, of Hampton, Sept. 21, 1851, by Rev. Dexter Bullard	2	71
ORDWAY, ORDAWAY, Eunice, d. [John & Eunice], b. Aug. 24, 1752	1	235
Jacob, m. Rebecca **WRIGHT**, [ ]	1	233
Jemima, [d. Jacob & Rebecca], b. Dec. 11, 1715	1	233
Jemima, m. Joseph **SMALLEY**, Oct. 31, 1734	1	282
John, m. Eunice **GILLETT**, b. of Lebanon, May 22, 1748	1	235
Mary, d. Jacob & Rebecca, b. Aug. 16, 1712	1	233
Mary, m. Ebenezer **GILLETT**, Sept. 23, 1730	1	121
Mercy, m. Moses **CLARK**, Jr., June 6, 1745	1	54
Rachel, [d. Jacob & Rebecca], b. Nov. 28, 1717	1	233
Rebecca, [d. Jacob & Rebecca], b. Jan. 16, 1713/4	1	233
Rebecca, m. Gideon **HUNT**, June 7, 1732	1	142
Rebecca, m. Isaac **LYMAN**, [ ]	1	175
Sarah, m. Wigglesworth **LAW**, Dec. 12, 1744	1	181
Triphenia, d. [John & Eunice], b. Dec. 11, 1754	1	235
OSBORN, OSBORNE, Hannah A., m. Charles T. **TAYLOR**, b. of Lebanon, Oct. 20, 1831, by Rev. Edward Bull	1	427
Martha, m. John **LOOMIS**, Oct. 30, 1706	1	170
OSGOOD, Charles, [s. Erastus], b. Feb. 13, 1808	1	394
Edward Scarborough, [s. Erastus], b. Feb. 5, 1826	1	394
Erastus, s. [Erastus], b. Jan. 21, 1813	1	394
Olive M., m. Israel T. **OTIS**, b. of Lebanon, Sept. 12, 1838, by Rev. Lyman Strong	1	456
Olive Morgan, [d. Erastus], b. Mar. 4, 1810	1	394
Samuel Coit **MORGAN**, [s. Erastus], b. Nov. 2, 1819	1	394
Solomon Gilbert, [s. Erastus], b. Oct. 14, 1823	1	394
William C., m. Sarah T. **McCALL**, b. of Lebanon, Mar. 29, 1841, by Israel T. Otis, V.D.M.	2	6
William Coit, [s. Erastus], b. Jan. 8, 1816	1	394
OTIS, Charles P., m. Abby Jane **HOLBROOK**, Sept. 8, 1835, by Rev. Israel T. Otis	1	239
Eunice, of Lebanon, m. Simeon **REED**, of Tray ,Mass., Aug. 31, 1831, by Erastus Ripley	1	238
Hannah, m. Benajah **MACKALL**, Nov. 6, 1735	1	198
Henry, m. Susan **LATHROP**, Jan. 4, 1832, by Erastus Ripley	1	239
Israel T., m. Olive M. **OSGOOD**, b. of Lebanon, Sept. 12, 1838, by Rev. Lyman Strong	1	456
Mercy, of Colchester, m. Nathaniel **BARTLETT**, of Lebanon, Dec. 14, 1753	1	38
OWEN, Aaron, m. Meriam **WRIGHT** [ ]	1	234
Abraham, s. [David & Margaret], b. Mar. 29, 1740	1	232
Ann, [d. Joseph & Mary], b. Oct. 18 ,1710	1	233
Bathsheba, [d. Moses & Hannah], b. June 13, 1828 [1728?]; d. June 4, 1832 [1732?]	1	232
Benjamin, reputed, s. Benjamin & Jemima Howard, b. Feb. 8, 1731/2	1	232
Benjamin, s. Benjamin & Lucy, b. Apr. [ ], 1758	1	234
Caleb, m. Elizabeth **BREWSTER**, June 20, 1740	1	232
Caleb, s. Caleb & Elizabeth, b. May 20, 1741	1	232

LEBANON VITAL RECORDS 159

	Vol.	Page
OWEN (cont.)		
Caleb, Jr., m. Priscilla **THROOPE**, [ ]	1	235
Daniel, [s. Moses & Hannah], b. Nov. 6, 1714	1	232
David, m. Margaret **TAYLOR**, Oct. 14, 1736	1	232
Eleazer, [s. Moses & Hannah], b. Jan. 24, 1720/21	1	232
Eliphalet, [s. Joshua & Margaret], b. June 26, 1727	1	233
Elijah, [s. Joshua & Margaret], b. Jan. 29, 1721/2	1	233
Elijah, m. Patience **WRIGHT**, Oct. 21, 1747	1	234
Esther, d. Joseph & Mary, b. Aug. 26, 1708	1	233
Esther, [d. Joshua & Margaret], b. Sept. 3, 1730	1	233
Esther, m. Jonathan **BILL**, Aug. 1, 1749	1	33
Esther, d. [Caleb, Jr. & Priscilla], b. Sept. 23, 1761	1	235
Esther, m. Ebenezer **COLE**, [ ]	1	52
Hannah, [d. Moses & Hannah], b. Nov. 16, 1718	1	232
Hannah, m. Samuel **GROSS**, July 1, 1773, by Rev. Mr. Williams	1	131
James, [s. David & Margaret], b. Mar. 3, 1741/2	1	232
Jemima, [d. Joshua & Margaret], b. July 26, 1719	1	233
Joel, s. [Caleb, Jr. & Priscilla], b. Feb. 4, 1766	1	235
Jonathan, s. Joseph & Ruth, b. Oct. 27, 1718	1	234
Jonathan, m. Patience **VALLENCE**, May 1, 1740	1	234
Jonathan, s. [Jonathan & Patience], b. Mar. 18, 1743	1	234
Joshua, m. Margaret **WOODWORTH**, Nov. 5, 1718	1	233
Joshua, [s. Joshua & Margaret], b. Feb. 7, 1724	1	233
Keziah, [d. Joshua & Margaret], b. June 27, 1723	1	233
Leonard, s. [Joshua & Margaret], b. Dec. 13, 1720	1	233
Lucy, [d. David & Margaret], b. Dec. 28, 1737	1	232
Lucy, [d. David & Margaret], b. June 6, 1744	1	232
Lucy, m. Ebenezer **BROWN**, Jan. 8, 1744/5	1	33
Martha, of Hebron, m. Daniel **SMALLEY**, Jr., of Lebanon, June 2, (1763), by Rev. Mr. Pomroy	1	296
Martha, d. [Caleb, Jr. & Priscilla], b. Aug. 20, 1763	1	235
Mary, [d. Joseph & Mary], b. Oct. 7, 1706; d. May 3, 1717	1	233
Mary, m. Joseph **DAVIS**, [ ]	1	61
Moses, m. Hannah **MAN**, Feb. 4, 1713/14	1	232
Naomi, [d. Joshua & Margaret], b. Sept. 15, 1740; d. Sept. 26, 1740	1	233
Rachel, [d. Joseph & Mary], b. Dec. 30, 1711	1	233
Ruth, m. Thomas **TUPPER**, May 27, 1740	1	303
Samuel, [s. Joshua & Margaret], b. May 26, 1742	1	233
Sarah, [d. Aaron & Meriam], b. May 21, 1733	1	234
Timothy, [s. Moses & Hannah], b. Apr. 18, 1831 (1731?)	1	232
William, [s. Jonathan & Patience], b. Apr. 7, 1741	1	234
PAINE, PAYNE, PAIN, PAYN, Amos, s. [Dan[iel] & Elizabeth], b. Nov. 7, 1766	1	253
Anne, m. Lebbeus **WOODWORTH**, Apr. 23, 1761, by W. Metcalfe, Esq.	1	350
Benjamin, m. Mary **BREWSTER**, Oct. 19, 1726	1	241
Benjamin, [s. Benjamin & Mary], b. Mar. 14, 1727/8	1	241
Benjamin, Jr., m. Mehitable **DUMMACK**, Nov. 5, 1747, by Jonathan Trumbull, Asst.	1	248

PAINE, PAYNE, PAIN, PAYN (cont.)

	Vol.	Page
Benjamin, s. [Benjamin, Jr. & Mehitable], b. Sept. 19, 1749	1	248
Benjamin, d. Jan. 14, 1755, ae 55 y. almost 8 m.	1	241
Benj[ami]n, Jr., m. Eunice [SEABURY], [ ]	1	290
Clark, s. [Dan[iel] & Elizabeth], b. Sept. 26, 1768	1	253
Clark, m. Hannah SMITH, Mar. 19, 1809	1	323
Damaris, d. [Dan[iel] & Elizabeth], b. Dec. 25, 1762	1	253
Dan[iel], [s. Benjamin & Mary], b. Apr. 10, 1737	1	241
Daniel, s. Benjamin, Jr. & Mehitable, b. Jan. 23, 1748	1	248
Dan[iel], m. Elizabeth LOOMIS, Apr. 22, 1760, by Ja[me]s Clark, Clerk	1	253
Dan[iel], s. [Dan[iel] & Elizabeth], b. Nov. 3, 1764	1	253
Daniel, m. Elizabeth WRIGHT, b. of Lebanon, May 4, 1769, by Rev. Mr. Stone	1	257
Daniel, s. [Daniel & Elizabeth], b. May 1, 1770	1	257
Deborah, m. Maverick JOHNSON, May 10, 1737	1	160
Deborah, m. John MORGAN, of Norwich, Oct. 28, 1746	1	198
Deborah, d. [Stephen & Jemima], b. Dec. 17, 1764	1	252
Elisha, m. Susan JOHNSON, b. of Lebanon, Jan. 6, 1808, by Elder Nehemiah Dodge	1	385
Elizabeth, d. [Joseph, Jr. & Elizabeth], b. Dec. 23, 1758	1	255
Elizabeth, d. [Dan[iel] & Elizabeth], b. Mar. 16, 1761	1	253
Elvina, d. [Oliver & Elvira], b. Jan. 11, 1807	1	388
Eunice, d. [Stephen & Jemima], b. Jan. 31, 1755	1	252
Eunice, [w. Benj[ami]n, Jr.], d. Oct. 3, 1785	1	290
Eunice, d. Apr. 26, 1825, ae 46 y. Stephen Payne, Adms.	1	88
George Henry, s. George & Henrietta, b. Dec. 20, 1823	1	422
Hannah, [d. Benjamin & Mary], b. June 25, 1739	1	241
Henry, m. Cynthia GOODALE, Apr. 20, 1823, by Rev. Joel Howes, of Hartford	1	89
Hiram, s. [John], b. Jan. 15, 1763	1	255
James, m. Sarah ARMSTRONG, Jan. 15, 1733/4	1	242
Jemima, d. [Stephen & Jemima], b. Nov. 14, 1771	1	252
Joel, s. [Joseph, Jr. & Elizabeth], b. Aug. 17, 1764	1	255
John, s. [Benjamin & Mehitable], b. Oct. 14, 1763	1	248
Joseph, Jr., m. Elizabeth SIMS, Feb. 9, 1758	1	255
Liester, s. [Oliver & Elvira], b. Aug. 6, 1804	1	388
Lucina, d. [Oliver & Elvira], b. Sept. 16, 1805	1	388
Lydia, [d. Benjamin & Mary], b. Nov. 6, 1731	1	241
Lydia, d. [Stephen & Jemima], b. July 4, 1762	1	252
Lydia, d. [Stephen & Jemima], d. Mar. 23, 1765	1	252
Lydia, d. [Stephen & Jemima], b. Feb. 9, 1767	1	252
Martha, m. Dorastas LOOMER, Jan. 13, 1793	1	193
Mary, [d. Benjamin & Mary], b. Jan. 20, 1729/30	1	241
Mary, d. [Benjamin & Mehitable], b. Aug. 6, 1758	1	248
Mary, [twin with Samuel, d. Dan[iel] & Elizabeth], b. Nov. 4, 1770	1	253
Mehetable, d. [Benjamin & Mehitable], b. July 7, 1753	1	248
Mehitable, m. James DUTIBBER, b. of Lebanon, Nov. 5, 1820, by Esek Brown	1	409
Nehemiah, s. Benjamin & Mehitable, b. Aug. 20, 1751	1	248

LEBANON VITAL RECORDS 161

	Vol.	Page
PAINE, PAYNE, PAIN, PAYN (cont.)		
Oliver, m. Elvira **BARSTOW**, Dec. 1, 1803	1	388
Rhoda, d. [Benjamin & Mehitable], b. Dec. 14, 1755	1	248
Roger, s. [Stephen & Jemima], d. Mar. 13, 1765	1	252
Roger, s. [Stephen & Jemima], b. June 13, 1769	1	252
Samuel, [twin with Mary], s. [Dan[iel] & Elizabeth], b. Nov. 4, 1770	1	253
Sarah, [d. Benjamin & Mary], b. Mar. 22, 1745	1	241
Sarah, m. Isaiah **WRIGHT**, Oct. 22, 1768, by Rev. Solo[mon] Williams	1	355
Selden, s. [Stephen & Jemima], b. Mar. 17, 1774	1	252
Seth, [s. Benjamin & Mary], b. Sept. 1, 1742	1	241
Seth, Jr., s. Seth, m. Ruth **PHELPS**, d. Elijah, Jan. 5, 1797, by Elkanah Tisdale, J.P.	1	259
Stephen, [s. Benjamin & Mary], b. June 26, 1735	1	241
Stephen, m. Jemima **MORGAN**, of Norwich, Sept. 4, 1754, by J[oh]n Ellis, Clerk	1	252
Stephen, s. [Stephen & Jemima], b. Aug. 24, 1758	1	252
Stephen, m. Prudence **THOMAS**, of Preston, June 7, 1795, by Lemuel Foster, Clerk	1	252
Stephen was divorced from his w. [Jemima **MORGAN**]	1	252
Submit, d. [Joseph, Jr. & Elizabeth], b. Oct. 12, 1760; d. Mar. 22, 1761	1	255
Submit, d. [Joseph, Jr. & Elizabeth], b. Aug. 17, 1762	1	255
Susanna, d. [Stephen & Jemima], b. Oct. 6, 1756	1	252
PALATINE, Caleb, m. Rose **COSMAN**, (mulatto), Aug. 26, 1784, by Mr. W[illia]m Williams	1	371
-----, s. [Cash & Rose], b. [ ]	1	371
-----, s. [Cash & Rose], b. Oct. 28, 1788	1	371
PALMER, Abel, Jr., of Chaplin, m Harriet **WELLS**, of Lebanon, Nov. 19, 1838, by Rev. Dexter Bullard	1	459
Gilbert, s. [John & Sarah], b. Apr. 22, 1795	1	247
Henry, of Norwich, m. Martha **WETMORE**, of Lebanon, Mar. 30, 1853, by John C. Nichols	2	78
John, native of Europe, m. Sarah [ ], late of Haddam, [ ]	1	247
Polly, d. [John & Sarah], b. Sept. 6, 1789, at Haddam	1	247
Rebecka, d. [John & Sarah], b. Apr. 2, 1792, at East Haddam	1	247
Samuel, m. Abbil **TURNER**, b. of Norwich, Feb. 8, 1852, by J. R. Brown	2	72
Susannah, m. Thomas **BOURN**, Dec. 24, 1746	1	33
Warren W., m. Ellen B. **MILLER**, Mar. 20, 1853, by Rev. Perry Bennett, at the house of Caleb Miller	2	77
PARISH, Judith, m. Elijah **PHELPS**, Mar. 22, 1778, by Nath[anie]l Wales, Esq.	1	257
Lovisa Ann, of Gasfs (?), N.H., m. Elijah **PHELPS**, of Lebanon, Dec. 7, 1819, by Eliphalet Lyman, Clerk, Woodstock	1	420
PARK, PARKE, PARKS, A.R., of Colchester, m. Amelia A. **CRARY**, of Goshen Society, Lebanon, Oct. 12, 1841, by Rev. Joel R. Arnold	2	11

	Vol.	Page
PARK, PARKE, PARKS (cont.)		
Abigail B., of Plainfield, m. Alden S. **MOSHER**, of Exeter, Aug. 13, 1848, by John Avery	2	57
Avery, of Preston, m. Betsey **MEECH**, of Stonington, Sept. 14, 1806	1	324
Olive Hutchinson, [d. Avery & Betsey], b. Dec. 29, 1808; d. Mar. 26, 1809	1	324
Prudence M., of Bozrah, m. Erastus **LATHROP**, of Lebanon, Aug. 15, 1843, by Rev. Nathan Wildman	2	24
Roswell, s. [Avery & Betsey], b. Oct. 1, 1807	1	324
Thomas H., of North Stonington, m Francis A. **TAYLOR**, of Lebanon, Sept. 26, 1848, by Rev. Nathan Wildman	2	58
PARKER, William, of Washington, Conn., m. Julia Abby **ARMSTRONG**, of Lebanon, Nov. 22, 1836, by Israel T. Otis	1	195
PARMELEE, Sally, of Bethlem, m. Silas **SWIFTS**, s. of Charles, of Lebanon, June 1, 1796, by Rev. Mr. Azel Backus	1	299
PARSONS, Elizabeth, [d. Rev. Joseph & Elizabeth], b. June 25, 1707	1	244
Jacob, of Northampton, m. Beulah **HUNT**, of Lebanon, Feb. 20, 1745/6	1	243
Joseph, s. Rev. Joseph & Elizabeth, b. Oct. 29, 1702	1	244
Joseph, of Enfield, m. Lydia **LYMAN**, of Lebanon, July 24, 1832, by Rev. Edward Bull	1	430
PARTLELOW, Mary, d. William & Anne, b. Mar. 3, 1736/7	1	241
PARTRIDGE, Benjamin, [s. John & Anne], b. Nov. 25, 1724	1	245
Hannah, [d. John & Anne], b. July 19, 1730	1	245
Hannah, m. Joseph **BISSELL**, Apr. 12, 1753	1	36
James, late of Duxborough, now of Lebanon, m. Thankfull **STEAVENS**, of Stonington, Dec. 24, 1744	1	250
James, s. James & Thankfull, b. Mar. 25, 1746	1	250
John, m. Anne **FITCH**, [ ]	1	245
Lucretia, d. [James & Thankfull], b. Nov. 12, 1759	1	250
Lydia, d. [James & Thankfull], b. Sept. 6, 1754	1	250
Molle, d. James & Thankfull, b. Oct. 15, 1750	1	250
Rachel, [d. John & Anne], b. Oct. 25, 1726	1	245
Rufus, s. [James & Thankfull], b. Sept. 10, 1756	1	250
Samuel, s. [James & Thankfull], b. Nov. 20, 1753	1	250
Stephen, s. James & Thankfull, b. June 6, 1748	1	250
Ralf, s. [Robert & Lois], b. Sept. 16, 1764	1	255
Robert, m. Lois **BUEL**, Dec. 6, 1763	1	255
PEABODY, Anne, d. [Aaron], b. Dec. 15, 1765	1	256
Eliza, of Lebanon, m. George **RAYMOND**, of Montville, Apr. 28, 1836, by Rev. Israel T. Otis	1	195
Ezra, s. [Aaron], b. Sept. 3, 1763	1	256
Hannah, [twin with Joseph, d. Parker & Sarah], b. Aug. 21, 1765	1	257
Harriet, of Lebanon, m. Marvin W. **HUTCHINS**, of Colchester, Mar. 7, 1838, by Rev. Israel T. Otis	1	455

	Vol.	Page
PEABODY (cont.)		
J. F. Mason, m. Eliza **HUNTINGTON**, Apr. 13, 1835, by Rev. Edward Bull	1	438
John, s. [Parker & Sarah], b. Jan. 2, 1768	1	257
Joseph, [twin with Hannah, s. Parker & Sarah], b. Aug. 21, 1765	1	257
Mary Ann, m. John **BROWN**, 2d, b. of Lebanon, [Apr.] 12, 1821, at Mr. N. Peabody's, by William Palmer	1	406
Parker, m. Sarah **SPAFFORD**, Dec. 13, 1764	1	257
PEASE, PEAS, Anne, d. [Christopher & Hannah], b. Oct. 5, 1752	1	248
Christopher, m. Hannah **HILLS**, 3d, b. of Lebanon, June 9, 1748	1	248
Christopher, s. [Christopher & Hannah], b. May 4, 1751	1	248
Cyrus, of Ellington, m. Maria **LOOMIS**, of Lebanon, Mar. 5, 1851, by Nathan Wildman	2	69
Samuel, s. Christopher & Hannah, b. Jan. 31, 1749/50	1	248
Thankful, m. Joseph **FOOT**, June 9, 1748	1	108
Theodora, d. [Christopher & Hannah], b. Mar. 28, 1760	1	248
PECKHAM, Eliza A., m. Charles E. **CONGDON**, b. of Lebanon, Feb. 13, 1849, by Nathan Wildman	2	60
Frances H., m. Susan E. **PHILLIPS**, b. of Lebanon, Nov. 29, 1732, by Rev. Esek Brown	1	83
George, m. Jane **JACKSON**, Aug. 13, 1854, by E. W. Tucker	2	80
George W., of Lebanon, m. Wealthy **PECKHAM**, of Norwich, Dec. 18, 1842, by Rev. Stephen Hays of Exeter	2	19
Henry W., m. Lucretia F. **TILDEN**, b. of Lebanon, Mar. 11, 1827, by Rev. Esek Brown	1	193
James M., m. Nancy M. **WATERMAN**, b. of Lebanon, Apr. 10, 1848, by Rev. J.R. Brown, of Goshen	2	56
Jane B., of Newport, R.I., m. Amos F. **ROGERS**, of Lyme, Apr. 7, 1839, by Rev. Nathan Wildman	1	451
Mary Ann, of Lebanon, m. David **COWELSE**, of Colchester, Dec. 6, 1826, by Rev. Esek Brown	1	118
Robert C., m. Lydia **WELLS**, b. of Lebanon, Sept. 12, 1831, by Rev. Daniel Waldo, Exeter	1	386
Robert C., Jr., m. Sarah A. **SEGER**, b. of Lebanon, Apr. 8, 1833, by Rev. Esek Brown	1	434
Wealthy, of Norwich, m. George W. **PECKHAM**, of Lebanon, Dec. 18, 1842, by Rev. Stephen Hays, of Exeter	2	19
PEMBER, Willard G., of Franklin, m Frances A. **FARGO**, Nov. 5, 1829, by Rev. Edward Bull	1	424
PENDLETON, Hannah, m. Isaiah **DAGGETT**, May 19, 1824, by Erastus Ripley	1	4
Julia Ann, m. Latham **GRAY**, Jan. 20, 1825, by Erastus Ripley	1	95
PENFIELD, David, s. John & Anne, b. June 14, 1722	1	245
Silence, d. John & Anne, b. Mar. 3, 1724	1	245
PERKINS, Annah, d. [Thomas & Elizabeth], b. Sept. 22, 1762	1	248

	Vol.	Page
PERKINS (cont.)		
Asa, s. [Thomas & Elizabeth], b. Apr. 21, 1754	1	248
Elizabeth, d. [Thomas & Elizabeth], b. July 13, 1756	1	248
John, m. [ ] **LOOMIS**, Dec. 16, 1779, by Rev. S. Lockwood	1	258
Mary, m. John **MANNING**, b. of Windham, Feb. 18, 1784, by Rev. Mr. Cogswell	1	212
Phebe, d. Thomas & Elizabeth, d. June 20, 1749	1	248
Phebe, d. [Thomas & Elizabeth], b. Mar. 12, 1759	1	248
Samuel, s. Thomas & Elizabeth, b. Sept. 4, 1751	1	248
PERRY, [see also **PURRY**], Alice, m. James **POTTER**, b. of Lebanon, Nov. 24, 1831, by Rev. Esek Brown	1	265
Ann, of Lebanon, m. Benjamin **HEWET**, of Windham, June 3, 1829, by Rev. Esek Brown	1	227
Deborah, of Lebanon, m Philip **ROBINSON**, Esq., of Middlesex, N.Y., June 19, 1825, by Rev. Esek Brown	1	237
Elizabeth C., of Windham, m. Joseph P. **LITTLE**, of Lebanon, Feb. 19, 1843, by Rev. Nathan Wildman	2	21
Hannah, m. George **MATTESON**, about the last week in Mar., 1829, by Erastus Ripley	1	97
James, m. Lucy A. **POTTER**, b. of Lebanon, Apr. 15, 1832, by Rev. Esek Brown	1	209
James, m. Lucy A. **POTTER**, b. of Lebanon, Apr. 15, 1832, by Rev. Esek Brown	1	429
John P., m. Harriet **HASCALL**, b. of Norwich, June 28, 1835, by Rev. John H. Baker	1	407
Mary, of Lebanon, m. Asahel **KINGSLEY**, Jr., of Columbia, Feb. 11, 1822, by Rev. Esek Brown	1	420
Ransom, of Windham, m. Mary **SCOTT**, of Lebanon, May 24, 1840, by Nathan Wildman	1	111
PETERS, Jonathan, s. William & Ruth, b. Feb. 18, 1749/50	1	248
Joseph, s. William & Ruth, b. Apr. 22, 1748	1	248
Lydia, d. W[illia]m & Abigail, b. Dec. 24, 1755	1	248
Ruth, w. William, d. Sept. 20, 1751, in the 26th y. of her age	1	248
William, of Lebanon, m. Abigail **MERRAH**, of Coventry, Mar. 26, 1752	1	248
PETERSON, Solomon, m. Eliza **HOLMES**, b. of Lebanon, (persons of color), May 31, 1826, by Rev. Edward Bull	1	218
PETTIS, PETTICE, PETTES, [see also **BETTIS**], Eunice H., of Lebanon, m. Dan **FAIRBANKS**, of Truxton, N.Y., June 7, 1847, by John C. Nichols	2	51
James Fitch, s. [Oliver & Wealthy], b. Jan. 23, 1809	1	390
Joel, m. Mariah **BAILEY**, 2d, b. of Lebanon, Oct. 9, 1822, by Rev. Esek Brown	1	226
Julian V., m. Angeline **WRIGHT**, b. of Lebanon, June 11, 1851, by John C. Nichols	2	70
Martha L., of Lebanon, m. Shubael **HEBARD**, of Norwich, May 12, 1840, by John C. Nichols	1	98

LEBANON VITAL RECORDS 165

	Vol.	Page
PETTIS, PETTICE, PETTES (cont.)		
Oliver, b. Oct. 19, 1781; m. Wealthy **FITCH**, Dec. 8, 1807	1	390
Oliver E., m. Mary A. **McCALL**, b. of Lebanon, Sept. 6, 1853, by E. W. Tucker	2	79
Thankfull, m. Philip S. **ADAMS**, Aug. 10, 1825, by Dennison Wattles, J.P.	1	8
PHELPS, Aaron, [s. Joseph & Sarah], b. Oct. 12, 1713	1	240
Abigail, [d. Jedediah & Elizabeth], b. Nov. 4, 1710	1	244
Abigail, [d. Joseph & Sarah], b. Feb. 17, 1715/16	1	240
Ann, m. Simeon **DEWEY**, Mar. 29, 1739	1	62
Anna, d. Silas & Hannah, b. Apr. 27, 1747	1	243
Azubah, [d. Jacob & Keziah], b. Jan. 6, 1745	1	242
Azubah, [d. Jacob & Keziah], d. Nov. 15, 1746	1	242
Azubah, [d. Jacob & Keziah], b. Apr. 5, 1747	1	242
Benjamin, m Deborah **TEMPLE**, Oct. 26, 1708	1	240
Cornelius, m. Margaret **DEWEY**, Jan. 18, 1721/2	1	241
Dan[iel], s. [Joseph & Jemima], b. Sept. 18, 1779	1	251
Dan[iel], s. [Joseph & Jemima], b. Sept 18, 1779	1	258
David, [s. Joseph & Sarah], b. Jan. 4 ,1723/4	1	240
David, [s. Joseph & Sarah], d. May 31, 1747	1	240
Deborah, [d. Benjamin & Deborah], b. Oct. 23, 1709	1	240
Dorothy, [d. Israel & Mary], b. Apr. 1, 1709	1	241
Elijah, m. Elizabeth **SMITH**, of Norwich, Mar. 2, 1769, by Rev. Jesse Ives	1	257
Elijah, m. Judith **PARISH**, Mar. 22, 1778, by Nath[anie]l Wales, Esq.	1	257
Elijah, m. Lydia **CLEVELAND**, Oct. 26, 1791, by Dav[i]d Payne, J.P.	1	257
Elijah, s. [Elijah & Lydia], b. Mar. 8, 1796	1	257
Elijah, of Lebanon, m .Lovisa Ann **PARISH**, of Gasfs [?], N.H., Dec. 7, 1819, by Eliphalet Lyman, Clerk, Woodstock	1	420
Eliphalet, [s. Silas & Hannah], b. Nov. 5, 1743	1	243
Eliphalet, s. Eliphalet & Mahitable, b. May 11, 1765	1	259
Eliphalet, d. [ ]	1	259
Elizabeth, d. Jedediah & Elizabeth, b. Dec. 30, 1708/9	1	244
Elizabeth, [d. Jacob & Keziah], b. Aug. 3, 1740	1	242
Elizabeth, w. [Jedediah], d. Apr. 10, 1757	1	244
Elizabeth, m. Joseph **DOUBLEDAY**, Apr. 12, 1759	1	72
Elizabeth, d. [Elijah & Elizabeth], b. Feb. 2, 1772	1	257
Eliza[beth], w. Elijah, d. Dec. 14, 1774	1	257
Esther, [d. Joseph & Sarah], b. Sept. 3, 1725	1	240
Esther, [d. Joseph & Sarah], d. Mar. 22, 1734	1	240
Eunice, [d. Joseph & Sarah], b. Aug. 16, 1720	1	240
Eunice, d. [Elijah & Elizabeth], b. Feb. 5, 1774	1	257
Eunice, d. [Elijah & Elizabeth], d. May 1, 1794	1	257
Hannah, [d. Israel & Mary], b. June 10, 1711	1	241
Hubbard, s. Elisha & Lucy, b. May 29, 1800. Recorded Nov. 3, 1821	1	6
Israel, [s. Israel & Mary], b. Nov. 13, 1706	1	241
Israel, m. Rachel **JANES**, Jan. 26, 1713/14	1	241

PHELPS (cont.)

	Vol.	Page
Jabez, s. [Joseph & Jemima], b. June 4, 1777	1	251
Jabez, s. [Joseph & Jemima], b. June 4, 1777	1	258
Jacob, [s. Jedediah & Elizabeth], b. Apr. 16, 1713	1	244
Jacob, m. Keziah **MEECHAM**, July 14, 1737	1	242
Jacob, d. Dec. 22, 1751	1	242
Jacob, s. Silas & Hannah, b. Jan. 30, 1755	1	243
Jacob, s. [Silas & Hannah], d. Sept. 8, 1759	1	243
Jedediah, [s. Jedediah & Elizabeth], b. June 20, 1727	1	244
Jedediah, Jr., m. Eleanor **CALKIN**, Apr. 10, 1749	1	250
Jedediah, d. Feb. 13, 1752, in the 63rd y. of his age	1	244
Jedediah, d. Oct. 1, 1752	1	250
Jedediah, s. [Silas & Hannah], b. Apr. 23, 1753	1	243
Jedediah, m. Elizabeth **JANES**, [ ]	1	244
Jemima, [d. Jedediah & Elizabeth], b. June 26, 1724; d. July 5, 1739	1	244
Jemima, [d. Paul & Jerusha], b. Aug. 13, 1741	1	242
Jemima, m. Nathan **HOVEY**, Nov. 11, 1762, by Rev. Mr. Williams	1	150
Jemima, d. [Joseph & Jemima], b. Oct. 7, 1781	1	258
Jerusha, [d. Paul & Jerusha], b. Mar. 29, 1744	1	242
Jerusha, w. Paul, d. Mar. 17, 1752	1	242
Joseph, m. Sarah **CURTIS**, Nov. 17, 1708	1	240
Joseph, [s. Joseph & Sarah], b. Aug. 5, 1709	1	240
Joseph, s. [Silas & Hannah], b. Mar. 27, 1758	1	243
Josiah Cleveland, s. [Elijah & Lydia], b. June 22, 1793; d. Mar. 9, 1796	1	257
Judith, w. Elij[ah], d. Apr. 18, 1790	1	257
Keziah, [d. Joseph & Sarah], b. Feb. 26, 1727/8	1	240
Keziah, [d. Jacob & Keziah], b. May 13, 1738	1	242
Keziah, [d. Jacob & Keziah], d. June 26, 1739, ae 13 m.	1	242
Keziah, [d. Jacob & Keziah], b, Oct. 2, 1742	1	242
Keziah, wid., m. Jonathan **MARSH**, Dec. 4, 1752	1	202
Laura, d. Elijah & Lydia, b. Oct. 26, 1794	1	257
Laura, of Lebanon, m. Zacheriah **WALDO**, of Hampton, Oct. 2, 1811, by Rev. Zebulon Ely	1	391
Lucy, d. Jedediah & Eleanor, b. Feb. 15, 1749/50	1	250
Lurana, d. Paul & Jerusha, b. Jan. 14, 1750/51	1	242
Lydia, d. [Joseph & Jemima], b. Nov. 18, 1783	1	258
Lydia, d. [Elijah & Lydia], b. Apr. 17, 1799	1	257
Lydia, w. Elijah, d. Aug. 29, 1816	1	257
Martin, s. [Joseph & Jemima], b. Apr. 5, 1786	1	258
Mary, d. Israel & Mary, b. Dec. 8, 1704	1	241
Mary, [d. Joseph & Sarah], b. May 31, 1729	1	240
Mary, d. Jacob & Keziah, b. Mar. 9, 1750/51	1	242
[Mehetable], wid., of [Eliphalet], m. James **WOODWORTH**, [ ] at Crank	1	259
Mehitable, wid., m. James **WOODWORTH** [ ]	1	355
Miriam, [d. Joseph & Sarah], b. Sept. [ ], 1718	1	240
Miriam, m. Eleazer **BINGHAM**, July 13, 1738	1	34
Moses, [s. Joseph & Sarah], b. Mar. 6, 1722	1	240
Naomi, m. Daniel **PUMROY**, Oct. 19, 1749	1	251

LEBANON VITAL RECORDS

	Vol.	Page
PHELPS (cont.)		
Naomi, [twin with Ruth, d. Elijah & Elizabeth], b. Aug. 27-28, 1770	1	257
Nath[anie]l, [s. Joseph & Sarah], b. Dec. 19, 1726	1	240
Paul, [s. Jedediah & Elizabeth], b. Apr. 25, 1717	1	244
Paul, m. Jerusha **DEWEY**, b. of Lebanon, Dec. 11, 1740	1	242
Paul, s. Paul & Jerusha, b. Oct. 19, 1748	1	242
Paul, d. Apr. 13, 1752	1	242
Polly, d. [Joseph & Jemima], b. Aug. 14, 1788	1	258
Ruth, [twin with Naomi, d. Elijah & Elizabeth], b. Aug. 27-28, 1770	1	257
Ruth, d. Elijah, m. Seth **PAYNE**, Jr., s. Seth, Jan. 5, 1797, by Elkanah Tisdale, J.P.	1	259
Sarah, [d. Joseph & Sarah], b. July 23, 1711	1	240
Sarah, m. Benjamin **BLACKMAN**, Dec. 17, 1730	1	25
Silas, [s. Jedediah & Elizabeth], b. Jan. 27, 1719/20	1	244
Silas, m. Hannah **DEWEY**, Dec. 23, 1742	1	243
Silas, s. Silas & Hannah, b. May 15, 1751	1	243
Solomon, s. [Jedediah & Eleanor], b. Oct. 13, 1751	1	250
Solomon, s. Jedediah & Eleanor, d. Apr. 7, 1753	1	250
Submit, [d. Joseph & Sarah], b. May 15, 1734	1	240
Susan[n]a, [d. Paul & Jerusha], b. Aug. 30, 1746	1	242
Zerviah, [d. Paul & Jerusha], b. Oct. 18, 1742	1	242
PHILLIPS, Susan E., m. Frances H. **PECKHAM**, b. of Lebanon, Nov. 29, 1732, by Rev. Esek Brown	1	83
Thomas, of Buffalo, N.Y., m. Harriet **SNOW**, of Lebanon, Aug. 21, 1836, by Rev. Oliver Brown of Bozrahville	1	441
PIERCE, Azel, m. Marietta **FITCH**, May 18, 1836, by Rev. Edward Bull	1	432
Bela, s. [Nehemiah & Clarissa], b. Jan. 2, 1797, in Coventry	1	383
Caleb, m. Hannah **TILDEN**, [ ]	1	246
Clarissa, d. [Nehemiah & Clarissa], b. Aug. 8, 1801	1	383
Eliza Ann, m. Jeremiah Fitch **DOLBEAR**, b. of Lebanon, Mar. 28, 1833, by Rev. Edward Bull	1	437
Emily, of Lebanon, m. Elias M. **WORTHINGTON**, of Colchester, Nov. 8, 1832, by Rev. Edward Bull	1	435
Hannah, d. Caleb & Hannah, b. June 24, 1734	1	246
Hannah, m. Levi **CASE**, Feb. 7, 1771, by Rev. Timothy Stone	1	48
Huldah, m. Joseph **HILL**, Nov. 30, 1749	1	378
Jesse, s. [Nehemiah & Clarissa], b. Dec. 24, 1798, in Coventry	1	383
John, s. [Nehemiah & Clarissa], b. Nov. 25, 1805	1	383
Lucretia M., m. Charles C. **THOMPSON**, Apr. 28, 1833, by Rev. Alfred Gates	1	426
Lydia, of Brooklyn, m. Aaron **LOOMIS**, of Lebanon, May 14, 1805	1	393
Mary, d. [Caleb & Hannah], b. Sept. 18, 1740	1	246
Mary, of Lebanon, m William **MURDOCK**, of Windham, Dec. 17, 1760, by Rev. Mr. Williams	1	206

PIERCE (cont.)

	Vol.	Page
Milton, s. [Nehemiah & Clarissa], b. Sept. 22, 1803	1	383
Nehemiah, m. Clarissa **WILLIAMS**, of Ma[n]sfield, Windham County, Apr. 8, 1794	1	383
Oliver Williams, s. [Nehemiah & Clarissa], b. Apr. 2, 1795, in Coventry	1	383
PIKE, John, m. Elizabeth **WELCH**, May 8, 1710	1	247
PINNEO, PINEO, Anne, [d. James & Priscilla], b. May 15, 1732	1	242
Daniel, d. Sept. 10, 1717	1	247
Dan[iel], s. Peter & Elizabeth, b. Feb. 25, 1749/50	1	243
David, [twin with Jonathan], s. Peter & Elizabeth, b. Sept. 8, 1747	1	243
Dorothy, [d. James & Dorothy], b. Dec. 6, 1725	1	244
Elizabeth, [d. James & Priscilla], b. Oct. 7, 1738	1	242
James, m. Priscilla **NEWCOMB**, June 16, 1731	1	242
James, [s. James & Priscilla], b. Apr. 5, 1734	1	242
James, Jr., of Lebanon, m. Jerusha **STRONG**, of Coventry, Jan. 19, 1759, by Phin[ea]s Strong, J.P.	1	253
Jerusha, d. [James, Jr. & Jerusha], b. Jan. 29, 1761	1	253
Jonathan, [twin with David], s. Peter & Elizabeth, b. Sept. 8, 1747	1	243
Joseph, [s. James & Dorothy], b. June 14, 1720	1	244
Joseph, s. James, d. Jan. 8, 1742/3	1	247
Joseph, [s. James & Priscilla], b. Mar. 15, 1743	1	242
Joseph, s. [James, Jr. & Jerusha], b. Nov. 1, 1759	1	253
Joyce, [d. James & Priscilla], b. Apr. 3, 1736	1	242
Joyce, m. Reuben **METCALF**, June 13, 1776	1	203
Lydia, [d. James & Priscilla], b. June 30, 1740	1	242
Peter, [s. James & Dorothy], b. May 4, 1723	1	244
Peter, m. Elizabeth **SAMSON**, Dec. 20, 1743	1	243
Peter, [s. Peter & Elizabeth], b. July 30, 1745	1	243
Submit, d. James & Dorothy, b. Oct. 19, 1717	1	244
PITCHER, Charlotte B., of Lebanon, m. James **HOXSIE**, of Griswold, Nov. 25, 1841, by John C. Nichols	2	15
David A., of New York, m. Caroline **ROBINSON**, May 17, 1842, by John C. Nichols	2	11
Eunice, of Lebanon, m. James **HOXIE**, of Griswold, May 17, 1737, by Rev. Oliver Brown	1	415
Mary B., of Lebanon, m. Benajah P. **BILL**, of Lyme, Sept. 20, 1843, by John C. Nichols	2	28
Samuel, s. Samuel & Elizabeth, b. Mar. 17, 1712	1	245
PLUMBLEY, Abigail, m. Noah **DEWEY**, Oct. 31, 1728	1	60
Mercy, m. Thomas **DEWEY** [ ]	1	60
POLLY, POLLEY, Amos, s. [John & Zerviah], b. Sept. 24, 1766	1	258
Ebenezer, m. Ruth **RICHMOND**, Mar. 4, 1746/7	1	249
Hannah, d. Ebenezer & Ruth, b. Apr. 19, 1751	1	249
John, of Lebanon, m. Zervia[h] **LOOMER**, of Norwich, June 6, 1764, by William Whiting, J.P.	1	258
Joshua, s. [John & Zervia], b. Apr. 24, 1771	1	258
Lucy, m. Ebenezer **SMITH**, Oct. 4, 1744	1	289

LEBANON VITAL RECORDS   169

	Vol.	Page
POLLY, POLLEY (cont.)		
Prosper, s. [Ebenezer & Ruth], b. June 7, 1749	1	249
Uriah, s. Matthew & Martha, b. May 26, 1760	1	245
Zervia[h], d. [John & Zervia], b. July 30, 1765	1	258
[**POMEROY**], **PUMROY, POMRY**, Abigail, m. Isaac		
LYMAN, [ ]	1	175
Daniel, m. Naomi **PHELPS**, Oct. 19, 1749	1	251
Daniel, s. Daniel & Naomi, b. Aug. 3, 1750	1	251
Eleazer, s. [Daniel & Naomi], b. Oct. 24, 1752	1	251
Elizabeth, d. [Daniel & Naomi], b. May 10, 1755	1	251
Gad, s. [Noah & Temperance], b. Apr. 22, 1759	1	247
Heman, s. Noah & Temperance, b. Mar. 15, 1754	1	247
Ichabod, s. [Noah & Temperance], b. Mar. 9, 1757	1	247
Joel, s. [Noah & Temperance], b. Apr. 8, 1762	1	247
Joseph, s. Joseph & Hannah, b. Dec. 10, 1795	1	244
Minerva, m. Stephen **CHAMPLAIN**, Jr., Jan. 5, 1817	1	408
Noah, [s. Joseph & Hannah], b. May 18, 1700 (1800?)	1	244
Temperance, d. [Noah & Temperance], b. May 6, 1765	1	247
POPE, Betty, d. [John & Sarah], b. May 13, 1755	1	250
Elnathan, m. Hannah **TILDEN**, b. of Lebanon, Nov. 13,		
1754, by W[illia]m Metcalf, J.P.	1	251
John, m. Sarah **ATHERN**, of Martha's Vineyard, Oct. 4,		
1751	1	250
PORTER, Abiah, d. [John & Abigail], b. June 13, 1733	1	245
Abigail, [d. John & Abigail], b. June 22, 1728	1	245
Abraham, [s. John & Abigail], b. June 3, 1743	1	245
Abraham, m. Mary **EDGERTON**, May 27, 1778	1	74
Anne, [d. Thomas & Anne], b. Feb. 28, 1747	1	243
Azael, s. [Reuben & Sarah], b. Jan. 16, 1764	1	253
Bethiah, [d. Thomas & Elizabeth], b. July 29, 1734	1	240
Betsey, [d. Asahel], b. Mar. 9 ,1810	1	404
Calvin, s. Thomas & Ann, b. Jan. 3, 1749/50	1	243
Charles, [s. Nathaniel & Zerviah], b. Oct. 5, 1761; d. Oct.		
21, 1762	1	254
Charles, s. [John & Mary], b. Sept. 5, 1787	1	259
Daniel, [s. John & Sarah], b. Nov. 29, 1706	1	244
Daniel, d. Mar. 1, 1707	1	247
Dan[iel], s. [Abraham & Mary], b. Nov. 20, 1780	1	74
Elijah, [s. Thomas & Elizabeth], b. Oct. 12, 1738	1	240
Elijah, s. Thomas & Ann, b. Aug. 24, 1748	1	243
Eliot[t], s. [Samuel & Sarah], b. Mar. 21, 1757	1	249
Elisha P., [s. Asahel], b. Oct. 24, 1794	1	404
Elisha P., m. Mary C. **PORTER**, b. of Lebanon, June 8,		
1829, by Rev. Edward Bull	1	226
Elizabeth, d. Thomas & Elizabeth, b. Nov. 20, 1721	1	240
Elizabeth, d. [Elisha P. & Mary C.], b. May 24, 1830	1	226
Elkannah, [s. John & Abigail], b. July 26, 1737	1	245
Elkanah, m. Hepsibah **ALLEN**, May 27, 1762, by		
W[illia]m Metcalf, Esq.	1	73
Esther, m. Augustus **SPAF[F]ORD**, b. of Lebanon, Apr.		
15, 1825, by Rev. Daniel Waldo	1	134
Eunice, [d. Nathan[ie]l & Eunice], b. [ ]	1	241

BARBOUR COLLECTION

PORTER (cont.)

	Vol.	Page
Hannah, [d. John & Abigail], b. Sept. 20, 1730	1	245
Hannah, m. Abriel **FULLER**, Dec. 19, 1732	1	102
Hannah, d. [John, Jr. & Phebe], b. July 20, 1757	1	249
Henry, s. [Nathaniel & Zerviah], b. Feb. 17, 1760	1	254
Henry, m. Polly **SPAF[F]ORD**, b. of Lebanon, Oct. 27, 1824, by Daniel Waldo	1	92
Huldah, d. [John, Jr. & Phebe], b. May 5, 1751	1	249
Irena, d. [John, Jr. & Phebe], b. Oct. 11, 1755	1	249
Israel, [s. Samuel & Remember], b. Oct. 17, 1735; d. Apr. 8, 1742	1	246
Israel, [twin with Lydia], [s. Samuel & Remember], b. Aug. 16, 1743	1	246
Jacob, s. Samuel & Remember, b. Oct. 20, 1733; d. Sept. 23, 1743	1	246
Jacob, s. Samuel, d. Sept. 10, 1736	1	247
Jacob, [s. Samuel & Remember], b. Aug. [ ]	1	246
Joel, s. [John, Jr. & Phebe], b. July 16, 1759	1	249
John, s. John & Abigail, b. Feb. 17, 1723/4	1	245
John, Jr., m. Phebe **ENGLISH**, Oct. 28, 1747	1	249
John, s. [Nathaniel & Zerviah], b. Oct. 27, 1757	1	254
John, s. [Reuben & Sarah], b. Sept. 22, 1761	1	253
John, s. [Elkanah & Hepsibah], b. May 10, 1764	1	73
John, of Lebanon, m. Mary **WILLIAMS**, of East Hartford, May 20, 1784, by Rev. Elip[halet] Williams	1	259
John, m. Esther **FULLER**, May 19, 1805, by Isaiah Loomis	2	33
John, m. Abigail [ ]	1	245
Joseph, s. John & Sarah, b. [ ] 18, 1702	1	244
Joshua, [s. Nathan[ie]l & Eunice], b. June 26, 1730	1	241
Levina, d. Elkanah & Hepsibah, b. Apr. 6, 1763	1	73
Lois, d. [John, Jr. & Phebe], b. Jan. 7, 1753	1	249
Lois, d. [Abraham & Mary], b. Mar. 24, 1782	1	74
Lydia, [d. Samuel & Remember], b. Aug. 30, 1738; d. Apr. 1, 1742	1	246
Lydia, [twin with Israel, d. Samuel & Remember], b. Aug. 16, 1743	1	246
Mary, [d. Thomas & Thankfull], b. Nov. 16, 1710	1	240
Mary, d. Thomas & Elizabeth, b. June 18, 1731	1	240
Mary, m. Aaron **DEWEY**, Jan. 19, 1758	1	71
Mary, [d. Asahel], b. Dec. 14, 1816	1	404
Mary, m. Solomon **WILLIAMS**, [ ]	1	337
Mary C., m. Elisha P. **PORTER**, b. of Lebanon, June 8, 1829, by Rev. Edward Bull	1	226
Mary Williams, d. [John & Mary], b. Apr. 4, 1785	1	259
Mehitable, d. Apr. 30, 1704	1	247
Mehitable, d. [Nathan[ie]l & Eunice], b. Sept. 26, 1725	1	241
Mehitable, m. Daniel **LYMAN**, Mar. 3, 1730/31	1	172
Mercy, [d. Thomas & Thankfull], b. Oct. 10. 1708	1	240
Molly, d. [Samuel & Sarah], b. Feb. 5, 1761	1	249
Molly, d. [Abraham & Mary], b. Dec. 14, 1778	1	74

LEBANON VITAL RECORDS

	Vol.	Page
PORTER (cont.)		
Nathan, [s. Thomas & Elizabeth], b. Feb. 15, 1735/6	1	240
Nathaniel, m. Mehitable **BEWEL**, Nov. 18, 1701	1	240
Nathaniel, [s. Nathaniel & Mehitable], b. Apr. 29, 1704	1	240
Nathan[ie]l, m. Eunice **HORTON**, Sept. 17, 1724	1	241
Nathaniel, [s. Nathan[ie]l & Eunice], b. Aug. 15, 1727	1	241
Nathaniel, d. Nov. 4, 1739	1	241
Nath[anie]l, s. [Nathaniel & Zerviah], b. June 14, 1755	1	254
Nathaniel, [m.] Zerviah **WADSWORTH**, [ ]	1	254
Rachel, d. [John, Jr. & Phebe], b. Feb. 26, 1748/9	1	249
Reuben, m. Sarah **BLISS**, Feb. 26, 1761	1	253
Ruth, m. Benjamin **BALDWIN**, Sept. 27, 1750	1	35
Samuel, [s. Thomas & Elizabeth], b. Aug. 3, 1725	1	240
Samuel, s. [Samuel & Sarah], b. June 11, 1766	1	249
Samuel, m. Remember [ ]	1	246
Sarah, [d. Thomas & Elizabeth], b. Mar. 20, 1727	1	240
Sarah, [d. Samuel & Remember], b. May 23, 1741	1	246
Sarah, m. Benjamin **FULLER**, Jr., May 29, 1745	1	106
Sarah, d. [Samuel & Sarah], b. Nov. 2, 1753	1	249
Sarah, m. David **BLISS**, May 10, 1760	1	35
Simeon, [s. John & Abigail], b. Jan. 10, 1725/6	1	245
Stephen, [s. John & Abigail], b. Apr. 16, 1740	1	245
Thomas, m. Thankfull **BADCOCK**, Nov. 13, 1707	1	240
Thomas, s. Thomas & Elizabeth, b. Sept. 16, 1723	1	240
Thomas, m. Anne **WOODWARD**, Dec. 25, 1745	1	243
William, [s. Thomas & Elizabeth], b. Dec. 13, 1728	1	240
William, s. [Samuel & Sarah], b. Sept. 4, 1749	1	249
POST, Abner, s. [Phineas, Jr. & Sibbel], b. Nov. 1, 1783	1	256
Amey, d. [Phinehas & Ann], b. Dec. 11, 1748	1	247
Ann, m. Phinehas **POST**, June 25, 1741	1	247
Ann, [d. Phinehas & Ann], b. Aug. 4, 1744	1	247
Ann, w. [Phinehas], d. Oct. 16, 1771, in the 65th y. of her age	1	247
Anne, d. [Phineas, Jr. & Sibbel], b. Sept. 6, 1785	1	256
Bela, s. [Phineas, Jr. & Sibbel], b. Aug. 28, 1779	1	256
Dudley, s. [Phineas, Jr. & Sibbel], b. Nov. 27, 1788	1	256
Elihu, s. [Phineas, Jr. & Sibbel], b. Aug. 10, 1775	1	256
Erastus, s. [Phineas, Jr. & Sibbel], b. Aug. 17, 1791	1	256
Harvey, m, Juliet **HAYS**, b. of Lebanon, Apr. 19, 1843, by Rev. Stephen Hays, of Exeter	2	23
Lucinda, m. Daniel **TYLER**, Jr., b. of Lebanon, Dec. 28, 1826, by Rev. Daniel Waldo, Exeter	1	96
Lucy, [d. Phinehas & Ann], b. May 25, 1747; d. Jan. 18, 1748/9	1	247
Phinehas, m. Ann **POST**, June 25, 1741	1	247
Phinehas, s. Phinehas & Ann, b. Jan. 30, 1742/3	1	247
Phineas, Jr., m. Sibbel **BARBER**, May 12, 1774	1	256
Phineas, s. [Phineas, Jr. & Sibbel], b. Aug. 24, 1775	1	256
Sybel, d. [Phineas, Jr. & Sibbel], b. Feb. 13, 1782	1	256
POTTER, Abby M., of Lebanon, m. Dan C. **SCOVILLE**, of Chicago, Ill., Aug. 19, 1840, by Rev. Nathan Wildman	1	409

POTTER (cont.)

	Vol.	Page
James, m. Alice **PERRY**, b. of Lebanon, Nov. 24, 1831, by Rev. Esek Brown	1	265
Joseph, m. Lydia Maria **POTTER**, b. of Lebanon, Sept. 29, 1840, by Rev. Ebenezer Robinson	2	4
Julian Cranston, s. [Thomas C. H. & Harriet], b. May 15, 1822 (?) (Conflicts with date of marriage of parents)	1	420
Lucy, m. Benjamin **SEGARS**, b. of Lebanon, Apr. 1, 1827, by Rev. Esek Brown	1	381
Lucy A., m. James **PERRY**, b. of Lebanon, Apr. 15, 1832, by Rev. Esek Brown	1	209
Lucy A., m. James **PERRY**, b. of Lebanon, Apr. 15, 1832, by Rev. Esek Brown	1	429
Lydia Maria, m. Joseph **POTTER**, b. of Lebanon, Sept. 29, 1840, by Rev. Ebenezer Robinson	2	4
Mason M., of Franklin, m. Mary A. **TAYLOR**, of Lebanon, Sept. 11, 1842, by Rev. Nathan Wildman	2	16
Sarah F., of Lebanon, m. Jason **STEVENS**, of Glastonbury, Oct. 2, 1853, by Rev. Alfred H. Taylor	2	79
Thomas C., m. Lucinda **LOOMIS**, b. of Lebanon, Nov. 3, 1831, by Rev. Esek Brown	1	265
Thomas, C. H., m. Harriet **BENNET**, b. of Lebanon, Mar. 3, 1822, by Esek Brown	1	420

POWELL, POWEL

	Vol.	Page
Calvin, s. [Rowland & Mary], b. May 1, 1764	1	251
Chloe, d. [Rowland & Mary], b. June 1, 1760	1	251
Elisha, s. [Rowland & Mary], b. Feb. 1, 1755	1	251
Elizabeth, m. Joseph **FOWLER**, Jan. 8, 1712/13	1	100
Elizabeth, [d. Stephen & Elizabeth], b. Mar .12, 1726	1	246
Henry, of New Haven, m. Laura **ROCKWELL**, of Lebanon, Sept. 30, 1851, by Rev. Dexter Bullard	2	71
John, s. [Rowland & Mary], b. June 5, 1753	1	251
Joseph, s. Seth & Lydia, b. Feb. 29, 1760	1	252
Lucy, d. [Rowland & Mary], b. Dec. 7, 1756	1	251
Luther, s. [Rowland & Mary], b. Apr. 5, 1762	1	251
Lydia, [d. Stephen & Elizabeth], b. Jan. 20, 1730/31	1	246
Mary, m. Stephen **TILDEN**, May 31, 1716	1	300
Molley, d. [Rowland & Mary], b. Sept. 2, 1758	1	251
Rowland, m. Mary **TILDEN**, Jan. 12, 1718	1	241
Rowland, s. Rowland & Mary, b. June 9, 1730/31	1	241
Rowland, Jr., m. Mary **RICHARDSON**, Dec. 5, 1750	1	251
Rowland, s. Rowland & Mary, b. Nov. 16, 1751	1	251
Stephen, [s. Stephen & Elizabeth], b. Mar. 23, 1734	1	246
Stephen, m. Elizabeth **BLACKMAN**, [ ]	1	246

POWERS

	Vol.	Page
Sally, of Lebanon, m. John **LATHAM**, of Colchester, Mar. 4, 1821, by Esek Brown (Arnold note: "This ought to be Amos S. **LATHAM**. Signed, A. Martin, T.C.")	1	413
Zerviah M., of Lebanon, m. W[illia]m H. **CASE**, of Kingston, R.I., July 4, 1841, by John C. Nichols	2	7

PRATT

	Vol.	Page
Adolphus, s. [David], b. May 15, 1769	1	256

	Vol.	Page
PRATT (cont.)		
Erastus, s. [David], b. Apr. 23, 1767	1	256
Eunice, m. Elijah **BUSHNELL**, Sept. 12, 1769, by Rev. Mr. Williams	1	367
Louisa, d. [David], b. Jan. 24, 1765	1	256
PRENTICE, Oren, of Franklin, m. Hannah S. **WILLIAMS**, of Lebanon, June 29, 1823, by Esek Brown	1	9
PRESTON, Lucy, of Lebanon, m. Horace **DUNLAP**, of Hebron, Dec. 18, 1826, by Rev. Esek Brown	1	118
PRIOR, Abigail, d. [Azariah & Abigail], b. Dec. 25, 1761	1	252
Azariah, m. Abigail **BAILEY**, Mar. 25, 1756	1	252
C[h]loe, d. [Azariah & Abigail], b. Mar. 10, 1760	1	252
David, s. [Azariah & Abigail], b. May 8, 1757	1	252
Sybel, d. [Azariah & Abigail], b. July 18, 1758	1	252
PUMROY, [see under **POMEROY**]		
PURRY, [see also **PERRY**], Rowland, m. Mary A. **LATHAM**, b. of Lebanon, Apr. 30, 1834, by Rev. Edward Bull	1	318
PUTNAM, Daniel, m. Clarinda **HASKELL**, May 1, 1815	1	403
Harriet Newell, d. [Daniel & Clarinda], b. Apr. 12, 1816	1	403
Stillman, m. Lucy **BADCOCK**, Apr. 6, 1831, by Rev. Roger Bingham	1	315
RANDALL, Amos, m. Bethiah **ABEL**, Feb. 19, 1740/41	1	267
Amie, of Stonington, m. Abraham **DEWEY**, Nov. 10, 1767, by Simeon Brown, Elder	1	72
Caroline A., m. Albert W. **STARK**, Oct. 10, 1841, by Israel T. Otis, Goshen	2	8
Erastus R. of Hebron, m. Aurelia **McCALL**, of Lebanon, Sept. 18, [ ], by Rev. J. R. Brown, of Goshen (Probably 1850)	2	67
Hannah, [d. Amos & Bethiah], b. Sept. 6, 1743	1	267
Mary G., m. Sylvanus **BACKUS**, Mar. 4, 1846, by Rev. J. R. Brown, of Goshen	2	45
Nancy P., of Lebanon, m. John **SPAULDING**, of Monson, Mass., May 1, 1849, by Rev. J. R. Brown, of Goshen	2	61
Ruth, [d. Amos & Bethiah], b. Nov. 25, 1741	1	267
Sarah J., m. Edwin **GILLET**, of Hebron, Feb. 5, 1851, by Rev. J. R. Brown, of Goshen	2	69
W[illia]m P., m. Mary B. **BACKUS**, Mar. 3, 1846, by Rev. J. R. Brown, of Goshen	2	45
RATHBURN, Philetus, of Lisbon, m. Maranda H. **WALDEN**, of Lebanon, May 9, 1842, by Rev. Israel T. Otis	2	14
RAYMOND, George, of Montville, m. Eliza **PEABODY**, of Lebanon, Apr. 28, 1836, by Rev. Israel T. Otis	1	195
REDINGTON, Anne, m. Benjamin **WRIGHT**, Jr., Apr. 29, 1762, by Jed[edi]a[h] Elderkin, J.P.	1	168
Phineas, d. Sept. 19, 1763	1	270
REED, **REID**, Billy, s. [Daniel, Jr. & Sarah], b. Oct. 31, 1787	1	275
Daniel, Jr., of Leban[o]n, m. Sarah **BROWN**, of East Windsor, Nov. 17, 1773, by Rev. Eben[ezer] Kellogg	1	275

	Vol.	Page
REED, REID (cont.)		
Daniel, s. [Daniel, Jr. & Sarah], b. Dec. 25, 1775	1	275
Ebenezer, s. [Daniel, Jr. & Sarah], b. Aug. 29, 1774	1	275
John, s. [Daniel, Jr. & Sarah], b. Apr. 3, 1780	1	275
Roxillana, d. [Daniel, Jr. & Sarah], b. Sept. 29, 1783	1	275
Sarah, d. [Daniel, Jr. & Sarah], b. May 15, 1777	1	275
Simeon, of Tray, Mass., m. Eunice **OTIS**, of Lebanon, Aug. 31, 1831, by Erastus Ripley	1	238
William, of Stafford, m. Adaline L. **YOUNG**, of Lebanon, Oct. 24, 1841, by Nathan Wildman	2	10
REYNOLDS, Abigail, m. Elijah **HUNT**, Nov. 18, 1773, by Rev. Mr. Brockway	1	135
Eunice E., of Norwich, m. Asa **LEE**, of Lebanon, Nov. 8, 1846, by Rev. Percivill Mathewson, of Colchester	2	48
RICE, David, m. Ruth **THORP[E]**, Nov. 5, 1734	1	267
Experience, d. Matthew & Experience, b. Dec. 5, 1736	1	267
Experience, d. Dec. 13, 1736	1	269
Jonathan, d. Apr. 28, 1725	1	269
Mary, m. Henry **DYRE**, Jan. 28, 1724/5	1	63
Matthew, m. Experience **DEWEY**, Feb. 18, 1736	1	267
Ruth, [d. David & Ruth], b. May 16, 1737	1	267
RICHARDSON, Abigail, [d. Ebenezer & Elizabeth], b. Nov. 6, 1718	1	267
Abigail, m. Stephen **TILDEN**, Jr., Apr. 23, 1749	1	310
Abigail, d. David & Rachel, b. Oct. 10, 1749	1	270
Abigail, d. [David & Rachel], b. Feb. 1, 1751	1	270
Abigail, d. [Joseph & Elizabeth], b. July 26, 1755	1	273
Betty, d. [David & Rachel], b. Mar. 21, 1754	1	270
Billey, s. [Joseph & Elizabeth], b. Sept. 24, 1751	1	273
David had negro named Peter who married Mary and had Freelove, b. Mar. 8, 1745; Stephen, b. Mar. 8, 1747; Edward, b. June 2, 1749; Peter, b. July 5, 1751	1	464
David, of Lebanon, m Rachel **RICHARDSON**, of Coventry, Oct. 28, 1747	1	270
Ebenezer, m. Elizabeth **KINDERICK**, Jan. 14, 1717/18	1	267
Ebenezer, [s. Ebenezer & Elizabeth], b. Aug. 25, 1720	1	267
Ebenezer, Jr., m. Katharine **BREWSTER**, Nov. 5, 1747	1	270
Ebenezer, d. May 18, 1756	1	267
Eliezer, [s. Ebenezer & Elizabeth], b. June 2, 1734	1	267
Eleazer, s. [Andrew], b. Mar. 21, 1774	1	273
Elizabeth, [d. Ebenezer & Elizabeth], b. June 15, 1726	1	267
Elizabeth, m. Simon **CROCKER**, Sept. 29, 1737 (Stated by Simon Crocker)	1	57
Esther, [d. Ebenezer & Elizabeth], b. Apr. 25, 1728	1	267
Esther, m. Robert **FOSKET**, [ ]	1	113
John, [s. Ebenezer & Elizabeth], b. Aug. 17, 1722	1	267
John, s. [Ebenezer, Jr. & Katharine], b. Aug. 1, 1752	1	270
Jonathan, s. [Ebenezer, Jr. & Katharine], b. Nov. 18, 1753	1	270
Joseph, m. Elizabeth **WISE**, Nov. 23, 1749	1	273
Leander, of Columbia, m. Mary A. **FULLER**, of Lebanon, Nov. 29, 1846, by Rev. James W. Woodward, of Columbia	2	48

LEBANON VITAL RECORDS 175

	Vol.	Page
RICHARDSON, (cont.)		
Luther, s. [Ebenezer, Jr. & Katharine], b. Oct. 14, 1748	1	270
Margaret, [d. Ebenezer & Elizabeth], b. Apr. 9, 1732	1	267
Margaret, m. Joshua **FULLER**, Jr., Oct. 12, 1749	1	107
Mary, m. Rowland **OWELL**, Jr., Dec. 5, 1750	1	251
Mebzer, s. [Ebenezer, Jr. & Katharine], b. Apr. 12, 1750	1	270
Prudy, m. Ariel **TAYLOR**, Oct. 6, 1822, by Daniel Hutchinson, J.P.	1	217
Rachel, of Coventry, m. David **RICHARDSON**, of Lebanon, Oct. 28, 1747	1	270
Rachel, d. [David & Rachel], b. July 23, 1748	1	270
Roswell, s. [Joseph & Elizabeth], b. July 22, 1757	1	273
Ruby, d. [Ebenezer, Jr. & Katharine], b. June 8, 1756	1	270
Sarah, [d. Ebenezer & Elizabeth], b. May 29, 1724	1	267
Sarah, d. [Joseph & Elizabeth], b. June 10, 1753	1	273
Stephen, d. Aug. 11, 1749	1	269
Stephen, s. [David & Rachel], b. May 1, 1752	1	270
RICHBIE, Elizabeth, m. Peter **MESUSAN**, Dec. 23, 1740	1	198
RICHMOND, RICHMAN, Abigail, [d. Benjamin & Mary], b. July 21, 1734	1	269
Ann, [d. Benjamin & Mary], b. Feb. 8, 1737/8	1	269
Elizabeth, m. John **WADSWORTH**, [ ]	1	327
Ruth, d. Benjamin & Mary, b. June 16, 1732	1	269
Ruth, m. Ebenezer **POLLEY**, Mar. 4, 1746/7	1	249
RIPLEY, David, of Pomfret, m Betty **ELIOT**, of Lebanon, Dec. 12, 1758, by Rev. Mr. Eliot	1	271
David, s. [Rev. William B. & Lucy], b. Mar. 24, 1803, at [Lebanon, Goshen]	1	401
David, m. Mary Ann **WATTLES**, Dec. 8, 1828, by Erastus Ripley	1	134
Edwin, s. [Rev. William B. & Lucy], b. Oct. 11, 1800, at Lebanon, Goshen	1	401
Elizabeth, of Windham, m. John **ALDEN**, of Lebanon, Oct. 9, 1744	1	3
Henry Egbert, s. [Rev. William B. & Lucy], b. Nov .17, 1804, [at Lebanon, Goshen]	1	401
Hezekiah W., m. Marcia **HUNTINGTON**, June 4, 1826, by Rev. Israel G. Rose, of Canterbury	1	14
Hez[ekia]h Waterman, s. [Rev. William B. & Lucy], b. July 2, 1796, [at Stillwater, N.Y.]	1	401
Samuel Willard, s. [Rev. William B. & Lucy], b. Sept. 2, 1807, [at Lebanon, Goshen]	1	401
William, s. [Rev. William B. & Lucy], b. July 12, 1794, at Stillwater, N.Y.	1	401
W[illia]m B., Rev., d. July 26, 1822, in the 54th y. of his age. Erastus Osgood, Executor	1	401
Wills Clift, s. [Rev. William B. & Lucy], b. Sept. 21, 1798, at Windham, Conn.	1	401
ROACH, Mable, d. William & Mary, b. May 10, 1741, at Canterbury	1	249
William, s. William & Mary, b. Dec. 30, 1743	1	249
ROBERTS, Abigail, d. David & Mary, b. July 17, 1750	1	267

ROBERTS (cont.)

	Vol.	Page
Alice, see under Ellice		
Ard, s. David & Mary, b. Apr. 18, 1753	1	272
Bethiah, d. John & Sarah, b. Feb. 8, 1749	1	269
David, s. David & Mary, b. Mar. 1, 1746/7	1	267
Elizabeth, d. John & Sarah, b. May 19, 1750	1	269
Ellice, of Colchester, m. David **ABEL**, of Lebanon, July 12, 1742	1	3
John, m. Sarah **SPAFFORD**, Aug. 8, 1743	1	269
Libbeus, [d. John & Sarah], b. Mar. 8, 1746	1	269
Lydia, d. Benjamin & Sibbel, of Colchester, b. Mar. 23, 1770	1	322
Lydia, of Colchester, m. Asa [**TORREY**], Feb. 23, 1792	1	322
Mary, of Colchester, m. Samuel **WILLIAMS**, of Lebanon, Aug. [ ], 1740	1	334
Rebeckah, d. John & Sarah, b. July 27, 1747	1	269
Sarah, d. [John & Sarah], b. Aug. 18, 1743 (?)	1	269
Thaddeus, [s. John & Sarah], b. Oct. 6, 1744	1	269
Warren, s. [David & Mary], b. Apr. 15, 1755	1	272
ROBINSON, Amos, m. Deborah **HIDE**, May 11, 1758, by Rev. Mr. Williams	1	274
Amos, s. [Amos & Deborah], b. Sept. 25, 1767	1	274
Amos, a colored man, d. May [ ], 1826	1	387
Artemus, s. [Amos & Deborah], b. Jan. 6, 1761	1	274
Asa A., m. Julia A. **BROWN**, May 28, 1839, by Rev. Nathan Wildman	1	443
Asenath A., of Franklin, m. Benjamin **MANNING**, of Lebanon, Feb. 10, 1852, by John C. Nichols	2	73
Azel Palmer, s. [Rufus R. & Elizabeth], b. Aug. 3, 1800	1	390
Benjamin, s. Benjamin & Jerusha, b. Apr. 24, 1749	1	268
Betsey, d. [Amos & Deborah], b. July 29, 1762	1	274
Betty, m. Jacob **ELIOT**[T], May 4, 1732, by Rev. J[oh]n Robinson	1	81
Caroline, m. David A. **PITCHER**, of New York, May 17, 1842, by John C. Nichols	2	11
Deborah, d. [Amos & Deborah], b. May 30, 1765	1	274
Eliza, d. [Rufus R. & Elizabeth], b. May 21, 1802; d. Aug. 27, 1806	1	390
Ernest, s. [Ichabod & Lydia], b. Oct. 11, 1763	1	271
Faith, m. Jonathan **TRUMBLE**, Dec. 9, 1735	1	303
Hannah, [d. John & Thankfull], b. Apr. 1, 1745	1	168
Harlow, m. Elizabeth M. **LOOMIS**, b. of Lebanon, Jan. 1, 1846, by John C. Nichols	2	43
Harriet, d. [Rufus R. & Elizabeth], b. Dec. 20, 1805	1	390
Henry N., of Franklin, m. Olive C. **BLAKE**, of Lebanon, June 22, 1851, by Rev. N. W. Miner	2	70
Ichabod, m. Mary **HIDE**, May 25, 1749	1	271
Ichabod, m. Lydia **BROWN**, Jan. 16, 1751/2	1	271
Isaac P., of Canterbury, m. Eliza **METCALF**, of Lebanon, Feb. 6, 1833, by Rev. Edward Bull	1	431
Jerusha, d. Benjamin & Jerusha, b. Aug. 8, 1746	1	268
John, Jr., m. Thankfull **HINCKLEY**, Jan. 17, 1743	1	268

LEBANON VITAL RECORDS 177

	Vol.	Page
ROBINSON (cont.)		
John, s. [John & Thankfull], b. Nov.12, 1753	1	268
John, s. [Ichabod & Lydia], b. Apr. 26, 1760	1	271
John, m. Elizabeth S. **TIFFANY**, b. of Lebanon, Feb. 15, 1824, by Rev. Esek Brown	1	238
Joseph, s. Ichabod & Lydia, b. Nov. 4, 1752	1	271
Joseph, [s. Ichabod & Lydia], d. Aug. 27, 1813	1	271
Julius [Brown], s. [Asa A. & Julia A.], b. Jan. 24, 1842. The name Brown was inserted June 15, 1853, by his parents.	1	443
Louisa, d. [Rufus R. & Elizabeth], b. Oct. 21, 1807	1	390
Ludiah, of Glastonbury, m. Zephia E. **HOSMER**, of Lebanon, at the house of Mr. Hyde, May 13, 1821, by William Palmer	1	408
Luther, of Roxbury, Mass., m. Sarah A. **BROWN**, of Lebanon, June 3, 1845, by Rev. Nathan Wildman	2	39
Lydia, d. [Ichabod & Lydia], b. Oct. 20, 1757	1	271
Lydia, d. Apr. 23, 1825, ae 67. Cert. by brother John Robinson	1	271
Malinda, d. [Rufus R. & Elizabeth], b. Jan. 25, 1804	1	390
Mary w., Ichabod, d. July 1, 1750, in the 19th y. of her age	1	271
Mary, d. [Ichabod & Lydia], b. Dec. 28, 1755	1	271
Mary, d. [Rufus R. & Elizabeth], b. Aug. 24, 1809	1	390
Mary, of Franklin, m. Jabez **MANNING**, of Lebanon, Apr. 16, 1848, by John C. Nichols	2	56
Nathan, m. Mary **MARINER**, June 1, 1806, by W[illia]m B. Ripley	1	384
Nathan Palmer, s. [Nathan & Mary], b. Mar. 1, 1807	1	384
Pamelia, d. [Amos & Deborah], b. Mar. 29, 1759	1	274
Philip, Esq., of Middlesex, N.Y., m. Deborah **PERRY**, of Lebanon, June 19, 1825, by Rev. Esek Brown	1	237
Rufus R., m. Elizabeth **BUEL**, Jan. 19, 1800	1	390
Sally, m. Anson **FOWLER**, b. of Lebanon, Apr. 10, 1831, by Rev. Esek Brown	1	264
Samuel, s. John & Thankfull, b. Jan. 22, 1744	1	268
Samuel, s. [John & Thankfull], b. June 7, 1752	1	268
Sophronia, m. Silas T. **ABEL**, b. of Lebanon, Mar. 22, 1846, by John C. Nichols	2	46
William, s. [Ichabod & Lydia], b. Aug. 5, 1754	1	271
ROCKWELL, Ann E., of Lebanon, m. Charles W. **HILL**, of Colebrook, Sept. 30, 1851, by Rev. Dexter Bullard	2	71
Azel, m. Lena **HILL**, b. of Lebanon, Dec. 16, 1824, by Rev. Esek Brown	1	93
Clarissy, m. Joseph **LYMAN**, May 1, 1808	1	394
Jabez, d. July 8, 1759, at Fort Edward	1	271
Josiah, Jr., m. Lydia **MARSH**, June 8, 1768, by Rev. Mr. Williams	1	274
Laura, of Lebanon, m. Henry **POWEL**, of New Haven, Sept. 30, 1851, by Rev. Dexter Bullard	2	71
ROGERS, RODGERS, Almira, d. [Lovel & Charlotte], b. Mar. 27, 1799	1	259

	Vol.	Page
ROGERS, RODGERS (cont.)		
Amos F., of Lyme, m. Jane B. **PECKHAM**, of Newport, R.I., Apr. 7, 1839, by Rev. Nathan Wildman	1	451
Anson, s. [Lovel & Charlotte], b. Aug. 9, 1802	1	259
Charles Williams, s. [Lovel & Charlotte], b. May 6, 1810	1	259
Dan[i]el, s. [Nath[anie]l & Susanna], b. Feb. 14, 1779	1	275
Ellen S., d. [Thomas F. & Harriet H.], b. Sept. 8, 1845	2	37
Francis E., of Lebanon, m. Joel S. **DODGE**, of Waterford, Sept. 14, 1845, by Rev. Benjamin G. Goff	2	41
George, s. [Lovel & Charlotte], b. Mar. 6, 1817, at Columbia	1	259
George, of Norwich, m. Lydia **LEE**, of Lebanon, June 30, 1824, by Rev. William Palmer, at Asa Lee's	1	114
Hannah, d. [Nath[anie]l, Jr. & Abigail], b. Aug. 29, 1784	1	276
Harris, s. [Nath[anie]l & Susanna], b. July 24, 1784	1	275
Ichabod, of Woodstock, m. Emeline **BISHOP**, of Lebanon, Nov. 26, 1835, by Rev. John H. Baker	1	441
Lee Lay, s. [Nath[anie]l, Jr. & Abigail], b. Nov. 11, 1781	1	276
Lovel, m. Charlotte **WOODWORTH**, [ ]	1	259
Lucy, d. [Nath[anie]l, Jr. & Abigail], b. Sept. 25, 1787	1	276
Lucy, d. [Lovel & Charlotte], b. Apr. 8, 1803	1	259
Marvin, s. [Nath[anie]l & Susanna], b. Dec. 28, 1780	1	275
Mary, of Franklin, m. Thomas **WILBUR**, of Norwich, Aug. 26, 1827, by Rev. Esek Brown	1	410
Nancy, m. Julius **BARTLETT**, Mar. 4, 1802	1	215
Nath[anie]l, of Lebanon, m. Susanna **MARVIN**, of Lyme, Apr. 23, 1778, by Rev. Mr. Johnson	1	275
Nath[anie]l, Jr., of Lebanon, m Abigail **LAY**, of Lyme, Dec. 9, 1779, by Rev. Mr. S. Johnson	1	276
Thomas F., m. Harriet H. **WETMORE**, b. of Lebanon, Nov. 28, 1844, by John C. Nichols	2	37
-----, Mrs. m. Charles **HYDE**, [ ]	1	392
ROICE, Elizabeth, [d. Jonathan & Ruth], b. Nov. 7, 1703	1	268
Jonathan, d. May 10, 1725	1	269
Mary, d. Jonathan & Ruth, b. Nov. 19, 1701	1	268
ROOD, [see under **RUDE**]		
ROOT, Eleazer, [s. Thomas & Sarah], d. Aug. 11, 1706	1	268
Eleazer, s. Thomas & Hannah, b. Jan. 28, 1730	1	268
Experience, [d. Thomas & Sarah], b. Feb. 10, 1710/11	1	268
Hannah, d. Thomas & Sarah, b. May 12, 1699	1	268
Hannah, m. Benoni **CLARK**, Nov. 6, 1718	1	42
Hannah, [d. Thomas & Hannah], b. July 10, 1731	1	268
Joseph, m. Mary **FULLER**, Oct. 19, 1769, by Rev. Stephen White	1	274
Lebbeus Hunt, s. [Joseph & Mary], b. May 5, 1770	1	274
Martha, [d. Thomas & Sarah], b. Feb. 11, 1707/8	1	268
Mary, [d. Thomas & Sarah], b. Feb. 14, 1701	1	268
Sarah, m. Stephen **TILDEN**, Mar. 5, 1711/12	1	300
Thomas, [s. Thomas & Sarah], b. Dec. 13, 1705	1	268
ROSE, Benjamin, [s. Joseph & Sarah], b. May 22, 1744	1	269
Elijah, s. [Joseph & Sarah], b. Dec. 10, 1747	1	269

LEBANON VITAL RECORDS 179

	Vol.	Page
ROSE (cont.)		
Joseph, m. Sarah **ALLIS**, [ ]	1	269
Mary, [d. Joseph & Sarah], b. Feb. 18, 1741/2	1	269
Sarah, [d. Joseph & Sarah], b. Dec. 14, 1745	1	269
ROWLEY, ROWLEE, Azuba, m. Consider **HILLS**, Nov. 28,		
1765, by Joshua West, Esq.	1	163
Elnathan, of Colchester, m. Adelaide M. **LORD**, of		
Middletown, July 5, 1840, by Henry H. Abel, J.P.	1	77
ROYCE, [see under **ROICE**]		
RUDD, Abigail, of Windham, m. John Woodward **DEWEY**, of		
Lebanon, Nov. 15, 1787, by Rev. James Cogswell	1	74
RUDE, Abigail, d. [Rufus & Abigail], b. Oct. 28, 1746	1	270
Abigail, w. Rufus, d. Aug. 31, 1747	1	270
Asa, s. [Rufus & Sarah], d. Aug. 28, 1762	1	270
Asa, s. [Jeremiah & Hannah], b. July 28, 1763	1	272
Asa, s. [Rufus & Abigail], b. Oct. 13, 1744	1	270
Asa, d. [ ]	1	269
Bridget, d. [Jeremiah & Hannah], b. Oct. 22, 1761	1	272
Hannah, d. [Jeremiah & Hannah], b. Mar. 3, 1756	1	272
Jabez, d. May 17, 1760	1	65
Jeremiah, m. Hannah **GROVER**, May 10, 1753	1	272
Jeremiah, s. [Jeremiah & Hannah], b. Dec. 3, 1757; d.		
Oct. 21, 1758	1	272
Jeremiah, s. [Jeremiah & Hannah], b. Aug. 15, 1759	1	272
Joseph, s. [Jeremiah & Hannah], b. May 7, 1754	1	272
Mary, m. Rowland **SWETLAND**, Dec. 20, 1741	1	285
Mehitable, d. Asa & Mary, b. Aug. 27, 1740	1	269
Rufus, of Norwich, m. Sarah **SWEATLAND**, of		
Lebanon, Feb. 14, 1750/51	1	270
Rufus, s Rufus & Sarah, b. Dec. 4, 1751	1	270
Rufus, m. Abigail **STANDISH**, of Norwich, Dec. 29,		
1743	1	270
Zube, d. Joseph & Experience, b. June 22, 1737	1	269
RUMERY, Jonathan D., of Lockport, N.Y., m. Mary E.		
BROWN, of Lebanon, Oct. 31, 1847, by Rev.		
Dexter Bullard	2	53
RUSS, Deborah, d. Jonathan & Mary, b. July 22, 1750	1	271
Jonathan, of Lebanon. m. Mary **SAWYER**, of Colchester,		
Oct. 18, 1749	1	271
Jonathan, s. [Jonathan & Mary], b. Feb. 3, 1753	1	271
RUSSEL[L], Jonathan, s. Jonathan & Deborah, b. Nov. 8,		
1759	1	269
RUST, Amaziah, m. Rebecca **HOLBROOK**, Nov. 2, 1792, by		
Timo[thy] Larrabee, J.P.	1	275
Jehiel, m. Lucy **CHAPPELL**, b. of Lebanon, Oct. 25,		
1759, by Rev. Mr. Wheelock	1	273
Sarah, d. [Jehiel & Lucy], b. Dec. 5, 1787	1	273
SABIN, Ann, m. Benj[ami]n **DIKE**, Jr., Feb. 10, 1773, by Rev.		
Mr. Throop	1	73
SACKETT, Lois, m. Nath[ani]el **WILLIAMS**, Jan. 25,		
1770, by Rev. Dr. Williams	1	360
SAMSON, Elizabeth, m. Peter **PINNEO**, Dec. 20, 1743	1	243

	Vol.	Page
SAMSON (cont.)		
Mercy, m. Timothy **HUCHISSON**, Oct. 17, 1749	1	148
Thomas, d. Mar. 4, 1741/2	1	289
SANDER, Charles, of Hebron, m. Mary **LEWIS**, of Lebanon, Nov. 27, 1823, by Daniel Waldo	1	12
SAUNDERS, Joel, of Colchester, m. Emily T. **BROWN**, of Lebanon, Sept. 7, 1845, by Rev. J. R. Brown, Goshen	2	42
SAWYER, Angelina, m. Solomon **LORING**, b. of Lebanon, Mar. 23, 1828, by Rev. Esek Brown	1	214
Mary, of Colchester, m. Jonathan **RUSS**, of Lebanon, Oct. 18, 1749	1	271
Philip, m. Betsey **SINGLETON**, Sept. 22, 1839, by W[illia]m J. Williams, J.P.	1	453
SAXTON, [see also **SEXTON**], Almira H., m. Erastus **GEER**, b. of Lebanon, [May] 12, 1852, by Rev. J. R. Brown, of Goshen	2	75
Eliza J., m. Griswold E. **MORGAN**, b. of Lebanon, Nov. 27, 1834, by Rev. Edward Bull	1	402
Fanny, m. Lathrop **STARK**, Nov. 26, 1829, by Erastus Ripley	1	97
Harriet E., m. Nathaniel H. **MORGAN**, b. of Lebanon, May 4, 1831, by Rev. Edw[ard] Bull	1	266
William, of Colchester, m. Sabra Z. **STANDISH**, of Lebanon, Nov. 28, 1833, by Salmon Cone, V.D.M.	1	440
SCOTT, Anne, d. Benjamin & Sarah, b. Dec. 12, 1746	1	289
Betty, d. [Elijah & Roxillana], b. Nov. 15, 1771	1	296
Elijah, m. Roxillana **COLLINS**, Oct. 8, 1767, by Esq. West	1	296
Frances, d. [Elijah & Roxillana], b. Oct. 6, 1769	1	296
Hannah, m. John **FITCH**, Nov. 5, 1734	1	103
Mary, of Lebanon, m. Ransom **PERRY**, of Windham, May 24, 1840, by Nathan Wildman	1	111
SCOVILLE, **SCOVELL**, Abby, of Lebanon, m. Jasper **MURDOCK**, of N.Y., Dec. 12, 1847, by Rev. F. P. Coe	2	53
Dan C., of Chicago, Ill., m. Abby M. **POTTER**, of Lebanon, Aug. 19, 1840, by Rev. Nathan Wildman	1	409
Elizabeth, d. Nathan, b. Mar. 11, 1752	1	289
Lucy, d. [Nathan], b. Mar. 22, 1755	1	289
SEABURY, Ann, [w. Samuel], d. Feb. 11, 1792	1	284
Benjamin, s. [Elisha & Hephzibah], b. Feb. 3, 1753	1	290
Elisha, of Lebanon, m. Hephzibah **ATHEARN**, of Tisbury, on Martha's Vineyard, Sept. 13, 1744	1	290
Elisha, d. Nov. 3, 1776	1	290
Eunice, d. Elisha & Hephzibah, b. Dec. 9, 1745	1	290
Eunice, [d. Elisha & Hephzibah], d. Oct. 3, 1785	1	290
Eunice, m. Benj[ami]n **PAYNE**, Jr. [ ]	1	290
[Hephzibah], wid. [Elisha], d. May 5, 1786	1	290
Jedidiah, d. [Elisha & Hephzibah], b. May 12, 1747	1	290
Lucretia, d. [Elisha & Hephzibah], b. May 5, 1755	1	290
Mary, d. [Elisha & Hephzibah], b. Apr. 4, 1759	1	290

LEBANON VITAL RECORDS

	Vol.	Page
SEABURY (cont.)		
Rebecca, d. [Elisha & Hephzibah], b. Jan. 18, 1751	1	290
Samuel, m. Ann **TERRY**, Feb. 22, 1738/9	1	284
Sam[ue]l, d. Mar. [ ], 1800	1	284
Submit, d. [Elisha & Hephzibah], b. Apr. 29, 1749; d. Dec. 10, 1751	1	290
SEARL, Betsey, m. Joseph **SKINNER**, b. of Lebanon, at the house of Mr. Searl, Oct. 2nd Sabbath,1820, by W[illia]m Palmer, Elder	1	409
Eunice, of Northampton, m. Daniel **LEE**, of Lebanon, Nov. 14, 1739	1	174
SEGAR, SEGARS, SEGER, Benjamin, m. Lucy **POTTER**, b. of Lebanon, Apr. 1, 1827, by Rev. Esek Brown	1	381
George W., m. Betsey **CHAMPLAIN**, b. of Lebanon, Sept. 20, 1842, by Rev. Nathan Wildman	2	17
George W., m. Caroline G. **WALDEN**, b. of Lebanon, Sept. 12, 1847, by Nathan Wildman	2	52
Lucinda P., m. Albert G. **LYMAN**, [Oct.] 10, 1837, by Rev. Dexter Bullard	1	449
Lucy, of Lebanon, m Stanton **SHERMAN**, of Norwich, June 17, 1849, by Rev. Dexter Bullard	2	62
Mary H., of Lebanon, m. Oliver A. **SISSON**, of North Stonington, May 9, 1841, by Rev. Ebenezer Robinson	2	25
Sarah A., m. Robert C. **PECKHAM**, Jr., b. of Lebanon, Apr. 8, 1833, by Rev. Esek Brown	1	434
Warren, m. Jane **GREENMAN**, Mar. 1, 1852, by Rev. N. W. Miner	2	73
William A., of Lebanon, m. Sarah A. **WALKER**, of Boston, Mass., [ ] 1, 1852, by Rev. Augustus Bolles	2	76
SELDEN, Elizabeth, of Hadley, m. Deodatus **CURTISS**, Dec. 1, 1734	1	50
SELVEY, Jeremiah, m. Meriam **BLIN**, Jan. 4, 1749/50	1	290
Jeremiah, s. Jeremiah & Meriam, b. Mar. 25, 1751	1	290
Lydia, d. [Jeremiah & Meriam], b. Mar. 17, 1753	1	290
Olive Brim, d. [Jeremiah & Meriam], b. Feb. 20, 1759	1	290
Silvanus, s. [Jeremiah & Meriam], b. Jan. 25, 1755; d. Jan. 16, 1757	1	290
Sylvanus, s. [Jeremiah & Meriam], b. Feb. 14, 1757	1	290
SEXTON, [see also **SAXTON**], We[a]lthy A., m. Charles A.* **FOX**, about the last of Mar. 1825, by Erastus Ripley (*David A.)	1	13
SEYMOUR, Esther, of Norwich, m. Prince **BREWSTER**, of Lebanon, May 12, 1833, by Rev. Esek Brown	1	461
SHAILER, Calistia, of Vernon, m. Ezra O. **IRISH**, of Lebanon, July 26, 1832, by Salmon Cone, V.D.M.	1	428
SHAPLEY, Mary Ann., of Lebanon, m Franklin T. **DAVIS**, of Casanavia; Aug. 24, 1829, by Rev. Daniel Waldo	1	424
SHARPE, Alonzo, of New London, m. Sarah L. **BROWN**, of Mansfield, Sept. 14, 1847, by Rev. Fred[eric]k P. Coe	2	52

	Vol.	Page
SHEFFIELD, Thomas A., of Norwich, m. Julia A. TAYLOR, of Lebanon, Sept. 5, 1843, by Rev. Nathan Wildman	2	27
SHELDON, Richard A., of Columbus, O., m. Mary L. HUNTINGTON, of Lebanon, Feb. 18, 1852, by J. C. Nichols	2	73
SHEPHERD, Sumner, of East Windsor, Conn., m. Lucy H. METCALF, of Lebanon, May 26, 1841, by Rev. John C. Nichols	2	7
SHERMAN, SHEARMAN, Alexander, m. Eunice E. MAXWELL, Mar. 6, 1844, by Nathan Wildman	2	32
Daniel L., m. Nancy WEEDEN, Mar. 25, 1819	1	407
Eunice, m. Asahel BAILEY, Jr., b. of Lebanon, Jan. 29, 1829, by Rev. Esek Brown	1	261
Harriet, of Lebanon, m. Nathaniel BENTON, Rev., of Concord, N.H., Sept. 11, 1825, by Erastus Ripley	1	115
Oliver, m. Jane KINGSLEY, June 1, 1853, by Rev. Perry Bennett, at the house of Monroe Kingsley	2	78
Stanton, of Norwich, m. Lucy SEGAR, of Lebanon, June 17, 1849, by Rev. Dexter Bullard	2	62
Wealthy H., of Lebanon, m. Jabez W. WILLIAMS, of Buffalo, N.Y., Feb. 7, 1850, by Rev. Dexter Bullard	2	64
SHIELD, Elkanah, reputed s. Elkanah SPRAGUE & Katharine Shield, b. Nov. 6, 1749	1	286
Katharine had s. Elkanah SPRAGUE, reputed s. of Elkanah Sprague, b. Nov. 6, 1749	1	286
SHUNAN, Mary, wid., of East Haddam, m. Jared HINCKLEY, Nov. 26, 1783	1	156
SIMMS, SIMS, Abigail, [d. William & Abigail], b. May 13, 1734	1	280
Abigail, w. William, d. May 2, 1743	1	280
Ann, [twin with John, d. John & Bathsheba], b. Nov. 8, 1739	1	288
Bathsheba, [d. John & Bathsheba], b. Dec. 11, 1731	1	288
Betsey, m. Asa GAY, [ ]	1	137
Betty, [d. John & Bathsheba], b. Mar. 27, 1733	1	288
Edward, s. William & Mary, b. June 19, 1745	1	280
Edward, m. Lydia CLARK, Feb. 11, 1768, by Rev. Samuel Lockwood	1	295
Elizabeth, [d. John & Mary], b. July 16, 1739	1	282
Elizabeth, m. Joseph PAYNE, Jr., Feb. 9, 1758	1	255
George, m Temperance DAMMON, Sept. 6, 1739	1	284
George, d. Sept. 9, 1750, in the 36th y. of his age	1	284
George, s. George & Temperance, b. May 16, 1751	1	284
Horatio, s. [Edward & Lydia], b. Mar. 29, 1776	1	295
James, [s. William & Abigail], b. Jan. 23, 1730/31	1	280
John, [s. John & Bathsheba], b. Oct. 28, 1729	1	288
John, m. Bathsheba THROOP, Jan. 8, 1730, by Solomon Williams, Clerk	1	288
John, [s. John & Bathsheba], d. Jan. 27, 1731, about 15 m. old	1	288
John, m. Mary CLAUSON, Oct. 14, 1736	1	282

	Vol.	Page

SIMMS, SIMS (cont.)

	Vol.	Page
John, s. [John & Mary], b. Jan. 19, 1737/8; d. Sept. 8, 1761, at Oswego	1	282
John, [twin with Ann, s. John & Bathsheba], b. Nov. 8, 1739	1	288
Joseph, s. [Edward & Lydia], b. Jan. 1, 1774	1	295
Lydia, [d. John & Bathsheba], b. May 11, 1742	1	288
Martha, [d. John & Bathsheba], b. Oct. 20, 1737	1	288
Martha, d. John & Mary, b. May 19, 1749; d. Aug. 8, 1765	1	282
Mary, m. Israel **WOODWARD**, Jan. 24, 1732/3	1	330
Mary, [d. John & Bathsheba], b. Dec. 19, 1735	1	288
Mary, [d. John & Mary], b. July 27, 1741	1	282
Mary, d. William & Mary, b. Nov. 10, 1750	1	280
Mary, m. Asa[h]el **LOOMISE**, June 23, 1763, by Rev. Mr. Wheelock	1	188
Mary, w. [John], d. Apr. 4, 1764	1	282
Mary; d. [Edward & Lydia], b. Jan. 24, 1772	1	295
Mercy, [d. George & Temperance], b. July 22, 1740	1	284
Ruth, [d. John & Mary], b. Apr. 25, 1745	1	282
Sarah, [d. George & Temperance], b. Oct. 20, 1743	1	284
Sarah, d. [John & Mary], b. Aug. 23, 1754	1	282
William, m. Abigail **CURTIS**, Jan. 22, 1729/30	1	280
William, m. Mary **FAIRBANKS**, July 12, 1744	1	280
William, s. George & Temperance, b. Oct. 11, 1748	1	284
William, s. [Edward & Lydia], b. Jan. 9, 1770	1	295
SIMONS, Asa, s. Timothy & Thankfull, b. Mar. 19, 1744/5	1	290
Jonathan, [s. Joseph & Mercy], b. Nov. 5, 1759	1	298
Joseph, [s. Joseph & Mercy], b. May 23, 1757	1	298
Joseph, [m.] Mercy **BILL**, [ ]	1	298
Mercy, [d. Joseph & Mercy], b. Aug. 5, 1755	1	298
Timothy, s. Timothy & Thankfull, b. Mar. 7, 1748/9	1	290
Zerviah, d. Timothy & Thankfull, b. Apr. 14, 1747	1	290
SINGLETON, Betsey, m. Philip **SAWYER**, Sept. 22, 1839, by W[illia]m J. Williams, J.P.	1	453
SISK, Amey, [d. Andrew & Elizabeth], b. Jan. 15, 1752	1	182
Andrew, m. Elizabeth **BRADFORD**, June 15, 1736	1	182
Andrew, s. [Andrew & Elizabeth], b. Nov. 4, 1744	1	182
Ann, d. Andrew & Elizabeth, b. Mar. 24, 1740	1	182
Betty, [d. Andrew & Elizabeth], b. Nov. 22, 1746	1	182
Huldah, [d. Andrew & Elizabeth], b. Aug. 18, 1754	1	182
Martha, d. [Andrew & Elizabeth], b. May 30, 1742	1	182
Sarah, [d. Andrew & Elizabeth], b. Mar. 7, 1748/9	1	182
William, s. Andrew & Elizabeth, b. Dec. 17, 1738	1	182
SISSON, SCISSON, Daniel, of Lebanon, m Betsey **WESTCOTT**, of New London, June 2, 1850, by Griswold E. Morgan, J.P.	2	66
Mary Ann, m. William **LEE**, Oct. 6, 1824, by Erastus Ripley	1	11
Oliver A., of North Stonington, m. Mary H. **SEGAR**, of Lebanon, May 9, 1841, by Rev. Ebenezer Robinson	2	25

184   BARBOUR COLLECTION

	Vol.	Page
SISSON, SCISSON (cont.)		
Pardon, Jr., m. Monissa **HINCKLEY**, b. of Lebanon, Jan. 1 ,1822, by W[illia]m B. Ripley	1	418
Pardon, Jr., m. Abby **McCALL**, Sept. 30, 1827, by Erastus Ripley	1	297
SKIFFE, Abigail, of Windham, m. Solomon **CALKIN**, of Lebanon, June 2, 1750	1	56
SKINNER, Abigail, m. Ebenezer **MUDGE**, Jan. 13, 1708/9	1	196
Charles, m. Betsey **WELCH**, Aug. 27, 1820, at the house of Daniel Welch, by W[illia]m Palmer	1	408
Joseph, m. Betsey **SEARL**, b. of Lebanon, at the house of Mr. Searl, Oct. 2nd Sabbath, 1820, by W[illia]m Palmer, Elder	1	409
Martha, m. Oliver **BILL**, Sept. 5, 1763, by Tho[ma]s Pitkin, Esq., Bolton	1	127
Mary, m. Jeremiah **FOSTER**, [ ]	1	105
Ruth, of Hebron, m. Jacob **BUELL**, of Lebanon, Apr. 28, 1762, by Alex[ande]r Phelps, Esq.	1	363
SLADE, Aaron, [s. William & Thankfull], b. Aug. 9, 1721	1	278
Henry, of Buffalo, N.Y., m. Eunice A. **MAXWELL**, of Lebanon, Nov. 11, 1830, by Rev. Edward Bull	1	266
Samuel, [s. William & Thankfull], b. Apr. 28, 1717	1	278
William, m. Thankfull **HUTCHINSON**, July 12, 1716	1	278
William, [s. William & Thankfull], b. Apr. 23, 1719	1	278
SLEWMAN, [see under **SLUMAN**]		
SLOCUM, SLOCOMB, Eleanor, m. Nicholas **HILLS**, Nov. 21, 1831, by Asa Wilcox, Elder	1	420
Elizabeth, m. Benjamin **CONGDON**, Apr. 25, 1852, by Rev. Henry B. Whittington	2	74
Elma Eliza, d. John & Elizabeth, b. June 18, 1811	1	88
Elma Eliza, m. John **STEWARD**, b. of Lebanon, Nov. 24, 1831, by Asa Wilcox, Elder	1	419
Phebe, of Lebanon, m. Lewis **ARMSTRONG**, of Colchester, Mar. 31, 1818, by W[illia]m B. Ripley	1	216
SLUMAN, SLEWMAN, SLEUMAN, Abigaiel, m. Caleb **ABEL**, Feb. 20, 1704/5	1	1
Abigail, [d. Joseph & Abigail], b. Jan. 1, 1744/5	1	281
Bettey, m. John **WATTLES**, Jr., Nov. 12, 1747	1	349
Hannah, w. Joseph, d. Nov. 7, 1736	1	281
Hannah, d. Joseph & Abigail, b. Nov. 26, 1739	1	281
Hannah, m. Mason **WATTLE**, [ ]	1	359
Joseph, m. Hannah **TRUMBLE**, Feb. 27, 1734/5	1	281
Joseph, s. Joseph & Hannah, b. Nov. 2, 1736	1	281
Joseph, m. Abigail **ABEL**, Mar. 13, 1739	1	281
Joseph, d. June 18, 1744	1	281
Rebecca, m. John **ABEL**, June 2, 1703	1	1
Sarah, m. John **WATTLE**, [ ]	1	337
Thomas, [s. Joseph & Abigail], b. Jan. 1, 1742/3	1	281
SMALLEY, SMALLEE, Abigail, d. [Daniel, Jr. & Martha], b. July 28, 1767	1	296
Ama, d. [Benjamin, Jr. & Martha], b. Mar. 22, 1753	1	292
Ann, [d. Joseph & Jemima], b. Jan. 19, 1736/7	1	282

	Vol.	Page
SMALLEY, SMALLEE (cont.)		
Benjamin, s. [Benjamin & Rebecca], b. Oct. 25, 1724	1	287
Benjamin, Jr., of Lebanon, m. Martha **HUBBARD**, of Glassenbery, Apr. 22, 1752	1	292
Benjamin, m. Mary **ALLEN**, [ ]	1	287
Benjamin, m. Rebecca **WRIGHT**, [ ]	1	287
Daniel, Jr., of Lebanon, m. Martha **OWEN**, of Hebron, June 2, (1763), by Rev. Mr. Pomroy	1	296
David, m. Mercy **CLARK**, June 19, 1763	1	295
Hannah, m. Jonathan **CLARKE**, Jan. 6, 1713/14	1	41
Hannah, d. [Daniel, Jr. & Martha], b. Mar. 13, 1764	1	296
John, [s. Benjamin & Mary], b. May 24, 1734	1	287
Joseph, m. Jemima **ORDAWAY**, Oct. 31, 1734	1	282
Marcy, d. Benjamin & Mary, b. July 27, 1828 [1728?]	1	287
Martha, m. Caleb **HAYWARD**, Oct. 26, 1752	1	152
Martha, d. [Daniel, Jr. & Martha], b. July 1, 1771	1	296
Nehemiah, s. [Daniel, Jr. & Martha], b. Aug. 29, 1769	1	296
Olive, d. [David & Mercy], b. Jan. 15, 1765	1	295
Phebe, m. Preserved **WRIGHT**, Dec. 19, 1733	1	330
Phebe, [d. Benjamin & Mary], b. May 15, 1736	1	287
Rebecca, m. Ebenezer **WOODWORTH**, Dec. 27, 1717	1	332
Rebecca, [d. Benjamin & Rebecca], b. June 26, 1726	1	287
Rebecca, w. Benjamin, d. July 3, 1726	1	287
Ruth, d. [Daniel, Jr. & Martha], b. Aug. 5, 1773	1	296
Samuel, [s. Benjamin & Mary], b. Apr. 13, 1732	1	287
Sylvanus, s. [Daniel, Jr. & Martha], b. Nov. 4, 1765	1	296
SMITH, Abigail, d. John & Abigail, b. June 22, 1706	1	286
Abijah, Jr., m. Charlotte **LADD**, of Franklin, May 15, 1791, by Hor[atio] Hartshorn, J.P.	1	299
Abijah, Sr., d. Sept. 13, 1800, in the 70th y. of his age	1	295
Almantha B., of Lebanon, m. Joseph K. **EDGARTON**, of Chatham, Nov. 29, 1832, by Rev. Esek Brown	1	93
Assenath, w. Elij[ah], d. Aug. 19, 1792	1	299
Bathsheba, w. Abijah, Sr., d. July 4, 1798, ae 77 y.	1	295
Charlotte, m. Elijah **BLACKMAN**, Oct. 26, 1806	1	214
Charlotte, m. Isaac **WILLIAMS**, b. of Lebanon, Mar. 27, 1833, by Rev. Esek Brown	1	436
Cod[d]ington, of Bozrah, m. Nancy M. **LATHROP**, of Lebanon, Sept. 21, 1852, by J. R. Brown, Goshen	2	76
Dalamer, m. Almantha **BAILEY**, b. of Lebanon, Dec. 30, 1821, by Rev. Esek Brown	1	419
David, s. [Ebenezer & Lucy], b. Dec. 2, 1747	1	289
Deborah, of Bolton, m. Comfort **BREWSTER**, of Lebanon, Dec. 2, 1736	1	26
Ebenezer, m. Lucy **POLLY**, Oct. 4, 1744	1	289
Ebenezer, [s. Ebenezer & Lucy], b. Dec. 30, 1745/6	1	289
Elijah, m. Assenath **WEBSTER**, Aug. 29, 1791, by Rev. Mr. Ely	1	299
Elijah, m. Betsey **STUBBS**, Aug. 29, 1793, by Rev. Elijah Gridley	1	299
Elisha, [s. Joseph & Mary], b. Mar. 21, 1746	1	285
Elizabeth, [d. George & Elizabeth], b. Sept. 30, 1719	1	278

SMITH (cont.)

	Vol.	Page
Elizabeth, m. Benoni **WRIGHT**, Jan. 7, 1741/2	1	334
Elizabeth, [d. Joseph & Mary], b. Oct. 15, 1742	1	285
Elizabeth, of Norwich, m. Elijah **PHELPS**, Mar. 2, 1769, by Rev. Jesse Ives	1	257
Erastus, s. [Elijah & Assenath], b. Sept. 24, 1790 (Conflicts with date of marriage of parents)	1	299
Eunice, m. Elijah **TISDALE**, Nov. 6, 1743	1	303
Ezekiel, d. Mar. 31, 1820, ae 69 y. Elijah Smith, Adms.	1	113
George m. Elizabeth **LYAMN**, June 27, 1716	1	278
George, [s. George & Elizabeth], b. May 13, 1724	1	278
Hannah, [d. Matthew & Mary], b. July 31, 1734	1	281
Hannah, m. Clark **PAYNE**, Mar. 19, 1809	1	323
Jerusha, of Lebanon, m. Abraham **HILL**, of Stonington, Sept 1, 1748	1	149
Joanna, m. Peletiah **WEBSTER**, [ ]	1	339
John D., of Franklin, m. Abby S. **KING**, of Lebanon, Aug. 5, 1841, by Rev. Israel T. Otis	2	8
Joseph, [s. George & Elizabeth], b. July 10, 1718	1	278
Joseph, m. Mary **WEBSTER**, June 4, 1740	1	285
Lorinda, m. David **GEER**, Jr., b. of Lebanon, Mar. 27, 1844, by Israel T. Otis, V.D.M.	2	32
Lucy, wid., m. Elisha **BLACKMAN**, Jr., Mar. 23, 1753	1	39
Lucy, m. Nehemiah **DODGE**, June 15, 1794, at New London	1	384
Malissa, of Lebanon, m. Charles **EATON**, of Mansfield, Nov. 28, 1822, by Esek Brown	1	15
Martha, m. William **BROWN**, Apr. 23, 1730	1	25
Mary, m. William **CLARK**, Jan. 31, 1695	1	40
Mary, [d. John & Abigail], b. May 13, 1710	1	286
Mary, [d. Matthew & Mary], b. Jan. 21, 1732/3	1	281
Mary, [d. Joseph & Mary], b. June 1, 1744	1	285
Matthew, m. Mary **LYMAN**, Mar. 22, 1732	1	281
Matthew, [s. Matthew & Mary], b. Nov. 3, 1736	1	281
Phebe, d. [Elijah & Assenath], b. Oct. 21, 1788 (Conflicts with date of marriage of parents)	1	299
Prentice O., of Franklin, m. Eliza J. **KING**, of Lebanon, Apr. 29, 1840, by Israel J. Otis, V.D.M.	1	77
Samuel, s. Philip & Mary, b. Dec. 10, 1701	1	286
Thankful, m. Isaac **LYMAN**, [ ]	1	175
Uriah, m. Phebe **ABBEE**, of (Mansf[ield]), Sept. 28, 1780, by Rev. Mr. Salter	1	298
Uriah, s. [Elijah & Betsey], b. Apr. 12, 1797	1	299
William W., m. Cynthia **BAILEY**, b. of Lebanon, Oct. 18, 1821, by Rev. Zebulon Ely	1	415
-----, m. Mehitable **WATERS**, b. of Norwich, Mar. 15, 1821, by Esek Brown	1	414

SNOW, Abigail, d. [Abraham & Abigail], b. Mar. 1, 1745

	Vol.	Page
	1	293
Abraham, m. Abigail **FENTON**, [ ]	1	293
Anne, d. [Francis & Elizabeth], b. June 11, 1777	1	296
Aruna, s. [Francis & Elizabeth], b. Nov. 9, 1778	1	296

LEBANON VITAL RECORDS

	Vol.	Page
SNOW (cont.)		
Arunah, of Lebanon, m. Polly **BERRY**, of Wallingford, Aug. 11, 1800, by Elk[a]n[ah] Tisdale, J.P.	1	284
Arunah, s. [Arunah & Polly], b. Apr. 29, 1801	1	399
Ashel Berry, s. [Aarunah & Polly], b. Oct. 13, 1802	1	399
Edward Colburn, s. [Joel & Lydia], b. Aug. 3, 1804	1	399
Elizabeth, d. [Francis & Elizabeth], b. Aug. 31, 1767	1	296
Elizabeth Lee, d. [Arunah & Polly], b. July 10, 1807	1	399
Esther, d. [Francis & Elizabeth], b. Jan. 11, 1783	1	296
Eunice, d. [Francis & Elizabeth], b. Jan. 30, 1780	1	296
Francis, s. [Abraham & Abigail], b. Feb. 11, 1742/3	1	293
Francis, of Lebanon, m .Elizabeth **LEE**, of Ashford, Nov. 19, 1766, by Elijah Whiton, J.P.	1	296
Francis, s. [Francis & Elizabeth], b. Apr. 17, 1773	1	296
Francis, d. Sept. 26, 1795	1	296
Francis, s. [Joel & Lydia], b. Mar. 12, 1796	1	399
Hannah, of Windham, m. Ebenezer **LOOMIS**, Jan. 31, 1751	1	185
Hannah, d. [Francis & Elizabeth], b. Dec. 16, 1771	1	296
Harriet, of Lebanon, m. Thomas **PHILLIPS**, of Buffalo, N.Y., Aug. 21, 1836, by Rev. Oliver Brown, of Bozrahville	1	441
Henry Young, s. [Joel & Lydia], b. Apr. 15, 1802	1	399
Joel, s. [Francis & Elizabeth], b. Feb. 12, 1776	1	296
Joel, s. [Joel & Lydia], b. July 3, 1799	1	399
John, s. Abraham & Abigail, b. Dec. 18, 1740	1	293
John, s. [Joel & Lydia], b. Mar. 7, 1807	1	399
John Lee, s. [Francis & Elizabeth], b. Feb. 18, 1788	1	296
Lodisa, m. Henry **HILL**, Feb. 25, 1802	1	90
Lydia, d. [Francis & Elizabeth], b. Mar. 28, 1769	1	296
Mary Ann, d. [Arunah & Polly], b. Jan. 30, 1805	1	399
Mary P., of Lebanon, m. David E. **STATEN**, of Middle Haddam, July 20, 1840, by Rev. Ebenezer Robinson	2	3
Minerva, d. [Arunah & Polly], b. Aug. 11, 1804	1	399
Nathan, s. [Francis & Elizabeth], b. Sept. 14, 1781	1	296
Polly, d. [Francis & Elizabeth], b. Oct. 9, 1787; d. Feb. 7 1788	1	296
Sarah, d. Josiah & Sarah, b. May 2, 1729	1	288
Silas, s. [Francis & Elizabeth], b. July 6, 1774; d. June 17, 1794	1	296
Sibil, d. [Abraham & Abigail], b. Sept. 16, 1749	1	293
Thomas, s. [Abraham & Abigail], b. Apr. 26, 1747	1	293
SOUTHWORTH, Beriah, m. Rebecca **WILLIAMS**, Nov. 13, 1755	1	294
Betty, d. [Beriah & Rebecca], b. July 30, 1761	1	294
Elizabeth, d. [Beriah & Rebecca], d. June 8, 1828, ae 66 y. 10 m. Recorded by Delia S. Leach	1	294
Esther, d. [Beriah & Rebecca], b. Oct. 10, 1756	1	294
Rebecca, d. [Beriah & Rebecca], b. July 13, 1759	1	294
Rebecca, d. [Beriah & Rebecca], b. June 18, 1763	1	294
Rebecca, m. Joseph **LEECH**, Apr. 19, 1795	1	401

BARBOUR COLLECTION

	Vol.	Page
SOUTHWORTH (cont.)		
Susannah, of Duxbury, m. Dr. John **BARTLETT**, Dec. [ ], 1753, at Duxbury	1	16
SPAFFORD, SPAFORD, Amos, m. Hannah **VETCH**, Jan. 4, 1732/3	1	281
Andrew, [s. Amos & Hannah], b. Mar. 21, 1743 [1734?]	1	281
Augustus, m. Esther **PORTER**, b. of Lebanon, Apr. 15, 1825, by Rev. Daniel Waldo	1	134
Bethiah, m. Henry **BLISS**, [ ]	1	25
Delight, [d. Thomas & Sarah], b. Sept. 5, 1736	1	282
Ebenezer, m. Sophia **WILCOX**, b. of Lebanon, Jan. 11, 1829, by Rev. Daniel Waldo, of Exeter	1	90
Elizabeth, [d. Amos & Hannah], b. Feb. 20, 1733/4	1	281
Elizabeth, [d. Amos & Hannah], d. Apr. 18, 1752	1	281
Hannah, m. John **THOMAS**, [ ]	1	308
Lucy, m. Jesse **WILCOX**, b. of Lebanon, Sept. 22, 1825, by Rev. Daniel Waldo	1	115
Mary, [d. Amos & Hannah], b. Apr. 3, 1738	1	281
Mehetable, m. Nath[anie]ll **BLISS**, Sept. 4, 1723	1	23
Polly, m. Henry **PORTER**, b. of Lebanon, Oct. 27, 1824, by Daniel Waldo	1	92
Samuel, s. Thomas & Bethiah, b. Nov. 1, 1718	1	287
Sarah, [d. Thomas & Bethiah], b. May 13, 1723	1	287
Sarah, d. [Amos & Hannah], b. Jan. 13, 1735/6	1	281
Sarah, m. John **ROBERTS**, Aug. 8, 1743	1	269
Sarah, m. Parker **PEABODY**, Dec. 13, 1764	1	257
Thomas, m. Sarah **WEST**, Nov. 27, 1735	1	282
SPARKS, Joseph, s. [Lemuel & Bathsheba], b. Aug. 23, 1772	1	278
Lemuel, m. Bathsheba **CLARK**, July 9, 1772, by William Metcalf, Esq.	1	278
SPAULDING, SPALDEN, Abigail, d. Dec. 5, 1748, in the 91st y. of her age	1	289
Amey, of Windham, m. Jonathan **STRONG**, Feb. 17, 1780	1	297
John, of Monson, Mass., m. Nancy P. **RANDALL**, of Lebanon, May 1, 1849, by Rev. J. R. Brown, of Goshen	2	61
SPEAR, Elijah, [s. Moses & Sibbel], b. Nov. 16, 1746; d. June 8, 1751	1	285
Moses, m. Sibbel **HUNT**, Dec. 12, 1744	1	285
Moses, m. Submit **HASKINGS**, [ ] 9, 1748/9	1	285
Nathaniel, s. [Moses & Sibbel], b. June 25, 1748	1	285
Submit, d. Moses & Submit, b. Nov. 22, 1749	1	285
Submit, d. Moses & Submit, d. Jan. 27, 1752	1	285
Sibbel, w. Moses, d. Aug. 11, 1748	1	285
Sibbel, d. Moses & Submit, b. May 7, 1751	1	285
SPENCER, Abigail, m. John **FROST**, Jan. 27, 1713/14	1	100
David, m. Abijah **CALKIN**, July 9, 1712	1	279
David, d. Dec. 18, 1712	1	289
Harriet L., m. William E. **ABEL**, b. of Lebanon, June 17, 1832, by Rev. Esek Brown	1	429

	Vol.	Page

SPENCER (cont.)
Ichabod, m. Ruth **CLARK**, June 20, 1830, by Israel
   Dwinel   1   207
SPICER, Eunice, of Lebanon, m. Palmer **STANTON**, of Alier,
   N.Y. [May] 27, 1827, by Rev. Daniel Waldo   1   324
SPINCK, Judith, m. Stephen Titus **McCALL**, on or about Feb.
   10, 1831, by Erastus Ripley   1   239
SPRAGUE, Abel, [s. Peleg & Hannah], b. Jan. 27, 1737/8   1   283
Abigail, [d. Benjamin & Abigail], b. Nov. 23, 1729   1   277
Abigail, [d. Perez & Tabitha], b. Oct. 12, 1731; d. Dec.
   12, 1731   1   283
Abigail, wid. [Benjamin], d. [   ]. She was
   formerly w. of Elkanah **TISDALE**, of Taunton &
   had 2 children Elkanah & Elijah Tisdale   1   277
Benjamin, m. Mary **WOODWORTH**, Dec. 29, 1707   1   277
Benjamin, [s. Benjamin & Mary], b. June 5, 1725   1   277
Benjamin, s. [John & Susanna], b. Dec. 18, 1754   1   285
Benjamin, m. Abigail **TISDALE**, [   ]   1   277
Benjamin, d. [   ]   1   277
Betty, [d. Ephraim & Deborah], b. Oct. 28, 1714   1   288
Calvin, s. [Perez & Tabitha], b. May 29, 1744   1   283
Charity, [d. Perez & Tabitha], b. May 8, 1730   1   283
Damaris, [w. Elijah], d. July 15, 1759   1   291
David, [s. Peleg & Hannah], b. May 15, 1742   1   283
Deborah, [d. Ephraim & Deborah], b. Apr. 2, 1712   1   288
Ebenezer, [s. John & Mary], b. Dec. 12, 1711   1   277
Eleazer, s. John & Hepzeba, b. Mar. 23, 1727   1   279
Eliakim, [s. Benjamin & Mary], b. Oct. 10, 1711   1   277
Elijah, m. Damaris **CLARK**, b. of Lebanon, May 22,
   1745   1   291
Elijah, Capt. m. Wid. Abigail **LOOMIS**, May 8, 1766   1   291
Elijah, s. [Capt. Elijah & Abigail], b. June 5, 1767   1   291
Elijah, [s. Samuel & Mary], b. [   ]   1   287
Elkanah, [s. Benjamin & Abigail], b. Jan. 25, 1732   1   277
Elkanah, reputed s. Elkanah Sprague & Katharine
   SHIELD, b. Nov. 6, 1749   1   286
Ephraim, [s. Ephraim & Deborah], b. Mar. 13, 1709   1   288
Ephraim, Jr., m. Abigail **WOODWARD**, Feb. 3, 1736/7   1   284
Ephraim, Jr., m. Sarah **FRENCH**, b. of Lebanon, Mar.
   13, 1755, by Rev. Mr. Wheelock   1   296
Ephraim, m Deborah [   ]   1   288
Esther, [d. Benjamin & Abigail], b. Mar. 3, 1738   1   277
Evalina T., m. Ansel C. **HYDE**, b. of Lebanon, Mar. 23,
   1842, by Rev. Nathan Wildman   2   14
Hannah, [d. John & Mary], b. June 30, 1714   1   277
Huldah, [d. John & Hannah], b. Apr. 15, 1734   1   277
Irene, [d. Ephraim & Deborah], b. Feb. 9, 1717   1   288
Irane, m. Aaron **FISH**, July 9, 1723   1   100
Irane, [d. Perez & Tabitha], b. Dec. 12, 1732   1   283
Irane, m. Nathaniel **WRIGHT**, Jan. 12, 1737/8   1   332
Irena, d. Elkanah, b. Feb. 2, 1763   1   280
James, s. [Perez & Tabitha], b. Aug. 23, 1739   1   283

SPRAGUE (cont.)

	Vol.	Page
Jerusha, [d. Benjamin & Mary], b. Oct. 2, 1720	1	277
Jerusha, m. Elias **TUPPER**, Sept. 4, 1740	1	309
Jerusha, [d. John & Susanna], b. July 2, 1741; d. Dec. 4, 1741	1	285
John, s. Abigail **CALKIN**, b. May 4, 1708	1	279
John, s. Benjamin & Mary, b. Sept. 5, 1709	1	277
John, m. Mary **BADCOCK**, Feb. 22, 1710/11	1	277
John, s. John & Hannah, b. July 22, 1723	1	277
John, Lieut., m. Lois **ABEL**, Mar .21, 1726	1	280
John, Lieut., d. Mar. 6, 1727/8	1	280
John, of Lebanon, m. Susanna **HODGES**, of Taunton, Mar. 24, 1733	1	285
John, [s. John & Susanna], b. May 24, 1739; d. Dec. 30, 1740	1	285
John, s. [John & Susanna], b. July 1, 1751	1	285
John, m Lydia [ ]	1	280
Jonathan, [s. John & Mary], b. Apr. 30, 1716	1	277
Joseph, s. [Peleg & Hannah], b. Apr. 17, 1734	1	283
Lavinah, d. [Elijah & Damaris], b. Oct. 11, 1750	1	291
Lucy, d. Ebenezer & Elizabeth, b. July 28, 1735	1	288
Lydia, w. Lieut. John, d. July 18, 1725	1	280
Lydia, [d. Benjamin & Abigail], b. Mar. 20, 1736	1	277
Lydia, d. [John & Susanna], b. Aug. 9, 1758	1	285
Marcy, [d. Ephraim & Deborah], b. Mar. 18, 1725	1	288
Mary, [d. Benjamin & Mary], b. Mar. 5, 1713	1	277
Mary, [d. Ephraim & Deborah], b. Dec. 20, 1721	1	288
Mary, w. John, d. Jan. 5, 1721/2	1	289
Mary, [d. Benjamin & Abigail], b. Sept. 10, 1740	1	277
Mary, m. Daniel **LOOMIS**, b. of Lebanon, June 19, 1762, by W[illia]m Metcalf, Esq.	1	187
Mary, [d. Samuel & Mary], b. [ ]	1	287
Minar, [s. Benjamin & Abigail], b. Mar. 5, 1734	1	277
Molly, d. [Elijah & Damaris], b. Sept. 27, 1755	1	291
Peleg, [s. Ephraim & Deborah], b. May 15, 1707	1	288
Peleg, m. Hannah **MARSH**, Feb. 24, 1732	1	283
Perez, [s. Ephraim & Deborah], b. July 22, 1705	1	288
Perez, m. Tabitha **BURT**, Jan. 19, 1726/7	1	283
Perez, [s. Perez & Tabitha], b. Mar. 29, 1736	1	283
Phinehas, [s. Benjamin & Mary], b. Sept. 5, 1717	1	277
Rachel, [d. John & Hannah], b. Aug. 19, 1737	1	277
Ruth, d. John & Lydia, b. Sept. 5, 1704	1	280
Ruth, d. Eben[eze]r & Elizabeth, b. May 15, 1737	1	288
Ruth, d. Sam[ue]l & Jerusha, b. July 10, 1757	1	284
Samuel, s. Samuel & Mary, b. Mar. 5, 1717/18	1	287
Samuel, s. [Elijah & Damaris], b. July 6, 1847	1	291
Sarah, [d. Peleg & Hannah], b. Oct. 27, 1740	1	283
Sarah, d. Peleg & [Hannah], d. Feb. 15, 1740/41	1	283
Silas, s. Benjamin & Abigail, b. Jan. 30, 1727	1	277
Susannah, [d. John & Susanna], b. Sept. 29, 1742	1	285
Susanna, m. Paul **HUTCHINSON**, June 25, 1761	1	157
Tabitha, [d. Perez & Tabitha], b. June 18, 1728	1	283

	Vol.	Page
SPRAGUE (cont.)		
Thomas, s. John & Hannah, b. May 8, 1725	1	277
Thomas, [s. John & Hannah], d. Jan. 13, 1733	1	277
Thomas, [s. John & Susanna], b. Aug. 1, 1737; d. Dec. 23, 1740	1	285
Thomas, s. [Perez & Tabitha], b. Aug. 15, 1741	1	283
William, [s. Benjamin & Mary], b. Sept. 29, 1715	1	277
William, [s. John & Susanna], b. July 25, 1735	1	285
William, [s. John & Susanna], d. Dec. 8, 1740	1	285
Zerviah, d. [Elijah & Damaris], b. Mar. 7, 1746	1	291
-----, 1st child [Ephraim, Jr. & Abigail], b. Jan. 22, 1737/8	1	284
SQUIER, Abial, s. [Abiel & Rebecca], b. Mar. 2, 1758	1	293
Abiel, m. Rebecca **LATHROP**, [ ]	1	293
Rhoda, d. Abiel & Rebecca, b. July 7, 1754	1	293
STANDISH, Abigail, of Norwich, m. Rufus **ROOD**, Dec. 29, 1743	1	270
James L., m Eunice **DENISON**, b. of Lebanon, July 4, 1845, by Rev. Joshua R. Brown, Goshen	2	39
Miles, m. Elizabeth **FULLER**, July 8, 1724	1	279
Sabra Z., of Lebanon, m. William **SAXTON**, of Colchester, Nov. 28, 1833, by Salmon Cone, V.D.M.	1	440
STANTON, Damaris, of Handcock, Mass., m. J. Anderson **MARTIN**, Jr., of Lebanon, Oct. 15, 1806, by [ ] Jones, Esq.	1	236
Hannah Maria, of Lebanon, m. Charles C. **BARBER**, of Hebron, Oct. 17, 1838, by Rev. Lyman Strong	1	459
Palmer, of Alier, N.Y., m. Eunice **SPICER**, of Lebanon, [May], 27, 1827 by Rev. Daniel Waldo	1	324
STARK, Albert W., s. [Caleb & Lydia], b. Apr. 29, 1818	1	438
Albert W., m. Caroline A. **RANDALL**, Oct. 10, 1841, by Israel T. Otis, Goshen	2	8
Betsey, d. [Caleb & Lydia], b. July 11, 1798	1	438
Betsey, m. Nelson H. **BILL**, b. of Lebanon, Nov. 27, 1832, by Rev. William Palmer, at Mr. Caleb Stark's	1	14
Caleb A., s. [Caleb & Lydia], b. Dec. 20, 1819	1	438
Emeline, d. [Caleb & Lydia], b. Mar. 5, 1806	1	438
Emeline, of Lebanon, m. Edwin **GILES**, of Franklin, N.Y., Oct. 7, 1838, by Rev. Israel T. Otis	1	457
Eunice, d. Timothy & Lois, b. Jan. 22, 1743	1	289
Eunice, m. Cyrus G. **GEER**, Mar. 31, 1836, by Rev. Israel T. Otis, Lebanon, Goshen	1	442
Henry N., m. Sarah Ann **GEER**, b. of Lebanon, Oct. 28, 1840, by Rev. Israel T. Otis	1	85
Jemima, d. [Joshua & Olive], b. Mar. 4, 1791	1	299
Jeremiah R., s. [Caleb & Lydia], b. May 25, 1802	1	438
Joshua, of Lebanon, m. Olive **LATHROP**, of Norwich, the fore part of 1786, by Rev. Christopher Palmer. Witnesses: Abiell & Caleb Stark	1	299
Joshua, s. [Joshua & Olive], b. Nov. 9, 1788	1	299
Joshua, Sr., after the birth of Jemima removed to Bozrah	1	299

	Page	Vol.
STARK (cont.)		
Lathrop, m. Fanny **SAXTON**, Nov. 26, 1829, by Erastus Ripley	1	97
Lucy, d. Caleb & Lydia, b. Mar. 13, 1795	1	438
Lydia, d. [Caleb & Lydia], b. Aug. 29, 1796	1	438
Nancy, d. [Caleb & Lydia], b. Apr. 1, 1800	1	438
Nancy, m. Chauncey **HINCKLEY**, Feb. 21, 1821, by W[illia]m B. Ripley	1	413
Susannah, d. [Joshua & Olive], b. Nov. 7, 1786	1	299
Timothy, m. Lois [ ]	1	289
STARKWEATHER, Rufus, s. Nathan, b. Dec. 17, 1774	1	298
STARR, John, s. Thomas & Hannah, b. Nov. 23, 1732	1	288
STATEN, David E., of Middle Haddam, m. Mary P. **SNOW**, of Lebanon, July 20, 1840, by Rev. Ebenezer Robinson	2	3
STAUNTON, Mary E., m. Cyrus **WILLIAMS**, Jr., b. of Lebanon, May 28, 1833, by Rev. Daniel Waldo	1	404
STEBBINS, Joseph, m Prudence **DeWOLFE**, Mar. 16, 1720	1	279
Mary, d. Mehuman & Mary, b. Sept. 30, 1716	1	286
Phebe, [d. Joseph & Prudence], b. Aug. 2, 1721	1	279
Ruth, [d. Mehuman & Mary], b. Feb. 11, 1717/18	1	286
STEDMAN, Experience, [d. John & Experience], b. Oct. 30, 1720	1	279
Experience, [d. John & Experience], b. Jan 1, 1727/8	1	279
Hannah, [d. John & Experience], b. June 8, 1721	1	279
John, m. Experience **HUTCHINSON**, Nov. 26, 1719	1	279
John, [s. John & Experience], b. June 2, 1730	1	279
John, d. Feb. 23, 1731/2	1	279
Joseph, s. Joseph & Sarah, b. Jan. 1, 1715/16	1	286
Mary, [d. Joseph & Sarah], b. Mar. 18, 1714	1	286
Mary, m. Josiah **THOMAS**, July 5, 1715	1	301
Robert, d. Jan. 4, 1735/6	1	289
Thankful, m. Samuel **HUTCHINSON**, Mar. 28, 1715	1	140
STEVENS, STEAVENS, Jason, of Glastonbury, m. Sarah F. **POTTER**, of Lebanon, Oct. 2, 1853, by Rev. Alfred H. Taylor	2	79
Thankfull, of Stonington, m. James **PARTRIDGE**, late of Dixborough, now of Lebanon, Dec. 24, 1744	1	250
STEWARD, [see also **STEWART**], Abby, of Lebanon, m. William **EDWARDS**, of Hartford, Jan. 20, 1825, by Rev. Esek Brown	1	95
John, m. Elma Eliza **SLOCUM**, b. of Lebanon, Nov. 24, 1831, by Asa Wilcox, Elder	1	419
STEWART, [see also **STEWARD**], Harriet, of Lebanon, m. Appleton **DORRANCE**, of Griswold, Oct. 25, 1827, by Rev. Esek Brown	1	194
Lovisa, of Hebron, m. John **MALONA**, of Coventry, Sept. 11, 1827, by Charles Abel, J.P.	1	411
Maria, m. Amos F. **LOOMIS**, b. of Lebanon, Nov. 10, 1844, by Nathan Wildman	2	35
Polly, m. John **LOOMIS**, b. of Lebanon, Nov. 27, 1825, by Rev. Esek Brown	1	115

LEBANON VITAL RECORDS

	Vol.	Page
STILES, STYLES, Clarissa M., m. John AVERY, b. of Lebanon, Dec. 29, 1831, by Rev. Esek Brown	1	230
Cynthia Ann, of Lebanon, m. Ezra STILES, of Gibson, Pa., Mar. 24, 1839, by Rev. Nathan Wildman	1	452
Edward A., m. Sophia SWEET, b. of Lebanon, Dec. 5, 1852, by J. C. Nichols	2	77
Edward L., m. Aurelia H. MAYNARD, Feb. 19, 1844, by Nathan Wildman	2	31
Ezra, of Gibson, Pa., m. Cynthia Ann STILES, of Lebanon, Mar. 24, 1839, by Rev. Nathan Wildman	1	452
John M.S., m. Caroline E. WELLS, b. of Lebanon, Dec. 11, 1836, by Dexter Bullard	1	428
Philura, m. Edward MASON, b. of Lebanon, Jan. 24, 1833, by Rev. Esek Brown	1	435
STIMSON, Abel, m. Lucy MANTLE, b. of Lebanon, Sept. 17, 1828, by Rev. Daniel Waldo	1	218
STODDARD, Olive, m. Joseph HAZZEN, Jr., Aug. 20, 1763, by J[oh]n Ellis, Clerk	1	139
STORY, Martha, m. Joseph WICKWIRE, July 13, 1758	1	351
STOWELL, H. Ardelia, of Lebanon, m. John BISHOP, of New London, Apr. 22, 1850, by Rev. Dexter Bullard, Liberty Hill	2	66
STRONG, Abel, [s. Stephen & Abigail], b. Apr. 5, 1731; d. Aug. 23, 1740	1	278
Abigail, [d. Stephen & Abigail], b. June 12, 1721	1	278
Abigail, [d. Ezra & Abigail], b. Jan. 24, 1741/2	1	280
Abigail, of Colchester, m. Darius HILL, of Lebanon, Oct. 25, 1764, by Epaphras Lord, Esq.	1	137
Abijah, d. Nov. 20, 1732	1	289
Adonijah, s. [Daniel & Esther], b. June 2, 1760	1	292
Anne, d. [Jonathan & Mary], b. July 13, 1779	1	297
Benajah, [s. Jedediah & Elizabeth], b. Jan. 17, 1734/5	1	279
Benajah, s. [Jedediah & Hephzibah], b. July 3, 1756	1	294
Betty, d. [Jonathan & Mary], b. Apr. 17, 1772	1	297
Christian, d. [Jedediah & Hephzibah], b. Dec. 4, 1764	1	294
Daniel, [s. Stephen & Abigail], b. Sept. 17, 1719	1	278
Daniel, m. Esther CHAPPELL, b. of Lebanon ,May 22, 1751	1	292
Daniel, s. [Daniel & Esther], b. Apr. 20, 1752	1	292
Dan[i]el, s. [David & Deborah], b. July 21, 1771	1	272
Daniel, Dea., m. Jerusha BUSHNELL, b. of Lebanon, Apr. 15, 1804, by Rev. Zebulon Ely	1	74
Daniel, Dea., d. July 5, 1826. Leonard Hibard, Adms.	1	74
David, d. May 2, 1712	1	289
David, [s. Jedediah & Elizabeth], b. May 23, 1724/5	1	279
David, m. Rebecca SWIFT, July 29, 1756, by Rev. Mr. Wheelock	1	272
David, s. [David & Rebecca], b. Apr. 19, 1757; d. May 14, [1757]	1	272
David, m. Deborah TERRY, Apr. 27, 1758	1	272
David, s. [David & Deborah], b. Mar. 20, 1765	1	272
Deborah, d. [David & Deborah], b. Jan. 13, 1770	1	272

STRONG (cont.)

	Vol.	Page
Ebbin, [s. Ezra & Abigail], b. Mar. 30, 1738	1	280
Edward H., of Colchester, m. Eunice LOOMIS, of Lebanon, Dec. 7, 1843, by Rev. Israel T. Otis	2	30
Ele[a]nor, of North Hampton, m. Asahel CLARK, Jr., s. Joseph, of Crank Society, May 28, 1771, at North Hampton	1	381
Elijah, [s. Jedediah & Elizabeth], b. Aug. 11, 1733	1	279
Elijah, m. Ruth LOOMIS, Mar. 18, 1756, by Rev. Mr. Williams	1	291
Elijah, s. [Elijah & Ruth], b. July 4, 1760	1	291
Eliphalet, s. [Jedediah & Hephzibah], b. July 6, 1758	1	294
Elisha, s. Noah & Deborah, b. May 30, 1727	1	287
Elizabeth, [d. Jedediah & Elizabeth], b. Feb. 6, 1727	1	279
Elizabeth, d. Lieut. Jedediah [& Elizabeth], d. Mar. 28, 1727	1	279
Elizabeth, d. [Elijah & Ruth], b. June 10, 1759	1	291
Elizabeth L., of Lebanon, m. Horatio M. BALDWIN, of Litchfield, July 13, 1840, by Rev. John C. Nichols	2	2
Enoch, [s. Preserve & Abitha], b. July 16, 1720	1	287
Ephraim, s. [David & Deborah], b. Mar. 16, 1775	1	272
Esther, m. Gershom CLARK, Oct. 26, 1725	1	43
Esther, d. [David & Deborah], b. Apr. 24, 1761	1	272
Eunice, of Windsor, m. Benajah WEBSTER, of Lebanon, Sept. 26, 1739	1	333
Eunice, d. [Jonathan & Mary], b. Jan. 8, 1774	1	297
Eunice, m. Ebenezer THOMAS, [ ]	1	301
Ezra, [s. Jedediah & Abijah], b. Mar. 2, 1701/2	1	286
Ezra, m. Abigail CAVERLY, Jan. 12, 1730/31	1	280
Ezra, [s. Ezra & Abigail], b. Mar. 4, 1733	1	280
Faith, d. [Jedidiah & Hephzibah], b. Sept 2, 1760	1	294
Freedom, [d. Jedidiah & Abijah], b. May 16, 1704	1	286
Freedom, m. John BEWELL, May 9, 1726	1	24
Hannah, [d. Stephen & Abigail], b. June 4, 1735; d. Aug. 9, 1740	1	278
Hannah, [d. Stephen & Abigail], b. May 27, 1740	1	278
Hannah, d. [Daniel & Esther], b. Dec. 31, 1753	1	292
Hannah, m. William CLARK, [ ] 16, [ ]	1	40
Hazard, s. [Daniel & Esther], b. Dec. 7, 1770	1	292
Hephzibah, [d. Jedediah & Hephzibah], b. Oct. 7, 1753	1	294
Hephzibah, d. Sept. 20, 1822, ae 69	1	342
Horace, of Bolton, m. Emily HUNTINGTON, of Lebanon, Dec. 22, 1835, by Rev. Edward Bull	1	432
Jabin, [s. Ezra & Abigail], b. Aug. 12, 1734	1	280
Jedidiah, s. [Jedidiah & Abijah], b. Jan. 15, 1700	1	286
Jedidiah, d. Oct. 12, 1709	1	289
Jedidiah, m. Elizabeth WEBSTER, Dec. 4, 1722	1	279
Jedediah, [s. Jedediah & Elizabeth], b. Nov. 8, 1728	1	279
Jedediah, m. Hephzibah WEBSTER, Jan. 10, 1751	1	294
Jedediah, s. [Jedediah & Hephzibah], b. Oct. 23, 1751	1	294
Jerusha, of Coventry, m. James PINNEO, Jr., of Lebanon, Jan. 19, 1759, by Phin[ea]s Strong, J.P.	1	253

LEBANON VITAL RECORDS 195

	Vol.	Page
STRONG (cont.)		
Jerusha, w. Dea. Daniel, d. Jan. 15, 1833	1	74
John, d. Oct. 2, 1709	1	289
John, s. Preserve & Abitha, b. Feb. 25, 1715/16	1	287
John, [s. Jedediah & Elizabeth], b. Sept. 5, 1723	1	279
John, [s. Ezra & Abigail], b. Dec. 7, 1743	1	280
John, [s. Jedediah & Hephzibah], b. Sept. 23, 1762	1	294
Jonathan, [s. Stephen & Abigail], b. June 7, 1741	1	278
Jona[than], s. [Jonathan & Mary], b. Nov. 10, 1768; d. Nov. 13, [1768]	1	297
Jonathan, s. [Jonathan & Mary], b. Apr. 6, 1777	1	297
Jonathan, m. Amey **SPAULDING**, of Windham, Feb. 17, 1780	1	297
Jonathan, m. Mary [ ]	1	297
Lauretta Ann, of Lebanon, m. Elisha **EDWARDS**, of Norwich, Mar. 31, 1841, by Rev. Lyman Strong	2	5
Lois, [d. Stephen & Abigail], b. May 24, 1733	1	278
Lois, d. [Jonathan & Mary], b. Nov. 24, 1762, in Coventry	1	297
Lucy, d. [Daniel & Esther], b. Feb. 14, 1756	1	292
Lydia, [d. Stephen & Abigail], b. Apr. 6, 1727; d. Aug. 3, 1740	1	278
Lydia, d. [Daniel & Esther], b. Nov. 14, 1768	1	292
Mary, [d. Stephen & Abigail], b. Dec. 7, 1722	1	278
Mary, m. David **BOSWORTH**, b. of Lebanon, June 27, 1743	1	31
Mary, m. John **LYMAN**, Sept. 3, 1747	1	172
Mary, w. [Jonathan], d. Sept. 2, 1779	1	297
Mary, m. Jonathan **WEBSTER**, [ ]	1	339
Molly, d. [Jonathan & Mary], b. June 8, 1770	1	297
Olive, d. [Elijah & Ruth], b. Jan. 7, 1758	1	291
Oliver, s. [Daniel & Esther], b. May 4, 1758	1	292
Oliver, s. Jona[than] & Amey, b. Aug. 5, 1781	1	297
Persia Elizabeth, d. [Dea. Daniel & Jerusha], b. May 19, 1807	1	74
Persis Elizabeth, m. Larned **HEBARD**, b. of Lebanon, Apr. 11, 1825, by Rev. Daniel Waldo	1	133
Peter, [s. Stephen & Abigail], b. Mar. 30, 1729; d. Aug. 12, 1740	1	278
Peter, s. [Daniel & Esther], b. July 14, 1764	1	292
Peter Brewster, s. [Jonathan & Mary], b. Nov. 11, 1764, in Coventry	1	297
Philip, [s. Ezra & Abigail], b. Feb. 9, 1735/6	1	280
Rebecca, [w. David], d. Apr. 21, 1757	1	272
Rebecca, d. [David & Deborah], b. July 23, 1759; d. July 23, 1761	1	272
Rebecca, d. [David & Deborah], b. Apr. 5, 1763	1	272
Roger, s. [Daniel & Esther], b. May 13, 1762	1	292
Rubie, [d. Stephen & Abigail], b. Sept 20, 1738; d. Aug. 16, 1740	1	278
Ruth, d. [Elijah & Ruth], b. Aug. 19, 1762	1	291
Salome, d. [Daniel & Esther], b. Oct. 26, 1766	1	292

	Vol.	Page
STRONG (cont.)		
Solomon, [s. Jedediah & Elizabeth], b. Oct. 6, 1730	1	279
Stephen, m. Abigail BEWEL, Jan. 16, 1717/18	1	278
Stephen, [s. Stephen & Abigail], b. Jan. 30, 1724/5	1	278
Submit, d. [Elijah & Ruth], b. Oct. 19, 1763	1	291
Supply, s. Jedediah & Abijah, b. Oct. 10, 1697	1	286
Walter, s. [Jonathan & Mary], b. Dec. 10, 1766	1	297
Wealthy, d. [David & Deborah], b. Nov. 1, 1767	1	272
-----, d. [Dea. Daniel & Jerusha], b. Sept. 20, 1805, "but not alive"	1	74
STUBBS, Betsey, m. Elijah SMITH, Aug. 29, 1793, by Rev. Elijah Gridley	1	299
SULLARD, Abigail, m. William JOY, [ ]	1	161
Azuba, d. [Joseph & Mehetable], b. May 31, 1748	1	283
John, d. July 28, 1746, in the 79th y. of his age	1	290
Joseph, m. Mehetable BALL, Dec. 24, 1735	1	283
Joseph, s. [Joseph], b. Feb. 3, 1756	1	283
Lois, b. May 16, 1784; m. Joseph TILDEN, Apr. 5, 1810, by Rev. John Gurley	2	13
Mary, d. John, d. June 19, 1735	1	289
Mary, [d. Joseph & Mehetable], b. Mar. 22, 1737	1	283
Mehitable, [d. Joseph & Mehetable], b. June 13, 1746	1	283
Mehitable, w. Joseph, d. June 4, 1750	1	283
Sarah, [d. Joseph & Mehetable], b. Oct. 2, 1738	1	283
Sarah, [d. Joseph & Mehetable], b. Sept. 14, 1744	1	283
Submit, d. Joseph & Mehitable, b. May 31, 1750	1	283
SUMNER, Abigail, d. [Jonathan & Submit], b. Sept.2, 1761	1	295
Edward Colver, [s. Jonathan & Submit], b. Oct. 14, 1764	1	295
Gustavus Adolphus, s. [Jonathan & Submit], b. July 15, 1766	1	295
Jonathan, of Hebron, m. Submit CULVER, of Lebanon, Oct. 23, 1760, by W. Metcalf, J.P.	1	295
Jonathan Rose, s. [Jonathan & Submit], b. Apr. 30, 1768	1	295
Lucina, d. [Jonathan & Submit], b. Mar. 25, 1763	1	295
William, m. Hannah HUNT, Oct. 11, 1721	1	279
William, [s. William & Hannah], b. Feb. 6, 1722/3	1	279
SUTTON, Harriet E., of Lebanon, m. John FULLER, of New Haven, Nov. 28, 1849, by Rev. John Avery, of Exeter	2	63
SWEATLAND, [see under SWEETLAND]		
SWEET, Benoni, s. [Benoni], b. July 2, 1796	1	405
Benoni, Jr., m. Dorcas HOXEY, b. of Lebanon, Nov. 22, 1820, by Esek Brown	1	410
Benoni, m. [ ] CHAMPLAIN, [ ]	1	405
Charles, s. [Benoni], b. Dec. 2, 1810	1	405
Hannah, d. [Benoni], b. Feb. 4, 1807	1	405
Hannah, m. Daniel WILDMAN, Jr., b. of Lebanon, Jan. 14, 1840, by Nathan Wildman	1	426
Lucy, d. [Benoni], b. Oct. 15, 1809	1	405
Lucy, m. Achus TUCKER, b. of Lebanon, Nov. 13, 1837, by Levi Meech, Elder	1	451
Lydia, d. [Benoni], b. Jan. 30, 1805	1	405

LEBANON VITAL RECORDS 197

	Vol.	Page
SWEET (cont.)		
Mary, d. [Benoni], b. Nov. 19, 1802	1	405
Mary, of Lebanon, m. Jasper C. **FOSTER**, of Canterbury, Oct. 4, 1821, by Esek Brown	1	416
Sally, d. [Benoni], b. Mar. 20, 1800	1	405
Sophia, m. Edward A. **STILES**, b. of Lebanon, Dec. 5, 1852; by J. C. Nichols	2	77
Stephen, s. [Benoni], b. Mar. 30, 1798	1	405
Susannah, d. [Benoni], b. Feb. 15, 1792	1	405
Thomas B., s. [Benoni], b. July 14, 1794; d. Apr. 27, 1813	1	405
SWEETLAND, SWEATLAND, SWROTLAND, STWEATLAND, Agness, d. John & Sarah, b. Oct. 13, 1726	1	287
Agnes, m. Samuel **BREWSTER**, Jr., Mar. 30, 1749	1	33
Alpheas, s. [Jonah & Mary], b. May 25, 1781	1	297
Benjamin, [s. John & Sarah], b. Feb. 22, 1711/12	1	286
Cynthia, [d. John, Jr. & Elizabeth], b. June 24, 1742	1	282
Daniel, s. Jonah & Mary, b. Jan. 10, 1777	1	297
Ebenezer, [s. John & Sarah], b. Feb. 21, 1720/21	1	286
Elizabeth, [d. John, Jr. & Elizabeth], b. May 6, 1737	1	282
Hannah, [d. Joseph & Hannah], b. Apr. 15, 1734	1	281
Hepsibah, d. [Jonah & Mary], b. Sept. 20, 1775	1	297
Israel, [s. Joseph & Hannah], b. Jan. 12, 1735/6	1	281
Jacob, [s. Joseph & Hannah], b. Aug. 16, 1740	1	281
Jane, [d. Joseph & Hannah], b. Aug. 16, 1738	1	281
Jerusha, d. John & Sarah, b. Dec. 12, 1727	1	287
John, s. John & Sarah, b. Feb. 5, 1707/8	1	286
John, Jr., m. Elizabeth **GUILD**, Apr. 15, 1736	1	282
John, [s. John, Jr. & Elizabeth], b. Apr. 12, 1739	1	282
Jonah, m. Mary **HARRIS**, Oct. 20, 1774, by Mr. Lockwood	1	297
Joseph, [s. John & Sarah], b. Apr. 3, 1710	1	286
Joseph, s. Joseph & Martha, b. May 26, 1711	1	286
Joseph, m. Hannah **LYMAN**, Nov. 9, 1732	1	281
Josiah, [s. Joseph & Martha], b. May 8, 1718	1	286
Josiah, d. Oct. 18, 1718	1	289
Luke, [s. John & Sarah], b. Mar. 20, 1717	1	286
Luke, [s. John & Sarah], b. June 16, 1729	1	287
Mary, [d. John & Sarah], b. May 15, 1733	1	287
Peter, [s. Joseph & Martha], b. June 10, 1716	1	286
Rowland, [s. John & Sarah], b. Apr. 7, 1715	1	286
Rowland, m. Mary **RUDE**, Dec. 20, 1741	1	285
Roxey, d. [Jonah & Mary], b. Aug. 4, 1779	1	297
Samuel, [s. John, Jr. & Elizabeth], b. Aug. 21, 1744	1	282
Sarah, [d. John & Sarah], b. Feb. 20, 1718/19	1	286
Sarah, of Lebanon, m. Rufus **ROOD**, of Norwich, Feb. 14, 1750/51	1	270
William, [s. John & Sarah], b. Feb. 11, 1722/3	1	286
Zerviah, [d. Joseph & Martha], b. Jan. 28, 1713	1	286
Zerviah, m. John **CLAUSON**, Aug. 28, 1735	1	47
SWIFT, Abigail, [d. Silas & Abigail], b. July 19, 1745	1	289
Abigail, d. [Charles & Deborah], b. Apr. 8, 1772	1	293
Alice, m. Samuel **DAVIS**, Oct. 22, 1747	1	66

BARBOUR COLLECTION

	Vol.	Page
SWIFT (cont.)		
Charles, [s. Silas & Abigail], b. Mar. 16, 1742	1	289
Charles, m. Deborah **CLARK**, May 26, 1763, by Rev. Mr. Williams	1	293
Charles, s. [Charles & Deborah], b. Dec. 21, 1774	1	293
Darius, s. [Silas & Abigail], b. Nov 28, 1757	1	289
Deborah, d. [Perez & Mary], b. Sept. 21, 1751	1	291
Deborah, d. [Charles & Deborah], b. Aug. 29, 1764	1	293
Eliphalet, s. [Charles & Deborah], b. July 6, 1780	1	293
Hannah, of Sandwich, m. Benjamin **COLLINS**, of Lebanon, Aug. 8, 1743	1	53
Jesse, s. [Perez & Mary], b. Mar. 25, 1754	1	291
Joanna, of Sandwich, m. Thomas **GLOVER**, of Lebanon, Feb. 10, 1743/4	1	124
Joshua, s. William, Jr. & Lydia, d. June 21, 1749	1	285
Julia, d. [Silas & Sally], b. Sept. 23, 1798	1	299
Mariette, d. [Silas & Sally], b. Mar. 26, 1797	1	299
Mary, m. Lathrop **DAVIS**, Feb. 3, 1780, by Rev. Mr. Brockway	1	88
Mercy, m. Benjamin **WOODWORTH**, Jr., July 19, 1750	1	341
Nathan, s. [Charles & Deborah], b. Oct. 6 ,1777	1	293
Pamelia, d. [Charles & Deborah], b. June 25, 1769	1	293
Perez, of Lebanon, m. Mary **FOX**, of Groton, Nov. 3, 1746	1	291
Perez, s. [Perez & Mary], b. July 4, 1749	1	291
Rebecca, m. David **STRONG**, July 29, 1756, by Rev. Mr. Wheelock	1	272
Roxillana, d. [Silas & Abigail], b. Oct. 8, 1761	1	289
Sally, d. [Silas & Sally], b. Feb. 28, 1800	1	299
Silas, m. Abigail **TUPPER**, Oct. 16, 1735	1	289
Silas, s. Silas & Abigail, b. Nov. 17, 1749	1	289
Silas, s. [Charles & Deborah], b. Jan. 3, 1767	1	293
Silas, of Lebanon, s. Charles, m. Sally **PARMELEE**, of Bethlem, June 1, 1796, by Rev. Mr. Azel Backus	1	299
Susanna, [d. Silas & Abigail], b. July 28, 1747	1	289
William, m. Elizabeth **WHEELER**, Nov. 8, 1734	1	284
William, s. William, Jr. & Lydia, d. June 16, 1749	1	285
William, m. Eunice **CLARK**, July 5, 1783	1	460
William, d. Apr. 21, 1817	1	460
Zephaniah, s. [Charles & Deborah], b. Jan. 15, 1786	1	293
SWROTLAND, [see under **SWEETLAND**]		
TAFT, Elizabeth, d. [Lewis & Melinda], b. Feb. 14, 1813	1	216
Israel Woodward, s. [Lewis & Melinda], b. Nov. 2, 1814	1	216
John Ordaway, s. [Lewis & Melinda], b. Feb. 15, 1811	1	216
Lewis, m. Melinda **DEWEY**, Dec. 20, 1804	1	216
Lewis Dewey, s. [Lewis & Melinda], b. Aug. 23, 1805	1	216
Rhoda, d. [Lewis & Melinda], b. Nov. 25, 1807	1	216
TARBOX, Lucy W., m. Daniel **HAINES**, b. of Lebanon, Nov. 26, 1829, by Rev. Daniel Waldo	1	219
Lydia H., m. Christopher **BROWN**, b. of Lebanon, Oct. 29, 1837, by Rev. Lyman Strong	1	451

	Vol.	Page
TAYLOR, Ariel, m. Prudy **RICHARDSON**, Oct. 6, 1822, by Daniel Hutchinson, J.P.	1	217
Charles, of Colchester, m. Betsey **BIGELOW**, of Lebanon, Feb. 18, 1852, by Rev. J. R. Brown, of Goshen	2	73
Charles T., m .Hannah A. **OSBORNE**, b. of Lebanon, Oct. 20, 1831, by Rev. Edward Bull	1	427
Elisha L., m. Cynthia **GOODWIN**, b. of Lebanon, Feb. 20, 1833, by Rev. Esek Brown	1	433
Francis A., of Lebanon, m. Thomas H. **PARK**, of North Stonington, Sept. 26, 1848, by Rev. Nathan Wildman	2	58
Harriet E., m. Ludlow **LYMAN**, Sept. 12, 1839, by David Avery, Elder	1	460
Joanna, m. Abraham **MITCHELL**, Apr. 12, 1720	1	196
John, s. John, b. Apr. 12, 1757	1	313
Josiah, m. Abigail **DENNISON**, Nov. 24, 1757	1	312
Julia A., of Lebanon, m. Thomas A. **SHEFFIELD**, of Norwich, Sept. 5, 1843, by Rev. Nathan Wildman	2	27
Lucretia, d. [Josiah & Abigail], b. Sept. 4, 1758	1	312
Lucy M., of Lebanon, m. Joshua M .**CHAPMAN**, of Saybrook, July 4, 1830, by Erastus Ripley	1	218
Margaret, m. David **OWEN**, Oct. 14, 1736	1	232
Martha, m. George **WEBSTER**, Mar. 29, 1727	1	329
Mary, of Lebanon, m. Spencer **CONE**, of East Haddam, Mar. 15, 1825, by Rev. Tuba Wakefield, Orange	1	96
Mary, of Lebanon, m. James M. **CLARK**, of Columbia, Nov. 26, 1852, by Rev. Perry Bennett	2	80
Mary A., of Lebanon, m. Mason M. **POTTER**, of Franklin, Sept. 11, 1842, by Rev. Nathan Wildman	2	16
Mehitable, m. William **GEGER**, June 1, 1731	1	121
Rhoda, d. [John], b. May 30, 1761	1	313
Sarah, d. [Joseph & Abigail], b. Sept. 20, 1760	1	312
Susanna, m. Samuel **TERRY**, Jr., Oct. 16, 1754	1	313
TEMPLE, Deborah, m. Benjamin **PHELPS**, Oct. 26, 1708	1	240
Mary, m. Ezekiel **LOOMISE**, [ ]	1	177
TENEY, Mary, d. Sept. 30, 1825, ae 78 y. Abel Goodwin, Adms.	1	115
TERRY, Abigail, [d. Samuel & Sarah], b. Mar. 29, 1734	1	302
Anase, d. [Ephraim, Jr. & Anas], b. Dec. 9, 1781	1	319
Anna, [d. Ephraim & Hannah], b. Sept. 2, 1716	1	305
Ann[e], m. Samuel **SEABURY**, Feb. 22, 1738/9	1	284
Anne, [d. Samuel & Sarah], b. Apr. 15, 1739	1	302
Christian, [child of Ephraim & Deborah], b. Aug. 10, 1745	1	302
Christian, d. [Joseph & Parthenia], b. Apr. 4, 1787	1	379
Dan, s. [Joseph & Parthenia], b. Nov. 17, 1792	1	379
Dan[iel], [s. Ephraim & Deborah], b. Aug. 23, 1736	1	302
Dan[iel], [s. Ephraim & Deborah], b. Aug. 2, 1743	1	302
Dan[iel], m. Rachel **HUTCHINSON**, Oct. 2, 1766	1	317
Deborah, [d. Ephraim & Deborah], b. July 2, 1734	1	302
Deborah, m. David **STRONG**, Apr. 27, 1758	1	272

	Vol.	Page
TERRY (cont.)		
Deborah, [w. Ephraim], d. Aug. 8, 1759, ae 51 y. 7 m.	1	302
Dorcas, of Enfield, m. Macey **THROOPE**, Mar. 11, 1753	1	304
Elisha, [s. Samuel & Sarah], b. Aug. 14, 1737; d. Aug. 14, 1739	1	302
Elizabeth, [d. Ephraim & Deborah], b. Sept. 27, 1729	1	302
Ephraim, m. Deborah **BAYLEY**, Jan. 18, 1727/8	1	302
Ephraim, [s. Ephraim & Deborah], b. Nov. 4, 1731	1	302
Ephraim, Dea., d. Dec. 7, 1760, in the 90th y. of his age	1	305
Ephraim, Jr., m. Anas **JOHNSON**, Dec. 24, 1772	1	319
Ephraim, s. [Dan[iel] & Rachel], b. Nov. 16, 1773	1	317
Ephraim, s. [Joseph & Parthenia], b. Feb. 22, 1789	1	379
Esther, m. Stephen **HUTCHINSON**, Feb. 19, 1729/30	1	142
Esther, [d. Ephraim & Deborah], b. May 8, 1741	1	302
Hannah, [d. Samuel & Sarah], b. Dec. 15, 1740	1	302
John, s. [Ephraim, Jr. & Anas], b. July 24, 1773	1	319
Joseph, s. [Dan[iel] & Rachel], b. July 27, 1767	1	317
Joseph, m. Parthenia **BINGHAM**, [ ]	1	379
Josiah, s. [Samuel, Jr. & Susanna], b. Apr. 4, 1757; d. Aug. 25, [1757]	1	313
Mary, [d. Ephraim & Deborah], b. Feb. 24, 1739	1	302
Mary, m. John **BREWSTER** [ ]	1	29
Polly, d. [Joseph & Parthenia], b. Dec. 14, 1790	1	379
Rachel, m. Dan[iel] **THROOPE**, Jr., Jan. 31, 1760	1	314
Rachel, d. [Joseph & Parthenia], b. May 22, 1795	1	379
Rebecca, d. [Samuel, Jr. & Susanna], b. June 8, 1755	1	313
Roswell, s. [Dan[iel] & Rachel], b. July 17, 1769	1	317
Samuel, s. Ephraim & Hannah, b. July 21, 1709	1	305
Samuel, m. Sarah **WEBSTER**, Feb. 24, 1731/2	1	302
Samuel, [s. Samuel & Sarah], b. Nov. 24, 1733	1	302
Samuel, Jr., m. Susanna **TAYLOR**, Oct. 16, 1754	1	313
Sarah, [d. Samuel & Sarah], b. Nov. 13, 1735	1	302
Wealthy, d. [Ephraim, Jr. & Anas], b. Oct. 30, 1779	1	319
W[illia]m, s. [Ephraim, Jr. & Anas], b. Feb. 20, 1776	1	319
TEW, Elizabeth B., of Lebanon, m. Gilbert **MORGAN**, of Natchez, Miss., Aug. 28, 1837, by Rev. Lyman Strong	1	373
Nancy, m. Charles **ADAMS**, b. of Lebanon, Oct. 28, 1849, by G. W. Pendleton	2	62
THATCHER, THACHER, Abigail, [d Peter & Abigail], b. June 20, 1725	1	306
Anna, [d. Thomas & Mary], b. Mar. 29, 1720	1	300
Asa, s. [Benjamin & Desire], b. Sept. 5, 1755	1	315
Benjamin, of Lebanon, m. Desire **YARRINGTON**, of Stonington, Oct. 9, 1754, by Esq. Prentice	1	315
Benj[ami]n, s. [Benjamin & Desire], b. Aug. 5, 1764	1	315
Benjamin, Jr., m. Sibel **FOSTER**, of East Windsor, Jan. 14, 1790, by Rev. Duo[ ] McClure	1	318
Desire, d. [Benjamin & Desire], b. Nov. 30, 1760	1	315
Ebenezer, [s. Peter & Abigail], b. Apr. 2, 1738; d. Oct. 2, 1740	1	306
Eli, s. [Benjamin, Jr. & Sibel], b. Nov. 22, 1790	1	318

	Vol.	Page
THATCHER, THACHER (cont.)		
Emily, m. John **WHEELER**, b. of Lebanon, Dec. 6, 1821, by Esek Brown	1	418
Jared, [s. Peter & Abigail], b. Mar. 5, 1735/6	1	306
Jerusha, d. [Benjamin & Desire], b. Mar. 16, 1762	1	315
John, [s. Peter & Abigail], b. Aug. 9, 1719; d. Apr. 3, 1739	1	306
John, [s. Peter & Abigail], b. Feb. 22, 1739/40	1	306
Joseph, [s. Peter & Abigail], b. Oct. 11, 1722; d. May 13, 1751	1	306
Josiah, [s. Peter & Abigail], b. July 8, 1733	1	306
Lucretia, d. [Benjamin & Desire], b. Jan. 12, 1759	1	315
Lydia, [d. Peter & Abigail], b. Dec. 17, 1720	1	306
Maria, m. John **DINGLEY**, b. of Lebanon, July 6, 1821, by Esek Brown	1	415
Marshall, m. Ruth **HAZARD**, b. of Lebanon, Dec. 24, 1821, by Esek Brown	1	418
Mary, [d. Thomas & Mary], b. Apr. 20, 1717	1	300
Mary, m. Robert **LANE**, [ ], 174[ ]	1	180
Mary, m. Nathan **KINGSLEY**, May 28, 1772, by Mr. Stone	1	165
Partridge, child of [Thomas & Mary], b. Aug. [ ], 1714	1	300
Peter, s. Peter & Abigail, b. Apr. 28, 1717; d. Aug. 24, 1751, at Providence	1	306
Peter, m. Abigail **HIBBARD**, [ ]	1	306
Rhodolphus, [s. Thomas & Mary], b. Aug. [ ], 1709; d. Jan. [ ], 1728	1	300
Rhodolphus, [s. Peter & Abigail], b. Apr. 2, 1729; d. Oct. 12, 1740	1	306
Rhodolphus, [s. Peter & Abigail], b. Mar. 12, 1742	1	306
Rhodolphus, of Lebanon, m. Mary **CONE**, of Bolton, Feb. 3, 1773, by Jed[ediah] White, J.P.	1	318
Ruth, [d. Thomas & Mary], b. Feb. 18, 1711/12	1	300
Ruth, d. Oct. 30, 1717	1	309
Ruth, [d. Peter & Abigail], b. May 1, 1727	1	306
Ruth, m. Thomas **HUNT**, Dec. 17, 1730	1	142
Samuel, [s. Peter & Abigail], b. [ ] 19, 1731	1	306
Thomas, m. Mary **DEAN**, Nov. 16, 1704	1	300
Triphena, d. [Benjamin & Desire], b. Apr. 10, 1757	1	315
THAYER, Abraham, m. Anna P. **ELDREDGE**, June 29, 1823, by Timo[thy] Stone, Minister	1	10
Athenath, m. Simeon **CHAMPLAIN**, b. of Lebanon, [ ], by Levi Meech, Elder	1	453
THOMAS, Abigail, d. Joseph & Elizabeth, b. Oct. 2, 1706	1	304
Abigail, [d. Joseph & Elizabeth], d. [ ]	1	304
Abijah, [s. Amos & Ruth], b. Feb. 17, 1741/2	1	308
Amos, m. Ruth **WHITE**, May [ ], 1736	1	308
Amos, [s. Amos & Ruth], b. Apr. 28, 1747	1	308
Anna, [d. Ezekiel & Anne], b. Sept. 24, 1744	1	302
Anne, [d. Josiah & Mary], b. Sept. 21, 1729	1	301
Anne, [d. Amos & Ruth], b. July 23, 1740	1	308
Apama, d. [Dr. James & Hannah], b. May 9, 1778	1	315

BARBOUR COLLECTION

	Vol.	Page
THOMAS (cont.)		
Apama, [w. James], d. [ ]	1	315
Bethiah, m. Edward L. C. **FOWLER**, b. of Lebanon, Sept. 8, 1842, by Rev. Israel T. Otis	2	16
Clarissa, d. [Peleg & Molly], b. Sept. 17, 1768	1	314
Daniel, s. [Ezekiel & Anna], b. May 5, 1753	1	311
Deborah, [d. John & Hannah], b. Apr. 7, 1739	1	308
Deborah, d. [Dr. James & Hannah], b. Apr. 2, 1782	1	315
Dillon, s. [Dr. James & Hannah], b. July 11, 1784	1	315
Ebenezer, s. Ebenezer & Sarah, b. Apr. 8, 1716	1	305
Ebenezer, d. Apr. 9, 1716	1	309
Ebenezer, [s. Ebenezer & Sarah], b. Feb. 26, 1721/2	1	305
Ebenezer, m. Eunice **STRONG**, [ ]	1	301
Elihu, s. [John & Hannah], b. Apr. 20, 1745	1	308
Elihu, m. Emmeline **LOOMIS**, b. of Lebanon, Nov. 7, 1821, by W[illia]m B. Ripley	1	416
Elijah, [s. Ebenezer & Eunice], b. Mar. 11, 1731	1	301
Eliphalet, [s. Ebenezer & Eunice], b. Nov. 14, 1732	1	301
Eliza J., of Lebanon, m. William **GULICK**, of Princeton, N.J., Mar. 26, 1837, by Rev. Israel J. Otis	1	391
Elizabeth, d. [Joseph & Mary], b. Sept. 1, 1698	1	304
Elizabeth, [d. Samuel & Elizabeth], b. Oct. 5, 1702	1	300
Elizabeth, m. David **BIRCHARD**,. [ ]	1	19
Eunice, [d. Ebenezer & Eunice], b. Mar. 4, 1734/5	1	301
Experience, [d. Joseph & Mary], b. Mar. 23, 1701	1	304
Experience, m. John **CORBIT**, [ ]	1	46
Ezekiel, m. Sarah **TRUMBULL**, Feb. 25, 1735/6	1	302
Ezekiel, s. Ezekiel & Sarah, b. Dec. 15, 1736; d. May 18, 1737	1	302
Ezekiel, m. Anne **HASKINS**, Oct. 2, 1740	1	302
Ezekiel, [s. Ezekiel & Anne], b. Feb. 9, 1743	1	302
Ezekiel, Jr., m. Hannah **McCALL**, June 12, 1766, by Joshua West, Esq.	1	319
Grace, [d. Samuel & Elizabeth], b. Oct. 2, 1713	1	300
Hannah, [d. Josiah & Mary], b. Feb. 28, 1721/2	1	301
Hannah, [d. John & Hannah], b. June 1, 1743	1	308
Hannah, m. Sylvanus **WHITE**, Oct. 29, 1765, by Rev. Jacob Eliot	1	356
Hannah, d. [Dr. James & Hannah], b. Aug. 8, 1793	1	315
Harriet, m. Christopher **CROUCH**, Nov. 29, 1827, by Erastus Ripley	1	423
Hopestill, [d. Joseph & Elizabeth], b. Jan. [ ], 1724	1	304
Ireene, [d. Ebenezer & Eunice], b. Mar. 14, 1736, at Oblong	1	301
Isaiah, s. [Ezekiel & Anna], b. Oct. 17, 1755	1	311
James, [s. Ebenezer & Sarah], b. July 22, 1727	1	305
James, [s. John & Hannah], b. July 22, 1737	1	308
James, of Lebanon, m. Appama **BLACKLEACH**, of Stratford, Nov. 25, 1764, by Rev. Mr. Mills	1	315
James, Dr., of Lebanon, m. Hannah **HASKALL**, of Mansfield, Oct. 5, 1774, by Rev. Mr. Salter	1	315
James, s. [Dr. James & Hannah], b. June 19, 1780	1	315

LEBANON VITAL RECORDS 203

	Vol.	Page
THOMAS (cont.)		
Jesse, s. [Ezekiel & Anna], b. Aug. 21, 1764	1	311
Joel, s. Ezekiel & Anna, b. Aug. 29, 1748	1	302
John, [s. Josiah & Mary], b. Dec. 28, 1731	1	301
John, s. [John & Hannah], b. Oct. 6, 1734	1	308
John, s. [Ezekiel & Anna], b. May 29, 1757	1	311
John, s. [Peleg & Molly], b. Dec. 6, 1763	1	314
John, m. Hannah SPAFFORD, [ ]	1	308
Jonah, s. [Ezekiel & Anna], b. Sept. 14, 1762	1	311
Joseph, [s. Joseph & Elizabeth], b. Sept. 12, 1713	1	304
Joseph, d. May 9, 1715	1	309
Joseph, Jr., [s. Joseph & Elizabeth], d. [ ], 1740, in the Expedition against Cuba	1	304
Josiah, m. Mary STEDMAN, July 5, 1715	1	301
Josiah, [s. Josiah & Mary], b. Dec. 21, 1717	1	301
Josiah, d. Jan. 24, 1717/18	1	309
Josiah, [s. Josiah & Mary], b. Mar. 4, 1727	1	301
Julius, m. Harriet ABEL, May 24, 1825, by Rev. Erastus Ripley	1	217
Lucy, [d. Amos & Ruth], b. Dec. 17, 1743	1	308
Lucy, d. [Ezekiel, Jr. & Hannah], b. Mar. 20, 1767	1	319
Lydia, [d. Ebenezer & Sarah], b. Jan. 31, 1724/5	1	305
Mabel, [d. Joseph & Elizabeth], b. Apr. 10, 1717	1	304
Mabel, d. [Ezekiel & Anna], b. Mar. 14, 1759	1	311
Malichi, [s. John & Hannah], b. Jan. 30, 1746/7	1	308
Mary, m. John DEWEY, Apr. 5, 1705	1	61
Mary, [d. Josiah & Mary], b. Dec. 10, 1718	1	301
Mary, d. Aug. 13, 1724	1	309
Mary, m. Joseph LANGRELL, [ ], 172[ ]	1	179
Mehetable, m. Ebenezer WEBSTER, [ ]	1	340
Miriam, [d. Joseph & Elizabeth], b. Aug. 10, 1719	1	304
Molly, d. [Amos & Ruth], b. May 10, 1753	1	308
Molly, d. [Peleg & Molly], b. Nov. 23, 1774	1	314
Peleg, [s. John & Hannah], b. Feb. 1, 1736	1	308
Peleg, m. Molly BARTLETT, Nov. 18, 1760, by Rev. Mr. Eliot	1	314
Peleg, s. [Peleg & Molly], b. Apr. 7, 1779	1	314
Prudence, of Preston, m. Stephen PAYNE, June 7, 1795, by Lemuel Foster, Clerk	1	252
Rachel, [d. Joseph & Elizabeth], b. Mar. 9, 1709/10	1	304
Rebecca, [d. Josiah & Mary], b. Aug. 10, 1724	1	301
Rowland, [s. Ebenezer & Sarah], b. Jan. 6, 1719/20	1	305
Ruth, [d. Joseph & Elizabeth], b. Jan. 26, 1708	1	304
Ruth, d. Amos & Ruth, b. May 19, 1737	1	308
Samuel, m. Elizabeth WEBSTER, Nov. 5, 1701	1	300
Samuel, [s. Samuel & Elizabeth], b. Apr. 26, 1706	1	300
Sarah, [d. Ebenezer & Sarah], b. Aug. 29, 1717	1	305
Sarah, w. Ezekiel, d. Dec. 18, 1736	1	302
Sarah, d. Ezekiel & Anne], b. Aug. 4, 1741	1	302
Sarah, d. [Peleg & Molly], b. Apr. 27, 1777	1	314
Sybel, [d. Ezekiel & Anne], b. Mar. 8, 1747	1	302
Thankfull, [d. Josiah & Mary], b. July 7, 1716	1	301

	Vol.	Page
THOMAS (cont.)		
Thankful, m. Josiah **DEAN**, Nov. 10, 1737	1	64
Theody, [d. Ebenezer & Eunice], b. Jan. 12, 1738/9	1	301
Violette, d. [Peleg & Molly], b. Dec. 23, 1765	1	314
William, [s. John & Hannah], b. Mar. 30, 1741	1	308
Zephaniah, s. Ezekiel & Anna, b. July 1, 1750	1	302
-----, twins of [Ezekiel & Anna], b. Apr. 7, 1752; the eldest s. d. Apr. 5, 1752; the youngest s. d. Apr. 15, 1752	1	311
THOMPSON, Ann, d. Robert & Martha, b. Aug. 21, 1755, at Newton, Conn.	1	313
Charles C., m. Lucretia M. **PIERCE**, Apr. 28, 1833, by Rev. Alfred Gates	1	426
Emelia, of Columbia, m. George W. **VARS**, of South Kingston, R.I., Sept. 5, 1841, by Rev. Ebenezer Robinson	2	25
Emily, of Commington, Mass., m. Carey **LATHAM**, of Lebanon, Nov. 26, 1839, by John C. Nichols	1	461
George W., of Bristol, Vt., m. Lois J. **THOMPSON**, of Columbia, Sept. 12, 1838, by Rev. Ebenezer Robinson	1	457
Isham, of Columbia, m. Sarah H. **MAXWELL**, of Lebanon, Mar. 26, 1838, by Rev. Dexter Bullard	1	454
John, m. Catharine **LOYDE**, Sept. 3, 1826, by Erastus Ripley	1	400
Lois J., of Columbia, m. George W. **THOMPSON**, of Bristol, Vt., Sept. 12, 1838, by Rev. Ebenezer Robinson	1	457
Matilda M., of Lebanon, m. Edwin **COLEMAN**, of Coventry, now of Lebanon, Oct. 1, 1837, by Asahel Dewey, J.P.	1	384
Robert, s. [Robert & Martha], b. Mar. 25, 1757	1	313
Ruth, d. Robert & Rebecca, b. Nov. 20, 1745, at Boston	1	313
Ruth, d. Robert, m. Josiah **WOOD**, Nov. 9, 1767, by Rev. .Mr. Williams	1	324
Sophia, of Columbia, m. Paul W. **AVERY**, of Lebanon, Nov. 13, 1836, by Rev. Dexter Bullard	1	195
THORPE, THORP, Abigail, m. Joseph **GAY**, Dec. 25, 1723	1	122
Abigail, m. Abel **METCALFE**, Aug. 12, 1755, by Rev. B. Throope	1	205
Ruth, m. David **RICE**, Nov. 5, 1734	1	267
THROOPE, THROOP, Ann, d. [Dan[iel], Jr. & Rachel], b. Jan. 24, 1761	1	314
Bathsheba, m. John **SIMMS**, Jan. 8, 1730, by Solomon Williams, Clerk	1	288
Benjamin, [s. William & Elizabeth], b. Jan. 19, 1729/30	1	307
Benjamin, [s. Dan[iel] & Susannah], b. June 3, 1745	1	308
Bethiah, [d. Dan[iel] & Susannah], b. Dec. 18, 1738	1	308
Bethiah, m. William **HUNTINGTON**, Oct. 27, 1757	1	155
Betsey, m. Eleazer **HUNTINGTON**, May 11, 1835, by Rev Edward Bull	1	438

LEBANON VITAL RECORDS

	Vol.	Page
THROOPE, THROOP (cont.)		
Betty, d. [Joseph & Zerviah], b. Aug. 19, 1771; d. Dec. 8, 1771	1	319
Betty, d. [Joseph & Zerviah], b. Dec. 21, 1772; d. Apr. 15, 1774	1	319
Dan[iel], of Lebanon, m. Susannah CARY, of Bristol, Oct. 27, 1737	1	308
Dan[iel], [s. Dan[iel] & Susannah], b. Apr. 19, 1740	1	308
Dan[iel], s. [Joseph & Deborah], b. Nov. 18, 1748	1	307
Dan[iel], Jr., m. Rachel TERRY, Jan. 31, 1760	1	314
Deborah, m. Samuel WILLIAMS, Dec. 3, 1724	1	328
Deborah, d. [Joseph & Deborah], b. Apr. 22, 1741	1	307
Dorcas, d. [Macey & Dorcas], b. Nov. 30, 1755	1	304
Dorothy, m. Ebenezer HIDE, Feb. 25, 1728/9	1	142
Elijah, s. [Samuel & Submit], b. Oct. 25, 1749; d. Dec. 17, 1756	1	304
Elizabeth, [d. William & Elizabeth], b. Jan. 8, 1734/5	1	307
Elizabeth, [d. Joseph & Deborah], b. Jan. 10, 1747	1	307
Elizabeth, m. Elijah LOOMIS, Apr. [ ], 1751	1	181
Elizabeth, m. Charles HINCKLEY, Oct. 24, 1764, by Benjamin Throop, Clerk	1	164
George, [s. William & Elizabeth], b. [ ]	1	307
Henry, s. [Joseph & Zerviah], b. Oct. 15, 1778	1	319
Horatio, s. [Joseph & Zerviah], b. Mar. 17, 1790; d. June 21, 1791	1	319
John, [s. William & Elizabeth], b. Oct. 12, 1731	1	307
John, s. [Dan[iel], Jr. & Rachel], b. June 22, 1765; d. Feb. 8, 1770	1	314
John, s. [Joseph & Zerviah], b. July 2, 1776	1	319
John H., m. Eliza Ann FISH, b. of Lebanon, Aug. 22, 1839, by Nathan Wildman	1	457
Joseph, m. Deborah BEWEL, Mar. 20, 1740	1	307
Joseph, s. [Joseph & Deborah], b. Apr. 22, 1743	1	307
Joseph, [s. Dan[iel] & Susannah], b. Dec. 23, 1748	1	308
Joseph, m. Zerviah BISSELL, Nov. 8, 1770, by Rev. Mr. Williams	1	319
Joseph, s. [Joseph & Zerivah], b. Jan. 24, 1785	1	319
Joseph, [s. William & Elizabeth], b. [ ]	1	307
Josiah, [s. William & Elizabeth], b. [ ]	1	307
Lydia, m. Samuel LAWRENCE, May 22, 1740	1	182
Macey, m. Dorcas TERRY, of Enfield, Mar. 11, 1753	1	304
Macey, d. Apr. 21, 1756, in the 30th y. of his age	1	304
Martha, m. Daniel VAUGHAN, Nov. 22, 1725	1	320
Martha, w. [William], d. Feb. 13, 1736/7	1	304
Martha, [d. William & Elizabeth], b. May 17, 1739	1	307
Martha, m. Israel GILLETT, b. of Lebanon, Jan. 8, 1761, by Rev. Mr. Williams	1	129
Mary, [d. Samuel & Dorothy], b. Jan. 23, 1726/7	1	306
Mary, [d. William & Elizabeth], b. Aug. 11, 1744	1	307
Mary, d. Dan[iel] & Sarah, b. Aug. 17, 1756	1	308
Mary, d. [Joseph & Zerviah], b. Sept. 29, 1774	1	319
Mary, m. Joshua BARKER, [ ]	1	31

	Vol.	Page
THROOPE, THROOP (cont.)		
Mary, d. Samuel & Dorothy, b. [ ]	1	306
Mary L., m. Joel **CHAPPELL**, Dec. 9, 1824, by Rev. Eben[eze]r Colman	1	93
Priscilla, [d. William & Elizabeth], b. July 1, 1741	1	307
Priscilla, m. Caleb **OWEN**, Jr. [ ]	1	235
Rachel, d. [Dan[iel], Jr. & Rachel], b. June 11, 1763	1	314
Samuel, m. Submit **CLARK**, May 28, 1747	1	304
Samuel, s. Samuel & Submit, b. Apr. 8, 1748	1	304
Samuel, d. Oct. 20, 1753	1	304
Samuel, [s. Samuel & Dorothy], b. [ ]	1	306
Selah, s. [Macey & Dorcas], b. Feb. 26, 1754	1	304
Simeon, s. [Samuel & Submit], b. July 27, 1753; d. Oct. 9, [1753]	1	304
Submit, m. Samuel **MURDOCK**, June 24, 1725	1	197
Submit, d. Samuel & Submit, b. Aug. 20, 1751	1	304
Susannah, d. [Dan[iel] & Susannah], b. Mar. 18, 1742	1	308
Susanna, d. [Dan[iel], Jr. & Rachel], b. Mar. 12, 1758	1	314
Susannah, m. Daniel **HUTCHINSON**, Oct. 20, 1787, by Rev. Zebulon Ely	1	260
Thomas, [s. William & Elizabeth], b. Sept. 9, 1733	1	307
William, d. Feb. 3, 1737/8	1	304
William, [s. Joseph & Deborah], b. Dec. 26, 1745	1	307
William, s. William & Elizabeth, b. [ ]	1	307
TICKNER, David, s. John & Mary, b. Jan. 12, 1750/51; d. July 27, 1751	1	306
Elisha, [s. John & Mary], b. Dec. 26, 1736	1	306
Elisha, m. Ruth **KNOWLES**, Nov. 25, 1756	1	316
Elisha, s. [Elisha & Ruth], b. [ ] 25, 1757	1	316
Hannah, [d. John & Mary], b. Dec. 20, 1739	1	306
Hannah, m. John **BLISS**, [	1	19
Irene, d. John & Mary, b. Sept. 18, 1747	1	306
Isaac, [s. John & Mary], b. Nov. 1, 1733	1	306
James, [s. John & Mary], b. Sept. 27, 1742	1	306
John, m. Mary **BAYLEY**, May 14, 1724	1	306
John, [s. John & Mary], b. July 15, 1727	1	306
John, d. May 7, 1751, in the 52nd y. of his age	1	306
John, s. [Elisha & Ruth], b. Feb. 10, 1761	1	316
Joshua, s. [Elisha & Ruth], b. Feb. 28, 1765	1	316
Lydia, m. Sam[ue]l **BLISS**, Feb. 21, 1722/3	1	23
Lydia, [d. John & Mary], b. Aug. 4, 1729	1	306
Mary, d. [John & Mary], b. Oct. 14, 1725	1	306
Mary, wid., m. Capt. Samuel **FULLER**, May 22, 1776, by Sam[ue]l Gray, J.P.	1	113
Paul Knowles, s. [Elisha & Ruth], b. May 1, 1763	1	316
Ruth, d. [Elisha & Ruth], b. Feb. 26, 1759; d. Jan. 1, 1762	1	316
Sarah, d. John & Mary, b. Aug. 31, 1745	1	306
William, d. Mar. 2, 1731/2	1	309
TIFFANY, Anne, d. Isaiah & Anne, b. Mar. 29, 1749; d. Nov. 9, 1751	1	310
Apama, d. [John & Mary], b. May 24, 1766	1	310
Asa, s. [Isaiah & Anne], b. Apr. 14, 1753	1	310

LEBANON VITAL RECORDS 207

	Vol.	Page
TIFFANY (cont.)		
Edward, s. [John & Mary], b. Jan. 30, 1748/9; d. Dec. 6, 1749	1	310
Edward, s. John & Mary, b. June 24, 1750	1	310
Elizabeth, w. Isaiah, d. Jan. 12, 1752, ae 47 y. 2 m. 1 d.	1	309
Elizabeth, m. Ebenezer **BUSHNELL**, Nov. 25, 1756, by W[illia]m Metcalf, Esq.	1	362
Elizabeth, d. [John & Mary], b. Dec. 26, 1756	1	310
Elizabeth S., m. John **ROBINSON**, b. of Lebanon, Feb. 15, 1824, by Rev. Esek Brown	1	238
Isaiah, Jr., m. Anne **LYMAN**, May 19, 1748	1	310
Isaiah, s. Isaiah & Anne, b. May 29, 1751	1	310
Isaiah, of Lebanon, m. Jemima **GRISWOLD**, of Bolton, Dec. 13, 1753, by Rev. T[h]o[ma]s White	1	309
Isaiah, s. [John & Mary], b. Feb. 16, 1759	1	310
Isaiah, d. Apr. 4, 1780, in the 83rd y. of his age	1	309
John, m. Mary **MEACHAM**, May 5, 1748	1	310
John, s. [John & Mary], b. Jan. 8, 1753; d. Mar. 28, 1755	1	310
John, s. [John & Mary], b. Apr. 3, 1755	1	310
Lucinda, d. [John & Mary], b. Jan. 17, 1764	1	310
Mary, d. [John & Mary], b. Mar. 27, 1761	1	310
Persis, d. Isaiah & Elizabeth, b. Sept. 1 ,1745	1	309
Recompence, m. Miriam **FRENCH**, Feb. 5, 1756; d. Dec. [ ], 1800. Had no children.	1	317
TILDEN, Abigail, [d. Stephen & Abigail], b. May 19, 1751	1	310
Aralutia A., of Exeter, m. Asa W. **FULLER**, of Colchester, Jan. 14, 1849, by John Avery	2	58
Aralutia Adelaide, [d. Joseph & Lois], b. Feb. 17, 1822	2	13
Augustus, m. Selinda **CHAPPELL**, b. of Lebanon, Mar. 14, 1825, by Rev. Esek Brown	1	95
Augustus, m. Milinda **CLARKE**, b. of Lebanon, Nov. 29, 1827, by Rev. Esek Brown	1	96
C[h]loe, d. [Joseph & Elizabeth], b. Oct. 10, 1754	1	311
C[h]loe, m. Samuel **BAILEY**, Jr., Dec. 16, 1784, by Rev. Mr. Ely	1	373
Chloe M., of Lebanon, m. Gurdon S. **GOFF**, of Chatham, Dec. 17, 1837, by Rev. Lyman Strong	1	449
Cordelia, d. [Stephen D., & Lucretta], b. Oct. 11, 1799	1	445
Daniel, m. Esther **MASON**, b. of Lebanon, [ ]	1	321
Daniel Rose, [s. Stephen D. & Lucretia], b. Nov. 6, 1805	1	445
Ebenezer, s. [Joseph & Elizabeth], b. Dec. 19, 1757	1	311
Ebenezer, d. Mar. 20, 1823; Joseph & Augustus Tilden, Adm.	1	193
Elam, s. [John & Bathsheba], b. Dec. 31, 1781	1	317
Elizabeth, d. Joseph & Elizabeth, b. Nov. 9, 1752	1	311
Elizabeth, m. John **LOOMIS**, b. of Lebanon, Oct. 14, 1773	1	190
Elizabeth A., m. Charles H. **COBB**, b. of Lebanon, Jan. 3, 1841, by Rev. John C. Nichols	2	3
Elizabeth Ann, [d. Joseph & Lois], b. Nov. 24, 1816	2	13
Esther, d. [Stephen & Abigail], b. May 15, 1762	1	310
Esther, d. [Daniel & Esther], b. Feb. 23, 1777	1	321

BARBOUR COLLECTION

	Vol.	Page
TILDEN (cont.)		
Hannah, m. Elnathan **POPE**, b. of Lebanon, Nov. 13, 1754, by W[illia]m Metcalf, J.P.	1	251
Hannah, m. Caleb **PIERCE**, [ ]	1	246
Harriet, d. [Daniel & Esther], b. July 31, 1792	1	321
Henry Laurens, [s. Stephen D. & Lucretia], b. Feb. 3, 1818	1	445
Hortense Almanthia, [d. Joseph & Lois}, b. Apr. 3, 1825	2	13
Isaac, m. Martha **MUDGE**, Dec. 30, 1714	1	301
Isaac, s. Isaac & Martha, b. Sept. 26, 1715	1	301
Isaac, m. Rebecca **MAN**, June 14, 1716	1	301
James Pettis, [s. Stephen D. & Lucretia], b. Jan. 31, 1804	1	445
John, s. Isaac & Rebecca, b. Jan. 28, 1728/9	1	301
John Barton, [s. Joseph & Lois], b. Jan. 13, 1811	2	13
Jonathan, s. Isaac & Rebecca, b Apr. 21, 1719	1	301
Jonathan, d. May 2, 1720	1	309
Joseph, m. Elizabeth **BREWSTER**, Nov. 11, 1744	1	303
Joseph, m. Elizabeth **WHITE**, June 14, 1750	1	311
Joseph, b. Mar. 25, 1784; m. Lois **SULLARD**, Apr. 5, 1810, by Rev. John Gurley	2	13
Joseph White, [s. Joseph & Lois], b. Oct. 17, 1819	2	13
Joshua, [s. Stephen & Abigail], b. Apr. 19, 1757	1	310
Josiah, [s. Stephen & Abigail], b. Apr. 19, 1760	1	310
Josiah, s. [Daniel & Esther], b. June 23, 1789	1	321
Josiel Refine Latting, [s. Joseph & Lois], b. June 11, 1827	2	13
Judeth, [d. Isaac & Rebecca], b. Apr. 2, 1721	1	301
Lois L., m. Richard C. **MOSIER**, b. of Lebanon, Nov. 26, 1841, by Rev. Allpheas Geer, of Hebron	2	12
Lois Loomis, [d. Joseph & Lois], b. June 17, 1814	2	13
Lucretia, d. [Daniel & Esther], b. Oct. 22, 1781	1	321
Lucretia F., m. Henry W. **PECKHAM**, b. of Lebanon, Mar. 11, 1827, by Rev. Esek Brown	1	193
Lucy, d. [Daniel & Esther], b. Sept. 20, 1773	1	321
Lucy, m. Amos **LOOMIS**, June 1, 1794, by Rev. Zebulon Ely	1	386
Lydia, d. [Daniel & Esther], b. Apr. 27, 1787	1	321
Martha, w. Isaac, d. Oct. 3, 1715	1	309
Martha, d. Isaac & Rebecca, b. Oct. 12, 1723	1	301
Martha, d. Nov. 20, 1723	1	309
Mary, m. Rowland **POWEL**, Jan. 12, 1718	1	241
Mary, m. Azariah **BLISS**, Apr. 29, 1736	1	30
Mary, d. Stephen & Abigail, b. Dec. 2, 1749	1	310
Mary, d. [Daniel & Esther], b. Mar. 12, 1779	1	321
Mary, m. George P. **GARDINER**, b. of Lebanon, [Jan.] 10, 1822, by W[illia]m B. Ripley	1	418
Mary Lucretia, d. [Stephen & Lucretia], b. Aug. 14, 1801	1	445
Mason, s. [Daniel & Esther], b. May 7, 1771	1	321
Mercy, d. Isaac & Rebecca, b. Aug. 15, 1725	1	301
Morton, [s. Stephen D. & Lucretia], b. Jan. 6, 1811	1	445
Rebecca, d. Isaac & Rebecca, b. Mar. 7, 1716/17	1	301
Sabina, d. [Daniel & Esther], b. Apr. 22, 1785	1	321
Stephen, m. Sarah **ROOT**, Mar. 5, 1711/12	1	300

	Vol.	Page
TILDEN (cont.)		
Stephen, m. Mary **POWEL**, May 31, 1716	1	300
Stephen, Jr., m. Abigail **RICHARDSON**, Apr. 23, 1749	1	310
Stephen, s. [Stephen & Abigail], b. Mar. 19, 1753	1	310
Stephen D., b. May 3, 1769; m. Lucretia [ ], Feb. 20, 1798	1	445
Stephen Daniel, s. [Daniel & Esther], b. May 3, 1769	1	321
Stephen Daniel, Jr., [s. Stephen D. & Lucretia], b. Feb. 14, 1826	1	445
Theoda, d. [Stephen & Abigail], b. July 18, 1755	1	310
Zerviah, d. Stephen, d. Feb. 29, 1731/2	1	300
Zerviah, [d. Joseph & Elizabeth], b. Sept. 30, 1745	1	303
TISDALE, Abigail, [d. Ebenezer & Hope], b. July 18, 1740	1	307
Abigail **HODGE***, of Taunton, m Elkana **TISDALE**, of Lebanon, Oct. 23, 1766, by Benjamin Williams, J.P. *Tisdale crossed out, Hodge written in margin.	1	316
Abigail, d. [Elkanah & Abigail], b. Jan. 13, 1782	1	316
Abigail, m. Benjamin **SPRAGUE**, [ ]	1	277
Abishai, [s. Ebenezer & Hope], b. June 2, 1738	1	307
Barnabus, s. [Solomon & Susanna], b. Jan. 1, 1756, N.S.	1	314
Billings, s. James & Esther, b. Mar. 16, 1749	1	309
Chester, s. [Ephraim & We[a]lthy], b. Oct. 17, 1790	1	379
Ebenezer, m. Deborah **GILBERT**, of Tanton, June 10, 1762, by Rev. Mr. Crocker	1	307
Ebenezer, d. Aug. 30, 1803, ae 96 y., had he lived to the 11th of Nov. next	1	307
Ebenezer, m. Hope **BASSET** [ ]	1	307
Elijah, m. Eunice **SMITH**, Nov. 6, 1743	1	303
Elijah, s. [Elkanah & Abigail], b. July 28, 1767	1	316
Elijah, s. [Ephraim & We[a]lthy], b. Sept. 7, 1792	1	379
Elijah, Capt., d. Nov. 19, 1795	1	303
Elijah, [s. Elkanah & Abigail], b. [ ]	1	277
Eliphalet, [s. Ebenezer & Hope], b. Sept. 15, 1744	1	307
Elkanah, s. [Elijah & Eunice], b. Jan. 22, 1745/6	1	303
Elkanah, of Lebanon, m. Abigail **HODGE***, of Taunton, Oct. 23, 1766, by Benjamin Williams, J.P. *Tisdale crossed out, Hodge written in margin.	1	316
Elkanah, s. [Elkanah & Abigail], b. Sept. 20, 1768	1	316
Elkanah, m. Abigail **HODGE**, b. of Taunton, [ ]	1	277
Elkanah, [s. Elkanah & Abigail], b. [ ]; d. [ ]	1	277
Ephraim, s. [Elkanah & Abigail], b. Dec. 11, 1769	1	316
Ephraim, m. We[a]lthy **BADCOCK**, [ ], by Rev. Zebulon Ely	1	379
Esther, d. James & Esther, b. Apr. 27, 1754	1	309
Eunice, d. [Elkanah & Abigail], b. June 27, 1780	1	316
Eunice, [w. Elijah], d. Sept. 22, 1795	1	303
George, s. [Elkanah & Abigaili], b. Apr. 2, 1773	1	316
Henry, s. James & Esther, b. July 31, 1750	1	309
Henry, s. [Elkanah & Abigail], b. July 22, 1777	1	316

210 BARBOUR COLLECTION

	Vol.	Page
TISDALE (cont.)		
Henry, m. Maria **BAILEY**, b. of Lebanon, Jan. 11, 1829, by Rev. Esek Brown	1	261
Hope, [w. Ebenezer], d. [ ], 1761	1	307
Horatio, s. [Elkanah & Abigail], b. Jan. 31, 1787	1	316
James, d. May 2, 1727	1	309
James, s. James & Esther, b. Oct. 31, 1745	1	309
James, m. Esther **MAN** [ ]	1	309
John, s. [Elkanah & Abigail], b. May 7, 1785	1	316
Lydia, [d. Ebenezer & Hope], b. Jan. 10, 1741/2; d. May [ ], 1747	1	307
Lydia, d. [Ebenezer & Hope], b. Mar. 15, 1748/9	1	307
Mary, [d. Ebenezer & Hope], b. Aug. 6, 1731	1	307
Mary, d. [Ebenezer & Hope], b. Sept. 28, 1746	1	307
May, [d. Ebenezer & Hope], d. Jan. 31, 1731/2 (Probably Mary)	1	307
Mindwell, m. Capt. Nath[anie]l **FITCH**, Sept. 17, 1729	1	101
Nathan, [s. Ebenezer & Hope], b. Sept. 19, 1732	1	307
Nathan, s. [Elkanah & Abigail], b. Nov. 3, 1774	1	316
Sarah, [d. Ebenezer & Hope], b. May 16, 1736	1	307
Solomon, m. Susanna **BRITON**, Aug. 18, 1751	1	314
Solomon, s. [Solomon & Susanna], b. Mar. 18, 1752 O.S.	1	314
Sol[omon], d. Nov. 25, 1759, in the 40th y. of his age	1	314
Sibil, d. [Solomon & Susanna], b. Aug. 9, 1758, N.S.	1	314
Warren, s. [Ephraim & We[a]lthy], b. Mar. 13, 1797	1	379
William, [s. Ebenezer & Hope], b. May 29, 1734	1	307
William, s. James & Esther, b. Feb. 6, 1747	1	309
William, s. [Elkanah & Abigail], b. Aug. 8, 1774; d. Mar. 4, 1776	1	316
William, s. [Elkanah & Abigail], b. May 1, 1776	1	316
TOBEY, Benjamin, s. Ep[hrai]m & Reliance, b. Jan. 11, 1748	1	307
Ephraim, [s. Ep[hrai]m & Reliance], b. Aug. 16, 1755	1	307
Martha, d. Ep[hrai]m & Reliance, b. Jan. 29, 1753	1	307
TOOGOOD, Elizabeth, m. Daniel **WILLIAMS**, [ ]	1	339
TOPLIFF, Luther, s. Samuel & Hannah, b. Apr. 15, 1737	1	307
TORREY, Ambrose, s. [Asa & Lydia], b. Dec. 10, 1800	1	322
Arial, s. [Asa & Lydia], b. Feb. 18, 1794	1	322
Asa, s. William & Mary, (who was of the **VAUGHAN** family), b. Aug. 4, 1759	1	322
Asa, m. Lydia [**ROBERTS**], of Colchester, Feb. 23, 1792	1	322
Asa, s. [Asa & Lydia], b. Nov. 11, 1792	1	322
Erastus, s. [Asa & Lydia], b. Dec. 7, 1795	1	322
Lydia, d. [Asa & Lydia], b. Jan. 10, 1799	1	322
Marcy, d. [Asa & Lydia], b. July 9, 1797	1	322
Olive, m. Abel **GOODWIN**, Feb. 5, 1800	1	419
-----, s. Asa & Lydia, b. July 12, 1802; d. [July 12, 1802] about 7 h. old	1	322
TOZER, Lucy, of Lebanon, m. Frederic **AYRES**, of Franklin, Jan. 1, 1810, by Rev. Zebulon Ely	1	389
TRACY, Addison Leander, [s. Simon & Ruth], b .Oct. 25, 1819	1	210
Dorothy, m. Israel **LEE**, Dec. 7, 1743	1	180

LEBANON VITAL RECORDS 211

	Vol.	Page
TRACY (cont.)		
Eunice, d. [Zacheus & Philatha], b. Mar. 10, 1776	1	317
Joshua, Jr., of Franklin, m. Abby J. HOXEY, of Lebanon, Mar. 20, 1833, by Rev. Esek Brown	1	436
Lois, [d. Simon & Ruth], b. July 21, 1821	1	210
Simon, m. Ruth KINGSBURY, Nov. 21, 1818	1	210
Zac[c]heus, m. Philatha CLARK, Mar. 28, 1775	1	317
TRAPP, Elizabeth, wid., m. Elijah WEBSTER, Mar. 28, 1757, at Martha's Vineyard	1	351
Sarah Ann., of Columbia, m. Dillon BUELL, of Lebanon, Jan. 1, 1826, by Rev. Esek Brown	1	116
TRAVIS, John J., m. Betsey HAYWARD, b. of Lebanon, Jan. 21, 1821, by Esek Brown	1	412
TREATS, Eunice had s. Eleazer BILL, b. June 10, 1785, at Dr. Mos[es] Williams'. Reputed father Eleazer BILL.	1	313
TRUMBULL, TRUMBLE, Abigail, [d. Joseph & Hannah], b. Mar. 6, 1718/19	1	305
Benjamin, [s. Benoni & Sarah], b. May 11, 1712	1	304
Cate, [d. Joseph, Jr. & Sarah], b. [ ]	1	301
David, [s. Joseph & Hannah], b. Sept. 8, 1723; d. July 9, 1740, in the 17th y. of his age; drowned in his father's mill pond	1	305
David, d. Jan. 17, 1822, ae 71 y.	1	420
Faith, [d. Jonathan & Faith], b. Jan. 25, 1742/3	1	303
Faithy, d. [Jonathan, Jr. & Eunice], b. Feb. 1, 1769	1	318
Faith, w. of His Excellency Jonathan, d. May 29, 1780	1	303
Hannah, [d. Joseph & Hannah], b. Sept. 18, 1717	1	305
Hannah, m. Joseph SLEWMAN, Feb. 27, 1734/5	1	281
Harriet, d. [Jonathan, Jr. & Eunice], b. Sept. 2, 1783	1	318
John, s. [Jonathan & Faith], b. June [ ], 1756	1	303
Jonathan, [s. Joseph & Hannah], b. Oct. 12, 1710	1	305
Jonathan, m Faith ROBINSON, Dec. 9, 1735	1	303
Jonathan, [s. Jonathan & Faith], b. Mar. 26, 1740	1	303
Jonathan, Jr., m. Eunice BACKUS, Mar. 26, 1767, by Rev. Mr. Lord	1	318
Jonathan, s. [Jonathan, Jr. & Eunice], b. Dec. 24, 1767; d. Jan. 13, 1768	1	318
Jonathan, late Governor of Conn., d. Aug. 17, 1785, [ae] 75 y. in Oct. [1784]	1	303
Joseph, s. Joseph & Hannah, b. Mar. 27, 1705	1	305
Joseph, Jr., m. Sarah BULKLEY, Nov. 20, 1727	1	301
Joseph, Jr., left New London for the West Indies Dec. 23, 1731; five days after, the 28th of Dec. 1731, was not seen or heard of	1	301
Joseph, [s. Jonathan & Faith], b. Mar. 11, 1737	1	303
Maria, d. [Jonathan, Jr. & Eunice], b. Feb. 14, 1785	1	318
Mary, [d. Joseph & Hannah], b. Aug. 21, 1713 or 1714	1	305
Mary, [d. Jonathan & Faith], b. July 16, 1745	1	303
Mary, m. William WILLIAMS, Esq., Feb. 14, 1771, by his father Rev. Mr. Williams	1	358
Mary, [d. Jonathan, Jr. & Eunice], b. Dec. 27, 1777; d. in infancy	1	318

	Vol.	Page
TRUMBULL, TRUMBLE (cont.)		
Sarah, d. Benoni & Sarah, b. Aug. 26, 1710	1	304
Sarah, m. Ezekiel **THOMAS**, Feb. 25, 1735/6	1	302
Sarah, [d. Joseph, Jr. & Sarah], b. [ ]	1	301
TRYON, TRYUN, Hopestill, m. Ebenezer **WOODWORTH**, Jr. Sept. 2, 1742	1	336
Phineas D., m. Charlotte J. **JOHNSON**, b. of Lebanon, Nov. 28, 1850, by Rev. John Avery, of Exeter	2	68
TUCKER, Achus, m. Lucy **SWEET**, b. of Lebanon, Nov. 13, 1837, by Levi Meech, Elder	1	451
Benjamin, m. Mary **DINGLEY**, b. of Lebanon, Aug. 21, 1838, by Rev. Nathan Wildman	1	458
Eliza, of Lebanon, m. Lyman C. **BLISS**, of Berlin, Mass., Nov. 26, 1840, by Rev. Israel T. Otis	2	1
TUPPER, Abigail, m. Silas **SWIFT**, Oct. 16, 1735	1	289
Abigail, d. Eliakim & Mary, b. Mar. 11, 1751	1	312
Deborah, m. Jonathan **NEWCOMB**, Nov. 9, 1746	1	225
Eliakim, [s. Elias & Jerusha], b. Dec. 4, 1742	1	309
Eliakim, Capt., of Lebanon, m. Martha **CLARK**, of Symsbury, Sept. 7, 1753	1	312
Elias, m. Jerusha **SPRAGUE**, Sept. 4, 1740	1	309
Elizabeth, d. [William & Margaret], b. Apr. 3, 1758	1	313
Joanna, d. [Eliakim & Mary], b. Mar. 16, 1753; d. July 20, 1753	1	312
Mary, [d. Elias & Jerusha], b. Oct. 20, 1744	1	309
Mary, w. Capt. Eliakim, d. Mar. 24, 1753	1	312
Mary, d. [William & Margaret], b. Dec. 19, 1756	1	313
Thomas, m. Ruth **OWEN**, May 27, 1740	1	303
William, m. Margaret **GATES**, of Cov[entry], Oct. 7, 1755	1	313
TURNER, Abbil, m. Samuel **PALMER**, b. of Norwich, Feb. 8, 1852, by J. R. Brown	2	72
Sheldon D., of Mansfield, m. Lucinda **COTTRELL**, of Lebanon, Mar. 5, 1827, by Rev. Daniel Waldo	1	396
TUTTLE, Ann, m. Wigglesworth **LAW**, May 2, 1751	1	181
Daniel, s. John & Judeth, b. Nov. 11, 1716	1	305
Desire, [d. John & Judeth], b. Apr. 16, 1728	1	305
Freedom, [d. John & Judeth], b. Mar. 1, 1722	1	305
James, s. John & Eunice, b. Feb. 25, 1748/9	1	311
John, [s. John & Judeth], b. Feb. 20, 1725/6	1	305
John, m. Eunice **ALLEN**, July 12, 1747	1	311
Judeth, [d. John & Judeth], b. Sept. 2, 1720	1	305
Lucy, d. John & Eunice, b. Feb. 14, 1747/8	1	311
Martha, [d. John & Judeth], b. July 3, 1718	1	305
Mary, m. Ephraim **LOOMISE**, [ ]	1	178
Silence, [d. John & Judeth], b. Dec. 20, 1723	1	305
-----, child of John, d. Aug. 15, 1706	1	309
TYLER, Abigail, m. James **WEBSTER**, Jr., b. of Lebanon, Feb. 15, 1824, by Daniel Waldo	1	119
Daniel, Jr., m. Lucinda **POST**, b. of Lebanon, Dec. 28, 1826, by Rev. Daniel Waldo, Exeter	1	96
Daniel, s. [David & Martha], b. [ ]	1	312

	Vol.	Page
TYLER (cont.)		
David, s. [David & Martha], b. Nov. 4, 1749	1	312
Ebenezer, s. [David & Martha], b. July 26, 1747	1	312
Eleanor, s. (?) [David & Martha], b. Feb. 20, 1754	1	312
Jonathan, s. [David & Martha], b. Jan. 1, 1751/2	1	312
Joseph, s. [David & Martha], b. Aug. 21, 1743; d. Nov. 18, 1756	1	312
Lydia, d. David & Martha, b. June 25, 1741	1	312
Resign, d. [David & Martha], b. Mar. 14, 1757	1	312
TYRELL, Mary, of Coventry, m. Peleg **WOODWORTH**, Aug. [ ], 1753	1	347
UDALL, Dorothy, of Stonington, m. Abel **MARSH**, Dec. 26, 1754	1	204
VALLENCE, VALENCE, Esther, [d. William & Joanna], b. Oct. 1, 1732	1	320
John, s. William & Joanna, b. Mar. 22, 1730	1	320
Oliver, [s. William & Joanna], b. Oct. [ ], 1726	1	320
Patience, m. Jonathan **OWEN**, May 1, 1740	1	234
Patience, [d. William & Joanna], b. [ ]	1	320
William, [m.] Joanna [ ]	1	320
VARS, George W., of South Kingston, R.I., m. Emelia **THOMPSON**, of Columbia, Sept. 5, 1841, by Rev. Ebenezer Robinson	2	25
VAUGHAN, Anne, d. [John & Anne], b. Sept. 18, 1757	1	321
Daniel, m. Martha **THROOPE**, Nov. 22, 1725	1	320
Daniel, [s. Daniel & Martha], b. Sept. 30, 1748	1	320
Daniel, s. [John & Anne], b. Jan. 11, 1753	1	321
Elizabeth, d. [Daniel & Martha], b. Nov 18, 1733	1	320
Elizabeth, m. Jonathan **CLARK**, Jr., Dec. 30, 1762, by W. Williams, Esq.	1	368
John, m. Anne **BEEBE**, June 31, 1752	1	321
Martha, [d. Daniel & Martha], b. Oct. 18, 1743	1	320
Martha, d. [John & Anne], b. Feb. 11, 1759	1	321
Mary, m. John **DICKSON**, July 29, 1742	1	65
Mary, [d. John & Anne], b. Nov. 26, 1755	1	321
Mary, [m. William **TORREY**], had s. Asa Torrey, b. Aug. 4, 1759	1	322
VETCH, Andrew, d. May 3, 1742	1	320
Elizabeth, m. Nehemiah **FITCH**, Nov. 3, 1731	1	102
Hannah, m. Amos **SPAFFORD**, Jan. 4, 1732/3	1	281
Mary, m. Ebenezer **WILLIAMS**, July 27, 1721	1	327
Sarah, d. Andrew & Elizabeth, b. Dec. 13, 1703	1	320
VOSE, Bathsheba, [d. Joshua & Prudence], b. Oct. 23, 1736	1	320
Elizabeth, d. Joshua & Prudence, b. Apr. 9, 1734	1	320
Joshua, [m.] Prudence, [ ]	1	320
Lemuel, [s. Joshua & Prudence], b. July 8, 1735	1	320
WADSWORTH, Daniel H., of Manchester, m. Hannah F. **LAMB**, of Lebanon, Nov. 13, 1850, by Rev. Joshua R. Brown, of Goshen	2	68
John, s. [Joseph & Lydia], b. Mar. 15, 1705	1	338
John, [s. John & Elizabeth], b. June 20, 1737	1	327
John, m. Elizabeth **RICHMAN**, [ ]	1	327

	Vol.	Page
WADSWORTH (cont.)		
Joseph, d. Jan. 15, 1743/4	1	340
Joseph, m. Lydia **BROWN**, [ ]	1	338
Lydia, [w. Joseph], d. Dec. 27, 1759	1	338
Martha, [d. Joseph & Lydia], b. Apr. 1, 1710	1	338
Mary, [d. Joseph & Lydia], b. Nov. 29, 1707	1	338
Sam[u]el, m. Clemence **HUNT**, Apr. 12, 1711	1	326
Samuel, s. [Sam[u]el & Clemence], b. Jan. 30, 1711/12	1	326
Sam[u]el, d. May 19, 1712	1	326
Zerviah, [d. John & Elizabeth], b. May 6, 1735	1	327
Zerviah, [m.] Nathaniel **PORTER**, [ ]	1	254
WALDEN, Caroline G., m. George W. **SEGAR**, b. of Lebanon, Sept. 12, 1847, by Nathan Wildman	2	52
Maranda H., of Lebanon, m. Philetus **RATHBURN**, of Lisbon, May 9, 1842, by Rev. Israel T. Otis	2	14
WALDO, Zaccheas, Jr., of Windham, m. Hannah W. **WILLIAMS**, of Lebanon, Apr. 11, 1832, by Rev. Daniel Waldo, of Exeter	1	422
Zacheriah, of Hampton, m. Laura **PHELPS**, of Lebanon, Oct. 2, 1811, by Rev. Zebulon Ely	1	391
WALES, Polly, of Windham, m. Stephen **BINGHAM**, of Lebanon, Apr. 19, 1792	1	376
Susannah, m. Ebenezer **WEST**, Jan. 14, 1712/13	1	327
WALKER, Sarah A., of Boston, Mass., m. William A. **SEGAR**, of Lebanon, [ ] 1, 1852, by Rev. Augustus Bolles	2	76
WALSWORTH, Lucy, of Groton, m. Veach **WILLIAMS**, of Lebanon, Oct. 18, 1753	1	353
WALTEN, Timothy, d. Dec. 25, 1749, in the 74th y. of his age (Perhaps "**WALTERS**")	1	340
WALTERS, Aaron, m. Deborah **LEE**, Jan. 19, 1748/9	1	344
Timothy, Jr., m. Mary **BENTLE**, June 16, 1746	1	342
WAMSLEY, WALMESLEY, WALMESLY, WARMSLEY, Caroline E., of Lebanon, m. James M. **GREEN**, of Winsted, May 16, 1844, by John C. Nichols	2	34
Huldah, m. Simeon **CHAMPLAIN**, b. of Lebanon, Oct. 25, 1824, by Rev. Esek Brown	1	92
Huldah, m. Ransom **BENTON**, b. of Lebanon, Sept. 14, 1830, by Rev. Edward Bull	1	463
Sarah, of Lebanon, m. Gad **WORTHINGTON**, of Hartford, Dec. 8, 1844, by John C. Nichols	2	38
WARD, Finnius, m. Melinda **LOOMIS**, Dec. 23, 1810, by Nehemiah Dodge	1	400
WARNER, Charles, of Derby, m. Sophia **BLISS**, of Lebanon, Nov. 18, 1821, by Esek Brown	1	417
Daniel, [s. Ichabod & Mary], b. July 10, 1714	1	326
Ebenezer, [s. Ichabod & Mary], b. Mar. 20, 1719	1	326
Hannah, [twin with Mary, d. Ichabod & Mary], b. Sept. 13, 1730	1	326
Ichabod, m. Mary **METCALF**, Mar. 5, 1711/12	1	326
Ichabod, [s. Ichabod & Mary], b. Dec. 10, 1712	1	326
Isaac, [s. Ichabod & Mary], b. Jan. 4, 1716/17	1	326

LEBANON VITAL RECORDS 215

	Vol.	Page
WARNER (cont.)		
Jemima, m. David FINNEY, Mar. 7, 1754	1	107
John, [s. Ichabod & Mary], b. May 22, 1734	1	326
Mary, [twin with Hannah, d. Ichabod & Mary], b .Sept. 13, 1730	1	326
Mary, of Windham, m. Joseph HUTCHINSON, Aug. 13, 1783, by Rev. Mr. White; d. July 27, 1821, ae 87 last Apr.	1	137
Nathaniel, [s. Ichabod & Mary], b. Feb. 18, 1721/2	1	326
Ruth, [d. Ichabod & Mary], b. Oct. 17, 1732	1	326
Sam[ue]ll, [s. Ichabod & Mary], b. Aug. 21, 1726	1	326
Timothy, [s. Ichabod & Mary], b. Dec. 1, 1724	1	326
WARREN, Josiah, of South Coventry, m. Emily M. JACOBS, of Lebanon, Dec. 2, 1850, by Rev. John Avery, of Exeter	2	69
WASHBURN Ely, s. [Timothy], b. Mar. 31, 1759	1	352
Hannah, m. John FINNEY, Jr., b. of Lebanon, June 14, 1744	1	106
Hepzibah, m. John HUTCHINSON, Oct. 29, 1708	1	140
Kezia, d. [Timothy], b. May 24, 1761	1	352
Martha, m. Jabez WRIGHT, June 4, 1752	1	346
Philo, of New York, m. Orlivia LOMBARD, of Lebanon, June 15, 1836, by Levi Meech, Elder	1	395
WATERMAN, Andrew, Capt., d. Feb. 16, 1822, ae 84 y. Recorded by Elisha, s. Andrew	1	66
Charles, s. [Joseph & Rebecca], b. Sept. 15, 1785	1	373
Chauncey Chandler, s. [Joseph & Rebecca], b. Dec. 31, 1789	1	373
Dan, s. [Joseph & Rebecca], b. Apr. 24, 1793	1	373
Darius, m. Mary BARBER, b. of Lebanon, Sept. 23, 1757, by Benoni Smith, Esq., of Westerly	1	350
Gladwin, s. [William & Rebecca], b. Sept. 11, 1757	1	350
Ignatius, s. [Darius & Mary], b. Feb. 16, 1759	1	350
James, s. [Joseph & Rebecca], b. May 19, 1784	1	373
Joseph, m. Rebecca BLACKMAN, July 13, 1780, by Rev. Mr. Stone	1	373
Lucy, of Norwich, m. Silas CRANE, of Lebanon, Sept. 20, 1742	1	51
Nancy M., m. James M. PECKHAM, b. of Lebanon, Apr. 10, 1848,by Rev. J. R. Brown, of Goshen	2	56
Ruth, m. Eleazer WELLS, June 26, 1748	1	342
Walter, s. [Joseph & Rebecca], b. June 24, 1783	1	373
William, m. Rebecca GLADWIN, Aug. 7, 1755	1	350
WATERS, Mehitable, m. [ ] SMITH, b. of Norwich, Mar. 15, 1821, by Esek Brown	1	414
WATROUS, Leverette J., m. Emily E. DINGLEY, Sept. 20, 1846, by Rev. James M. Stanton, of Hebron	2	47
WATSON, Jack, m. Dorcas DOLBEAR, July 15, 1827, by Rev. Ed[war]d Bull	1	250
Peter, m. Marietta BREWSTER, b. of Lebanon, Nov. 2, 1823, by Daniel Waldo	1	464

BARBOUR COLLECTION

	Vol.	Page
WATSON (cont.)		
William, of South Kingston, R.I., m. Caroline E.		
CHAMPLAIN, of Lebanon, Dec. 23, 1844, by Rev.		
Frederic P. Coe	2	36
WATTLES, WATTLE, Abby, d. [John & Bethia H.], b. Nov.		
27, 1824	1	119
Abigail, d. [William & Abigail], b. Mar. 20, 1736	1	331
Abigail, w. William, d. Nov. 21, 1744, in the 68th y. of		
her age	1	338
Alden, s. Denison, Jr. & Mary, b. Aug. 12, 1818, at		
Manlius Onondago County, N.Y.	1	412
Andrew, s. William & Abigail, b. Aug. 2, 1749	1	331
Anne, [d. William & Abigail], b. Mar. 20, 1738	1	331
Belsher, [s. William & Abigail], b. Nov. 3, 1743	1	331
Chandler, [twin with Zerviah, s. Mason & Irene], b. Jan.		
14, 1754	1	341
Chandler, s. [Mason & Hannah], b. Jan. 30, 1757	1	359
Dan, s. [Mason & Hannah], b. Mar. 22, 1761	1	359
Daniel, s. [William & Abigail], b. Nov 5, 1756	1	331
Denison, s. [William & Abigail], b. July 12, 1754	1	331
Denison, Jr., m. Mary G. **HUNTINGTON**, b. of		
Lebanon, Oct. 27, 1817, at Pomfret, Abington		
Society, by Rev. Walter Lyon	1	412
Denison, Capt. d. July 18, 1830, ae 76 y.	1	119
Denison, d. Feb. 26, 1837, ae 46 y. An attorney by		
profession.	1	412
Elijah, s. John & Sarah, b. Mar. 21, 1748/9	1	337
Eliza, m. Arial **LOOMISS**, Nov. 27, 1803	1	392
Eliza, of Lebanon, m. Elkanah C. **EASTON**, of		
Plainfield, Nov. 1, 1843, by John C. Nichols	2	29
Elizabeth, d. J[oh]n Alden & w. Capt. Dennison Wattles,		
d. Feb. 11, 1797	1	5
Elizabeth, d. [Denison, Jr. & Mary], b. July 27, 1821	1	412
Fitch, s. [Mason & Hannah], b. Apr. 29, 1771	1	359
Hannah, d. Nov. 8, 1821	1	12
Irena, [w. Mason], d. Apr. 6, 1754	1	341
James Denison, s. Denison, Jr. & Mary G., b. Dec. 17,		
1826	1	412
John, [s. John & Judeth], b. Oct. 26, 1725	1	337
John, Jr., m. Bettey **SLUMAN**, Nov. 12, 1747	1	349
John, m. Bethia H. **MASON**, b. of Lebanon, Mar. 11,		
1824, by Daniel Waldo	1	119
John, m. Sarah **SLEWMAN**, [ ]	1	337
John, m. Judeth **FITCH**, [ ]	1	337
Joseph, [twin with William, s. John & Judeth], b. June 6,		
1730	1	337
Joshua, s. John & Sarah, b. June 15, 1750	1	337
Judeth, d. [Mason & Irane], b. Feb. 11, 1748	1	341
Judeth, w. Capt. John, d. [ ]	1	337
Mary, [d. William & Abigail], b. Mar. 11, 1709	1	338
Mary, m. Benjamin **BISSEL**, July 17, 1728	1	24
Mary, [d. William & Abigail], b. Oct. 14, 1744	1	331

LEBANON VITAL RECORDS 217

	Vol.	Page
WATTLES, WATTLE (cont.)		
Mary Alden, d. [John & Bethia H.], b. Apr. 16, 1833	1	119
Mary Ann, m. David **RIPLEY**, Dec. 8, 1828, by Erastus Ripley	1	134
Mason, [s. John & Judeth], b. June 25, 1727	1	337
Mason, m. Irane **CHANDLER**, June 29, 1747	1	341
Mason, s. [Mason & Irane], b. Mar. 3, 1752	1	341
Mason, m. Hannah **SLUMAN**, [ ]	1	359
Molly, [d. Mason & Hannah], b. Mar. 2, 1765	1	359
Nathaniel, s. [Mason & Irane], b. Mar. 7, 1750	1	341
Roswell, [s. John & Sarah], b. Apr. 28, 1746	1	337
Rufus, [s. Denison, Jr. & Mary G.], b. Aug. 5, 1832	1	412
Samuel, [s. John & Judeth], b. Mar. 22, 1729	1	337
Sarah, d. [John & Judeth], b. Jan. 15, 1723/4	1	337
Sarah, m. Joshua **WEST**, Apr. 16, 1741	1	342
Sarah, [d. William & Abigail], b. Jan. 26, 1746/7	1	331
Sarah, d. [John, Jr. & Bettey], b. July 11, 1749	1	349
Sarah, d. Ja[me]s & Kesia, b. Sept. 15, 1777	1	359
Sarah, m. Daniel **BISSELL**, Jr. [ ]	1	364
Sluman, s. [John, Jr. & Bettey], b. Apr. 10, 1752	1	349
Thomas, [s. John & Sarah], b. Oct. 11, 1744	1	337
William, s. William & Abigail, b. Nov .21, 1706	1	338
William, [twin with Joseph, s. John & Judeth], b. June 6, 1730	1	337
William, m. Abigail **DENISON**, May 29, 1735	1	331
William, d. Aug. 11, 1737	1	338
William, [s. William & Abigail], b. Dec. 19, 1739	1	331
William, of Bridge Hampton, L.I., m. Juliette **HUNTINGTON**, of Lebanon, Oct. 18, 1833, by Rev. Edward Bull	1	437
William Huntington, s. [Denison, Jr. & Mary], b. Apr. 12, 1825	1	412
Zerviah, [twin with Chandler, d. Mason & Irane], b. Jan. 14, 1754	1	341
WAY, Dorcas, [d. George & Lydia], b. July 1, 1717	1	337
John, [s. George & Lydia], b. Jan. 28, 1721	1	337
Mary, d. George & Lydia, b. Aug. 9, 1715	1	337
Sarah, [d. George & Lydia], b. Mar. 25, 1719	1	337
WEBSTER, Abby E., of Exeter, m. Asa **BLISH**, of East Haddam, Aug. 27, 1848, by John Avery	2	57
Abel, [s. John & Mary], b. Nov. 23, 1737	1	328
Abel, of Leb[anon], m. Sarah **COLE**, of Colchester, May 11, 1759, by J[oh]n Watrous, Esq.	1	353
Abel, s. [Abel & Sarah], b. Aug. 26, 1774	1	353
Abel, d. Mar. 22, 1777	1	353
Abel, see under Mabel Bascom	1	43
Abia, d. [Elijah & Abia], b. Jan. 9, 1765	1	348
Abigail, [d. Jonathan & Mary], b. Feb. 12, 1731/2	1	339
Abigail, [d. Ebenezer & Mehetable], b. Dec. 21, 1744	1	340
Abigail, [d. Peletiah & Joanna], b. May 31, 1745	1	339
Abigail, d. [Daniel & Bridget], b. Sept. 25, 1766	1	356
Abraham, [s. Noah & Katharine], b. Jan. 1, 1736/7	1	339

WEBSTER (cont.)

	Vol.	Page
Adonijah, s. [Abel & Sarah], b. Sept. 23, 1772	1	353
Alexander, s. [Abel & Sarah], b. Mar. 16, 1766	1	353
Amos, s. [Abel & Sarah], b. Mar. 10, 1762	1	353
Asahel, [s. Noah & Katharine], b. Sept. 25, 1732	1	339
Asahel, [s. Noah & Katharine], d. June 22, 1734	1	339
Asahel, [s. Noah & Katharine], b. Apr. 29, 1739	1	339
Assenath, m. Elijah SMITH, Aug. 29, 1791, by Rev. Mr. Ely	1	299
Benajah, [s. George & Sarah], b. Dec. 25, 1713	1	336
Benajah, of Lebanon, m. Eunice STRONG, of Windsor, Sept. 26, 1739	1	333
Benajah, [s. Benajah & Eunice], b. Oct. 2, 1740	1	333
Benjamin Franklin, s. [Levi Abel & Martha], b. Feb. 8, 1803	1	351
Benoni, s. [Jonathan & Dorothy], b. Apr. 3, 1762	1	341
Bethuel, of R.I., m. Fidelia WHITMAN, of Lebanon, Nov. 19, 1844, by Nathan Wildman	2	35
Bettey, d. [Elijah & Elizabeth], b. Dec. 18, 1759	1	351
Charles Frederick, s. [Elijah & Abia], b. July 2, 1771	1	348
Constant, [child of Peletiah & Joanna], b. Dec. 7, 1741	1	339
Daniel, [s. Josiah & Hannah], b. May 31, 1729; d. June 27, 1739	1	328
Daniel, [s. Noah & Katharine], b. Dec. 6, 1730	1	339
Daniel, s. Josiah & Hannah, b. July 15, 1748	1	341
Daniel, m. Bridget HOLDRIDGE, Oct. 30, 1765, by Rev. Jacob Eliot	1	356
David, s. [Jonathan & Mary], b. Apr. 8, 1725	1	339
David, [s. Jonathan & Mary], d. Jan. 2, 1727/8	1	339
David, s. [Jonathan & Dorothy], b. Feb. 14, 1754, N.S.	2	341
Dorothy, w. Jona[than], d. Apr. 3, 1762	1	341
Ebenezer, [s. George & Sarah], b. June 9, 1708	1	336
Ebenezer, [s. Peletiah & Joanna], b. Sept. 15, 1729	1	339
Ebenezer, s. [Oliver & Patience], b. Oct. 25, 1764	1	354
Ebenezer, m. Mehetable THOMAS, [ ]	1	340
Eddy, s. [Elijah & Elizabeth], b. Jan. 29, 1758	1	351
Eleazer, [s. Josiah & Hannah], b. Oct. 19, 1731; d. July 15, 1739	1	328
Elijah, [s. Noah & Katharine], b. Sept. 3, 1729	1	339
Elijah, [s. John & Mary], b. Feb. 19, 1730/31	1	328
Elijah, m. Abia METCALFE, Mar. 20, 1755	1	348
Elijah, m. Wid. Elizabeth TRAPP, Mar. 28, 1757, at Martha's Vineyard	1	351
Elijah, d. Mar. 23, 1777	1	348
Elijah Hubbard, s. [Elijah & Abia], b. Dec. 23, 1773	1	348
Elizabeth, d. John & Elizabeth, b. Feb. 26, 1700/1	1	325
Elizabeth, m. Samuel THOMAS, Nov. 5, 1701	1	300
Elizabeth, m. Jedediah STRONG, Dec. 4, 1722	1	279
Elizabeth, [d. John & Mary], b. Sept. 15, 1735	1	328
Elizabeth, [d. Noah & Katharine], b. Apr. 8, 1741	1	339
Esther, d. [Abel & Sarah], b. Mar. 28, 1764	1	353
Ezekiel, s. [Daniel & Bridget], b. Dec. 3, 1768	1	356

LEBANON VITAL RECORDS 219

	Vol.	Page
WEBSTER (cont.)		
George, [s. George & Sarah], b. Aug. 5, 1704	1	336
George, d. Apr. 12, 1721	1	336
George, m. Martha **TAYLOR**, Mar. 29, 1727	1	329
George, [s. George & Martha], b. Mar. 25, 1728	1	329
George, d. Oct. 30, 1742	1	329
George, s. [Noah & Katharine], b. June 1, 1749	1	339
George B., m. Meriam **WILLIAMS**, b. of Lebanon, Feb. 23, 1840, by Rev. Lyman Strong	1	461
Grace, [d. John & Mary], b. Apr. 29, 1733	1	328
Grace, m. Samuel **WISE**, Dec. 4, 1750	1	352
Hannah, [d. Josiah & Hannah], b. June 4, 1736; d. July 9, 1739	1	328
Hannah, [d. Josiah & Hannah], b. Dec. 15, 1745	1	328
Hannah, d. [Elijah & Abia], b. [ ] 25, 1767	1	348
Hephzibah, m. Jedediah **STRONG**, Jan. 10, 1751	1	294
Huldah, d. [Oliver & Patience], b. Jan. 18, 1767	1	354
Israel, [s. Jonathan & Mary], b. June 18, 1735; d. Oct. 20, 1755, in the 27th y. of his age, at Lake George	1	339
Israel, s. [Jonathan & Dorothy], b. May 25, 1756	1	341
James, s. [Jonathan & Dorothy], b. Dec. 22, 1751	1	341
James, Jr., m. Abigail **TYLER**, b. of Lebanon, Feb. 15, 1824, by Daniel Waldo	1	119
Jane, d. [Elijah & Abia], b. July 19, 1757	1	348
Jerusha, [d. George & Sarah], b. Jan. 20, 1711/12	1	336
Jerusha, [d. Peletiah & Joanna], b. Oct. 29, 1739	1	339
Jerusha, m. Joseph **BAYLEY**, Jr., Nov. 23, 1758, by Rev. Mr. Williams	1	362
Joanna, d. [Oliver & Patience], b. Aug. 2, 1769	1	354
John, s. John & Elizabeth, b. July 10, 1702	1	325
John, Capt., m. Grace **LOOMISE**, Aug. 4, 1709	1	325
John, m. Mary **DEWEY**, Aug. 20, 1724	1	328
John, [s. John & Mary], b. Nov. 29, 1727	1	328
John, Capt., d. Nov. 3, 1735	1	325
John, Jr., [s. John & Mary], d. May 10, 1750, in the 23rd y. of his age	1	328
John, s. John & Mary, b. July 17, 1751	1	327
Jonathan, [s. George & Sarah], b. Nov. 5, 1700	1	336
Jonathan, [s. Jonathan & Mary], b. Feb. 26, 1727	1	339
Jonathan, d. July 27, 1746, in the 45th y. of his age	1	339
Jonathan, m. Dorothy **HILL**, May 25, 1748	1	341
Jonathan, s. Jonathan & Dorothy, b. Feb. 23, 1748/9	1	341
Jonathan, m. Mary **STRONG**, [ ]	1	339
Joseph, [s. George & Sarah], b. May 20, 1720	1	336
Josiah, [s. John & Elizabeth], b. Jan. 26, 1705/6	1	325
Josiah, m. Hannah **HU[T]CHINSON**, July 21, 1726	1	328
Josiah, [s. Josiah & Hannah], b. May 19, 1727; d. July 25, 1739	1	328
Josiah, [s. Josiah & Hannah], b. Jan. 5, 1742/3	1	328
Levi, [s. George & Martha], b. May 5, 1733	1	329
Levi Abel, s. [Elijah & Abia], b. Mar. 12, 1776	1	348

220   BARBOUR COLLECTION

	Vol.	Page
WEBSTER (cont.)		
Levi Abel, of Lebanon, m. Martha **MUNN**, of Colchester, Oct. 13, 1801, by Rev. Solomon Cone. Witness: Simeon M. Webster	1	351
Lucy, [d. Ebenezer & Mehetable], b. Apr. 22, 1742; d. Dec. 7, 1747	1	340
Luna, d. [Abel & Sarah], b. June 26, 1770	1	353
Lydia, d. [Abel & Sarah], b. Mar. 20, 1760	1	353
Lydia, d. [Daniel & Bridget], b. Aug. 27, 1771	1	356
Martha, [d. George & Martha], b. Jan. 21, 1741/2	1	329
Mary, [d. George & Sarah], b. Apr. 1, 1718	1	336
Mary, [d. John & Mary], b. June 6, 1725	1	328
Mary, [d. Jonathan & Mary], b. Dec. 14, 1729	1	339
Mary, m. Joseph **SMITH**, June 4, 1740	1	285
Mary, wid., m. Joseph **BARSTOW**, May 6, 1752	1	365
Mary, d. [Oliver & Patience], b. Nov. 20, 1762	1	354
Mason, s. [Abel & Sarah], b. Apr. 23, 1768	1	353
Mehitable, [d. Ebenezer & Mehetable], b. June 9, 1739	1	340
Molly, d. [Elijah & Abia], b. Dec. 17, 1762	1	348
Moses, [s. Noah & Katharine], b. May 15, 1743	1	339
Noah, [s. George & Sarah], b. Aug. 9, 1706	1	336
Noah, m. Elizabeth **JONES**, Oct. 1, 1755	1	336
Noah, s. Noah [& Elizabeth], b. [ ] 18, 1757	1	336
Noah, m. Katharine **NEWCOMB**, [ ]	1	339
Oliver, [s. Peletiah & Joanna], b. May 6, 1735	1	339
Oliver, of Lebanon, m. Patience **WRIGHT**, of Greenwich, Mass., Bay, Mar. 25, 1760, by Rev. Rob[er]t Cutler, of Greenwich, [Mass. Bay]	1	354
Oliver, s. [Oliver & Patience], b. Feb. 7, 1761	1	354
Paul, [s. Josiah & Hannah], b. Sept 11, 1734; d. Sept. 19, 1734	1	328
Peletiah, [s. George & Sarah], b. Nov. 17, 1702	1	336
Peletiah, [s. Peletiah & Joanna], b. Nov. 24, 1726	1	339
Peletiah, m. Joanna **SMITH**, [ ]	1	339
Ransford, s. [Elijah & Elizabeth], b. Dec. 8, 1763; d. Dec. 14, 1764	1	351
Ransford, s. [Elijah & Elizabeth], b. Dec. 5, 1765	1	351
Rhoda, d. [Noah & Katharine], b. June 12, 1747	1	339
Sally, d. [Abel & Sarah], b. Aug. 23, 1776	1	353
Samuel, s. George & Sarah, b. Nov. 5, 1698	1	336
Samuel, m. Anne **MARSH**, Feb. 14, 1722/3	1	328
Sam[ue]ll, s. [Samuel & Anne], b. Nov. 4, 1742 (?); d. Nov. 4, 1742	1	328
Sarah, [d. George & Sarah], b. May 5, 1710	1	336
Sarah, m. Samuel **TERRY**, Feb. 24, 1731/2	1	302
Sarah, [d. Peletiah & Joanna], b. Sept. 7, 1737	1	339
Shadrack, [s. Peletiah & Joanna], b. Sept. 14, 1732	1	339
Simeon Metcalfe, s. [Elijah & Abia], b. July 1, 1769	1	348
Sophia, d. Pelatiah & Ruth, b. Jan. 9, 1761	1	352
Submit, [d. Josiah & Hannah], b. Nov .11, 1739	1	328
Submit, m. Joshua **CARPENTER**, Jan. 15, 1755	1	371
Thankfull Augusta, d. [Elijah & Abia], b. [ ] 28, 1760	1	348

LEBANON VITAL RECORDS 221

	Vol.	Page
WEBSTER (cont.)		
Thomas, s. John & Elizabeth, b. Oct. 12, 1699	1	325
Thomas, [s. John & Elizabeth], b. Feb. 8, 1703/4	1	325
William, s. [Jonathan & Dorothy], b. Aug. 1 ,1758	1	341
Zenas, s. [Jonathan & Dorothy], b. June 7, 1760	1	341
Zerviah, [d. Ebenezer & Mehetable], b. Feb. 14, 1746/7	1	340
-----, child of [John & Mary], b. Jan. 16, 1743/4; d. Jan. 16, 1743/4	1	328
WEEDEN, Mariah, m. John Hayward, Jr., b. of Lebanon, Mar. 26, 1820, by Rev. Esek Brown	1	407
Nancy, m. Daniel L. **SHERMAN**, Mar. 25, 1819	1	407
WEEKS, Mary, m. Benjamin **WOODWORTH**, July 26, 1721	1	333
WELCH, [see also **WELSH**], Betsey, m. Charles **SKINNER**, Aug. 27, 1820, at the house of Daniel Welch, by W[illia]m Palmer	1	408
Elizabeth, m. John **PIKE**, May 8, 1710	1	247
WELLS, WELLES, Caroline E., m. John M. S. **STILES**, b. of Lebanon, Dec. 11, 1836, by Dexter Bullard	1	428
Eleazer, m. Ruth **WATERMAN**, June 26, 1748	1	342
Elizabeth, d. [Eleazer & Ruth], b. Aug. 7, 1753	1	342
Harriet, of Lebanon, m. Abel **PALMER**, Jr., of Chaplin, Nov. 19, 1838, by Rev. Dexter Bullard	1	459
Hiram, of Hebron, m. Julia Ann **LAMPHERE**, of Lebanon, Oct. 14, 1833, by Rev. Edward Bull	1	437
Joseph T., of Lebanon, m. Mary **DORRANCE**, of Columbia, Sept. 5, 1825, by Rev. Esek Brown, at his house	1	115
Lydia, m. Robert C. **PECKHAM**, b. of Lebanon, Sept. 12, 1831, by Rev. Daniel Waldo, Exeter	1	386
Rebecca, m. Richard **EDGERTON**, [ ]	1	82
Rebecca, of Hartford, m. Dr. Thomas **WILLIAMS**, [ ]	1	358
Thomas, s. [Eleazer & Ruth], b. May 8, 1749; d. Jan. 12, 1751/2	1	342
Thomas, s. Eleazer & Ruth, b. May 18, 1751	1	342
WELSH, [see under **WELCH**], Alice, [d. Jonathan & Mary], b. July 18, 1739	1	333
Ann, [d. Jonathan & Mary], b. May 10, 1744	1	333
Ebenezer, s. Jonathan & Jane, b. Jan. 30, 1712/13	1	338
Eleanor, [d. Jonathan & Mary], b. June 18, 1738; d. Sept. 1, 1738	1	333
Elizabeth, [d. Jonathan & Mary], b. Oct. 8, 1741	1	333
Jonathan, m. Mary **ALLIS**, June 19, 1728	1	333
Jonathan, [s. Jonathan & Mary], b. June 11, 1729	1	333
Jonathan, Sr., d. Dec 13, 1744	1	333
Joseph, [s. Jonathan & Mary], b. Apr. 23, 1734	1	333
Mary, [d. Jonathan & Mary], b. July 9, 1736	1	333
Mary, m. Elias **CROFOOT**, Oct. 23, 1746	1	50
Nath[anie]l, [s. Jonathan & Mary], b. June 9, 1731	1	333
WESSON, Abraham, [twin with Sarah, s. John & Elizabeth], b. Aug. 20, 1755	1	348

	Vol.	Page
WESSON (cont.)		
Sarah, [twin with Abraham, d. John & Elizabeth], b. Aug. 20, 1755	1	348
WEST, Abel, [s. John & Rebecca], b. May 11, 1747	1	335
Abia, d. [Amos & Sarah], b. Mar. 15, 1747/8; d. Oct. 25, 1749	1	333
Abigail, [d. Amos & Sarah], b. July 9, 1741	1	333
Amos, of Lebanon, m. Sarah CUTTEN, of Watertown, July 21, 1738	1	333
Bathsheba, [d. Ebenezer & Susannah], b. Mar. 8, 1716/17	1	327
Bathsheba, [d. Amos & Sarah], b. July 29, 1743; d. Oct. 27, 1749	1	333
Bersheba, [d. Amos & Sarah], b. May 1, 1739; d. Dec. 7, 1740	1	333
Caleb, [s. John & Deborah], b. July 3, 1726	1	338
Calvin, s. Nathan & [Jerusha], b. June 11, 1761	1	333
Charles, s. [Nathan & Jerusha], b. Apr. 22, 1755; d. May 22, [1755]	1	335
Charles, [s. Nathan & Jerusha], b. July 4, 1756	1	335
Charles Clark, s. [Charles E.], b. Dec. 8, 1824	1	446
Dan, [s. John & Rebecca], b. Dec. 31, 1741	1	335
David, [twin with Jonathan], s. Ebenezer & Susannah, b. Oct. 2, 1723	1	327
David, [s. John & Rebecca], b. Feb. 4, 1743/4	1	335
David, s. [Joshua & Elizabeth], b. Aug. 11, 1763	1	342
David, s. [David], b. Dec. 23, 1788	1	396
David, [m.] [ ] **CLARK**, [ ]	1	396
Dorothy, [d. John & Deborah], b. Sept. 10, 1719; d. Feb. 21, 1729/30	1	338
Ebenezer, m. Susannah **WALES**, Jan. 14, 1712/13	1	327
Ebenezer, [s. Ebenezer & Susannah], b. Apr. 11, 1721; d. Oct. 21, 1726	1	327
Ebenezer, s. [Joshua & Elizabeth], b. Sept. 11, 1748	1	342
Ebenezer, Hon., d. Oct. 31, 1758	1	327
Elijah, s. [Joshua & Elizabeth], b. Aug. 20, 1765	1	342
Elizabeth, d. [Joshua & Elizabeth], b. Jan. 22, 1756; d. June 9, 1759	1	342
Elizabeth, d. [Jonathan & Parthena], b. Mar. 16, 1786	1	396
George, s. Nathan & Jeru[sha], b. May 13, 1762	1	333
Hannah, [d. John & Deborah], b. July 13, 1710	1	338
Hannah, [d. John & Rebecca], b. Sept. 2, 1749	1	335
Harriet, d. [David], b. July 16, 1787	1	396
Harriet, d. Charles E., b. Aug. 29, 1820	1	446
Harriet, m. George **McCALL**, b. of Lebanon, Jan. 13, 1841, by Rev. Nathan Wildman	2	2
Isaac, s. [Joshua & Elizabeth], b. Oct. 10, 1771	1	342
Jerusha, d. John & Deborah, b. Dec. 17, 1708	1	338
Jerusha, d. Mar. 3 or 5, 1708/9	1	340
Jerusha, [d. Nathan & Jerusha], b. Oct. 21, 1741 (?)	1	335
Joel, s. [Samuel & Sarah], b. Mar. 12, 1766	1	356
John, [s. John & Deborah], b. Mar. 12, 1715	1	338
John, m. Rebecca **ABEL**, b. of Lebanon, Nov. 8, 1738	1	335

LEBANON VITAL RECORDS 223

	Vol.	Page
WEST (cont.)		
John, s. John & Rebecca, b. Aug. 8, 1739	1	335
John, d. Nov. 17, 1741	1	338
Jonathan, [twin with David], s. Ebenezer & Susannah, b. Oct. 2, 1723; d. Oct. 12, 1723	1	327
Jonathan, s. [Joshua & Elizabeth], b. Mar. 3, 1758; d. Mar. 19, 1759	1	342
Jonathan, s. [Joshua & Elizabeth], b. May 31, 1761	1	342
Jonathan, m. Parthena CLARK, May 26, 1785. Cert. by his brother David.	1	396
Joshua, [s. Ebenezer & Susannah], b. July 30, 1715	1	327
Joshua, m. Sarah WATTLES, Apr. 16, 1741	1	342
Joshua, s. [Joshua & Sarah], b. Dec. 12, 1743; d. Apr. 8, 1745	1	342
Joshua, m. Elizabeth WILLIAMS, June 24, 1745	1	342
Joshua, s. Joshua & Elizabeth, b. Dec. 20, 1751	1	342
Joshua, s. [Jonathan & Parthena], b. July 29, 1793	1	396
Judah, s. [Amos & Sarah], b. Apr. 4, 1757	1	333
Levi, s. [Amos & Sarah], b. May 20, 1754	1	333
Lucy, d. Nathan & Jerusha, b. May 16, 1751	1	335
Mana, m. Allen BECKWITH, b. of Lebanon, Nov. 8, 1821, by W[illia]m B. Ripley	1	416
Marcus McCall, s. [Charles E.], b. Sept. 3, 1828	1	446
Martha, w. Sam[ue]l, d. Dec. 10, 1754, in the 79th y. of her age	1	326
Mary, d. Joshua & Elizabeth, b. June 11, 1750	1	342
Mary, d. [Joshua & Elizabeth], b. Jan. 2, 1754	1	342
Mary, m. Eliphalet METCALF, Dec. 21, 1775	1	389
Mercy, d. [David], b. [ ], 1790	1	396
Molly, d. [Nathan & Jerusha], b. June 9, 1747	1	335
Nathan, [s. John & Deborah], b. Nov. 10, 1712	1	338
Nathan, m. Jerusha HINCKLEY, July 20, 1741	1	335
Nathan, s. [Nathan & Jerusha], b. May 26, 1746; d. June 12, 1746	1	335
Nathan, [s. Nathan & Jerusha], b. June 8, 1749	1	335
Priscilla, [d. John & Deborah], b. July 17, 1717; d. Feb. 6, 1729/30	1	338
Reuben, s. Amos & Sarah, b. June 6, 1750	1	333
Rufus, [s. John & Rebecca], b. May 16, 1745; d. Oct. 19, 1747	1	335
Sam[ue]ll, [s. Nathan & Jerusha], b. Aug. 23, 1743	1	335
Samuel, m. Sarah HUNT, Sept. 12, 1765, by Ja[me]s Clark, J.P.	1	356
Samuel, s. [Jonathan & Parthena], b. May 24, 1788	1	396
Sarah, [d. Ebenezer & Susannah], b. Jan. 25, 1713/14	1	327
Sarah, m. Thomas SPAFFORD, Nov. 27, 1735	1	282
Sarah, w. Joshua, d. Jan. 20, 1743/4	1	340
Sarah, w. Joshua, d. Jan. 20, 1743/4	1	342
Sarah, [d. Amos & Sarah], b. Aug. 28, 1745; d. Nov. 7, 1749	1	333
Sarah, d. [Joshua & Elizabeth], b. Feb. 15, 1746/7	1	342

224 BARBOUR COLLECTION

	Vol.	Page
WEST (cont.)		
Sarah, m. William **BUEL**, b. of Lebanon, Mar. 25, 1773, by her father Joshua West, J.P.	1	376
Seth, s. Nathan & Jerusha, b. June 2, 1758	1	333
Simeon, s. Amos & Sarah, b. May 21, 1752	1	333
Solomon, [s. John & Deborah], b. Mar. 15, 1723	1	338
Susannah, [d. Ebenezer & Susannah], b. Jan. 17, 1718/19	1	327
Susannah, w. Ebenezer, d. Oct. 14, 1723	1	327
Susanna, d. Joshua & Sarah, b. Apr. 28, 1742	1	342
Walter, s. Nathan & Jerusha, b. May 12, 1753	1	335
WESTCOTT, Betsey, of New London, m. Daniel **SISSON**, of Lebanon, June 2, 1850, by Griswold E. Morgan, J.P.	2	66
David C., m. Olive W. **WOODWORTH**, Jan. 2, 1842, by Rev. Nathan Wildman	2	12
David W., s. [David C. & Olive W.}, b. Sept. 28, 1844	2	12
WETMORE, Augustus, m. Emily T. **HINCKLEY**, Feb. 26, 1816	1	406
Augustus, m. Sarah **HINCKLEY**, b. of Lebanon, Nov. 27, 1825, by Rev. Edward Bull	1	406
Catharine, [d. Augustus & Sarah], b. Apr. 14, 1831	1	406
Catharine, m. William R. **GAY**, b. of Lebanon, May 25, 1853, by John C. Nichols	2	78
Charles Hinckley, s. [Augustus & Emily T.], b. Feb. 8, 1820	1	406
Edwin Dutton, s. [Augustus & Emily T.], b. Dec. 6, 1821; d. Sept 19, 1823, ae 1 y. 9 m. 13 d.	1	406
Edwin Dutton, s. [Augustus & Emily T.], b. Sept. 19, 1823	1	406
Emily Cornelia, [d. Augustus & Sarah], b. Jan. 4, 1827	1	406
Emily T., w. Augustus, d. Apr. 3, 1825, ae 36	1	406
Harriet H., m. Thomas F. **ROGERS**, b. of Lebanon, Nov. 28, 1844, by John C. Nichols	2	37
Harriet Hinckley, d. [Prosper & Apame], b. Feb. 21, 1824	1	406
Martha, of Lebanon, m. Henry **PALMER**, of Norwich, Mar. 30, 1853, by John C. Nichols	2	78
Martha Eliott, d. [Prosper & Apame], b. Feb. 20, 1822	1	406
Prosper, m. Apame **HINCKLEY**, Dec. 15, 1817	1	406
Sarah Jane, [d. Augustus & Sarah], b. Dec. 25, 1834	1	406
W[illia]m Augustus, s. [Augustus & Emily T.], b. Apr. 5, 1818	1	406
William Augustus, [s. Augustus & Sarah], b. May 6, 1838	1	406
WEZELS, Crisp, [s. Deb], b. May 7, 1758	1	464
Deborah, [d. Deb], b. May 16, 1756	1	464
Freelove, [d. Deb], b. Feb. 6, 1755	1	464
Hector, twin with Pomp, [child of Deb], b. Jan. 23, 1763	1	464
Martha, [d. Deb], b. Feb. 26, 1761	1	464
Pomp, twin with Hector, [child of Deb], b .Jan. 23, 1763	1	464
WHEATON, John, m. Sarah **CLARK**, Nov. 20, 1791	1	386
John, s. [John & Sarah], b. May 14, 1795	1	386
John, of Lebanon, m. Sarah Ann **HARVEY**, of Charlestown, R.I., Feb. 6, 1829, by Rev. Daniel Waldo of Exeter	1	261

LEBANON VITAL RECORDS 225

	Vol.	Page
WHEATON (cont.)		
Olive, d. [John & Sarah], b. Aug. 20, 1793	1	386
Salla, d. [John & Sarah], b. Apr. 23, 1792	1	386
WHEELER, Cyrus, of North Stonington, m. Mary Ann MUNSON, of Lebanon, July 23, 1854, by E. W. Tucker	2	77
Elizabeth, m. William **SWIFT**, Nov. 8, 1734	1	284
John, m. Emily **THATCHER**, b. of Lebanon, Dec. 6, 1821, by Esek Brown	1	418
Mary, m. Ephraim **CARPENTER**, b. of Lebanon, May 21, 1761, by Rev. Jacob Eliot	1	370
WHEELOCK, Abigail, d. Eleazer & Mary, b. Dec. 21, 1751	1	331
Eleazer, m. Sarah **MALTBY**, Apr. 22, 1735	1	331
Eleazer, [s. Eleazer & Sarah], b. Aug. 14, 1737; d. Nov. 23, 1737	1	331
Eleazer, of Lebanon, m. Mary **BRUNSMEAD**, Nov. 24, 1747	1	331
Eleazer, s. [Eleazer & Mary], b. Aug. 17, 1756	1	331
James, s. [Eleazer & Mary], b. Mar. 6, 1759	1	331
John, s. Eleazer & Mary, b. Jan. 28, 1754	1	331
Mary, d. Eleazer & Mary, b. Aug. 28, 1748	1	331
Rhodolphus, [s. Eleazer & Sarah], b. Aug. 18, 1742	1	331
Ruth, [d. Eleazer & Sarah], b. Jan. 12, 1739/40	1	331
Theodore, [s. Eleazer & Sarah], b. May 23, 1736	1	331
WHITE, Abigail, [d. James & Abigail], b. Jan. 15, 1731/2	1	329
Abigail, d. Thomas & Hannah, b. Oct. 20, 1747	1	332
Anne, [d. Nath[anie]l & Anne], b. Sept. 29, 1720	1	338
Anne, [w. Nath[anie]l], d. Jan. 8, 1764	1	338
Charles, [s. Nath[anie]l & Anne], b. Apr. 10, 1717; d. Sept. 6, 1737	1	338
Charles, s. [Nathaniel & Lois], b. Mar. 8, 1763	1	345
Deborah, d. Thomas & Sarah, b. May 19, 1732	1	332
Deborah, d. [Sylvanus & Hannah], b. July 10, 1777	1	356
Elizabeth, [d. Thomas & Hannah], b. June 9, 1743	1	332
Elizabeth, m. Joseph **TILDEN**, June 14, 1750	1	311
Enoch, m. Sarah **WHITE**, [ ]	1	360
Enoch Lovell, s. [Enoch & Sarah], b. July 4, 1774	1	360
Frederick, s. [Nathaniel & Lois], b. Apr. 18, 1758	1	345
Hannah, d. Thomas & Hannah, b. Apr. 5, 1738	1	332
Hannah, m. Timothy **HOLBROOK**, July 5, 1754	1	153
Hannah, d. [Sylvanus & Hannah], b. July 27, 1781	1	356
Henry, [s. Thomas & Hannah], b. June 1, 1739	1	332
Jacob, s. Thomas & Sarah, b. Jan. 20, 1735/6	1	332
James, m. Abigail **LYMAN**, Apr. 22, 1731	1	329
James Thomas, s. [Sylvanus & Hannah], b. Apr. 12, 1771	1	356
John, s. [Sylvanus & Hannah], b. May 26, 1769	1	356
John, s. [Sylvanus & Hannah], b. May 3, 1788	1	356
Joseph W., of Hebron, m. Emily A. **WILLIAMS**, of Lebanon, Oct. 4, 1838, by Rev. Lyman Strong	1	459
Lemuel, [s. Thomas & Hannah], b. June 12, 1741	1	332
Lois, d. [Nathaniel & Lois], b. Sept. 18, 1760	1	345
Lydia, d. Nath[anie]l & Anne, b. Nov. 5, 1715	1	338

	Vol.	Page
WHITE (cont.)		
Mabel, [m.] Elijah **CHAPPELL**, Jr. [ ]	1	370
Mary, m. Simeon **GRAY**, b. of Lebanon, Mar. 17, 1757, by Rev. Mr. Williams	1	127
Nath[anie]l, [s. Nath[anie]l & Anne], b. Mar. 20, 1722	1	338
Nath[anie]l, d. Mar. 11, 1746, in the 74th y. of his age	1	338
Nathaniel, of Lebanon, m. Lois **COOMER**, of Plimtown, June 20, 1751	1	345
Nathaniel, s. [Nathaniel & Lois], b. Feb. 23, 1754	1	345
Rebecca, d. [Nathaniel & Lois], b. Apr. 27, 1752	1	345
Ruth, m. Amos **THOMAS**, May [ ], 1736	1	308
Sarah, w. Thomas, d. Aug. 10, 1736, in the 37th y. of her age	1	332
Sarah, m. Enoch **WHITE**, [ ]	1	360
Silas, [s. Thomas & Hannah], b. May 18, 1745	1	332
Simon, of Willimantic, m. Sarah **DEAN**, of Chaplin, June 8, 1834, by William T. Williams, J.P.	1	229
Sylvanus, m. Hannah **THOMAS**, Oct. 29, 1765, by Rev. Jacob Eliot	1	356
Sylvanus, s. [Sylvanus & Hannah], b. Aug. 13, 1766	1	356
Thomas, m. Hannah **WOODWARD**, Feb. 3, 1737	1	332
Thomas, s. [Enoch & Sarah], b. Mar. 21, 1772	1	360
William, [s. Nath[anie]l & Anne], b. Dec. 19, 1718	1	338
William, s. Thomas & Sarah, b. Feb. 11, 1733/4	1	332
William, s. [Nathaniel & Lois], b. Mar. 18, 1755	1	345
William, s. [Sylvanus & Hannah], b. Aug. 20, 1774	1	356
W[illia]m W., of Bolton, m. Harriet E. **LYMAN**, of Lebanon, Aug. 26, 1838, by Rev. Ebenezer Robinson	1	450
WHITELY, Eunice, m. John G. **McCALL**, Nov. 27, 1817, by Rev. Salmon Cone, at Colchester	1	119
WHITING, Ann, m. Joseph **FITCH**, Dec. 29, 1721	1	102
Elizabeth, m. William **GAGER**, Nov. 1, 1725	1	121
WHITMAN, Fidelia, of Lebanon, m. Bethuel **WEBSTER**, of R.I., Nov. 19, 1844, by Nathan Wildman	2	35
Mary, of Norwich, m. Abner **HUNTINGTON**, of Lebanon, Nov. 14, 1749	1	150
WHITNEY, Betty, d. [John & Elizabeth], b. Dec. 29, 1759	1	335
Elijah, s. John & Elizabeth, b. Sept. 10, 1750	1	335
Elizabeth, w. John, d. Jan. 15, 1743/4	1	340
John, of Lebanon, m. Elizabeth **ADAMS**, of Colchester, Aug. 6, 1744	1	335
John, s. [John & Elizabeth], b. Feb. 3, 1754	1	335
Mary, m. Jonathan **WILLIAMS**, Sept. 26, 1744	1	335
Reuben, [s. John & Elizabeth], b. Oct. 7, 1745	1	335
William, d. May 4, 1754, in the 77th y. of his age	1	65
WICKWIRE, Francis, s. [Joseph & Martha], b. Mar. 18, 1759	1	351
Joseph, m. Martha **STORY**, July 13, 1758	1	351
WILBUR, Thomas, of Norwich, m. Mary **ROGERS**, of Franklin, Aug. 26, 1827, by Rev. Esek Brown	1	410
WILCOX, WILCOCKS, Abigail, d. [Ephraim & Abigail], b. Oct. 10, 1752, N.S.	1	347

	Vol.	Page
WILCOX, WILCOCKS (cont.)		
Abraham, s. [Ephraim & Abigail], b. Aug. 30, 1759	1	347
Daniel, s. [Ephraim & Abigail], b. Feb. 26, 1751	1	347
Elias, of Stonington, m. Hannah L. **DENISON**, of Lebanon, Apr. 23, 1843, by Rev. Bela Hicks	2	23
Elizabeth, d. [Ephraim & Abigail], b. Oct. 20, 1761	1	347
Ephraim, m. Abigail **BASCOM**, Apr. 6, 1749	1	347
Ephraim, s. [Ephraim & Abigail], b. Sept. 15, 1754	1	347
Jesse, m. Lucy **SPAF[F]ORD**, b. of Lebanon, Sept. 22, 1825, by Rev. Daniel Walso	1	115
Mary, d. [Ephraim & Abigail], b. Mar. 4, 1757	1	347
Robert, Capt., d. Mar. 12, 1822	1	216
WILDMAN, Daniel, Jr., m. Hannah **SWEET**, b. of Lebanon, Jan. 14, 1840, by Nathan Wildman	1	426
Mary, of Lebanon, m. Jacob **GARDNER**, of Montville, Oct. 11, 1846, by Nathan Wildman	2	47
WILLEY, Charlotte, of Bozrahville, m. Jared Davenport, of Lebanon, Mar. 31, 1834, by Rodolphus Lamfear	1	229
Miriam, of Lyme, m. John William **COLLINS**, of Lebanon, late of Boston, Nov. 4, 1734	1	56
WILLIAMS, Abigail, d. [Veach & Lucy], b. Apr. 30, 1755	1	353
Abigail, m. Isaiah **LOOMIS**, Dec. 8, 1774; d. July 12, 1826, ae 71	1	444
Abijah, m. Ariel **LOOMIS**, b. of Lebanon, June 28, 1822, by John H. Fowler, Exeter	1	421
Alice, d. [John & Alice], b. May 25, 1739	1	331
Alice, w. John, d. Oct. 22, 1740	1	331
Andrew, [s. Jonathan & Mary], b. Jan. 13, 1747/8	1	335
Andrew, [s. Samuel & Mary], b. June 21, 1748	1	334
Angeline, [d. Henry & Harriet], b. Oct. 27 1825	1	91
Annah, d. John & Annah, b. Oct. 5, 1750	1	349
Anna, of Lebanon, m. George W. **BILL**, of Columbia, Nov. 27, 1834, by David Dickinson, Columbia	1	402
Anne, d. [Charles], b. Apr. 20, 1774	1	359
Azael, s. [John & Annah], b. Sept. 5, 1754	1	349
Bathsheba, [d. Samuel & Deborah], b. May 22, 1737	1	328
Bathsheba, m. Jonathan **CASE**, [ ]	1	46
Bethiah, m. William **CLARK**, Jan. 5, 1709/10	1	40
Betty, [d. Daniel & Elizabeth], b. Feb. 10, 1741/2	1	339
Billy, s. [Daniel & Elizabeth], b. Feb. 3, 1750	1	339
Caroline, d. [Israel & Lucy], b. Apr. 17, 1755	1	348
Charles, s. [Isaiah & Jerusha], b. Jan. 29, 1742/3	1	340
Charles, s. [Charles], b. Nov. 8, 1767	1	359
Charles, Jr., m. Lucy **CLARK**, Oct. 21, 1790, by Rev. John Gurley	1	398
Chauncey, s. [Charles, Jr. & Lucy], b. Sept. 3, 1795	1	398
Christian, [s. Solomon & Mary], b. [ ]	1	337
Clarissa, of Ma[n]sfield, Windham County, m. Nehemiah **PIERCE**, Apr. 8, 1794	1	383
Cornelia Jane, [d. Solomon & Harriet], b. May 3, 1806	1	387
Cyrus, s. [Charles], b. Mar. 1, 1772	1	359

WILLIAMS (cont.)

	Vol.	Page
Cyrus, Jr., m. Mary E. **STAUNTON**, b. of Lebanon, May 28, 1833, by Rev. Daniel Waldo	1	404
Daniel, m. Lydia **ABEL**, June 19, 1711	1	326
Daniel, s. [Daniel & Lydia], b. Aug. 14, 1712	1	326
Daniel, d. Dec. 2, 1737	1	326
Daniel, [s. Daniel & Elizabeth], b. July 3, 1738	1	339
Daniel, m. Elizabeth **TOOGOOD**, [ ]	1	339
Datus, s. [Frederick W. & Mary], b. Feb. 25, 1793	1	397
Deborah, [d. Samuel & Deborah], b. Sept. 26, 1725	1	328
Dillon, s. [Frederick W. & Mary], b. Feb. 6, 1805	1	397
Ebenezer, m. Mary **VETCH**, July 27, 1721	1	327
Ebenezer, [s. Jonathan & Mary], b. July 2, 1745	1	335
Ebenezer, s. [Jonathan & Mary], d. Aug. 21, 1748	1	335
Eleanor, d. [Isaiah & Jerusha], b. May 12, 1747	1	340
Elias, s. [Jehiel & Abijah], b. Apr. 5, 1772	1	345
Eliphalet, [s. Solomon & Mary], b. Feb. 24, 1726/7	1	337
Eliza Ann, m. Timothy **JACKSON**, b. of Lebanon, Oct. 24, 1830, by Rev. Esek Brown	1	462
Elizabeth, d. Eleazer & Mary, b. June 7, 1711	1	332
Elizabeth, [d. Ebenezer & Mary], b. May 2, 1725	1	327
Elizabeth, m. Josiah **ARCHER**, Sept. 1, 1733	1	5
Elizabeth, m. Joshua **WEST**, June 24, 1745	1	342
Elizabeth, d. [Veach & Lucy], b. Mar. 20, 1759	1	353
Emily A., of Lebanon, m. Joseph W. **WHITE**, of Hebron, Oct. 4, 1838, by Rev. Lyman Strong	1	459
Emma, d. [Frederick W. & Mary], b. June 21, 1794	1	397
Erastus, s. [Nath[anie]l & Lois], b. Sept. 29, 1784	1	360
Erastus, s. [Frederick W. & Mary], b. Nov. 5, 1787; d. Feb. 25, 1788	1	397
Erastus, s. [Frederick W. & Mary], b. Oct. 29, 1791	1	397
Eunice, [d. John & Alice], b. June 11, 1737	1	331
Eunice, d. [Elias & Betty], b. June 4, 1801	1	352
Eunice, [d. Solomon & Mary], b. [ ]	1	337
Experience, d. [Isaiah & Jerusha], b. May 16, 1754	1	340
Ezekiel, [s. Solomon & Mary], b. May 5, 1729	1	337
Faith, d. [Daniel & Elizabeth], b. Jan. 2, 1756	1	339
Faith, d. [William & Mary], b. Sept. 28, 1774	1	358
Flavel, s. [Simon, Jr. & Eunice], b. July 10, 1796	1	397
Frederick W., m. Mary **BAILEY**, [ ], by John Clark, J.P.	1	397
Gad Toogood, s. [Elias & Bety], b. Apr. 22, 1807	1	352
George, [s. Samuel & Deborah], b. Nov. 19, 1734	1	328
George, s. [Nath]ani]el & Lois], b. Mar. 18, 1778	1	360
George, of Lebanon, m. Sally **BLOSS**, Sept. 29, 1816, in Eastern County of Chenango, N.Y., by Stephen Arnold, J.P.	1	403
Hannah, d. [Isaiah & Jerusha], b. Apr. 26, 1750	1	340
Hannah S., of Lebanon, m. Oren **PRENTICE**, of Franklin, June 29, 1823, by Esek Brown	1	9

LEBANON VITAL RECORDS 229

	Vol.	Page
WILLIAMS (cont.)		
Hannah W., of Lebanon, m. Zaccheas **WALDO**, Jr., of Windham, Apr. 11, 1832, by Rev. Daniel Waldo, of Exeter	1	422
Harriet, d. [Elias & Betty], b. Oct. 31, 1808	1	352
Harriet, m. Jesse **WRIGHT**, b. of Lebanon, May 22, 1833, by Rev. Daniel Waldo, of Exeter	1	99
Harriet, of Lebanon, m. Hosea **CLARK**, of Bozrah, Sept. 10, 1836, by Rev. Lyman Strong	1	439
Harriet Cornelia, d. [Henry & Harriet], b. Jan. 28, 1818	1	91
Harriet Cornelia, [d. Henry & Harriet], d. June 5, 1824	1	91
Harvey, s. [Elias & Betty], b. Aug. 21, 1803	1	352
Henry, m. Harriet **BABCOCK**, Jan. 5, 1817	1	91
Henry, s. [Nath[ani]el & Lois], b. May 9, [ ]1	1	360
Henry B., m. Marietta **HUNTINGTON**, b. of Lebanon, Jan. 19, 1826, by Rev. Edward Buell	1	117
Isaac, [s. Ebenezer & Mary], b. June 1, 1729	1	327
Isaac, m. Charlotte **SMITH**, b. of Lebanon, Mar. 27, 1833, by Rev. Esek Brown	1	436
Isaiah, [s. Daniel & Lydia], b. Mar. 1, 1714/15	1	326
Isaiah, s. Isaiah & Jerusha, b. June 8, 1739	1	340
Israel, s. Daniel & Martha, b. Apr. 24, 1745	1	326
Israel, m. Lucy **MARSH**, Sept. 10, 1754	1	348
Jabez W., of Buffalo, N.Y., m. Wealthy H. **SHEARMAN**, of Lebanon, Feb. 7, 1850, by Rev. Dexter Bullard	2	64
James, s. [Charles], b. Apr. 24, 1770	1	359
Jedediah, of Norwich, m. Lucy **LATHROP**, of Lebanon, Jan. 27, 1828, by Rev. Edward Bull	1	424
Jehiel, [s. Daniel & Elizabeth], b. May 27, 1732; d. Mar. 16, 1733	1	339
Jehiel, [s. Daniel & Elizabeth], b. June 30, 1734	1	339
Jerusha, [d. Isaiah & Jerusha], b. Dec. 15, 1740	1	340
Jerusha, d. [Elias & Betty], b. May 12, 1799	1	352
Joanna, [d. Samuel & Deborah], b. Apr. 26, 1729	1	328
Joanna, [d. Samuel & Deborah], d. Dec. 18, 1729	1	328
John, m. Alice **METCALFE**, June 30, 1736	1	331
John, m. Margaret **METCALFE**, Aug. 24, 1741	1	331
John, [s. John & Margaret], b. May 25, 1742	1	331
John, [s. Daniel & Elizabeth], b. Jan. 19, 1744/5	1	339
John, s. [John & Annah], b. May 24, 1752	1	349
John, s. [Nath[anie]l & Lois], b. Nov. 8, 1772	1	360
John, s. Nath[anie]l, of Lebanon, 1st Society, m. Rhoda **MANNING**, May 26, 1796, by Rev. Z. Ely	1	396
John Fitch, s. [Henry & Marietta], b. Feb. 10, 1832	1	117
Jonathan, s. [Ebenezer & Mary], b. Apr. 20, 1722	1	327
Jonathan, m. Mary **WHITNEY**, Sept. 26, 1744	1	335
Julia, d. [Henry & Marietta], b. Oct. 7, 1835	1	117
Julius, s. [Simon, Jr. & Eunice], b. Jan. 10, 1795	1	397
Justin, of Lebanon, m. Sally **NEWTON**, of Colchester, [Sept.], 6, 1813, by Solomon Cone, Colchester	1	395

WILLIAMS (cont.)

	Vol.	Page
Laura, of Lebanon, m. Briant DICKINSON, of Columbia, Apr. 14, 1834, by Rev. Daniel Waldo	1	229
Lewis, s. [Charles, Jr. & Lucy], b. Aug. 13, 1791	1	398
Lois, d. [Nath[anie]l & Lois], b. June 22, 1790	1	360
Louise, m. John MANNING, Jr., b. of Lebanon, May 21, 1817, by Rev. Daniel Putnam, at the house of Mr. Williams	1	414
Lucinda, d. [Elias & Betty], b. Oct. 30, 1811	1	352
Lucy, d. [Isaiah & Jerusha], b. Jan. 27, 1752	1	340
Lucy, d. [Veach & Lucy], b. Oct. 7, 1760	1	353
Lucy, d. [Simon, Jr. & Eunice], b. June 30, 1798	1	397
Lucy, d. [Charles, Jr. & Lucy], b. Mar. 7, 1802	1	398
Lura, d. [Frederick W. & Mary], b. Apr. 29, 1798	1	397
Lydia, [d. Daniel & Elizabeth], b. May 29, 1736	1	339
Lydia, m. Eliphalet ABEL, Apr. 21, 1757, by Esq. West	1	6
Lydia, m. William H. HYDE, b. of Lebanon, Mar. 27, 1850, by Rev. John Avery, of Exeter	2	65
Lydia, m. Justin CLARK, b. of Lebanon, [ ], by Rev. Daniel Waldo	1	111
Mary, [d. Samuel & Deborah], b. Sept. 27, 1739	1	328
Mary, [d. Samuel &Mary], b. Dec. 13, 1741	1	334
Mary, [twin with Solomon, d. Dr. Thomas & Rebecca], b. Aug. 29, 1783, about 1/2 hr. before Solomon	1	358
Mary, of East Hartford, m. John PORTER, of Lebanon, May 20, 1784, by Rev. Elip[halet] Williams	1	259
Mary, wid. [Rev. Solomon, d. [ ] the last day, 1788	1	337
Mary, m. Chester LAMB, b. of Lebanon, Mar. 21, 1811, by Rev. W[illia]m B. Ripley	1	421
Mary, [d. Solomon & Mary], b. [ ]	1	337
Mary Ann, of Lebanon, m. Charles HOLBROOK, of Columbia, Nov. 22, 1835, by Rev. Lyman Strong	1	397
Meriam, m. George B. WEBSTER, b. of Lebanon, Feb. 23, 1840, by Rev. Lyman Strong	1	461
Merrell Whitney, s. [Frederick W. & Mary], b. July 14, 1801	1	397
Molly, d. [Veach & Lucy], b. Feb. 23, 1757	1	353
Moses, [s. Solomon & Mary], b. [ ]	1	337
Nath[anie]l, [s. Samuel & Deborah], b. Apr. 30, 1742	1	328
Nath[ani]el, m. Lois SACKETT, Jan. 25, 1770, by Rev. Dr. Williams	1	360
Nath[anie]l, s. [Nath[ani]el & Lois], b. Aug. 30, 1773	1	360
Nathaniel Babcock, s. [Henry & Harriet], b. May 22, 1822	1	91
Oliver, [s. Samuel & Mary], b. Mar. 17, 1746	1	334
Patience, [d. Daniel & Elizabeth], b. Jan. 14, 1739/40	1	339
Polly, d. [Frederick W. & Mary], b. Dec. 28, 1788	1	397
Priscilla, [d. Eleazer & Mary], b. Nov. 6, 1713	1	332
Priscilla, [d. Samuel & Deborah], b. Sept. 1, 1727	1	328
Priscilla, w. Park, d. Apr. 5, 1745, in the 71st y. of her age	1	340
Ralph, m. Abby E. DAVIS, b. of Lebanon, Sept. 3, 1848, by Rev. Nathan Wildman	2	58

LEBANON VITAL RECORDS 231

	Vol.	Page
WILLIAMS (cont.)		
Rebecca, [d. Samuel & Deborah], b. Feb. 20, 1732/3	1	328
Rebecca, m. Beriah **SOUTHWORTH**, Nov. 13, 1755	1	294
Rebecca, w. Dr. Thomas, d. Mar. 2, 1793	1	358
Richard, s. [Nath[ani]el & Lois], b. Apr. 17, 1780	1	360
Robert Pitcarrne, [s. Solomon & Harriet], b. Feb. 7, 1809	1	387
Ruth, [d. Daniel & Elizabeth], b. Dec. 16, 1748	1	339
Salmon L., m. Clarissa **CLARKE**, Sept. 16, 1822, by Rev. W[illia]m Lyman	1	422
Samuel, m. Deborah **THROOPE**, Dec. 3, 1724	1	328
Samuel, of Lebanon, m. Mary **ROBERTS**, of Colchester, Aug. [ ], 1740	1	334
Sam[u]el, [s. Samuel & Deborah], b. Dec. 11, 1746; d. Aug. 21, 1768	1	328
Samuel, s. [Nath[anie]l & Lois], b. Oct. 29, 1771	1	360
Sam[u]el, [s. Daniel & Lydia], b. [ ]	1	326
Samuel, [s. Solomon & Mary], b. [ ]	1	337
Sarah, d. [Samuel & Mary], b. Mar. 29, 1744	1	334
Sarah, d. [John & Annah], b. Feb. 2, 1757	1	349
Sarah A., m .Caleb R. **COREY**, b. of Lebanon, Feb. 6, 1850, by Nathan Wildman	2	64
Simon, s. [Daniel & Elizabeth], b. Oct. 12, 1746	1	339
Simon, Jr., m. Eunice **HYDE**, Aug. 27, 1793, by Rev. John Gurley	1	397
Simon Huntington, s. Henry & Marietta, b. Oct. 17, 1827	1	117
Solomon, [s. Solomon & Mary], b. Nov. 5, 1723; d. Nov. 13, 1723	1	337
Solomon, [s. Solomon & Mary], b. July 6, 1725; d. Oct. 26, 1743	1	337
Solomon, s. [William & Mary], b. the night following Jan. 5, 1772	1	358
Solomon, Rev., d. Feb. last night, 1776	1	337
Solomon, [twin with Mary, s. Dr. Thomas & Rebecca], b. Aug. 29, 1783	1	358
Solomon, of Lebanon, m. Harriet **BURR**, of Hartford, Mar. 21, 1805	1	387
Sollomon, of Lebanon, m. Martha **BAKER**, of Brooklyn, Mar. 25, 1807, by Thaddeus Clark, J.P., Windham County	1	398
Solomon, m. Mary **PORTER**, [ ]	1	337
Submit, [d. Samuel & Deborah], b. Oct. 22, 1731	1	328
Submit, m. Timothy **CLARK**, Jr., Feb. 26, 1749/50	1	55
Theody, [d. Samuel & Deborah], b. Dec. 11, 1744	1	328
Thomas, [s. Solomon & Mary], b. Nov. 12, 1735	1	337
Thomas, Dr., m. Rebecca **WELLES**, of Hartford, [ ]	1	358
Veach, [s. Ebenezer & Mary], b. Apr. 23, 1727	1	327
Veach, of Lebanon, m. Lucy **WALSWORTH**, of Groton, Oct. 18, 1753	1	353
Veach, s. Andrew V. & Bethiah, b. Apr. 17, 1797	1	358
Vetch, s. [Jonathan & Mary], b. Jan. 12, 1753	1	335
William, s. [Veach & Lucy], b. Aug. 2, 1762	1	353

	Vol.	Page
WILLIAMS (cont.)		
William, Esq., m. Mary **TRUMBULL**, Feb. 14, 1771, by his father Rev. Mr. Williams	1	358
W[illia]m, s. [Nath[ani]el & Lois], b. Dec. 10, 1774; d. Sept. 15, 1775	1	360
William, s. [Nath[ani]el & Lois], b. Mar. 18, 1776	1	360
William, s. [Frederick W. & Mary], b. Apr. 17, 1790	1	397
William, d. Aug. 2, 1811	1	358
William, [s. Solomon & Mary], b. [ ]	1	337
William Trumbull, s. [William & Mary], b. Mar. 2, 1777	1	358
Zerviah, d. [Isaiah & Jerusha], b. Mar. 13, 1745	1	340
-----, child of [Dr. Thomas & Rebecca], b. Apr. 26, 1782; d. instantly	1	358
WILLS, Betsey, m. Timothy **LOOMIS**, Nov. 23, 1818	1	262
Serviah, of Tollon*, m. Abner **BARBER**, of Lebanon, Jan. 1, 1740/41 *(Probably "Tolland")	1	27
WILSON, Augustus, s. [Andrew], b. Mar. 14, 1801, at Killingly	1	402
Caroline Eliza Howard, [d. Andrew], b. Feb. 16, 1815	1	402
Harry, s. [Andrew], b. July 30, 1799, at Killingly. Name changed to Henry by his father Sept. 6, 1822	1	402
Henry, s. [Andrew], b. July 30, 1799, at Killingly. Name changed from Harry by his father Sept. 6, 1822	1	402
Mary, of Windham, m. Milo **GILLETT**, of Lebanon, Dec. 14, 1834, by Dexter Bullard	1	130
WISE, Abigail, [m.] Ebenezer **COLE**, Jr. [ ]	1	369
Abner, s. [John & Katharine], b. Sept. 17, 1758	1	345
Betty, d. [Samuel & Grace], b. Dec. 12, 1755	1	352
Betty, [d. Samuel & Grace], b. Jan. 28, 1760	1	352
Daniel, s. [Joseph, Jr. & Judeth], b. Mar. 12, 1755	1	349
Daniel, s. [John & Katharine], b. Apr. 24, 1755	1	345
Elizabeth, m. Joseph **RICHARDSON**, Nov. 23, 1749	1	273
Grace Webster, [d. Samuel & Grace], b. July 23, 1763	1	352
Hannah, d. [Joseph, Jr. & Judeth], b. Oct. 18, 1751	1	349
Huldah, d. [Joseph, Jr. & Judeth], b. July 22, 1753	1	349
John, m. Katharine [ ]	1	345
Jonathan, s. [Samuel & Grace], b. Apr. 1, 1751	1	352
Joseph, Jr., m. Judeth **HEALEY**, Mar. 19, 1750	1	349
Levina, [d. Samuel & Grace], b. Oct. 17, 1757	1	352
Molly, d. [J[oh]n], b. Aug. 4, 1758	1	331
Naomi, d. [Joseph, Jr. & Judeth], b. Dec. 11, 1756	1	349
Samuel, m Grace **WEBSTER**, Dec. 4, 1750	1	352
Samuel, [s. Samuel & Grace], b. Dec. 5, 1753	1	352
Triphena, d. J[oh]n, b. July 22, 1756	1	331
WOLCOTT, Mary, d. George & Mary, b. Oct. 27, 1734	1	327
WOOD, Betsey, d. [Josiah & Ruth], b. June 13, 1768	1	324
Charles Thompson, s. [Josiah & Ruth], b. Oct. 19, 1779	1	324
Eunice, d. [Josiah & Ruth], b. Aug. 15, 1787	1	324
Hannah, [d. Joseph & Hannah], b. Apr. 8, 1725	1	327
Irena, of Windham, m. John **MANNING**, Mar. 4, 1795, by Rev. Ja[me]s Cogswell	1	212
Joseph, m. Hannah **CARRIER**, Dec. 29, 1720	1	327

LEBANON VITAL RECORDS 233

	Vol.	Page
WOOD (cont.)		
Josiah, m. Ruth **THOMPSON**, d. Robert, Nov. 9, 1767, by Rev. Mr. Williams	1	324
Josiah, s. [Josiah & Ruth], b. Sept. 22, 1776	1	324
WOODWARD, Abel, [s. Israel & Abigail], b. Apr. 1, 1736	1	330
Abigail, [d. Henry & Hannah], b. Sept. 21, 1712	1	325
Abigail, m. Ephraim **SPRAGUE**, Jr., Feb. 3, 1736/7	1	284
Abigail, [d. Israel & Abigail], b. Aug. 22, 1738	1	330
Abigail, d. [Israel & Abigail], d. Dec. 31, 1739	1	330
Abij[ah], s. Samuel, Jr. & Margaret], b. Mar. 16, 1767	1	354
Ambrose, s. [Samuel, Jr. & Margaret], b. July 26, 1763	1	354
Anna, d. Dec. 27, 1706	1	340
Anna, [d. Israel & Abigail], b. Jan. 4, 1733/4	1	330
Anna, d. [Israel, Jr. & Anna], b. Aug. 15, 1768	1	357
Anne, [d. Henry & Hannah], b. Dec. 13, 1721	1	325
Anne, m. Thomas **PORTER**, Dec. 25, 1745	1	243
Asa, [s. Israel & Abigail], b. Feb. 10, 1743/4	1	330
Asa[h]el, s. [Eleazer & Mary], b. Sept. 9, 1783	1	357
Benjamin, s. Ezekiel & Lydia, b. May 30, 1730	1	325
Bezeleel, [s. Israel & Mary], b. Jan. 16, 1745	1	330
Charles, s. [Eleazer & Mary], b. Feb. 5, 1779	1	357
David, [s. Henry & Hannah], b. May 20, 1725	1	325
David, of Lebanon, m. Temperance **KILBURN**, of Hebron, Jan. 10, 1750/51	1	343
David, s. [David & Temperance], b. May 7, 1764	1	343
Deborah, d. Oct. 2, 1723	1	340
Eleazer, s. [Israel & Mary], b. Feb. 26, 1747/8	1	330
Eleazer, m. Mary **COLLINS**, Nov. 30, 1769	1	357
Elijah, [s. Israel & Abigail], b. June 10, 1748	1	330
Ephraim, s. [Samuel, Jr. & Margaret], b. May 25, 1761	1	354
Eunice, [d. Israel & Abigail], b. June 5, 1746	1	330
Experience, [d. John & Experience], b. Aug. 10, 1704	1	325
Experience, m. John **DEWEY**, Nov. 30, 1726	1	63
Experience, w. John, d. Apr. 9, 1741	1	325
Frederic, s. [Samuel, Jr. & Margaret], b. Jan. 31, 1765	1	354
Hannah, [d. Henry & Hannah], b. July 19, 1710	1	325
Hannah, [d. Thomas & Hannah], b. Mar. 5, 1712/13	1	326
Hannah, m. Benoni **LOOMIS**, Nov. 5, 1735	1	172
Hannah, m. Thomas **WHITE**, Feb. 3, 1737	1	332
Hannah, [twin with Martha], d. Israel & Mary, b. July 9, 1750; d. Aug. 8, 1750	1	330
Hannah, d. [Eleazer & Mary], b. Apr. 23, 1787	1	357
Henry, m. Hannah **BURR**, Nov. 17, 1703	1	325
Henry, [s. Henry & Hannah], b. Dec. 22, 1720	1	325
Henry, Jr., of Lebanon, m. Mary **KING**, of Bolton, June 3, 1742	1	334
Henry, [s. Henry, Jr. & Mary], b. Aug. 10, 1743	1	334
Israel, d. Aug. 11, 1706	1	340
Israel, [s. John & Experience], b. June 5, 1707	1	325
Israel, [s. Henry & Hannah], b. May 20, 1708	1	325
Israel, [s. Thomas & Hannah], b. July 6, 1728	1	326
Israel, m. Abigail **BEARD**, Mar. 31, 1731	1	330

WOODWARD (cont.)	Vol.	Page
Israel, m. Mary SIMS, Jan. 24, 1732/3	1	330
Israel, [s. Israel & Mary], b. Aug. 1, 1738; d. Sept. 25, 1738	1	330
Israel, [s. Israel & Mary], b. Oct. 16, 1739	1	330
Israel, [s. Israel & Abigail], b. Mar. 30, 1740	1	330
Israel, Jr., m. Anna DUNHAM, Oct. 8, 1767, by Rev. Mr. Wheelock	1	357
Israel, [s. Israel, Jr. & Anna], b. Feb. 19, 1770; d. next day	1	357
Jasper, s. [Eleazer & Mary], b. Apr. 14, 1781	1	357
Jehiel, s. [David & Temperance], b. Jan. 17, 1756	1	343
John, m. Experience BALDWIN, June 2, 1703	1	325
John, [s. John & Experience], b. Mar. 28, 1719; d. Sept. 8, 1741, in the 23rd y. of his age	1	325
John, d. Oct. 5, 1723	1	340
John, [s. Henry & Hannah], b. Dec. 6, 1727	1	325
John, [s. Israel & Abigail], b. Mar. 22, 1742	1	330
John, d. Sept. 19, 1743, in the 69th y. of his age	1	325
John, s. Silas & Sarah, b. Feb. 17, 1748/9	1	344
John, m. Cynthia GUILD, Sept. 7, 1752	1	345
Lydia, [d. Thomas & Hannah], b. Oct. 11, 1717	1	326
Lydia, m. Elisha BILL, b. of Lebanon, June 25, 1744	1	29
Lydia, m. Lemuel CLEVELAND, Nov. [ ], 1745	1	43
Lydia, d. David & Temperance, b. Dec. 23, 1751	1	343
Martha, [d. Henry & Hannah], b. Nov. 14, 1717	1	325
Martha, [twin with Hannah], d. Israel & Mary, b. July 10, 1750	1	330
Martha, m. Paul NEWCOMB, May 26, 1775, by Rev. Mr. Brockway	1	226
Mary, m. Richard LYMAN, Apr. 11, 1700	1	176
Mary, [d. Israel & Mary], b. July 7, 1743	1	330
Nathan, [s. Israel & Abigail], b. May 14, 1732	1	330
Nehemiah, s. [John & Cynthia], b. Aug. 14, 1752	1	345
Phebe, [d. Samuel & Phebe], b. Oct. 30, 1733	1	329
Rachel, [d. Thomas & Hannah], b. Mar. 27, 1720	1	326
Rahel, m. John FINNEY, b. of Lebanon, [ ]	1	106
Rebecca, d. [David & Temperance], b. Dec. 20, 1753	1	343
Rhoda, [d. Samuel & Phebe], b. Feb. 8, 1738/9	1	329
Sam[ue]ll, [s. Henry & Hannah], b. Sept. 10, 1705	1	325
Samuel, m. Phebe GUILD, Jan. 24, 1732/3	1	329
Samuel, [s. Samuel & Phebe], b. Nov. 5, 1735	1	329
Samuel, Jr., m. Margaret DUNHAM, of Heb[ron], May 1, 1760, by Rev. Mr. Lockwood	1	354
Sarah, [d. Henry & Hannah], b. Oct. 25, 1715	1	325
Sarah, m. Joseph LOOMISE, Feb. 19, 1735/6	1	173
Sarah, [d. Israel & Mary], b. Aug. 2, 1741	1	330
Temperance, d. [David & Temperance], b. Jan. 15, 1759	1	343
Temperance, d. [David & Temperance], b. Dec. 14, 1761	1	343
Thomas, m. Hannah LOOMISE, Mar. 20, 1712	1	326
Thomas, [s. Thomas & Hannah], b. Aug. 11, 1723	1	326
Triphena, d. [John & Cynthia], b. Dec. 4, 1754	1	345

LEBANON VITAL RECORDS 235

	Vol.	Page
WOODWARD (cont.)		
-----, s. [Israel & Mary], b. Nov. 15, 1736; d. 8 hrs. after birth	1	330
-----, d. [Israel, Jr. & Anna], b. June 22, 1771; d. [June] 24, [1771]	1	357
WOODWORTH, Abel, s. [Reuben & Elizabeth], b. June 6, 1758	1	351
Abel, s. [Reuben & Elizabeth], b. June 6, 1758	1	354
Abigail, d. [Constant], b. July 22, 1754	1	346
Adah, d. [Reuben & Elizabeth], b. Mar. 11, 1764	1	346
Alanson, [s. James & Mehitable], b. Aug. 25, 1781	1	355
Ama, d. [Peleg & Mary], b. Feb. 20, 1757	1	347
Amasa, [s. Ebenezer & Rebecca], b. Apr. 4, 1727	1	332
Anne, d. [Lebbeus & Anne], b. July 19, 1762	1	350
Anne, d. [Lemuel & Elizabeth], b. Aug. 13, 1780	1	343
Benjamin, m. Mary WEEKS, July 26, 1721	1	333
Benjamin, father of Ichabod, d. Apr. 22, 1729	1	340
Benjamin, [s. Benjamin & Mary], b. June 8, 1729	1	333
Benjamin, Jr., m. Mercy SWIFT, July 19, 1750	1	341
Benj[amin], s. [Constant], b. Apr. 2, 1759	1	346
Benj[a]m[in], s. [Lemuel & Elizabeth], b. June 1, 1760	1	343
Benjamin, s. [James & Mehitable], b. July 28, 1773	1	355
Beriah, s. [Constant], b. May 23, 1765	1	346
Celinda, d. [Reuben & Elizabeth], b. June 8, 1781	1	354
Charlotte, m. Lovel RODGERS, [ ]	1	259
Constant, m. [ ] HUTCHINSON, [ ], 175[ ]	1	346
Cyrenius, s. [Jehiel & Phebe], b. Mar. 6, 1752	1	346
Cyrenius, s. [Jehiel & Phebe], b. Aug. 27, 1757	1	346
Cyrus, s. [Lebbeus & Anne], b. May 4, 1764	1	350
David, s. [David & Hannah], b. Jan. 29, 1737/8	1	330
David, m. Sophia BAILEY, b. of Lebanon, Sept. 26, 1831, by Rev. Esek Brown	1	263
David, m. Hannah GAY, [ ]	1	330
Desire, [d. Benjamin & Mary], b. Apr. 26, 1724; d. Mar. 11, 1728	1	333
Desire, [d. Benjamin & Mary], b. Jan. 10, 1730/31	1	333
Diedamia, d. [Jehiel & Phebe], b. Mar. 7, 1761	1	346
Dorothy, d. [Reuben & Elizabeth], b. Dec. 21, 1772	1	354
Ebenezer, m. Rebecca SMALLEY, Dec. 27, 1717	1	332
Ebenezer, [s. Ebenezer & Rebecca], b. Sept. 26, 1718	1	332
Ebenezer, Jr., m. Hopestill TRYUN, Sept. 2, 1742	1	336
Eleazer, s. [Constant], b. Nov. 6, 1752	1	346
Elijah, s. Ebenezer & Hopestill, b. Oct. 14, 1749	1	336
Eliphalet, [s. Ebenezer & Rebecca], b. Sept. 24, 1722	1	332
Elizabeth, [d. Benjamin & Mary], b. Apr. 2, 1726	1	333
Elizabeth, d. Reuben & Eliza[bet]h, b. Aug. 3, 1760	1	354
Elizabeth, d. [Lemuel & Elizabeth], b. Feb. 6, 1765	1	343
Ervaett, d. [John & Mary W.], b. Jan. 23, 1824	1	13
Ezekiel, s. [Silas & Sarah], b. Apr. 11, 1758	1	344
Ezekiel, s. [Peleg & Mary], b. Dec. 22, 1759	1	347
Ezra, s. [Lebbeus & Anne], b. Aug. 25, 1765	1	350
Hannah, [d. Benjamin & Mary], b. Dec. [ ], 1735	1	333

WOODWORTH (cont.)

	Vol.	Page
Hannah, d. [James & Hannah], b. Feb. 17, 1760	1	355
Hannah, [w. James], d. [ ]	1	355
Henry Dwight, s. [John & Mary W.], b. Feb. 18, 1826	1	13
Ichabod, s. [Reuben & Elizabeth], b. June 2, 1766	1	354
James, [s. Benjamin & Mary], b. Oct. 11, 1733	1	333
James, m. Hannah **HACKSTUN**, of Norwich, Mar. 30, 1758, by Rev. Mr. Powers	1	355
James, s. [James & Hannah], b. Nov. 21, 1761	1	355
James, s. [James & Mehitable], b. Nov. 23, 1770	1	355
James, m. [Mehitable **PHELPS**], wid. [Eliphalet], [ ], at Crank	1	259
James, m. Wid. Mehitable **PHELPS**, [ ]	1	355
Jehiel, [s. Ichabod & Sarah], b. Sept. 17, 1728	1	340
Jehiel, m. Phebe **COLLINS**, June 6, 1751	1	346
John, [s. Ebenezer & Rebecca], b. Jan. 24, 1734/5	1	332
John, [s. Ebenezer, Jr. & Hopestill], b. Jan. 31, 1745/6	1	336
John, s. [Lemuel & Elizabeth], b. Feb. 23, 1776	1	343
John, m. Mary W. **ARMSTRONG**, b. of Lebanon, Jan. 1, 1823, by Esek Brown	1	13
Joseph, s. [Ebenezer & Rebecca], b. Oct. 19, 1724	1	332
Joseph, 3d, m. Rebeckah **WRIGHT**, May 13, 1747	1	344
Joseph, s. [Lemuel & Elizabeth], b. May 29, 1758	1	343
Joshua, s. [Reuben & Elizabeth McGee}, b. Nov. 4, 1774	1	354
Josiah, s. [Silas & Sarah], b. July 10, 1753	1	344
Josiah, s. [Reuben & Elizabeth], b. Feb. 17, 1777	1	354
Libbeus, s. [Ichabod & Sarah], b. Mar. 22, 1725	1	340
Lebbeus, m. Anne **PAYNE**, Apr. 23, 1761, by W. Metcalfe, Esq.	1	350
Lemuel, b. June 25, 1735(?)	1	344
Lemuel, m. Elizabeth **HUNT**, Oct. 10, 1757, by Rev. Mr. Throope	1	343
Lemuel, s. [Lemuel & Elizabeth], b. July 14, 1772	1	343
Lucy, d. [Jehiel & Phebe], b. Jan. 2, 1754	1	346
Lucy, d. [James & Mehitable], b. Aug. 7, 1769	1	355
Lydia, d. [Lemuel & Elizabeth], b. Dec. 17, 1767	1	343
Margaret, m. Joshua **OWEN**, Nov. 5, 1718	1	233
Margaret, [d. Constant], b. Nov. 15, 1762	1	346
Mary, m. Benjamin **SPRAGUE**, Dec. 29, 1707	1	277
Mary, [d. Benjamin & Mary], b. Oct. 27, 1727	1	333
Mary, d. [Lemuel & Elizabeth], b. Oct. 21, 1762	1	343
Mary, m. Nathan **BADCOCK**, b. of Windham, Nov. 3, 1834, by Rev. John A. Baker	1	229
Mehitable, d. [James & Mehitable], b. Apr. 19, 1775	1	355
Mercy, [d. Benjamin & Mary], b. Jan. 24, 1736/7	1	333
Molly, d. [James & Mehitable], b. Nov. 24, 1767	1	355
Moses, s. [David & Hannah], b. Mar. 7, 1748	1	330
Naome, [d. Benjamin & Mary], b. May 22, 1739	1	333
Naomi, m. Eliab **HILLS**, Nov. 9, 1757, by Rev. Mr. S. Williams	1	158
Obedience, [d. David & Hannah], b. Apr. 6, 1740	1	330
Olive, d. Reuben [& Elizabeth **McGEE**], b. June 8, 1762	1	354

LEBANON VITAL RECORDS

	Vol.	Page
WOODWORTH (cont.)		
Olive W., m. David C. **WESTCOTT**, Jan. 2, 1842, by Rev. Nathan Wildman	2	12
Peleg, m. Mary **TYRELL**, of Coventry, Aug. [ ], 1753	1	347
Phebe, [d. Ebenezer & Rebecca], b. Aug. 9, 1737	1	332
Phebe, [d. Ebenezer, Jr. & Hopestill], b. July 31, 1743	1	336
Priscilla, m. Amos **FULLER**, June 29, 1721	1	100
Prudence, [d. David & Hannah], b. May 26, 1742	1	330
Rachel, m. Jesse **DOUBLEDAY**, Nov. 14, 1776, by Rev. Timo[thy] Stone	1	73
Rebecca, [d. Ebenezer & Rebecca], b. July 25, 1729	1	332
Reuben, [s. Ichabod & Sarah], b. Aug. 22, 1733	1	340
Reuben, s. [Jehiel & Phebe], b. Dec. 28, 1755	1	346
Reuben, m. Elizabeth **McGEE**, Nov. 2, 1757	1	351
Reuben, [m.] Elizabeth **McGEE**, [ ]	1	354
Rhoda, d. [Peleg & Mary], b. Sept. 22, 1754(?)	1	347
Ruth, m. Caleb **FITCH**, Apr. 4, 1747	1	109
Samuel, s. [Constant], b. May 30, 1756	1	346
Samuel, s. [James & Mehitable], b. May 16, 1772	1	355
Sarah, m. Samuel **GOODWIN**, b. of Lebanon, Oct. 24, 1748	1	125
Sarah, d. [Silas & Sarah], b. July 23, 1755	1	344
Sarah, d. [Reuben & Elizabeth], b. Nov. 21, 1769	1	354
Sarah, d. [Lemuel & Elizabeth], b. Feb. 2, 1770	1	343
Silas, m. Sarah **ENGLISH**, Sept. 22, 1746	1	344
Silas, s. Silas & Sarah, b. Mar. 21, 1746/7	1	344
Solomon, s. Silas & Sarah, b. Apr. 16, 1751	1	344
Swift, s. [Benjamin, Jr. & Mercy], b. Oct. 16, 1759	1	341
Sylvanus, s. Ebenezer & Hopestill, b. Jan. 2, 1747/8	1	336
Triphena, d. [Peter & Mary], b. Mar. 20, 1754	1	347
William, s. [Benjamin, Jr. & Mercy], b. Feb. 7, 1754	1	341
William, m. Eliza **CARVER**, b. of Columbia, Apr. 6, 1835, by Rev. Esek Brown, at his house	1	134
Zerviah, [d. Ebenezer & Rebecca], b. Nov. 14, 1720	1	332
WOOSTER, Jacob, of Albany, m. Caroline S. **HOLT**, of Lebanon, Oct. 3, 1839, by Rev. Jonathan Trumbull Ely	1	455
WORTH, Abigail, [m.] William **HIDE**, [ ]	1	155
Anna, m. John **ALMSTRONG**, Jan. 19, 1709/10 (Incorrectly written "Anna North" in Arnold Copy)	1	1
Lydia, m. Joseph **ALMSTRONG**, Dec. 15, 1712 (Incorrectly written "Lydia North', in Arnold Copy)	1	1
WORTHINGTON, Elias M., of Colchester, m. Emily **PIERCE**, of Lebanon, Nov. 8, 1832, by Rev. Edward Bull	1	435
Gad, of Hartford, m. Sarah **WAMSLEY**, of Lebanon, Dec. 8, 1844, by John C. Nichols	2	38
WRIGHT, Aaron, s. [Sam[u]el & Mary], b. Mar. 29, 1713	1	325
Abel, m. Mary **CALKIN**, Nov. 7, 1717	1	327
Abel, s. Benjamin & Rachel, b. Aug. 18, 1742	1	343
Abel, d. June 2, 1745	1	336

WRIGHT (cont.)

	Vol.	Page
Abel, m. Mary LYMAN, Nov. 6, 1766, by Rev. Mr. Williams	1	357
Abel, s. [Abel & Mary], b. Sept. 4, 1767	1	357
Abigail, m. Caleb LOOMISE, Jan. 27, 1726	1	173
Amelia, d. [Benjamin, Jr. & Anne], b. Sept. 14, 1764	1	168
Angeline, m. Julian V. PETTIS, b. of Lebanon, June 11, 1851, by John C. Nichols	2	70
Ann, [d. Abel & Rebecca], b. June 4, 1709	1	336
Anne, of Colchester, m. David HAMILTON, of Lebanon, Aug. 23, 1727	1	142
Anne, [d. Samuel & Anne], b. Oct. 7, 1732	1	329
Asahel, s. [Seth], b. Feb. 26, 1757	1	353
Azuba, d. [Jabez & Martha], b. Oct. 12, 1765	1	346
Barnard, s. [John & Susanna], b. July 2, 1765	1	355
Benjamin, [s. Abel & Rebecca], b. July 29, 1712	1	336
Benjamin, d. Aug. 19, 1712	1	340
Benjamin, [s. Abel & Rebecca], b. Mar. 3, 1713/14	1	336
Benjamin, s. Benjamin & Rachel, b. July 5, 1737	1	343
Benjamin, Jr., m. Anne REDINGTON, Apr. 29, 1762, by Jed[edi]a[h] Elderkin, J.P.	1	168
Benoni, [s. Sam[u]el & Rebecca], b. Feb. 24, 1718/19	1	338
Benoni, m. Elizabeth SMITH, Jan. 7, 1741/2	1	334
Benoni, s. [Benoni & Elizabeth], b. May 31, 1761	1	334
Bersheba, d. May 2, 1721	1	340
Charles, s. [Seth], b. Mar. 26, 1761	1	353
Charlotte, d. [John & Susanna], b. Oct. 1, 1762	1	355
Chloe, d. [Elijah & Temperance], b. May 7, 1756	1	347
Dan, s. [Benoni & Elizabeth], b. Apr. 7, 1757	1	334
David, s. Benjamin & Rachel, b. Mar. 14, 1749	1	343
Delano, s. [John & Susanna], b. Nov. 21, 1760	1	355
Ebenezer, s. Abel & Rebecca, b. Feb. 22, 1700/01	1	336
Ebenezer, [s. Sam[u]el & Rebecca], b. Mar. 16, 1715	1	338
Ebenezer, m. Elizabeth NEWCOMBER, Apr. 20, 1721	1	327
Ebenezer, m. Tamer DEWEY, Nov. 8, 1739	1	334
Ebenezer, [s. Ebenezer & Tamer], b. Mar. 8, 1741; d. Apr. 19, 1741	1	334
Ebeneer, m. Rachel LEE, [ ]	1	334
Eleazer, [s. Samuel & Anne], b. Aug. 3, 1739	1	329
Elijah, [s. Samuel & Anna], b. Aug. 14, 1730	1	329
Elijah, s. [Elijah & Temperance], b. Feb. 25, 1759	1	347
Elizabeth, m. Daniel PAYN[E], b. of Lebanon, May 4, 1769, by Rev. Mr. Stone	1	257
Ephraim, [s. Abel & Rebecca], b. Feb. 29, 1703/4	1	336
Esther, [d. Sam[u]el & Rebecca], b. Mar. 17, 1717	1	338
Esther, d. Feb. 25, 1718/19	1	340
Irene, [d. James & Sarah], b. Feb. 4, 1733	1	329
Isaiah, m. Sarah PAYNE, Oct. 22, 1768, by Rev. Solo[mon] Williams	1	355
Jabez, [s. James & Sarah], b. Apr. 24, 1728	1	329
Jabez, m. Martha WASHBURN, June 4, 1752	1	346

LEBANON VITAL RECORDS 239

	Vol.	Page
WRIGHT (cont.)		
Jabez, m. Wid. Anne **LYMAN**, Dec. 13, 1774, by Ab[raha]m Burnap, J.P.	1	346
Jabez, s. Jabez & Anne, b. Apr. 9, 1776	1	346
James, m. Sarah **GUILD**, Apr. 23, 1724	1	329
James, [s. James & Sarah], b. Mar. 21, 1727	1	329
James, d. Sept. 11, 1750	1	329
James, [s. James & Sarah], d. June 30, 1761	1	329
Jemima, [d. Abel & Rebecca], b. Sept. 24, 1707	1	336
Jemima, m. Eleazer **HUTCHINSON**, July 15, 1725	1	141
Jeriah, [s. James & Sarah], b. Sept. 26, 1741; d. Nov. 20, 1742	1	329
Jeriah, s. [Jabez & Martha], b. July 19, 1755	1	346
Jesse, s. [Jabez & Martha], b. Oct. 12, 1757; d. Nov. 15, 1759	1	346
Jesse, s. [Jabez & Martha], b. May 10, 1760	1	346
Jesse, m. Harriet **WILLIAMS**, b. of Lebanon, May 22, 1833, by Rev. Daniel Waldo, of Exeter	1	99
Joel, s. [Seth], b. July 15, 1752	1	353
John, [s. Sam[u]el & Mary], b. Sept. 23, 1716	1	325
John, [s. James & Sarah], b. Feb. 20, 1736	1	329
John, m. Susanna **ELLIS**, Nov. 15, 1759, by Rev. Mr. Wheelock	1	355
Jonathan, s. [Benjamin & Rachel], b. Mar. 31, 1754	1	343
Joseph, [s. James & Sarah], b. July 4, 1738	1	329
Levinah, d. [Jabez & Martha], b. June 10, 1753	1	346
Lucina, m. Samuel **BARSTOW**, b. of Lebanon, Dec. 13, 1781, by Rev. Thomas Brockway	1	15
Lucretia, d. [Jabez & Martha], b. Aug. 22, 1762	1	346
Lucy, d. Benjamin & Rachel, b. May 15, 1735	1	343
Lydia, d. [Seth], b. Dec. 27, 1758	1	353
Lydia, m. Ebenezer **LYMAN**, [ ]	1	178
Martha, [d. Abel & Rebecca], b. Apr. 12, 1705	1	336
Martha, m. Nathaniel **HOLBROOK**, July 15, 1725	1	141
Martha, w. [Jabez], d. Apr. 2, 1774	1	346
Mary, d. Abel & Rebecca, b. Nov. 22, 1702	1	336
Mary, [d. Sam[u]el & Mary], b. May 10, 1721	1	325
Mary, d. Benjamin & Rachel, b. Oct. 2, 1744	1	343
Mercy, d. Benjamin & Rachel, b. July 26, 1739	1	343
Meriam, m. Aaron **OWEN**, [ ]	1	234
Miriam, [d. Abel & Rebecca], b. Nov. 14, 1711	1	336
Nathaniel, s. Sam[u]el & Rebecca, b. Jan. 29, 1711/12	1	338
Nathaniel, m. Irane **SPRAGUE**, Jan. 2, 1737/8	1	332
Nathaniel, [s. Nathaniel & Irane], b. Nov. 20, 1740; d. July 4, 1741	1	332
Patience, m. Elijah **OWEN**, Oct. 21, 1747	1	234
Patience, of Greenwich, Mass. Bay, m. Oliver **WEBSTER**, of Lebanon, Mar. 25, 1760, by Rev. Rob[er]t Cutler, of Greenwich, [Mass. Bay]	1	354
Phebe, [d. Preserved & Phebe], b. May 6, 1745	1	330
Phineas Redington, s. [Benjamin, Jr. & Anne], b. Feb. 3, 1763	1	168

	Vol.	Page
WRIGHT (cont.)		
Polly, m. Zenas **BLISS**, b. of Lebanon, Oct. 22, 1789	1	378
Preserved, m. Phebe **SMALLEY**, Dec. 19, 1733	1	330
Preserved, [s. Preserved & Phebe], b. Aug. 26, 1740	1	330
Rachel, d. Benjamin & Rachel, b. Feb. 13, 1747	1	343
Rachel, d. [Ebenezer & Rachel], b. Aug. 4, 1748	1	334
Rachel, m. James **MURCH**, Jan. 2, 1765	1	211
Rebecca, [d. Samuel & Anna], b. Sept. 24, 1728	1	329
Rebeckah, m. Joseph **WOODWORTH**, 3d, May 13, 1747	1	344
Rebecca, d. [Benjamin & Rachel], b. Apr. 2, 1752	1	343
Rebecca, m. Jacob **ORDWAY**, [ ]	1	233
Rebecca, m. Benjamin **SMALLEY**, [ ]	1	287
Reuba, d. Elijah & Temperance, b. Mar. 2, 1755	1	347
Roswell, s. [Elijah & Temperance], b. Sept. 5, 1761	1	347
Sam[u]el, m. Mary **CASE**, Nov. 22, 1710	1	325
Samuel, m. Anna **LOOMISE**, Dec. 13, 1727	1	329
Samuel, Dea., d. Apr. 18, 1734	1	338
Samuel, [s. Samuel & Anne], b. Feb. 17, 1735	1	329
Samuel, s. Joseph & Rebecca, b. Apr. 11, 1748	1	344
Samuel, s. [Benoni & Elizabeth], b. Sept. 27, 1752	1	334
Sarah, [d. James & Sarah], b. Feb. 15, 1731	1	329
Seth, [s. Seth], b. Jan. 1, 1755	1	353
Solomon, s. [Preserved & Phebe], b. Oct. 28, 1747	1	330
Susanna, [d. James & Sarah], b. Aug. 21, 1725	1	329
Suse, d. [John & Susanna], b. Oct. 26, 1767	1	355
Tamer, w. Ebenezer, d. Mar. 22, 1741	1	334
Theodora, d. [Benoni & Elizabeth], b. July 9, 1755	1	334
WYLES, Russell, of Colchester, m. Betsey **MARTIN**, of Lebanon, Sept. 21, 1830, by Rev. Esek Brown	1	228
YARRINGTON, [see also **HERRINGTON**], Desire, of Stonington, m. Benjamin **THA[T]CHER**, of Lebanon, Oct. 9, 1754, by Esq. Prentice	1	315
YEOMANS, Frederick, of Columbia, m. Janette A. **HOSMER**, of Windham, May 9, 1847, by Nathan Wildman	2	50
Lucy, d. [Daniel], b. Apr. 21, 1771	1	373
YOUNG, Adaline L., of Lebanon, m. William **REED**, of Stafford, Oct. 24, 1841, by Nathan Wildman	2	10
Charles, of Indiana, m. Ardelia **BOWEN**, of Lebanon, Aug. 23, 1821, by Esek Brown	1	415
NO SURNAME		
Abigail, m. Eddy **NEWCOMB**, [ ]	1	224
Abigail, m. John **PORTER**, [ ]	1	245
Alice, m. John **NEWCOMB**, [ ]	1	223
Bethiah, m. Jeremiah **FULLER**, [ ]	1	106
Deborah, m. Ephraim **SPRAGUE**, [ ]	1	288
Hannah, m. Samuel **HILLS**, [ ]	1	147
Hannah, m. Asahel **LEE**, [ ]	1	179
Joanna, [m.] William **VAL[L]ENCE** [ ]	1	320
Katharine, M. John **WISE**, [ ]	1	345
Lois, m. Timothy **STARK** [ ]	1	289

	Vol.	Page
NO SURNAME (cont.)		
Lucretia, b. Jan. 4, 1780; m. Stephen D. TILDEN, Feb. 20, 1798	1	445
Lucy, m. Ichabod FITCH, [ ]	1	111
Lydia, m. John SPRAGUE, [ ]	1	280
Mary, m. Samuel GAY, [ ]	1	123
Mary, m. Jonathan STRONG, [ ]	1	297
Meriam, m. Ezekiel HARTSHORN, [ ]	1	155
Prudence, [m.] Joshua VOSE, [ ]	1	320
Remember, m. Samuel PORTER, [ ]	1	246
Sarah, late of Haddam, m. John PALMER, native of Europe, [ ]	1	247

LEBANON VITAL RECORDS
VOLUME 3
1700-1854

	Page
ABEL, ABELL, Caroline C., d. Silas P., farmer, ae 27, & Sophronia, ae 21, b. July 1, 1850	11
Charles J., s. James M., farmer & Sarah, b. Sept. 25, 1848	6
Daniel E., farmer, ae 73, of Lebanon, m. Maria F. CHAMPLAIN, ae 36, b. S. Kingstown, R.I., Nov. 11, 1850, by John Avery	21
Eliphalet L., s. Alanson C., farmer, ae 35, b. Dec. [ ], 1849	12
Emeline P., d. Alanson C., farmer, ae 33, & Olive T., ae 32, b. Aug. 19, 1848	2
Henry Curtis, s. Alanson C., farmer, ae 35, & Olive L., ae 36, b. July 12, 1851	19
Jerusha, d. Oct. 14, 1850, ae 72	22
Lucy L., d. Mar. 12, 1851, ae 69	22
ADAMS, Charles L., house carpenter, ae 23, b. in Conn., res. Lebanon, m. Lody [ ], Oct. 28, 1849, by Rev. G. Pendleton	13
-----, s. Samuel G., farmer, ae 26, & Mary A., ae 20, b. Feb. 21, 1851	17
APES, Desire, black, d. May 7, 1850, ae 85	15
ARNOLD, Charles, farmer, b. Chatham, res. Lebanon, d. Oct. 4, 1849, ae 72	15
Lucy T., d. Sept. 1, 1849, ae 71	15
AVERY, Albert, s. Elias B., farmer, ae 44, & Thankful, ae 36, b. Jan. 20, 1850	10
Albert, d. Sept. 1, 1850, ae 7 m.	22
Nelson, farmer, d. Jan. 2, 1850, ae 21	15
-----, d. Geo[rge] W., farmer, & Ruth, b. Jan. 26, 1851	19
BABCOCK, BADCOCK, Charles C., d. July 29, 1850, ae 4	15
Charles H., s. Jonathan, farmer, & Louisa, b. Mar. 17, 1850	11
Fred, farmer, b. S. Kingstown, R.I., d. Nov. 11, 1848 ae 77	8
Helen T., tailoress, ae 19, of Lebanon, m. Joseph W. MAXWELL, mechanic, ae 24, b. Mass., res. Lebanon, Nov. 25, 1849, by Rev. Dexter Bullard	14
Justina Gager, d. Justin L., farmer, ae 35, & Martha C.P., ae 28, b. May 6, 1850	10
Mary, ae 31, m. Calvin CHAPMAN, stage driver, ae 21, b. Salem, res. Colchester, June 20, 1850, by Rev. Dexter Bullard	13
Mary A., d. Justin L., farmer ae 34, & Martha C.P., ae 26, b. Mar. 2, 1848	1
Sarah S., d. George, farmer, ae 35, & Susan, ae 31, b. Apr. 22, 1848	1
W[illia]m C., mason, d. Dec. 4, 1848, ae 22	8
BACKMAN, Adam, farmer, ae 29, b. Bavaria, Germany, res. Lebanon, m. 2d w. [ ] HAUP, ae 21, b. Bavaria, Germany, res. Lebanon, Feb. 24, 1850, by Rev. J. C. Nichols	13
Sophia, d. Adam, laborer, ae 31, & Sophia, ae 22, b. Oct. 12, 1850	17
BACKUS, Charles L., s. Sylvanus, farmer, ae 26, & Mary G., ae 19, b .Jan. 14, [1848]	2
Ruth, ae 24, b. Windham, res. Lebanon, m. John C. HOLBROOK, stage proprietor, ae 32, May [ ], 1849, by Dexter Bullard	7
Seril, b. Bolton, res. Lebanon, d. Oct. 15, 1850, ae 19	23

	Page
BAILEY, Catherine, d. Apr. 10, [1848], ae 8	4
Eunice M., ae 26, of Lebanon, m. Charles A. **HOLBROOK**, farmer, ae 24, of Lebanon, Mar. 4, 1849, by Dexter Bullard	7
Roswell, d. Apr. 17, 1851, ae 74	22
Roswell M., d. Apr. 6, 1850, ae 74	15
W[illia]m, farmer, d. June 17, [1848], ae 80	4
BARBER, Julia A., twin with Julius S., d. Moses, farmer, of Colchester, & Louisa, b. Nov. 5, 1850	18
Julius S., twin with Julia A., s. Moses, farmer, of Colchester, & Louisa, b. Nov. 5, 1850	18
BARROWS, Geo[rge] F., teacher, ae 23, b. Mansfield, res. Sag Harbor, m. Harriet **FULLER**, ae 22, of Lebanon, Nov. 20, 1849, by Rev. Dexter Bullard	13
BARTLETT, Laura A., of Hudson, Ohio, d. June 22, 1849, ae 1	8
BASCOM, Electa, d. Jan. 26, 1850, ae 65	15
Jerom[e], cooper, ae 48, of Lebanon, m. Olive B. **COOK**, ae 27, of Lebanon, Sept. 11, 1849, by John Avery	7
-----, infant s. Jerom[e], cooper, ae 49, & Olive B., ae 25, b. July [ ], 1849	5
-----, s. Jerome, pedler, ae 51, & Olive, ae 29, b. Mar. 17, 1851	19
BASS, Charles H., s. Nathan, farmer, ae 30, & M., ae 29, b. Jan. 22, 1849	5
Nathan, ae 28, b. Lisbon, m. Mary B. **HOLBROOK**, ae 27, b. Lebanon, Mar. 29, [1848], by J. C. Nichols	3
BECKWITH, Melissa, d. Dec. 27, 1850, ae 7	15
-----, st. b. child of Samuel, farmer, & Phebe, b. Sept. 14, 1848	6
BENNETT, Benjamin, speculator, b. Foster R. I., res. Windham, m. Elizabeth **HOXSEY**, dressmaker, b. Tolland, Ct., res. Lebanon, May [ ], 1850, by Rev. Nathan Wildman	13
Elizabeth, housekeeper, black, d. Sept. 15, 1849, ae 24	16
Marcy, d. Jan. 19, 1849, ae 76	8
BENTLEY, Saxton B., teacher, d. July 18, 1851, ae 19	23
BENTON, Ransom, farmer, black, b. Windham, res. Lebanon, d. Dec. 1, 1848, ae 36	8
BILL, Eleazer, farmer, d. Apr. 4, 1851, ae 93	22
Mary E., ae 27, b. New Milford, res. Penn., m. Dwight **LOOMIS**, lawyer, ae 28, b. Columbia, res. Vernon, Nov. 30, 1848, by Nathan Wildman	7
BISHOP, John, merchant, ae 39, of New London, m. Ardelia **STOWELL**, ae 24, of Lebanon, Apr. 22, 1850, by Rev. Dexter Bullard	13
BLAKE, Martha Ann, d. Samuel A., shoemaker, & Mary E., b. Nov. 10, 1848	6
Olive C., b. Saybrook, res. Colchester, m. Henry N. **ROBINSON**, blacksmith, b. Franklin, res. Colchester, June 22, 1851, by Noyes W. Miner	21
BLANCHARD, -----, child of Daniel, farmer, ae 40, & Mary A., ae 41, b. May 6, 1848	2
BLISH, Asa, farmer, ae 23, of E. Haddam, m. [ ], Aug. 27, [1849], by J. Avery	7
BLISS, Samuel H., farmer, d. Feb. 27, 1850, ae 49	16
BREALEY, J. H., farmer, ae 37, b. England, res. Lebanon, m. H. **HUNT**, ae 37, b. England, res. Lebanon, Dec. 24, 1848, by Rufus Ballau	9

LEBANON VITAL RECORDS 245

	Page
BRIGGS, Charles S. Stanton, s. Charles W., farmer, & Delia, b. Mar. 27, 1851	17
Frances, d. Charles, farmer, ae 34, & Delia, b. Jan. 13, 1849	5
BROWN, Ann H., b. Mass., res. Lebanon, d. Aug. [ ], 1849, ae 57	15
Charles N., merchant, ae 30, b. Lyme, m. E. A. **FULLER**, ae 30, of Lebanon, Oct. 11, 1848, by Dexter Bullard	7
Edward R., s. Joshu[a] R., clergyman, & Susa A., b. Dec. 2, 1850	19
Frances, housewife, ae 24, had illeg. s. Henry H. Brown, b. Feb. [ ], 1850	12
George M., s. Nathaniel, farmer, ae 24, & Sally, ae 18, b. June 2, 1850	11
Henry, s. Robert, farmer, ae 26, & Mariah, ae 24, b. Mar. 24, 1848	1
Henry H., illeg. s. Frances, housewife, ae 24, b. Feb. [ ], 1850	12
Lydia B., ae 22, b. Middletown, R.I., res. Norwich, m. Hezekiah R. **CONGDON**, carpenter, ae 26, b. Lebanon, res. Norwich, May 8, 1849, by Nathan Wildman	9
Mary, ae 22, of Lebanon, m. John K. **GARRISON**, farmer, ae 23, b. Franklin, res. Lebanon, May 11, 1849, by John Avery	7
Mary E., d. Hoxsey, farmer, ae 32, & Esther, ae 29, b. May 18, 1851	18
Nathaniel, farmer, ae 25, of Lebanon, m. Sally **LORING**, ae 17, of Lebanon, Jan. 11, 1849, by Nathan Wildman	7
Sarah A., of Lebanon, m. Luther **ROBINSON**, of Roxbury, Mass., June 3, 1845, by Rev. Nathan Wildman	3
-----, d. Robert, farmer, ae 28, & H. M., ae 26, b. Dec. [ ], 1850	17
BROWNING, Mary A., d. Horace A., farmer, ae 29, & Alice, ae 34, b. July 13, 1850	11
BULLARD, Mary T., ae 16, b. Hampton, m. Jacob M. L. **GAY**, farmer, ae 24, b. Lebanon, Aug. 6, [1848], b. D. Bullard	3
BURGESS, Anson, s. Asa N., farmer, & Mary A., b. Nov. 8, 1849	10
BURKINGHAM, Samuel, farmer, b. Saybrook, Ct., res. Lebanon, d. Apr. 19, 1850, ae 79	15
BUTLER, Emily, b. Ashford, res. Lebanon, d. June 1, 1851, ae 43	22
Huldah, d. Jan. [ ], 1850, ae 53	16
Lot Mc., farmer, d. Mar. [ ], 1849, ae 45	8
Mary, d. Apr. [ ], 1849; ae 2	8
Mary, d. Jan. [ ], 1850, ae 39	16
Mary E., d. Lot McCall, farmer, ae 43, & Mary, ae 37, b. Sept. 16, 1847	2
CARD, Lydia A., d. Martin, farmer, & Lydia S., b. Feb. 25, 1849	6
CARPENTER, Harriet E., ae 18, b. R. I., res. Lebanon, m George **CLARK**, farmer, ae 26, b. Chaplin, Ct., res. Lebanon, Feb. 13, 1850, by Rev. J. C. Nichols	13
James, farmer, b. S. Kingstown, R.I., res. Lebanon, d. Mar. 12, 1851, ae 40	22
John, tailor, b. Franklin, ae 25, m. Marian **CARPENTER**, b. Stonington, Dec. 12, 1848, by N. Wildman	3
Marian, ae 20, b. Stonington, m. John **CARPENTER**, tailor, ae 25, b. Franklin, Dec. 12, 1848, by N. Wildman	3
Zachary T., s. John, sailor, of Franklin, ae 26, & Mary Ann, of Lebanon, ae 22, b. Dec. 1, 1848	5
-----, child of Daniel H., farmer, ae 41, & Harriet, ae 39, b. June 2, [1848]	2

	Page
CHAMPLAIN, Caroline, farmer, b. Suffield, d. Nov. 24, 1848, ae 29	4
George, ae 36, of Lebanon, m. 2d w. Lucinda **THOMPSON**, ae 20, Apr. 29, 1849, by G. M. Carpenter	7
Maria F., ae 36, b. S. Kingstown, R.I., m. Daniel E. **ABELL**, farmer, ae 73, of Lebanon, Nov. 11, 1850, by John Avery	21
Mary, farmer, b. Coventry, res. Lebanon, d. Dec. 25, 1849, ae 69	16
Stephen, farmer, d. July 18, [1848], ae 85	4
Susannah E., worker in factory, b. Lebanon, res. Manchester, d. Mar. 24, [1847], ae 16	4
-----, st. b. s. George, farmer, ae 36, & Caroline, ae 29, b. Nov. [ ], 1848	6
CHAPMAN, Calvin, stage driver, ae 21, b. Salem, res. Colchester, m. Mary **BABCOCK**, ae 31, June 20, 1850, by Rev. Dexter Bullard	13
CHAPPELL, Joel, farmer, ae 49, of Lebanon, m. 2d w. Mary W. **FRENCH**, b. Middletown, res. Lebanon, June 2, 1849, by N. Wildman	7
Jonathan, farmer, b. Hebron, res. Lebanon, d. June 15, [1851], ae 78	22
Mary L., d. June 8, [1847], ae 45	4
CLARK, Abel, carpenter, ae 24, b. Lebanon, res. Windham, m. Mary **FORD**, ae 20, b. Lebanon, res. Windham, Feb. 27, 1848, by N. Wildman	3
Axsha, d. Sept. 15, 1850, ae 83	22
Emily, ae 40, of Lebanon, m. Archiphas **McCALL**, farmer, ae 58, of Lebanon, [, 1850], by John Avery	21
George, farmer, ae 26, b. Chaplin, Ct., res. Lebanon, m. Harriet E. **CARPENTER**, ae 18, b. R.I., res. Lebanon, Feb. 13, 1850, by Rev. J. C. Nichols	13
Harriet E., d. Grovenor, farmer, ae 29, & Eliza, ae 27, b. Aug. 5, 1849	6
COBB, Ann A., d. Charles H., miller, ae 33 & Elizabeth A., ae 32, b. Sept. 16, 1849	10
COE, W[illia]m C., s. Frederick, minister, of Hampton, & Betsey A., b. Jan. 19, 1848	1
COMSTOCK, Esther, farmer, b. S. Kingstown, R.I., res. Lebanon, d. July 11, 1850, ae 43	15
CONGDON, Andrew J., s. Andrew J., farmer, ae 31, & Emily, ae 28, b. Dec. 9, 1848	5
Charles, farmer, ae 22, of Lebanon, m. Eliza **PECKHAM**, ae 21, of Lebanon, Feb. 14, 1849, by N. Wildman	7
Charles E., farmer, of Lebanon, ae 22, m. Eliza A. **PECKHAM**, ae 21, of Lebanon, Feb. 13, 1849, by Nathan Wildman	9
Hezekiah R., carpenter, ae 25, b. Lebanon, res. Norwich, m Lydia B. **BROWN**, ae 22, b. Middletown, R.I., res. Norwich, May 8, 1849, by Nathan Wildman	9
Mary E., d. June 25, 1849, ae 3	4
COOK, Mary G., d. John L., farmer, ae 42, & Jane, ae 38, b. Aug. 13, 1848	5
Olive B., ae 27, of Lebanon, m. Jerom[e] **BASCOM**, cooper, ae 48, of Lebanon, Sept. 11, 1849, by John Avery	7
Rebben T., farmer, d. Dec. 14, 1849, ae 48	16

LEBANON VITAL RECORDS 247

	Page
COREY, Almira A., ae 25, b. Plainfield, res. Lebanon, m. Asher D. HOLMES, blacksmith, ae 24, b. Preston, res. Lebanon, Nov. 26, 1848, by N. Wildman	7
Caleb R., manufacturer, ae 22, b. Plainfield, res. Lebanon, m. Sarah A. WILLIAMS, ae 17, b. Franklin, res. Lebanon, Feb. 6, 1850, by Rev. Nathan Wildman	13
James D., s. James A., manufacturer, ae 27, & Esther E., ae 23, b. Nov. [ ], 1848	5
James D., d. May [ ], 1849, ae 5 m.	8
Mary A., ae 22, b. Franklin, m. Charles R. GAGER, maker of wood type, ae 24, b. Franklin, Dec. 26, 1847, by N. Wildman	3
Mary J., d. James A., manufacturer, ae 28, & Esther, ae 24, b. Apr. 18, 1850	10
CRASS, Benj[amin], shoemaker, black, b. Charlestown, d. Nov. 30, 1848, ae 49	8
DANIELS, Ellen H., d. Jesse F., farmer, ae 46, & Esther M., ae 40, b. Mar. 19, 1850	10
Nabby, farmer, b. Waterford, res. Lebanon, d. Dec. 27, [1847], ae 75	4
Walter, s. Walter, blacksmith, ae 56, & Nancy, ae 40, b. Feb. 24, 1848	1
-----, child of Jesse F., & Esther, b. June 17, 1848	2
DAVENPORT, W[illia]m R., s. Russell, farmer, ae 45, & Lavinia, ae 37, b. Feb. 23, 1850	10
DAVIS, Mary, d. Jan. 7, 1851	22
N., farmer, b. R.I., res. Lebanon, d. Apr. 30, [1848], ae 44	4
Nathan, d. May 13, 1851, ae 76	22
Noyes, joiner, ae 22, b. Stonington, res. Lebanon, m. Mary LOOMIS, ae 22, of Lebanon, Jan. 14, 1849, by N. Wildman	7
-----, d. Noyes B., carpenter, & Mary, b. Dec. 25, 1850	17
DEMING, -----, child, of Curtis, black, farmer, ae 28, & Mary, ae 25, b. May 10, [1848]	2
DENNY, Mitty, b. Columbia, res. Lebanon, d. Jan. 12, 1851, ae 94	23
DEWEY, Martha, farmer, b. Brooklin, res. Lebanon, d. Dec. 31, [1848], ae 73	4
DOWNER, Asenath, farmer, d. Dec. 5, 1848, ae 80	8
Sophia, farmer, b. Franklin, res. Lebanon, d. Mar. 12, [1848], ae 44	4
DRAPER, -----, s. William, farmer, & Sarah, b. Jan. 8, 1851	19
DUTTON, Elizabeth, d. July 17, 1849, ae 88	8
EDGERTON, Simon, farmer, ae 25, of Norwich, m. Harriet M. FOWLER, of Lebanon, ae 24, Jan. 4, [1848], by J. R. Brown	3
ELY, Geo[rge] F., d .Mar. [ ], 1850 ae 15	15
FALVEY, -----, st. b. d. John, b. May [ ], 1851	18
FITCH, Anna, farmer, b. Windham, res. Lebanon, d. Oct. 31, 1849, ae 83	8
Joseph, farmer, b. Windham, res. Lebanon, d. July 26, [1847], ae 79	4
FLAHERTY, -----, s. Peter, laborer, ae 26, & Secelia, ae 25, b. July 6, 1851	17
FOOTE, Aaron, farmer, d. Aug. 17, 1849, ae 22	8
FORBUSH, Silas, s. Silas A., shoemaker, of Mass., & Julia A., b. Feb. 13, 1848	1
FORD, Mary, ae 20, b. Lebanon, res. Windham, m. Abel CLARK, carpenter, ae 24, b. Lebanon, res. Windham, Feb. 27, 1848, by N. Wildman	3

	Page
FOWLER, Frank S., s. Amos T., farmer, ae 27, b. Mar. [ ], 1851	18
Harriet M., of Lebanon, ae 24, s. Simon **EDGERTON**, farmer, ae 25, of Norwich, Jan. 4, [1848], by J. R. Brown	3
Lydia B., b. Bozrah, res. Lebanon, d. Jan. 6, 1849, ae 50	8
Mehitable, b. Woodstock, res. Lebanon, d. Feb. 25, 1849, ae 39	8
Nelson L., d. Nov. 6, 1848, ae 2	8
Rebecca, d. Aug. 18, 1850, ae 91	22
W[illia]m F., s. Edward P. C., mechanic, ae 36, & Betsey T., ae 26, b. Aug. 18, 1848	5
FRANKLIN, Eugene W., s. W[illia]m D., tailor, & Mary H., b. Aug. 27, 1847	1
-----, child of W[illia]m D., tailor, & Mary, b. Jan. [ ], 1849	5
FRENCH, Mary W., b. Middletown, res. Lebanon, m. Joel **CHAPPELL**, farmer, ae 49, of Lebanon, June 2, 1849, by N. Wildman	7
FULLER, Asa W., farmer, ae 25, b. Colchester, res. Penn., m. A. A. **TILDEN**, b. Lebanon, ae 25, Jan. 14, 1849, by John Avery	7
E. A., ae 30, of Lebanon, m. Charles N. **BROWN**, merchant, ae 30, b. Lyme, Oct. 11, 1848, by Dexter Bullard	7
Eunice H., farmer, b. Columbia, res. Lebanon, d. June 16, [1848], ae 56	4
Harriet, ae 22, of Lebanon, m. Geo[rge] F. **BARROWS**, teacher, ae 23, b. Mansfield, res. Sag Harbor, Nov. 20, 1849, by Rev. Dexter Bullard	13
John, carpenter, black, ae 28, of New Haven, m. Harriet E. **TATTOON**, black, ae 21, b. Hebron, res. Lebanon, Nov. 28, 1849, by Rev. John Avery	13
Mary C., d. William A., farmer, & Emily E., b. Jan. 5, 1850	11
William, d. Mar. 20, [1848], ae 55	4
-----, child of W[illia]m A., farmer, & Emily E., b. Feb. 18, 1848	1
GAGER, Charles R., maker of wood type, ae 24, b. Franklin, m. Mary A. **COREY**, ae 22, b. Franklin, Dec. 26, 1847, by N. Wildman	3
GARDNER, Milla, b. Montville, m. W[illia]m T. **LATIMER**, farmer, b. Montville, Jan. 9, 1848, by N. Wildman	3
-----, child of Jacob & Mary, b. Mar. 12, 1848	2
GARRISON, John K., farmer, ae 23, b. Franklin, res. Lebanon, m. Mary **BROWN**, ae 22, of Lebanon, May 11, 1849, by John Avery	7
GATES, John C., farmer, ae 24, b. New London, res. Norwich, m. Frances A. **LOOMIS**, ae 22, b. Norwich, Mar. 28, 1850, by John Avery	21
GAY, G. S., postmaster, b. Lebanon, res. Lebanon, d. June 21, 1849, ae 42	8
Jacob M. L., farmer, ae 24, b. Lebanon, m. Mary T. **BULLARD**, ae 16, b. Hampton, Aug. 6, [1848], by D. Bullard	3
Lloyd B., s. G. M. L., merchant, ae 25, & M. Y., ae 17, b. May 29, 1849	5
GEER, Joseph A., s. Cyrus G., farmer, ae 37, & Eunice S., ae 36, b. Dec. 4, [1848]	2
William S., s. David, Jr., farmer, ae 29, & Lucinda, ae 24, b. May 20, 1849	6
GILLETT, Edwin, farmer, ae 25, of Hebron, m. Sarah J. **RANDALL**, ae 20, b. Lebanon, Feb. 5, 1851, by Joshua R. Brown	21
Ruth, farmer, of Lebanon, d. May 10, 1849, ae 71	8
GODARD, GODDARD, Joseph D., s. Joseph, hatter, ae 52, & L. M., ae 26, b. Dec. 21, 1848	5

LEBANON VITAL RECORDS 249

Page

GODARD, GODDARD (cont.)
Joseph T., d. Dec. 14, 1849, ae 1 — 16
GOLDTHWAITE, William C., teacher, b. Longmeadow, Mass., res. Westfield, Mass., m. Julia **HEBARD**, b. Lebanon, Aug. 14, 1850, by John C. Nichols — 21
GOODWIN, Adelaide C., d. Emory*, ae 34, & Fanny, ae 30, b. Mar. 29, 1849 (*Perhaps "**ENERRY**") — 5
Eunice, d. Emery, carpenter, ae 37, b. Mar. 12, 1848 — 2
Mary E., d. Joseph M. C., farmer, ae 47, & Maria A. B., ae 36, b. Sept. 3, 1850 — 18
-----, d. Emery, carpenter & joiner, ae 35, & Fanny, ae 32, b. June 21, 1851 — 18
GREENE, Mary, ae 30, b. Auburn, Mass., res. Lebanon, m. Joseph F. **HITCHCOCK**, merchant, ae 34, of Warren, Mass., June 19, 1850, by Rev. J. C. Nichols — 13
HATHAWAY, Harriet A., d. George M., farmer, ae 27, & Harriet L., ae 26, b. Mar. [ ], 1851 — 17
HAUP, -----, ae 21, b. Bavaria, Germany, res. Lebanon, m. Adam **BACKMAN**, farmer, ae 29, b. Bavaria, Germany, res. Lebanon, Feb. 24, 1850, by Rev. J. C. Nichols — 13
HAYNES, Daniel T., s. David, farmer, ae 26, & Amanda A., ae 21, b. May 4, 1851 — 19
HAYWARD, Caleb, farmer, d. Apr. 17, 1849, ae 56 — 8
HEBARD, Albert, student in college, d. May 18, [1851], ae 25 — 22
Elizabeth T., d. Shubael, mason, & Martha, b. Nov. 2, 1850 — 17
Julia, b. Lebanon, m. William C. **GOLDTHWAITE**, teacher, b. Longmeadow, Mass., res. Westfield, Mass., Aug. 14, 1850, by John C. Nichols — 21
HILL, Abijah, laborer, d. Apr. 15, 1851, ae 81 — 22
Ellen E., d. George H., leather manufacturer, & Sophia A., b. Feb. 15, 1848 — 2
Ellen E., d. May 9, 1849, ae 2 — 8
HINCKLEY, Dyer T., school teacher, b. R. I., res. Lebanon, d. Dec. 13, 1847, ae 82 — 4
Hannah J., farmer, of Lebanon, d. Nov. 22, 1849, ae 57 — 15
HITCHCOCK, Joseph F., merchant, ae 34, of Warren, Mass., m. 2d w. Mary **GREENE**, ae 30, b. Auburn, Mass., res. Lebanon, June 19, 1850, by Rev. J. C. Nichols — 13
HOLBROOK, Charles A., farmer, ae 24, of Lebanon, m. Eunice M. **BAILEY**, ae 26, of Lebanon, Mar. 4, 1849, by Dexter Bullard — 7
Frank C., s. John & Ruth, b. Mar. 15, 1850 — 11
John C., stage proprietor, ae 32, m Ruth **BACKUS**, ae 24, b. Windham, res. Lebanon, May [ ], 1849, by Dexter Bullard — 7
Julia A., d. Charles A. & Eunice, b. July 17, 1850 — 11
Mary B., ae 27, b. Lebanon, m. Nathan **BASS**, ae 28, b. Lisbon, Mar. 29, [1848], by J. C. Nichols — 3
HOLMES, Asher D., blacksmith, ae 24, b. Preston, res. Lebanon, m. Almira A. **COREY**, ae 25, b. Plainfield, res. Lebanon, Nov. 26, 1848, by N. Wildman — 7
HOXEY, HOXSEY, Elizabeth, dressmaker, b. Tolland, Ct., res. Lebanon, m. Benjamin **BENNETT**, speculator, b. Foster, R.I., res. Windham, May [ ], 1850, by Rev. Nathan Wildman — 13

HOXEY, HOXSEY (cont.)
   Mary, ae 18, b. Franklin, m. Henry H. **KENT**, farmer, b. R.I., res. Franklin, Mar. [ ], 1851, by Nathan Wildman — 21

HULL, W[illia]m R., whaler, b. S. Kingstown, res. Lebanon, d. Jan. 20, 1849, ae 39 — 4

HUNT, H.*, ae 37, b. England, res. Lebanon, m. J. H. **BREALEY**, farmer, ae 37, b. England, res. Lebanon, Dec. 24, 1848, by Rufus Ballau (*Her 2d marriage) — 9

HUTCHINSON, Austin L., farmer, d. Feb. 19, 1851, ae 33 — 22
   Lucy Y., d. Augustus L., carpenter & farmer, & Lydia, b. Sept. 15, 1849 — 10

HYDE, Eliza, farmer, b. Franklin, res. Norwich, d. June 26, 1850, ae 44 — 15
   Harriet, town pauper, d. Nov. 24, 1848, ae 48 — 8
   Mary J., d. Olive, ae 32, b. May 26, [1848] — 2
   Oraxia, b. Conn., res. Lebanon, d. Sept. 29, 1850, ae 70 — 23
   Roxana, town pauper, b. Hampton, res. Lebanon, d. Feb. 13, 1848, ae 70 — 8
   W. Henry, farmer, ae 29, b. Franklin, res. Lebanon, m. Lydia **WILLIAMS**, ae 23, of Lebanon, Mar. [ ], 1850, by Rev. John Avery — 14

JACK, Dinah, black, of Lebanon, d. Sept. 3, 1849, ae 86 — 15

JACKSON, Emily W., d. Timothy, black, farmer, ae 43, & El[i]za A., black, ae 35, b. Feb. 2, 1848 — 2
   Faith Trumbull, illeg. d. W[illia]m **ROBINSON**, farmer, black, ae 25, of Bozrah, & Emily J. Jackson, black, ae 20, of Lebanon, b. Nov. 20, 1848 — 6
   Mary W., d. Timothy, laborer, black, & Eliza H., black, b. Feb. 20, 1851 — 17

JACOBS, Emily M., ae 16, b. Lebanon, m. Josiah **WARREN**, farmer, ae 28, b. Killingly, res. S. Coventry, Dec. 2, 1850, by John Avery — 21

JOHNSON, Archipus, farmer, d. Nov. 4, [1848], ae 20 — 4
   Charlotte, ae 25, b. Lebanon, m. Phineas **TRYON**, farmer, ae 23, of Colchester, Nov. 28, 1850, by John Avery — 21
   Ebenezer, mechanic, b. Bozrah, res. Lebanon, d. July 23, 1850, ae 83 — 15
   John, farmer, d. June 28, 1850, ae 69 — 15
   Ruly, d. Dec. 23, [1848], ae 50 — 4

JORDAN, Jesse, d. June 22, 1849; ae 15 — 8

KENT, Henry H., farmer, b. R. I., res. Franklin, m. Mary **HOXEY**, ae 18, b. Franklin, Mar. [ ], 1851, by Nathan Wildman — 21

KINGSLEY, KINGSLY, Asahel, d. Apr. 4, 1849, ae 87 — 8
   George, s. J. Madison, farmer, ae 31, & Abby, ae 30, b. Feb. 9, 1849 — 6
   Mary E., d. Feb. 26, 1849, ae 32 — 4
   Oliver, s. Thomas, farmer, ae 50, & Mary E., ae 32, b. Jan. 10, 1849 — 5
   Phebe, d. John D., farmer, ae 40 & Eunice, ae 39, b. Feb. 7, 1848 — 1
   -----, child of J. Monroe, farmer, ae 29, & Lucinda, ae 25, b. June 10, 1848 — 1
   -----, infant, s. J. Monroe, farmer, ae 31, & Lucinda, ae 25, b. July [ ], 1849; d. soon after — 6

LAMB, Hannah J., ae 24, b. Lebanon, m. Daniel H. **WADSWORTH**, mechanic, ae 39, b. E. Hartford, res. Manchester, Nov. 13, 1850, by Joshua R. Brown — 21

LEBANON VITAL RECORDS 251

	Page
LAMB (cont.)	
Mary W., d. Henry W., farmer, ae 35, & Harriet J., ae 30, b. Nov. 3, 1848	6
LATHROP, Charles, farmer, b. Franklin, res. Lebanon, d. Sept. 11, 1849, ae 94	15
Charles C., s. W[illia]m S., farmer, ae 31, & Gracie S., ae 26, b. Dec. 1, 1850	19
Frederick W., s. Harvey, farmer, ae 43, & Octavia, ae 40, b. Aug. 16, 1850	19
John B., s. Harvey, farmer, ae 40, & Octavia, ae 37, b. Feb. 26, [1848]	2
Josephine E., d. Erastus, farmer, ae 30, & Prudence, ae 27, b. May 12, 1851	18
Susan E., d. Leonard, farmer, & Susan, b. Dec. 1, 1850	19
W[illia]m R., s. W[illia]m S., farmer, ae 28, & Grace S., ae 22, b. Feb. 16, [1848]	2
LATIMER, W[illia]m T., farmer, b. Montville, m. Milla **GARDNER**, b. Montville, Jan. 9, 1848, by N. Wildman	3
LILLIE, Charles N., s. Joseph P., farmer, & Elizabeth, b. May 30, 1850	10
LITTLE, Mary J., d. Joseph P., farmer, & Elizabeth, b. Sept. 1, [1848]	2
LOCK, J. C. R., farmer, b. R.I., res. Lebanon, d. Apr. 23, 1851, ae 15	22
Roderick P., miller, ae 21, b. R.I., res. Lebanon, m. [ ], Nov. 28, 1851, by [ ] Bills	21
LOMBARD, LUMBARD, Sanford, farmer, ae 25, b. Lebanon, res. Pomfret, m. [ ], Mar. 26, 1849, by Dexter Bullard	7
W[illia]m, s. Ortenzo, farmer, ae 44, & Hannah, ae 40, b. Apr. 27, 1848	1
LOOMIS, Abigail, d. Sept. [ ], 1848, ae 58	8
Albert, farmer, d. Sept. [ ], 1848, ae 18	8
Catharine E., d. July 15, 1850, ae 1	15
Charles C., s. Charles L., carpenter, ae 37, & Frances E., ae 28, b. Dec. 30, 1847	1
Dwight, lawyer, ae 28, b. Columbia, res. Vernon, m.Mary E. **BILL**, ae 27, b. New Milford, res. Penn., Nov. 30, 1848	7
Ellen L., d. Gilbert, farmer, ae 23, & Delia, ae 19, b. Jan. 16, 1851	18
Frances A., ae 22, b. Norwich, m. John C. **GATES**, farmer, ae 24, b. New London, res. Norwich, Mar. 28, 1850, by John Avery	21
Mary, ae 22, of Lebanon, m. Noyes **DAVIS**, joiner, ae 22, b. Stonington, res. Lebanon, Jan. 14, 1849, by N. Wildman	7
-----, infant of Norton B., farmer, ae 28, & Mary A. M., ae 25, b. Sept. 20, 1848	5
-----, infant, d. Anson, farmer, ae 35, & Emily, b. July [ ], 1849	6
LUMBARD, [see under **LOMBARD**]	
LUSHER, Louis, farmer, d. July 17, 1850, ae 16	15
LYMAN, Thomas A., s. Albert, farmer, ae 36, & Lucinda, ae 32, b. Jan. 29, 1851	18
William, farmer, b. Columbia, res. Lebanon, d. Apr. 8, 1850, ae 86	16
MANNING, Almira, farmer, b. Franklin, res. Lebanon, d. May 10, 1849, ae 51	8
Fanny, farming, d. Mar. 18, 1850, ae 93	15
Jabez, farmer, ae 23, b. Lebanon, m. Mary **ROBINSON**, ae 20, b Franklin, Apr. 16, 1848, by J. C. Nichols	3

	Page
MANNING (cont.)	
Nathaniel, d. Oct. 28, 1848, ae 28	8
Nathaniel, s. Jabez, farmer, ae 25, & Mary, ae 21, b. May 31, 1849	5
MARSH, Flavia, d. Jan. [ ], 1849, ae 83	8
MARTIN, Anderson O., s. William C., farmer, ae 31, & Mary C., ae 31, b. Dec. 27, 1850	18
Damaris, d. Mar. [ ], [1848], ae 55	4
-----, d. Martin, farmer, ae 30, & Lydia, ae 25, b. May 22, 1851	18
MASON, Nancy F., d. Sept. 4, 1850, ae 57	22
MAXSON, Henry A., s. Joseph T., farmer, ae 31, & Sarah, ae 33, b. Sept. 13, 1849	11
MAXWELL, John, farmer, d. Apr. 3, 1850, ae 61	16
Joseph W., mechanic, ae 24, b. Mass., res. Lebanon, m. Helen T. BABCOCK, tailoress, ae 19, of Lebanon, Nov. 25, 1849, by Rev. Dexter Bullard	14
-----, st. b. s., Joseph, carpenter, b. Aug. 6, 1850	19
McCALL, Archiphas, farmer, ae 58, of Lebanon, m. 3rd w. Emily CLARK, ae 40, of Lebanon, [1850]., by John Avery	21
Aurelia*, ae 21, b. Lebanon, m. Erastus R. RANDALL, tailor, ae 26, b. Lebanon, res. Hebron, Sept. 18, 1850, by Joshua R. Brown (*Perhaps "Amelia")	21
John, printer, d. Jan. 21, 1849, ae 24	4
McGARRA, William, s. Patrick, farmer, ae 43, & Winny, ae 27, b. July 20, 1850	11
METCALF, John, farmer, d. May 4, 1849, ae 60	8
MINER, -----, d. Noyes W., clergyman, ae 32, & Maria, ae 25, b. July 17, 1851	18
MONDAY, Harriet, washwoman, black, b. Plainfield, res. Lebanon, d. Jan. 1, [1848], ae 35	4
MORGAN, Griswold, s. Griswold E., farmer, & Eliza J., b. Mar. 20, 1850	11
MOSHIER, MOSIER, Margaret, town pauper, b. Hebron, res. Lebanon, d. Aug. 20, 1849, ae 84	8
-----, st. b. s., Cort, b. May 2, 1850	11
MOTT, Ada R., twin with Ida J., d. Morgan, farmer, ae 30 & Clarissa, ae 33, b. Mar. 21, 1851	18
Albert M., s. Morgan, farmer, ae 32, & Clarissa, ae 29, b. Jan. 4, 1850	10
Albert M., d. Sept. 15, 1850, ae 8 m.	22
Ida J., twin with Ada R., d. Morgan, farmer, ae 30, & Clarissa, ae 33, b. Mar. 21, 1851	18
NEWELL, Harriet, illeg. dau. Lucretia Whitman, farmer's daughter, b. May 22, 1850	10
NICHOLS, James W., s. John C., minister, ae 49, & Mary W., ae 38, b. Oct. 11, 1850	17
James W., d. May 2, [1851], ae 7 m.	22
NOYES, Louisa J., d. Henry, farmer, ae 44, & Sally, ae 42, b. Feb. 28, 1850	11
ORMSBY, M., b. R.I., res. Lebanon, d. June 13, 1851, ae 45	23
-----, d. Ralph, carpenter, b. Feb. 9, 1851	19
PALMER, -----, Mrs., d. Mar. [ ], [1848], ae 36	4

LEBANON VITAL RECORDS 253

Page

PARK, Thomas H., farmer, ae 27, b. N. Stonington, res. Norwich, m.
Francis A. **TAYLOR**, ae 23, b. Franklin, Sept. 26, 1848, by
Nathan Wildman 7
PARKER, Henry, black, b. R.I., res. Lebanon, d. June 5, 1851, ae 75 22
PAYNE, El[l]en, d. Nathan C. & Amy, b. Dec. 29, 1848 6
PECKHAM, Arnold, s. Simeon, farmer, ae 52, & Rebecca, ae 45, b. Sept.
30, 1847 1
   Eliza, ae 21, of Lebanon, m. Charles **CONGDON**, farmer, ae 22, of
Lebanon, Feb. 14, 1849, by N. Wildman 7
   Eliza A., ae 21, m. Charles E. **CONGDON**, farmer, ae 22, b. of
Lebanon, Feb. 13, 1849, by Nathan Wildman 9
   Elizabeth W., d. James J., merchant, ae 30, & Nancy, b. Mar. [ ],
1851 18
   James M., merchant, ae 28, m. Nancy **WATERMAN**, ae 20, Apr.
10, [1848], b. J. R. Brown 3
   Joseph E., s. Simeon, farmer, ae 56, & Rebecca, ae 46, b. Sept. 14,
1849 10
   Joseph E., d. Apr. [ ], [1851], ae 2 y. 22
   William S., farmer, b. R.I., res. Lebanon, d. May 15, [1851], ae 80 22
PETTIS, Julian V., publisher, b. Lebanon, res. N. Y. City, m. Angeline
WRIGHT, b. Lebanon, res. N.Y. City, June 11, 1851, by John
C. Nichols 21
PIERCE, Eunice E., d. Daniel A., farmer, ae 32, & Ardelia, ae 27, b. Mar.
1, 1848 1
POTTER, Mercy, d. June [ ], [1848], ae 39 4
RANDALL, Erastus R., tailor, ae 26, b. Lebanon, res. Hebron, m. 2d w
Aurelia* **McCALL**, ae 21, b. Lebanon, Sept. 18, 1850, by
Joshua R. Brown (*Perhaps "Amelia") 21
   Sarah J., ae 20, b. Lebanon, m. Edwin **GILLETT**, farmer, ae 25, of
Hebron, Feb. 5, 1851, by Joshua R. Brown 21
ROBINSON, Hannah, domestic, d. Dec. 24, 1850, ae 69 22
   Henry N., blacksmith, b. Franklin, res. Colchester, m. Olive C.
BLAKE, b. Saybrook, res. Colchester, June 22, 1851, by
Noyes W. Miner 21
   Lucy W., d. Harlow, farmer, ae 29, & Elizabeth M., ae 23, b. Apr. 1,
1849 5
   Luther, of Roxbury, Mass., m. Sarah A. **BROWN**, of Lebanon, June
3, 1845, by Rev. Nathan Wildman 3
   Mary, ae 20, b. Franklin, m. Jabez **MANNING**, farmer, ae 23, b.
Lebanon, Apr. 16, 1848, by J. C. Nichols 3
   Ruby, d. Oct. [ ], 1847, ae 50 4
ROCKWELL, Emily, d. Aug. 25, 1849, ae 73 15
   Joseph, farmer, d. Sept. 20, 1849, ae 76 15
ROGERS, Daniel H., s. Thomas F., carpenter, ae 26, & Harriet, ae 24, b.
Nov. 30, 1847 1
ROSE, Harriet W., d. Hiram, mechanic, & Frances, b. June 21, 1851 19
   Helen, d. Hiram D., mechanic, ae 30, & Frances A., ae 33, b. Nov.
12, 1848 6
SAUNDERS, Patience, spinner & sock knitter, b. R. I., res. Lebanon, d.
Dec. 1, 1849, ae 75 15
SEGAR, Benjamin, farmer, b. R.I., res. Lebanon, d. Mar. 18, 1851, ae 81 23

	Page
SEGAR (cont.)	
Caroline G., ae 31, b. Lisbon, m. George W. **SEGAR**, farmer, ae 32, b. Windham, Aug. 10, 1847, by N. Wildman	3
George W., farmer, b. Windham, ae 32, m. Caroline G. **SEGAR**, b. Lisbon, ae 31, Aug. 10, 1847, by N. Wildman	3
George W., s. George W., farmer, ae 33, & Caroline E., ae 31, b. Mar. 4, 1848	1
George W., d. May 1, 1849	4
Lucy, ae 60, of Lebanon, m. Sam[ue]l T. **SHERMAN**, farmer, ae 55, b. Stonington, res. Norwich, June 17, 1849, by D. Bullard	7
Mary T., farming, d. Feb. 8, 1850, ae 22	15
-----, d. George W., farmer, ae 35, & Caroline B., ae 33, b. Aug. 31, 1849	11
-----, d. George, farmer, ae 37, & Caroline, b. Nov. [ ], 1850	17
SHEA, Mary, d. Patrick, miller, ae 23, b. June [ ], 1851	18
SHERMAN, Elizabeth, b. R.I., res. Lebanon, d. Mar. 7, 1848, ae 50	4
Sam[ue]l T., farmer, ae 55, b. Stonington, res. Norwich, m. 2d w. Lucy **SEGAR**, ae 60, of Lebanon, June 17, 1849, by D. Bullard	7
SHUMAN, Wealthy T., dressmaker, ae 23, b. Norwich, res. Lebanon, m. Jabez W. **WILLIAMS**, clerk, ae 28, b. Bolton, res. Buffalo, Feb. 7, 1850, by Rev. Dexter Bullard	14
SISSON, Ann, farmer's wife, b. New London, res. Lebanon, d. Mar. 21, 1850, ae 40	15
Daniel, Jr., s. Daniel, farmer, ae 44, & Ann F., ae 38, b. Dec. 15, [1848]	2
Daniel, farmer, ae 46, b. Newport, R.I., res. Lebanon, m. 3rd w. Betsey **WESCOT**, ae 39, b. New London, Ct., June 2, 1850, by Griswold E. Morgan, Esq.	13
SPENCER, Dwight S., s. Geo[rge] D., trader, ae 38, & Martha, ae 36, b. Feb. 8, 1851	17
SPICER, Eunice, d. Charles, farmer, of Windham, & Lucy, b. Nov. 3, 1850	18
STANTON, Consider S., s. James L., farmer, ae 32, & Eunice, ae 28, b. Aug. 17, 1849	10
Primus, farmer, black, b. Stonington, res. Lebanon, d. Jan. 19, [1848], ae 65	4
STARK, Charlotte, d. May 10, 1850, ae 68	15
John, laborer, d. Dec. 23, 1849, ae 70	15
Nelson E., s. Henry N., farmer, ae 34, & Sarah A., ae 32, b. July 30, 1849	6
STOWELL, Ardelia, ae 24, of Lebanon, m. John **BISHOP**, merchant, ae 39, of New London, Apr. 22, 1850, by Rev. Dexter Bullard	13
SULLARD, SOULARD, Harriet, d. Albert, laborer, ae 31, & Mary M., ae 30, b. July 27, 1851	19
-----, infant, s. Albert, farmer, ae 30, & Mary, ae 25, b. Mar. [ ], 1850	5
SWEET, John H., s. Charles, farmer, ae 40, & Eliza, ae 37, b. Dec. 4, 1848	5
TATTOON, Harriet E., black, ae 21, b. Hebron, res. Lebanon, m. John **FULLER**, carpenter, black, ae 28, of New Haven, Nov. 28, 1849, by Rev. John Avery	13

LEBANON VITAL RECORDS 255

	Page
TAYLOR, Francis A., ae 23, b. Franklin, m. Thomas H. PARK, farmer, ae 27, b. N. Stonington, res. Norwich, Sept. 26, 1848, by Nathan Wildman	7
THOMAS, George Hutchins, s. P. G., farmer, ae 39, & M.C., ae 36, b. Feb. 3, 1849	6
THOMPSON, Lucinda, ae 20, m. George CHAMPLAIN, ae 36, of Lebanon, Apr. 29, 1849, by G. M. Carpenter	7
THROOP, Henry, farmer, d. Oct. 24, 1849, ae 72	15
Mary, d. Aug. [ ], 1850, ae 9 m.	22
Mary B., d. Henry H., farmer, ae 32, & Eliza A., ae 28, b. Nov. 23, 1849	10
TILDEN, A. A., ae 25, b. Lebanon, m. Asa W. FULLER, farmer, ae 25, b. Colchester, res. Penn., Jan. 14, 1849, by John Avery	7
TRACY, Henry N., farmer, b. Franklin, res. Lebanon, d. Dec. 31, [1848], ae 14	4
TRYON, Phineas, farmer, ae 23, of Colchester, m. Charlotte JOHNSON, ae 25, b. Lebanon, Nov. 28, 1850, by John Avery	21
TUCKER, Harriet A., d. Benjamin, farmer, ae 34, & Mary, ae 33, b. Aug. [ ], 1850	17
Susan M., d. Joseph, farmer, ae 30, & Mary, ae 25, b. Dec. 8, 1848	6
WADSWORTH, Daniel H., mechanic, ae 39, b. E. Hartford, res. Manchester, m. Hannah J. LAMB, ae 24, b. Lebanon, Nov. 13, 1850, by Joshua R. Brown	21
WALDEN, Harriet M., d. Andrew, mason, ae 30, & Sophia, ae 27, b. June 5, 1850	11
Silas, farmer, b. Windham, res. Lebanon, d. Apr. 29, 1849, ae 74	8
WAMSLEY, Andrew D. J., twin with Anne D., s. Charles, laborer, black, & Almira, black, b. Aug. 23, 1850	17
Anne D., twin with Andrew D. J., d. Charles, laborer, black, & Almira, black, b. Aug. 23, 1850	17
Eunice Jane, d. Charles, farmer, black, ae 35, & Almira, ae 31, b. Feb. 17, 1848	2
WARREN, Josiah, farmer, ae 28, b. Killingly, res. S. Coventry, m Emily M. JACOBS, ae 16, b. Lebanon, Dec. 2, 1850, by John Avery	21
WATERMAN, Nancy, ae 20, m. James M. PECKHAM, merchant, ae 28, Apr. 10, [1848], by J. R. Brown	3
WATERS, -----, s. Henry, farmer, ae 25, & Abby, ae 23, b. July [ ], 1851	17
[WATROUS], WATTROUS, George, s. Leveret, farmer, ae 25, & Emily, ae 23, b. Dec. 6, 1847	1
WATTLES, Abby F., teacher, d. Apr. 3, [1851], ae 26	22
William, doctor, d. Aug. [ ], 1850, ae 26	22
WEBSTER, Anna L., d. Nelson E., farmer, ae 26, & Louisa S., ae 21, b. Jan. 29, 1851	19
Charles, s. Bethuel, farmer, & Fidelia, b. Apr. 5, 1850	10
Everline, d. Jesse B., farmer, & Betsey, of Groton, b. Sept. 5, 1847	1
WESCOT[T], Betsey, ae 39, b. New London, Ct., m. Daniel SISSON, farmer, ae 46, b. Newport, R.I., res. Lebanon, June 2, 1850, by Griswold E. Morgan, Esq.	13
WETMORE, Apaum, housekeeper, b. R.I., res. Lebanon, d. Mar. 30, 1848, ae 56	4
WHEATON, Eunice, d. June 17, 1842, ae 2	8
Harriet, d. Aug. [ ], 1849, ae 4	16

WHEATON (cont.)

	Page
Harriet E., d. Aug. 26, 1850, ae 4	22
Isaac N., s. John, laborer, ae 57, & Sarah A., ae 42, b. May 28, 1851	19
Sarah, had illeg. d., b. Mar. [ ], 1850, of Columbia	11
-----, child, of John, farmer, & Mary, b. Sept. 5, 1848	2
-----, illeg. d. Sarah, of Columbia, b. Mar. [ ], 1850	11

WHITMAN, Alonzo, sailor, b. Franklin, res. Lebanon, d. June 26, 1849, ae 26 — 4

Lucretia, farmer's daughter, had illeg. d. Harriet **NEWELL**, b. May 22, 1850 — 10

WILCOX, Alice L, d. Charles L., farmer, ae 27, & Eliza J., ae 26, b. June 28, 1850 — 11

WILDMAN, Daniel, minister, b. Danbury, res. Lebanon, d. Feb. 21, 1849, ae 85 — 8

WILLIAMS, Betsey A., dressmaker, d. Dec. [ ], 1848, ae 32 — 8

Chauncey I., s. Ralph, farmer, ae 27, & Abby, ae 19, b. Dec. 29, 1850 — 10

Jabez W., clerk, ae 28, b. Bolton, res. Buffalo, m. Wealthy T. **SHUMAN**, dressmaker, ae 23, b. Norwich, res. Lebanon, Feb. 7, 1850, by Rev. Dexter Bullard — 14

John T., s. Cyrus, farmer, ae 40, & Mary, ae 37, b. Nov. 17, 1847 — 2

Lydia, ae 23, of Lebanon, m. W. Henry **HYDE**, farmer, ae 29, b. Franklin, res. Lebanon, Mar. [ ], 1850, by Rev. John Avery — 14

Ralph, farmer, ae 26, b. Penn., res. Lebanon, m. Abby **DAVIS**, ae 17, b. Lebanon, Sept. 3, 1849, by Nathan Wildman — 7

Sarah A., ae 17, b. Franklin, res. Lebanon, m. Caleb R. **COREY**, manufacturer, ae 22, b. Plainfield, res. Lebanon, Feb. 6, 1850, by Rev. Nathan Wildman — 13

WITTER, James M., s. W[illia]m, farmer, & Laura A., b. Feb. 19, 1849 — 6

WOODWORTH, Jonathan, farmer, of Lebanon, d. Aug. 26, 1849, ae 85 — 15

Veniah, clothier, b. Bozrah, res. Lebanon, d. Feb. [ ], [1848], ae 72 — 4

WRIGHT, Angeline, b. Lebanon, res. N. Y. City, m. Julia V. **PETTIS**, publisher, b. Lebanon, res. N.Y. City, June 11, 1851, by John C. Nichols — 21

NO SURNAME

Lody, m. Charles L. **ADAMS**, house carpenter, ae 23, b. in Conn., res. Lebanon, Oct. 28, 1849, by Rev. G. Pendleton — 13

www.ingramcontent.com/pod-product-compliance
Lightning Source LLC
Chambersburg PA
CBHW070244230426
43664CB00014B/2403